5

Oscar bestsellers

W0321996

ROBERT CONQUEST

STALIN

La Rivoluzione, il Terrore, la guerra

Traduzione di Luisa Agnese Dalla Fontana

OSCAR MONDADORI

Copyright © Robert Conquest, 1991
Titolo originale dell'opera: *Stalin*
© 2002 Arnoldo Mondadori Editore S.p.A., Milano

I edizione Le Scie febbraio 2002
I edizione Oscar storia febbraio 2003
I edizione Oscar bestsellers giugno 2014

ISBN 978-88-04-64373-9

Questo volume è stato stampato
presso ELCOGRAF S.p.A.
Stabilimento - Cles (TN)
Stampato in Italia. Printed in Italy

Anno 2015 - Ristampa 2 3 4 5 6 7

www.librimondadori.it

INDICE

STALIN

A Ronald e Charmian Hartley

Giornalista: «La data del 21 dicembre le dice qualcosa?».
Donna: «No».
Giornalista: «È il giorno in cui è nato I.V. Stalin».
Donna: «Meglio se non fosse mai nato».

Da un'intervista volante per Radio Rossija, ore 14,00, 21 dicembre 1990.

PREMESSA

Per realizzare questo ritratto dell'uomo che forse più di ogni altro ha determinato il corso del XX secolo, mi sono basato sulle valutazioni di molti scrittori (esaminate nella sezione «Note» in fondo al libro), ma soprattutto sul forte afflusso di nuovi commenti e informazioni provenienti dalla stessa Unione Sovietica, che hanno contribuito in modo determinante a smascherare l'immagine dello strano individuo con cui abbiamo a che fare.

Devo ringraziare il John Olin Program for the Study of the Soviet Union e la Hoover Institution, Stanford University; i comitati di redazione e i direttori di «Neva», «Novyj Mir», «Družba Narodov», «Knižnoe Obozrenie», «Voprosy Istorii», «Rodina» e «Izvestija» per le fruttuose discussioni; la mia redattrice Allegra Huston per i molti miglioramenti nella struttura, lo stile e la precisione; Christine Pevitt; il dottor Mihail Bernštam; Delano DuGarm e Semen Ljandres per la preziosissima assistenza nella ricerca; Amy Desai, per i suoi impeccabili servizi di segreteria e così Farah Desai; infine, come sempre, mia moglie.

Una parte del materiale di questo libro è uscita per la prima volta su «Izvestija» e «National Review».

Robert Conquest
Stanford 1991

INTRODUZIONE

1

«Stalin è morto ieri»,* «Il fantasma di Stalin vaga ancora sulla terra»;** era questo il tono dei commenti di democratici illustri mentre l'Unione Sovietica si sgretolava.

Pochi uomini nella storia hanno avuto effetti così duraturi e devastanti, non soltanto per il proprio paese, ma per il mondo intero. Il retaggio di Stalin è stato una tremenda palla al piede per una dozzina di paesi, e la sua minaccia ha continuato a incombere su tutti gli altri, per la spaventosa eventualità di una guerra nucleare. La figura di Stalin, con il suo intenso alone di morte, sta svanendo soltanto oggi dal sistema che ha creato. Nel 1953, quando spirò, lasciò dietro di sé un mostro la cui agonia, oltre una generazione dopo, non è ancora finita.

Fino a qualche anno fa la persistente influenza di Stalin e dello stalinismo sulla vita dei paesi del blocco sovietico non era così evidente, e alcuni scrittori occidentali ne parlavano come se non avesse più alcun peso. Ma in seguito è apparso chiaro che si trattava di un errore. Non appena in Unione Sovietica la *glasnost'* ha liberato le menti, il problema dello stalinismo e di Stalin è diventato uno dei più urgenti e vitali all'ordine del giorno. In questo contesto chi scrive può rivendicare una certa posizione nell'ambito della stalinologia, non fosse altro perché in seguito i suoi libri su quel periodo sono stati pubblicati in Unione Sovietica e hanno ricevuto un'accoglienza calorosa. Intanto gli scrittori sovietici cominciavano ad affrontare il problema di Stalin, a esorcizzarlo. In URSS è stato pubblicato molto materiale nuovo su di lui, che i biografi precedenti non hanno potuto consultare e che aiuta molto a tracciarne un ritratto più completo.

* «Rabočij klass i Sovremennyj mir», 1, 1988.

** «Moskovskie Novosti», 14 luglio 1988.

2

È difficile trovare una descrizione migliore della storia sovietica di quella data da Joseph Conrad: «Speranze tradite in modo grottesco, ideali messi in caricatura, ecco la definizione del successo rivoluzionario». Oggi Stalin deve essere considerato alla luce del crollo politico, intellettuale, morale, sociale ed ecologico del sistema da lui creato.

Comunque non possiamo fare a meno di vederne l'immagine stagliata sullo sfondo di avvenimenti politici tumultuosi. Secondo una sua biografia apologetica diffusa dal regime sovietico degli anni Trenta, scrivere su Stalin significava «raccontare tutte le peripezie della lotta di partito». Ma questo libro non ha lo scopo di registrare tutti gli eventi della vita di Stalin, né tanto meno della politica di partito. Non ho tentato di fornire una cronaca esauriente, e nemmeno qualcosa che assomigli a un'analisi psicologica formale, ma piuttosto un ritratto. Ovviamente è, o contiene, anche un ritratto politico e storico. Tuttavia non ho cercato di riportare, ma anzi ho spesso eliminato, gli intricati dettagli delle sue lotte politiche e della sua conduzione della guerra. Mi sono sforzato invece di intessere sull'inevitabile filo centrale di questa storia i particolari che meglio sembrano mettere in rilievo la natura di Stalin. Spesso li ho approfonditi non per un qualche loro «significato» profondo, ma per gettare, seppure in modo secondario, un po' più di luce sull'insieme. Certi comportamenti di Stalin che hanno colpito chi scrive perché profondamente rivelatori spesso non sono riportati in nessuna delle svariate biografie disponibili, o magari soltanto in una. Tuttavia, come ha detto Plutarco, «le attestazioni del vizio e della virtù non si limitano a realizzazioni famose. Spesso qualche avvenimento banale, una parola, uno screzio, sono più rivelatori del carattere che non una grande campagna».

In origine sembrava che questo libro avrebbe raggiunto le sei o settecento pagine consuete per le moderne biografie e per opere del genere. Dopo aver riflettuto, si è operato un grande sforzo per eliminare materiale che aggiungeva lunghezza ma non spessore. I dettagli sono interessanti per quanti di noi devono studiare eventi particolari; ma in un'opera di carattere generale come questa biografia, è ragionevole basarsi sul procedimento seguito da Gibbon, nella sua *Storia della decadenza e caduta dell'impero romano*, nel liquidare la documentazione «tediosa» e «prolissa» sulle conseguenze del Concilio di Efeso: «Anche il più paziente dei lettori mi ringrazierà per aver ridotto in poche righe tante assurdità e menzogne». Tuttavia, anche se un'esposizione esauriente di queste intricate manovre politiche avrebbe sovraccaricato la storia, non abbiamo potuto evitare di prendere in considerazione tutto il sistema dottrinale di Stalin, cioè il marxismo nella sua versione leninista, completo delle modifiche apportatevi dallo stesso Stalin. Senza dubbio tali assunti di principio gli servirono come giustificazione, e come autogiustificazione, per tutta la sua carriera, e lo sforzo dedicato a definire ed estirpare l'eresia, o ad accusare di eresia nemici o rivali, costituisce un elemento di primo piano della sua vita.

3

C'è una grande, tenebrosa figura che incombe sul secolo. E sappiamo molto delle macchinazioni contorte e brutali con cui raggiunse e mantenne un potere dispotico. Ma, soprattutto, sappiamo che forse nessun altro sistema si è mai basato in modo altrettanto totale sulla falsità e l'inganno. Tale mistificazione si estese anche, e in larga misura, alla carriera di Stalin. Quando si parla di sentimenti e motivazioni, Stalin, che nel corso della sua vita scoprì pochissimo le proprie carte, non è molto facile da decifrare. Una delle sue caratteristiche più rilevanti era la capacità di dare un'impressione di calma e persino di benevolenza, mentre in realtà covava piani di vendetta di massa. Ma persino i semplici osservatori notavano che questa calma era spesso infranta da lampi demoniaci di rabbia, odio o sospetto. Somigliava a una di quelle grandi nuvole nere che si vedono a volte, vagamente minacciose, ma che a prima vista veleggiano tranquille nel cielo; poi, quando la nube si fa più vicina, si notano dei barlumi che sono il segnale dei lampi all'interno del suo nucleo, il ribollire segreto della materia di cui è costituita.

Quanto a lui, fece tutto il possibile per ritirarsi in una specie di impersonalità, parlando sovente di se stesso come del «compagno Stalin». Forse non siamo in grado di penetrare le zone oscure della sua natura; certo non di penetrarle appieno. Ma possiamo analizzare nuovi dettagli, nuove sfumature, gli elementi di spicco del suo personaggio pubblico, l'accumulazione di aneddoti che per molto tempo fu impossibile pubblicare, le memorie e le lettere private di amici e nemici.

Come accade con la vita di chiunque, siamo quindi costretti a procedere dalle apparenze esteriori verso l'interno, e nel caso di Stalin questo vale a maggior ragione. Molti elementi esteriori, disponibili negli anni Trenta, erano consapevolmente o inconsapevolmente (ma soprattutto consapevolmente) concepiti a scopo mistificatorio. E non solo in Russia: per una serie di progressisti occidentali, il vasto territorio dell'Unione Sovietica aveva cessato di appartenere alla sfera della realtà geografica. Come le zone interne dell'Africa di due secoli fa, era una terra leggendaria popolata da mostri mitici, il socialismo, la rivoluzione, il piano quinquennale... In tale contesto, la carriera di Stalin e il suo carattere venivano falsificati. Eppure nella corazza c'erano delle fessure, delle crepe. E persino le menzogne spesso lasciavano trapelare da sotto la superficie, da dietro lo schermo non del tutto impenetrabile, la struttura della realtà. Stalin non si limitò a infliggere la morte su scala titanica. Rivelò anche qualcosa del suo carattere la cui definizione migliore è assenza di vita nel senso più pieno. Ma il suo attributo più impressionante rimane la capacità di ingannare gli altri, spesso personaggi politici o intellettuali esperti, riguardo ai suoi scopi e ai suoi obiettivi. Al di là di questo c'era l'immenso inganno attinente non solo alla sua natura, ma anche alla realtà concreta della società che aveva creato.

4

Nella sua biografia di Somerset Maugham, Ted Morgan scrive: «Il biografo si affeziona al suo soggetto in un modo che non trova analogie in altri rapporti». Quando il soggetto è Stalin, probabilmente risulta impossibile trovare questo tipo di rapporto di intima consonanza.

Abbinava la pazienza a scoppi di collera capricciosa, una certa greve mediocrità alla capacità di imporre cambiamenti sociali e politici assolutamente straordinari. E i suoi impulsi, o demoni interiori, non si placavano mai.

Il suo biografo sovietico più recente lo giudica un personaggio contraddittorio e complesso. Era certamente contraddittorio, in quanto combinava in un unico, strano conglomerato elementi che di norma sarebbero considerati molto disparati. Ma non credo che fosse particolarmente complesso.

Trockij disse che Stalin era una mediocrità ma non una nullità. Un altro avversario di Stalin, Lev Kamenev, lo definiva «solo un piccolo politico di provincia». Un altro ancora, Nikolaj Buharin, considerava invece la «pigrizia» una delle sue caratteristiche principali. È vero nel senso che trascurava i problemi considerati importanti da Buharin. Ma, per usare le parole di Stalin, non trascurava mai «le piccole cose», specialmente tutto ciò che riguardava il personale, considerato la risorsa umana nella lotta per il potere. Buharin lo descrisse anche come «un uomo maligno, di mentalità ristretta» e secondo Lenin era spesso spinto dal «rancore», che (sosteneva sempre Lenin) in politica è un pessimo consigliere. Ma dietro a queste piccinerie e meschinità c'era una possente forza di carattere, una brama inappagabile di potere, al punto che nell'estate del 1942, quando era impegnato in una guerra spietata contro Stalin, Hitler poté osservare: «È una belva, ma una belva di dimensioni grandiose» e «Anche Stalin deve ispirarci un rispetto incondizionato. A suo modo, è un demonio!».

Gercen (o Herzen), uno scrittore liberale russo dell'Ottocento, disse che il suo maggior timore per il futuro era un «Gengis Khan con il telegrafo». Spesso Stalin è stato rappresentato, in Unione Sovietica e nel resto del mondo, come un despota orientale. Ovviamente, sotto certi aspetti la descrizione è appropriata. Ma Stalin dimostra una brutalità maggiore di molti despoti orientali del passato, alcuni dei quali, come Baber e Kublai Khan, erano personaggi straordinari da tutti i punti di vista, e non solo uomini comuni con una volontà ipertrofica.

Inoltre Stalin era un uomo senza passato, sradicato, per il quale le origini significavano poco; non poteva definirsi né un intellettuale né un lavoratore manuale, e non era soddisfatto della propria storia, tanto che fu necessario rimaneggiarla pesantemente. Infatti era afflitto anche da una profonda insicurezza. Forse è in quest'ottica che dovremmo considerare il modo in cui cercava, non solo per fare colpo ma evidentemente per una sincera aspirazione, di diventare tra i suoi intimi qualcosa come un gioviale uomo del popolo, a suo agio in un'atmosfera di rude allegria. Tuttavia rimase sempre assai sensibile agli affronti alla sua dignità, e si preoccupava di proiettare un'immagine di se stesso come essere molto al di sopra della comune umanità. Sono due atteggiamenti contraddittori; ma entrambi comunicano una sensazione di incertezza, persino di irrealtà.

Nel complesso Stalin dà quindi l'impressione di un personaggio grande e grezzo, quasi fosse d'argilla, un golem in cui è stata instillata una scintilla demoniaca. In questo senso, per darne una definizione concisa, potremmo avvalerci dell'espressione usata per lui da Churchill, «un uomo inumano».

Quanto inumano, o umano, egli fosse lo vedremo in queste pagine.

I
GORI

1

Quando ormai da tempo Stalin si era insediato a Mosca come capo di un grande impero, in larga parte russo, il suo figlioletto disse alla sorellina minore: «Sai, un tempo papà era georgiano». È un'osservazione corretta. In effetti Stalin era georgiano, ma aveva rotto quasi del tutto i rapporti con il suo paese natale. Una volta, durante un discorso, egli stesso lo definì «una piccola parte del territorio sovietico chiamata Georgia».

La lingua materna di Stalin era il georgiano e a quanto si dice lo parlava con straordinaria purezza. Cominciò a esprimersi in russo solo quando aveva otto o nove anni, e non perse mai il suo forte accento georgiano. A quanto raccontano, talvolta pronunciava le terminazioni dei casi in modo indistinto, perché non era sicuro che fossero giuste, espediente ben noto a molti stranieri che parlano il russo. Ancora nel 1939, nel suo discorso al XVIII congresso del partito, pronunciò erroneamente il nome del commissariato del popolo per l'Agricoltura, chiamandolo Narkomzëm [Narkomzjòm] invece di Narkomzem [Narkomzém] (e di conseguenza tutti gli oratori successivi lo pronunciarono nello stesso modo perché, come spiegò molto tempo dopo Molotov, altrimenti Stalin si sarebbe offeso). E, almeno in pubblico, quasi sempre parlava in russo lentamente, con un fraseggio misurato e articolato con cura.

In un primo tempo fece proprie le idee internazionaliste e si integrò nell'organizzazione dei rivoluzionari bolscevichi, per larga parte russi; soltanto in seguito, o in conseguenza di un processo graduale e molto probabilmente inconscio, assimilò la supremazia russa in quanto tale.

In base ai normali criteri, aveva un temperamento assai poco georgiano. In seguito il suo collega bolscevico Ordžonikidze affermò che pur essendo georgiano non riusciva a capire gli scherzi. I georgiani sono sempre descritti come allegri, vivaci, ospitali, generosi, leali, cavallereschi, amanti del piacere, pigri, indipendenti, prodighi, volubili; aggettivi, questi, tratti dalle descrizioni di svariati viaggiatori degli ultimi secoli. Di consueto si ritiene che passino le ore a bere i loro vini leggeri senza cadere nell'ubriachezza bestiale del Nord, a ballare, a fare discorsi spiritosi e altisonanti. Stalin non corrisponde certo a tale stereotipo, mentre gli si addice di più l'altra loro caratteristica, comune a tutte le popolazioni di montagna, di essere vendicativi.

Ma la Georgia è grande (più o meno come il territorio della Scozia senza le isole) e i caratteri possono variare ampiamente tra le varie comunità di un paese del genere. Gli abitanti del Kartli superiore, la zona di Stalin, godono una reputazione di scontrosità fra i loro vicini più tolleranti.

Stalin arrivò a considerare la natia Georgia come una zona ostile e turbolenta. Sua figlia lo riteneva «completamente russificato». I figli più piccoli vennero allevati senza sapere una parola di georgiano, mentre appresero prima il tedesco e poi l'inglese. La sua seconda moglie, russa ma di origini caucasiche, una volta danzò «a lungo, molto a lungo» una *lezginka* georgiana, e fu l'unico omaggio a una tradizione georgiana che a sua figlia sia capitato di notare in casa.

Si dice che i georgiani lo irritassero sempre. Durante un'esposizione sovietica li criticò perché si consideravano «un'isola europea in un mare asiatico». In effetti la Georgia era un paese in cui non esisteva un *narod*, un popolo contadino con scarso senso sociale sul genere di quello russo, incline a provare reverenza per un despota lontano. Il popolo e gli intellettuali non erano divisi come se appartenessero a caste diverse.

Anni dopo, Stalin disse alla figlia di avere dimenticato quasi tutto della lingua natale. Ma in realtà continuava a parlarla volentieri con i colleghi georgiani, escludendo così gli altri, quando voleva, dalla conversazione; e secondo uno studio su di lui, verso la fine era il suo russo che cominciava a deteriorarsi.

Comunque interpretiamo la cosa, il fatto che in un certo senso non fosse né del tutto georgiano né del tutto russo deve avere influito molto sulla maturazione del suo carattere.

2

Iosif Vissarionovič Džugašvili, chiamato poi Stalin, nacque il 21 dicembre 1879 (9 dicembre VS)* a Gori, in Georgia; era il terzo figlio, l'unico sopravvissuto, di una coppia georgiana, Vissarion ed Ekaterina Džugašvili.

Questa semplice affermazione è stata messa in discussione per cinque diversi motivi.

In realtà sono in buona parte banali. La madre una volta affermò che era nato nel gennaio 1880, forse facendo confusione con la data del suo battesimo; secondo un documento della polizia zarista l'anno era il 1881, e a quanto pare in una certa occasione lo stesso Stalin dichiarò una data ancora diversa. Sempre sua madre, una volta disse che in precedenza aveva avuto altri *tre* figli morti nella prima infanzia. Inoltre i documenti della polizia zarista indicavano come luogo di nascita non Gori, ma il vicino Didi Lilo, villaggio natale di suo padre. Nel 1932 gli abitanti di Didi Lilo dissero a una visitatrice americana che Stalin era nato lì. Le mostrarono anche il presunto luogo di nascita. Non c'è motivo di dare alcun credito a queste affermazioni.

Degli altri due punti controversi il primo ha un certo rilievo, e il secondo forse ancora di più.

I georgiani, preoccupati di difendere la reputazione del proprio paese, sostenevano spesso che il nonno di Vissarion non era affatto un georgiano, ma un immigrato osseto il quale aveva cambiato il nome originario Džugaev. È un'ipotesi che in sé non ha nulla di inverosimile. L'attuale Repubblica socialista sovietica autonoma degli Osseti si trova appena a una trentina di chilometri da Gori. C'era uno spostamento consueto e continuo di persone che si integravano più o meno nel giro di una generazione.

Comunque i georgiani consideravano convincente l'idea che Stalin fosse osseto. Nel periodo zarista gli osseti avevano fama di fornire alla polizia i funzionari più spietati. E il carattere di Stalin sembrava troppo austero per un georgiano. In ogni caso, si tratta di una storia ampiamente diffusa. Stalin è definito osseto nel poema satirico da cui derivò la caduta in disgrazia del grande poeta russo Osip Mandel'štam, poi la sua morte in un campo di lavoro. Anche Zi-

* In Russia il calendario giuliano [Vecchio Stile, VS] è rimasto in vigore fino al gennaio 1918, quando il governo di Lenin ha introdotto la versione gregoriana [Nuovo Stile, NS]. Salvo diversa indicazione, le date citate in questo libro fanno riferimento al calendario ufficialmente in vigore all'epoca. [*NdT*]

nov'ev, avversario di Stalin, diceva di lui che era «un osseto assetato di sangue». Eppure, anche se Vissarion poteva essere benissimo di origine osseta, era ormai completamente georgiano. E comunque apparteneva a una tipologia fisica non troppo rara nella zona. A Gori e nei dintorni ho visto dei ragazzi che somigliavano in modo incredibile a Stalin come appare in una foto scolastica all'età di dieci anni.

L'ultimo punto controverso riguardo ai particolari della nascita di Stalin è più sensazionale. Vissarion era davvero suo padre?

Come accade spesso con le persone di umili natali che finiscono con il diventare famose, esistono varie leggende secondo cui il vero padre di Stalin sarebbe stato un principe o un conte. Non è impossibile. In Georgia c'era forse la massima concentrazione del mondo di principi per chilometro quadrato. Un elenco del 1851 enumera quarantasette famiglie principesche georgiane (e appena altre duecento famiglie nobiliari o giù di lì). Ma non c'è motivo di credere a questa storia, e comunque non esistono prove che sia vera.

Secondo la diceria più pittoresca (in seguito citata in numerosi documenti moscoviti) il vero padre di Stalin era un famoso viaggiatore, il generale Nikolaj Prževal'skij, da cui ha tratto il nome l'ultimo autentico cavallo selvaggio, il cavallo Prževal'skij. Il generale, uno dei grandi esploratori scientifici del XIX secolo, aveva effettuato lunghe spedizioni ben documentate in Mongolia, Tibet, Turkestan e nelle zone interne dell'Estremo Oriente. Tornò in Russia nel 1877-1879, e può anche darsi che fosse stato a Gori. Fra i suoi ritratti e quelli di Stalin c'è una certa somiglianza, anche a prescindere dai baffi uguali; forse proprio questo sta alla base della leggenda.

E ora veniamo al meno romantico, ma più plausibile, dei padri possibili. Ekaterina, o Keke, integrava le entrate irregolari del marito lavorando come domestica nelle case delle persone più ricche. Tra le altre, anche in quella di Egnatašvili, mercante della seconda gilda (cioè facoltoso, secondo i criteri di una piccola città di provincia). A quanto pare Egnatašvili ebbe dei rapporti con la bella e giovane domestica, cosa niente affatto implausibile e neanche rara; dopo tutto Karl Marx, che all'epoca era ancora vivo, aveva avuto un figlio dalla cameriera della famiglia.

Questa storia in effetti ha due punti di forza. Innanzitutto a quanto si dice fu Egnatašvili a fornire il denaro necessario per l'istruzione di Stalin. È vero che il ragazzo aveva vinto una «borsa di studio» e che a quanto pare sua madre risparmiava sui magri guadagni per aiutarlo. Ma è anche vero che pochissimi ragazzi poveri come lui potevano frequentare scuole come le sue.

Si dice che Stalin conoscesse questa storia, ma che avesse continuato a credere di essere davvero figlio di Džugašvili. Tuttavia esistono motivi per ritenere che, schernito da altri per la condotta della madre, avesse assunto un atteggiamento sprezzante nei suoi confronti. Secondo una serie di aneddoti, in seguito parlava di lei in termini molto volgari. È uno di quei punti su cui ormai è impossibile stabilire la verità, e le prove di per sé non sono convincenti. Un eminente studioso sovietico mi ha spiegato qual è secondo lui l'elemento che taglia la testa al toro: Stalin non partecipò al funerale della madre, fatto che a suo dire è assolutamente inaudito in una famiglia georgiana.

Ma anche se Egnatašvili pensava di essere il padre di Stalin e poteva esserlo, questo non prova che in realtà lo fosse. E come abbiamo detto, Stalin credette sempre che Vissarion, cui a quanto pare assomigliava molto, fosse il suo vero padre.

La storia di Stalin in seguito fu sottoposta a una inaudita serie di falsificazioni retrospettive. Tale fenomeno riguardò in minor misura i suoi primi anni di vita, in cui però, come abbiamo visto, esistevano già molti elementi oscuri o dubbi.

3

Vissarion Džugašvili ed Ekaterina Geladze si erano sposati nel 1874; entrambi erano nati servi della gleba, anche se l'emancipazione avvenne (più tardi che nella Russia propriamente detta) quando erano ancora bambini. Prima di arrivare a Gori e di diventare calzolaio, Vissarion aveva lavorato come contadino. Nei documenti più antichi della polizia zarista, Stalin è incluso nella categoria dei «contadini», senza dubbio in riferimento allo status originale di suo padre. Negli incartamenti successivi della polizia, lo spazio dove veniva indicata la condizione sociale è lasciato in bianco, oppure c'è scritto «impiegato». Quando Stalin ebbe preso il potere, la voce a lui dedicata nella *Grande enciclopedia sovietica* affermava che Vissarion era un «artigiano ciabattino, in seguito operaio in una fabbrica di scarpe»; nell'edizione post staliniana invece egli viene privato dello status di proletario, diventando semplicemente un «artigiano ciabattino». E nel modulo di iscrizione come delegato al congresso del partito del 1922, Stalin non rispose alla domanda relativa alla categoria sociale.

Oltre ad avere una coscienza di classe vaga e incerta, in età adulta Stalin era anche privo di un sentimento nazionale chiaramente definito. E allo stesso modo (per anticipare quanto diremo poi) il livello di istruzione conseguito lo collocò in una posizione rara tra i bolscevichi: né operaio né intellettuale, né appartenente alle masse né all'intellighenzia. Quindi era o diventò, almeno in certa misura, un uomo senza patria, senza classe e senza status sociale, salvo quelli che si costruì lui stesso.

4

Senza dubbio Stalin nacque georgiano, e trascorse l'infanzia secondo le usanze del paese. I suoi genitori non parlavano altra lingua, e come abbiamo detto lui stesso non sapeva una parola di russo finché non cominciò a studiarlo a scuola, a otto o nove anni.

Quando Stalin nacque, la Georgia era sotto il controllo della Russia solo da due o tre generazioni. Ce lo dicono le carte geografiche, e la realtà politica dell'incorporazione della Georgia nell'impero moscovita. Ma il popolo georgiano e quello russo avevano origini molto diverse, provenivano da ceppi etnici completamente distinti, e fino a due o tre secoli fa, in realtà non mantenevano nemmeno rapporti politici veri e propri. Ancora oggi la Georgia etnica non ha frontiere in comune con la Russia etnica, con il mondo slavo.

Il georgiano non è neanche una lingua indoeuropea. Come alcune altre lingue caucasiche, appartiene a un ceppo più antico, non sopraffatto dagli idiomi predominanti – il turco tataro e l'indoeuropeo – che in pratica avevano vinto qualsiasi opposizione in una gran parte dell'Eurasia, da Cadice a Calcutta, da Killarney a Kashgar. Il georgiano non ha nessun punto in comune con alcuna di queste lingue.

È spesso messo in relazione con il basco. Le analogie sono molto labili, ma il collegamento è indubbiamente giusto, nel senso che, anche se sono state per troppo tempo divise, e sono troppo distanti perché sia possibile individuarvi tracce residue di comunanza, entrambe rappresentano uno strato linguistico più antico, di cui faceva parte anche la misteriosa lingua dei pitti, della quale si conoscono soltanto alcune iscrizioni incomprensibili.

Forse le lingue più semplici hanno maggiore diffusione proprio grazie alla loro semplicità. O almeno così può sembrare, di fronte all'accumulazione di consonanti del georgiano. «Khrdsna» (corrompere) o «me vbrdsgomav» (risplendo) sono esempi estremi. Ma esistono nomi di persona o di luogo assai comuni che sono pieni di «mtskh» e «tskhr»: è abbastanza emblematico il nome dell'organo dei socialdemocratici georgiani in esilio negli anni Venti: «Brdzolis Khma».

Nemmeno la struttura grammaticale è facile da padroneggiare, se si considera per esempio che «a seconda del tempo utilizzato, il soggetto grammaticale di un verbo transitivo può essere al nominativo, al dativo-accusativo o all'ergativo, mentre l'oggetto sarà al dativo-accusativo o al nominativo».

E il tutto è scritto nell'astruso (per noi) alfabeto georgiano, pieno di occhielli e di ghirigori.

Tuttavia i legami tra la Georgia e la Russia sono più forti di quanto si potrebbe dedurre da considerazioni di questo tipo. Entrambi i paesi sono cristiano-ortodossi. E a dire il vero, la Georgia accolse il cristianesimo poco dopo il suo trionfo nell'impero romano, oltre seicento anni prima della conversione della Russia. Fino al 1811 la chiesa georgiana aveva un proprio patriarcato (e attualmente lo ha di nuovo). Si possono ancora vedere, o meglio si possono di nuovo vedere, preti che guidano pellegrinaggi lungo le strade principali, o attraversano a piedi le città tra il rispetto generale.

Eppure il legame con la Russia non era fondato tanto su un sentimento di simpatia religiosa quanto piuttosto su una ragione negativa. Per tutto il corso della sua esistenza la Georgia aveva subito invasioni e occupazioni devastanti da parte dei suoi potenti vicini meridionali. Nel XVII secolo, quando la Russia comparve all'orizzonte settentrionale nel ruolo di possibile alleata, i nemici della Georgia erano la Turchia e la Persia, che cercavano entrambe di imporre il dominio imperiale musulmano. (Anche di recente, a Tiflis, ho sentito dei georgiani che volevano la piena indipendenza, ma allo stesso tempo pretendevano la protezione della Russia contro i «musulmani».)

La Georgia chiese più volte l'aiuto della Russia. Nel 1783, in un momento di disperazione, re Irakli pose la Georgia orientale sotto la sovranità russa, e nel 1801 il suo regno venne annesso all'impero. Il resto della Georgia fu conquistato nel corso dei decenni successivi.

L'impero russo riuscì, almeno in certa misura, a realizzare l'integrazione. Un principe della casa regnante georgiana, Petar Bagration, entrò al servizio dei russi ancora prima dell'annessione, e divenne uno dei generali più stimati di Alessandro I, rimanendo poi ucciso a Borodino. (Una delle offensive più importanti di Stalin durante la Seconda guerra mondiale fu denominata operazione Bagration, forse per nostalgia.)

Ai nobili georgiani venivano riconosciuti titoli più elevati di quanto richiedesse il loro livello. Ma con il resto del paese, i russi ebbero meno successo. La russificazione fallì, e la grande maggioranza dei georgiani continuò a parlare soltanto la propria lingua. Persino il legame religioso si deteriorò, non solo perché il patriarcato georgiano fu soppresso, ma soprattutto in seguito, nel corso del secolo, quando all'intero sistema ecclesiastico georgiano, comprese le scuole, furono imposti lingua e personale russi.

Nell'Ottocento, in Georgia come ovunque, il sentimento nazionale entrò nella sua fase moderna. Come in altri movimenti nazionali, benché meno diffusa di quanto non fosse nel Novecento, nel mondo politico georgiano si delineò una tendenza socialista e marxista moderata, che in seguito divenne predominante.

5

La Georgia ha un'atmosfera molto simile a quella dei paesi mediterranei non solo per il clima, ma anche per il carattere della gente. Un buon esempio al riguardo, almeno verso la fine del secolo scorso, è la figura del *kinto*, il piccolo scroccone scaltro, perspicace e sicuro di sé, che si può paragonare al «lazzarone» napoletano e che (anche in questo caso come nell'Italia meridionale) incarna l'antica tradizione dei banditi di montagna. Spesso i compagni georgiani di Stalin, parlando di lui, dicevano che era un *kinto*.

Come rileva un recente articolo sovietico, all'epoca le regole e le usanze delle cittadine di provincia georgiane brulicavano di «vestigia del passato, del Medioevo», e persino secondo i criteri marxisti la popolazione soffriva «meno per il capitalismo che per la sua assenza». Nel 1879 Gori era una piccola città in un angolo semiasiatico di un vasto impero semieuropeo. Pur essendo completamente georgiana, la città aveva delle componenti straniere: armeni, russi, osseti. La barriera linguistica può sembrare insormontabile per chi è cresciuto in una cultura monoglottica, dove non si sente parlare quasi mai un idioma straniero. Forse ormai, grazie al recente afflusso di immigrati, in molte città britanniche, francesi, tedesche o americane si comincia a capirsi reciprocamente. Ma nei paesi più piccoli dell'Europa orientale e centrale, dove non esisteva tanto il fenomeno dell'immigrazione, quanto piuttosto, se così si può dire, quello della stratificazione etnica, il multilinguismo esisteva da tempo, almeno tra le persone che stavano in contatto con il pubblico. A Bratislava-Pozsony-Pressburg, o a Kolozsvar-Klausenburg-Cluj, qualsiasi cameriere parlava tre lingue. Gori non era così cosmopolita; e tuttavia, dal punto di vista linguistico, non era nemmeno l'equivalente di Roccacannuccia.

Non sappiamo se a Gori Stalin sviluppò qualcuno dei pregiudizi razziali che manifestò in seguito. A quanto pare non l'antisemitismo; ma un personaggio di primo piano dell'NKVD durante il periodo di Berija cambiò il suo nome da Mamuljan in Mamulov, e in privato disse di averlo fatto perché a Stalin non erano «graditi i nomi armeni». È vero che Stalin aveva amici armeni, come Mikojan; ma se è per questo aveva anche amici ebrei come Kaganovič e Mehlis, il che non gli impedì di fomentare l'antisemitismo. Quindi forse la storia ha qualche fondamento.

6

Stalin nacque dunque in una piccola, brulicante città semiorientale, al numero 10 di quella che allora si chiamava via Sobornaja (della Cattedrale).

La strada cambiò nome negli anni Venti, e in seguito fu distrutta, insieme alle abitazioni della zona. Ora al loro posto c'è un parco, al cui centro si trova la casa natale di Stalin, protetta da un'alta struttura di marmo costruita per ordine di Berija. È fatta di mattoni rossi e di legno, sulla facciata ha un portico con una palizzata di legno e pilastri intagliati. In una fotografia scattata intorno al 1930 i pilastri non ci sono, e non si sa se facessero parte della struttura originale dell'edificio o siano un'innovazione introdotta dai restauratori di Berija.

I Džugašvili la dividevano con il datore di lavoro o socio di Vissarion. La loro parte era costituita da una stanza al primo piano, più una stanza luminosa nello scantinato. Calcolato sommariamente, lo spazio nella stanza principale è di circa trenta metri quadri; più di quanto molte famiglie abbiano oggi a Mosca. Una casa russa di contadini medi del periodo nel «museo del legno» di Suzdal' è notevolmente più grande (anche se costruita per una famiglia di cinque o sei persone, e contenente una grande stufa russa).

Un contemporaneo afferma che in inverno le pareti erano umide: non esisteva alcun sistema di drenaggio, a parte un canale di scolo lungo la strada. Oggi non è più possibile avvertire l'atmosfera del luogo. Nella fotografia scattata prima dell'intervento di restauro, la casa ha un'aria fatiscente; ma l'immagine risale a quasi cinquant'anni dopo la nascita di Stalin, e le strutture lignee, o almeno in parte lignee, possono deteriorarsi in fretta.

In ogni caso, proprio come i presidenti americani, che per molto tempo hanno potuto affermare di essere nati in capanne di tronchi, Stalin era nato in una casa modesta.

Entro il perimetro del parco, dietro la casa natale, si può vedere un edificio più alto, a due piani, ma è ben nascosto dagli alberi e quindi non la sovrasta. È il museo Stalin. Negli ultimi anni è stato chiuso a lungo; una decina di anni fa per «riparazioni», poi per brevi periodi con lo scopo di allestire del materiale sulla figlia Svetlana, al suo ritorno in Unione Sovietica, e poi per eliminarlo di nuovo quando se ne andò per la seconda volta. Nel 1989 è stato chiuso per «ristrutturazione».

Stalin e i suoi genitori vissero nella casa natale solo dal 1879 al 1883. Quando lui cominciò la scuola si erano già trasferiti. Non ci fu mai grande pubblicità riguardo alla sua seconda residenza: a quanto pare abitò per dieci anni nella casa di un prete, padre Čarkvjani, fatto che, in retrospettiva, forse fu considerato poco consono.

Alla scuola di Gori frequentata da Stalin c'erano due Čarkvjani. È stato ipotizzato che un membro della famiglia fosse il padre di N.K. Čarkvjani, primo segretario del Partito comunista georgiano dal 1938 al 1952. Non abbiamo prove a conferma di questa ipotesi, ma vale la pena di ricordare che in un piccolo villaggio i rapporti di parentela possono davvero essere più comuni di quanto lo siano altrove. Secondo un altro studio, i due figli di Egnatašvili erano i due uomini con quel nome che detennero cariche minori sotto il regime sovietico, uno nella Segreteria del Soviet supremo, l'altro tra i luogotenenti di Berija alla Sicurezza di stato.

7

In realtà non abbiamo molte notizie certe sull'infanzia e la giovinezza di Stalin. In parte lo si deve alla scarsezza di informazioni, in parte al fatto che le fonti spesso si contraddicono l'una con l'altra, o quanto meno esprimono opinioni difficili da conciliare. Le notizie vennero fornite in molti casi a quaranta, cinquanta o sessant'anni di distanza, da persone che, consciamente o inconsciamente, avevano buoni motivi per distorcere i dati.

È vero che ci si trova sempre in questa difficile situazione quando si analizza l'infanzia dei personaggi famosi: stavolta però si tratta di un caso estremo. Ciò non ha molta importanza quando esistono schiere di centinaia di testimoni che fanno dichiarazioni in circostanze in cui le loro inclinazioni politiche o simili possono darsi per scontate, e in cui esiste una nutrita documentazione contemporanea. O meglio, ha importanza, ma in fondo non è troppo difficile estrapolare una versione equilibrata.

Tuttavia, persino disponendo di meno materiale riguardo a un'infanzia o a una giovinezza, come accade nel caso di Stalin, non ci troviamo in una situazione eccessivamente difficile. La ricerca storica e biografica si basa in larga parte sull'interpretazione di testimonianze incomplete; ed è utopistico pensare di ricostruire i fatti alla perfezione. Nel caso di Stalin, forse, l'importante è non prendere per dati di fatto quelle che sono soltanto probabilità, e qualora le testimonianze siano incompatibili, lasciare che parlino da sole, oppure farsi un'opinione su di esse e spiegarne il perché.

La versione comune dell'infanzia di Stalin è abbastanza semplice. Il padre, un ciabattino buono a nulla, beveva e lo picchiava; la madre lo difendeva e lo fece studiare. Lui odiava l'uno e amava l'altra.

Questa storia può essere vera, almeno in parte. Esistono molte attestazioni che il padre lo picchiava. Ma nelle famiglie contadine o semicontadine di tutto il mondo i padri picchiavano i figli, senza per questo alienarsi il loro affetto. Tuttavia in realtà sembra che la sua fosse una famiglia brutale, violenta. Talvolta la madre picchiava il marito ubriaco. A quanto pare una volta Stalin lanciò un coltello a suo padre, e fu costretto a nascondersi per un paio di giorni a casa di amici.

In un'intervista, lo stesso Stalin dichiarò di avere avuto un'infanzia felice. Ma la violenza della famiglia è ben documentata. La nostra fonte più antica, Iosif Iremašvili, lascia capire che le percosse erano particolarmente spietate; d'altra parte, Iremašvili proveniva da un ceto sociale meno rozzo, come la maggior parte dei compagni di scuola di Stalin, e forse era eccessivamente sensibile a eventi che, nei bassifondi o nei quartieri poveri di Gori, venivano considerati più o meno normali.

Inoltre, nel caso di Stalin (come in seguito egli disse alla figlia), anche sua madre lo picchiava.

Non che la situazione abbia molte analogie, ma mentre scrivevo mi è capitato di leggere un articolo del ballerino Mihail Baryšnikov, in cui, *en passant*, diceva di suo padre: «Una volta ogni tanto mi tirava un ceffone, ma succede in qualsiasi famiglia». E comunque «violento» non vuol dire «sempre violento» o «solo violento», e non implica l'assenza di altri ricordi più piacevoli.

La seconda moglie di Stalin, Nadežda Allilueva, non poteva toccare l'alcol senza sentirsi male. Lui faceva spesso una cosa che la infastidiva: immergeva le dita nel vino e le faceva succhiare ai bambini. Di certo tale gesto risaliva al suo periodo georgiano, e forse era un'abitudine condivisa da suo padre e altri. Si trattava chiaramente di un ricordo piacevole.

Stalin non disse mai una parola contro suo padre. Anzi, un recente studio sovietico afferma, contrariamente all maggior parte degli altri, che nutriva un sentimento d'affetto verso di lui e che provava rancore verso la madre per il modo in cui trattava Vissarion. Sostiene inoltre che si recava con lui ad Ateni, un villaggio a qualche chilometro da Gori, dove alcuni clienti gli ordinavano scarpe nuove o dove trascorreva alcuni giorni per eseguire delle riparazioni, e che a Stalin piaceva molto quella vita, in contrasto con la tetraggine della rigorosa attività scolastica.

Esiste un episodio dei primi anni Trenta molto rivelatore riguardo al suo atteggiamento. Attiene al caso del celebre Pavlik Morozov, che a quattordici anni denunciò il padre alle autorità per avere «fatto incetta» di cereali. Il padre fu fucilato, e per vendetta i compaesani uccisero il giovane Morozov. Questi divenne un eroe di primo piano per i pionieri. Fu iscritto nel loro «libro dell'eroismo» insieme ad altri giovani che avevano denunciato i genitori; gli vennero dedicate statue, furono scritti libri edificanti su di lui. Il palazzo della Cultura dei giovani pionieri di Mosca prese il suo nome. Tuttavia un recente articolo sovietico racconta la reazione di Stalin in privato. «Quel piccolo bastardo, denunciare il suo stesso padre!» disse, aggiungendo che comunque il suo esempio andava sfruttato sul piano politico, come arma contro la popolazione rurale recalcitrante.

Insomma, Stalin amava sua madre, oppure la odiava, ammirava suo padre, o forse lo odiava! Il problema irrisolto dei suoi rapporti familiari pregiudica soprattutto un approccio di tipo psicanalitico. Ma in generale, è evidente che il giovane Stalin viveva come la maggioranza della popolazione urbana, nella miseria e nell'incertezza, e che tale condizione risultava particolarmente evidente soprattutto per la sua prossimità con compagni di scuola più ricchi.

Il carattere di Lenin differiva da quello di Stalin sotto molti aspetti. Entrambi erano arrivati a odiare l'ordine vigente, entrambi si consideravano predestinati a governare la Russia, entrambi aderirono alla stessa dottrina, considerandola infallibile; ma Lenin era stato allevato in un ambiente agiato e colto, aveva avuto una vita familiare felice.

8

Indipendentemente dagli effetti, anzi dai fatti concreti, della sua vita domestica, nel settembre del 1888 Stalin prese a frequentare la scuola ecclesiastica di Gori; è il momento in cui noi cominciamo a conoscerlo come persona. «Soso», il diminutivo georgiano di Iosif con cui lo chiamavano sempre allora, era un buon allievo. Ma nonostante i voti eccellenti, ci mise sei anni a terminare il corso quadriennale.

In quell'epoca Stalin e sua madre si erano trasferiti da padre Čarkvjani, e Vissarion aveva rinunciato alla sua attività privata trasferendosi a Tiflis per lavorare alla fabbrica di scarpe Adelhanov, anche se si recava di frequente a casa sua a Gori. A un certo punto tornò e portò con sé a lavorare il ragazzo, che aveva dieci anni ed era quindi abbastanza grande, a quanto pare per circa un anno: fu la sua unica esperienza di lavoro manuale. In seguito Stalin raccontava una parabola relativa a un non meglio identificato operaio del calzaturificio che in tal modo si era proletarizzato, ma non aveva mai perso i suoi atteggiamenti mentali piccoloborghesi e non vedeva l'ora di mettersi di nuovo in proprio. In realtà a quanto pare Vissarion non aveva simili atteggiamenti mentali: desiderava semplicemente fare il ciabattino, se possibile autonomo, se no salariato.

Egnataśvili era uno di quelli che cercavano di persuadere Vissarion a permettere che il ragazzo proseguisse gli studi. E la madre alla fine riuscì a farlo tornare a scuola. A questo punto Vissarion scompare; sono indicate svariate date di morte (si dice, ed è plausibile, che fu pugnalato a Tiflis durante una zuffa tra ubriachi nel 1909, anche se potrebbe trattarsi di una confusione di nomi).

Forse Stalin perse un altro anno per motivi di salute. A un certo punto ebbe la varicella, che gli lasciò il viso gravemente butterato per tutta la vita. Ebbe un'infezione del sangue, in seguito a un incidente in cui fu investito da un carro che gli lasciò il braccio sinistro più corto e atrofizzato per sempre.

Stalin raggiunse l'altezza di un metro e sessanta. Oltre alla faccia butterata dalla varicella e al braccio invalido, aveva il secondo e il terzo dito del piede sinistro uniti (lo riferisce un rapporto di polizia). Almeno per la statura ebbe sempre dei rimpianti. In seguito Buharin disse: «Lo avvilisce non riuscire a convincere nessuno, nemmeno se stesso, di essere più alto di chiunque altro. È la sua disgrazia: può darsi che sia il suo tratto più umano, forse l'unico che ha; la sua reazione a questa "disgrazia" non è umana, è quasi diabolica: non può fare a meno di vendicarsene sugli altri, ma soprattutto su quelli che in qualcosa sono migliori o più dotati di lui...». Negli anni Trenta ordinò al capo della sua scorta, K.V. Pauker, di trovargli delle scarpe con la suola alta: e alle parate di solito stava in piedi su una pedana di legno leggermente rialzata.

Un evento significativo nella sua carriera scolastica avvenne quando frequentava il terzo anno. Nel 1890 fu imposto il russo come lingua per l'istruzione. Era un provvedimento legato alla campagna di russificazione intensiva di quel periodo, nell'ambito della quale le istituzioni scolastiche della Chiesa ortodossa erano considerate strumenti importanti. L'innovazione suscitò aspro risentimento, soprattutto negli istituti di istruzione secondaria. A quanto pare gli insegnanti georgiani furono sostituiti da colleghi russi. Soso era fra i ragazzi che crearono disordini per il provvedimento, e furono puniti. Se è vero, l'episodio non ebbe conseguenze sui suoi studi.

In una fotografia scolastica, Stalin è ritratto insieme a cinque insegnanti e ventuno ragazzi, al centro dell'ultima fila; è più basso degli altri di almeno sette centimetri. Secondo le descrizioni, era olivastro e aveva gli occhi gialli. A quanto pare gli occhi erano una delle sue caratteristiche più salienti. Il dirigente bolscevico Krestinskij in seguito parlò dei suoi «occhi da tigre», e anche lo scrittore Šolohov osservò: «Sorride, ma i suoi occhi sono come quelli di una tigre, l'animale da preda per eccellenza, che pure è capace di stare pazientemente in agguato della sua vittima».

Nonostante la povertà era sempre ben vestito, con giacche e scarpe di buona qualità. Aveva una bella voce e cantava nel coro. Anni dopo, sua figlia disse che quando cantava aveva una voce gradevole, contrariamente a quando parlava, sempre con toni aspri.

Il suo compagno di scuola e poi amico Iremašvili racconta la storia ormai nota di una gara di lotta fra loro due. Quando Iremašvili si voltò per andarsene, pensando che fosse finita, Stalin gli saltò addosso e lo buttò a terra trionfante. Poi i ragazzi si strinsero la mano e si abbracciarono. (Anche da adulto a volte Stalin lottava con Buharin, per divertire i loro parenti e i loro ospiti, ma di solito perdeva.)

Dicono che Stalin avesse una buona forma fisica, nonostante la bassa statura e il braccio invalido. Ricordando il passato, la madre disse che a quindici anni era «uno dei ragazzi più forti che si siano mai visti». (Bruce Lockhart, quando lo incontrò nel 1918, disse che era di «costituzione robusta».) Secondo un aneddoto d'annata (1934), quando era ragazzo, a Gori vinse una gara di nuoto contro un adulto esperto: d'altra parte sua figlia afferma che non aveva mai imparato a nuotare... Secondo un altro aneddoto (sempre del 1934) nel 1892 lui e il suo gruppo erano andati ad assistere all'impiccagione pubblica di alcuni banditi. Nella prima versione Stalin disse pacatamente agli amici che, essendo puniti a sufficienza in quel momento, i condannati non avrebbero sofferto nell'aldilà. Se la storia era stata inventata per compiacere Stalin, a quanto pare non funzionò; in una versione successiva (1940) lui e i suoi amici erano stati costretti ad assistere all'esecuzione, e ne erano rimasti molto turbati. La storia potrebbe avere un fondo di verità, ma naturalmente non si può fare alcun affidamento su quanto è stato scritto fra il 1930 e il 1940: non si può dare molto peso a presunti ricordi di cinquant'anni prima, ritoccati dai redattori per motivi apologetici. L'unica implicazione significativa della prima versione è che il giovane Stalin era rinomato per la sua devozione religiosa.

A parte la devozione, l'amore per la natura e così via, la grande passione del ragazzo era la lettura. Frequentava una libreria di Gori, lesse i classici georgiani e anche libri moderni come *Il patricida* di Kazbegi, un romanzo con un eroe romantico nella tradizione di Walter Scott. Il protagonista, un ardito fuorilegge georgiano chiamato Koba, guida i montanari contro lo zar, viene tradito e uccide il traditore. Koba (afferma Iremašvili) diventò il «personaggio ideale» del ragazzo. In seguito, molto prima di assumere il nome di Stalin, in clandestinità scelse come pseudonimo «Koba». E molti bolscevichi, tra cui Buharin, che lo conoscevano bene lo chiamarono Koba fino alla fine. (Un biografo ha avanzato l'ipotesi che il fatto di aver preso a modello l'eroe del *Patricida* indichi un'identificazione di Stalin con l'uccisore del padre. Ma il parricida della storia non è Koba.)

Un compagno di scuola di Stalin descrive anche un altro aspetto del carattere del ragazzo: gli piaceva enormemente scalare le montagne, andare in aperta campagna e nella strana «città sotterranea» di Upliscihe, fondata in epoca precristiana e molto tempo dopo saccheggiata e abbandonata. Il suo amore per la natura, come spesso accade ai ragazzini, implicava una passione ossessiva per il lancio di sassi agli uccelli.

Le montagne e le vallate della Georgia sono molto diverse dalle steppe e dalle foreste della Russia. Quando Suvorov, l'ultimo generalissimo nella storia russa prima di Stalin, guidò il suo esercito sulle Alpi nel tentativo pazzesco e quasi riuscito di distruggere le forze rivoluzionarie francesi, i suoi soldati russi provavano un terrore quasi superstizioso di fronte alla mostruosa visione di montagne e ghiacciai. La stessa sensazione provarono le prime truppe russe arrivate nel sistema montuoso del Caucaso, che è più elevato persino delle Alpi: il Kazbek è più alto del Monte Bianco. D'altra parte, Puškin, Lermontov, Gor'kij e altri amavano lo scenario selvaggio del Caucaso (e Puškin si lagna della «monotona steppa moldava»).

La figlia di Stalin ci dice che nel complesso egli amava il panorama siberiano del suo esilio, anche se talvolta lo deprimeva, un gusto tutt'altro che perverso, ma abbastanza strano per un montanaro. In ogni caso, questo non comporta un rifiuto totale del paesaggio georgiano. Tornò di rado in Georgia dopo la rivoluzione, e in particolare dopo il tremendo insuccesso che vi subì nel 1921. Ma quando lo faceva (soprattutto negli ultimi anni della sua vita) stava in luoghi molto isolati, come palazzo Likani nella località turistica montana di Boržomi, su una gola del Kura superiore, non si avvicinava mai a Gori e nemmeno a Tiflis (anche se una volta partì per Gori, ma fu talmente disgustato dal fragoroso benvenuto dei villaggi lungo la strada che tornò indietro).

Fra tutti i suoi attributi fisici e mentali, Iremašvili nota in particolare che l'amore di Soso per la natura non era accompagnato dall'amore per gli esseri umani. Era «incapace di provare pietà per un uomo o un animale»: «Fin da bambino accoglieva le gioie e le tribolazioni dei suoi compagni di scuola con un sorriso sarcastico. Non lo vidi mai piangere». Quando si prefiggeva uno scopo, era «eccessivo, sfrenato e appassionato».

Intanto, andava bene a scuola, soprattutto nelle materie ecclesiastiche e in storia, geografia, georgiano e calligrafia, meno in greco e in aritmetica. Stava anche studiando il russo, e non come si imparano le lingue straniere in molte scuole occidentali, ma con un sistema assai efficace: i ragazzi, almeno al principio, dovevano parlare russo anche nel corso delle altre lezioni. Per quanto controvoglia, Soso lo imparò molto bene. Anche Napoleone parlava pochissimo francese fino a quando non andò ad Autun, a nove anni (e in seguito simpatizzò per anni con la causa corsa, fino a quando non si persuase che la libertà della popolazione dell'isola poteva essere inglobata nei principi più generali dell'ideale repubblicano francese...). Naturalmente i due sono diversi sotto molti aspetti. Eppure non è difficile capire che un uomo ambizioso di una nazione piccola possa superare gli svantaggi dovuti al suo luogo natale legando le proprie sorti a quelle di un paese importante con una lingua importante.

Nel luglio 1894, quando lasciò la scuola di Gori, Stalin era il migliore o uno dei migliori della classe.

II

IL SEMINARIO

1

Stalin aveva vinto una borsa di studio per il seminario teologico di Tiflis, che però non gli bastava per mantenersi, benché gli venissero forniti anche i vestiti. Ma anche in questo caso, o fu sua madre a fare economia, come di solito si dice, o intervenne il suo protettore, oppure entrambe le cose, fatto sta che il ragazzo proseguì gli studi per cinque anni. Sua madre desiderava che diventasse sacerdote (e quando lui era al potere lo ribadì in un'intervista, cosa che lui gradì molto). A quanto pare tale desiderio era motivato dalle sue caratteristiche fisiche, a causa delle quali secondo lei non avrebbe avuto successo nelle altre professioni cui poteva aspirare un ragazzo con le sue origini sociali.

Per il momento abbiamo parlato soprattutto, anche se in modo inevitabilmente inconcludente, di quelle che potremmo definire pressioni o limitazioni passive, provenienti dall'esterno, sul modo di essere di Stalin. Ora siamo in grado di analizzare in maniera più approfondita le manifestazioni autonome del suo carattere.

Il seminario teologico di Tiflis era senz'altro l'istituzione accademica più importante della Georgia. Nel paese non c'erano università, e chi poteva permetterselo mandava i figli a perfezionarsi negli atenei russi o tedeschi. Dopo un corso al seminario di Tiflis, talvolta era possibile passare a studi superiori. L'istituzione attirava, o produceva, buona parte della nuova intellighenzia del paese.

Il seminario, ora museo delle Arti, è un bell'edificio classico, situato tra due strade che si dipartono da una piazza alberata intitolata a Puškin. All'interno ci sono quattordici o quindici stanze, tra cui la vecchia cappella e i dormitori degli allievi. Le condizioni erano altrettanto buone che nei collegi privati inglesi dell'epoca, se non migliori. A dire il vero Harrow, che Churchill (maggiore di cinque anni) frequentava nello stesso periodo, sotto molti aspetti era meno accogliente.

Da tempo gli studenti manifestavano insofferenza nei confronti delle autorità. Nel 1885, quando il rettore russo Čudeckij fece un'osservazione offensiva sulla Georgia, lo studente Sil'vestr Džibladze lo schiaffeggiò. Fu condannato a tre anni di prigione, e in seguito divenne un marxista georgiano di primo piano, anche se rimase sempre ostile a Stalin.

Nel giugno 1886 il rettore cadde ucciso sotto i colpi d'arma da fuoco di uno studente da poco espulso, che venne giustiziato. Il seminario rimase chiuso per un anno. Dopo la riapertura, l'intensificarsi della russificazione provocò altri disordini. A quanto pare nel 1890 ci fu una specie di sciopero; e nel 1893 gli studenti chiesero il ripristino del georgiano come lingua di insegnamento, un corso di letteratura georgiana e il licenziamento del personale più sgradito. Le richieste furono respinte, e i discenti scesero di nuovo in sciopero. Ne furono espulsi oltre ottanta, compreso quel «Lado» Kechoveli che doveva diventare uno dei primi maestri di Stalin, e Miha Chakaja, futuro collega di Lenin. In realtà il periodo trascorso da Stalin al seminario, cominciato nel settembre 1894, fu relativamente tranquillo.

Il seminario forniva un'istruzione completa. Si dava grande spazio alla liturgia, alle scritture, allo slavo ecclesiastico, al greco, latino e russo. Stalin non soltanto non ne criticò mai i metodi, ma li reintrodusse nelle scuole sovietiche dopo il disastroso periodo di sperimentazione che precedette la sua ascesa al potere.

Sia nelle biografie favorevoli sia in quelle ostili, spesso si afferma che Stalin fu fortemente influenzato, se non dai principi religiosi dell'istruzione ecclesiastica, almeno dalle sue forme (proprio come Christopher Isherwood, parlando di W.H. Auden, afferma che a un certo punto il suo anglicanesimo da chiesa alta era svanito «senza però indurlo a scendere dal suo piedistallo»). Per tutta la vita Stalin si espresse utilizzando molte forme tipiche della catechesi. Un recente articolo sovietico esamina questa sua locuzione tipica: «Che cosa significa rettificare la selezione dei quadri? Rettificare la selezione dei quadri significa...»; e offre altri esempi del suo «stile catechetico, con innumerevoli ripetizioni di una frase, sempre la stessa, usata come domanda, poi come risposta, e poi ancora con una locuzione negativa». Secondo questo moderno saggio sovietico si tratta della «solennità di uno sciamano ostentatamente monotono, la retorica e gli espedienti di un seminarista con un'istruzione incompleta, un gergo burocratico...»; almeno quest'ultimo aggettivo non è imputabile all'istruzione ricevuta da giovane.

Un altro recente articolo sovietico parla di come Stalin dimostrasse sempre «povertà di espressione in una lingua che per lui era straniera».

2

Più o meno in questo periodo Stalin scriveva poesie. Oltre alla sua passione per Koba, leggeva molte altre opere letterarie georgiane: l'epica nazionale del XII e del XIII secolo, *Il cavaliere dalla pelle di leopardo* di Šota Rustaveli e libri più recenti dedicati agli ideali della libertà georgiana, come *L'eremita* del principe Il'ja Čavčavadze.

Čavčavadze era direttore della rivista «Iverija». Quando Stalin aveva quindici o sedici anni il periodico pubblicò otto poesie sue, o almeno attribuitegli da un giornale sovietico nel 1939. La sua paternità è stata messa in dubbio, poiché in quel periodo pullulavano le invenzioni su tutta la biografia di Stalin. Le poesie erano firmate «I. Dž...švili» o (in un solo caso) «Soselo», e gli scettici hanno osservato che in quel periodo era attivo il poeta georgiano Ivan Džavakišvili, il quale avrebbe potuto servirsi del primo «pseudonimo», traendo in inganno i mitologi quasi cinquant'anni dopo. Ma questa spiegazione non vale per «Soselo». La poesia di «Soselo» è del resto l'unica di cui in seguito furono pubblicati alcuni versi nella traduzione russa. Dice:

> Sappiate che chi cadde come polvere a terra
> Chi un tempo fu ridotto in schiavitù
> Risorgerà, con ali luminose di speranza
> Librandosi al di sopra delle grandi montagne.

Nell'originale comparso su «Iverija», intitolato «Alla luna», al posto di «grandi» c'è «sante», e in altre poesie ricorre il verso «grande è la provvidenza dell'Onnipotente». Le poesie di «Dž...švili» sono invocazioni alla Georgia, alla sua natura, alla sua storia, ai suoi contadini oppressi. Talvolta si riducono (almeno in traduzione) a tediose banalità. Come nota Ronald Hingley, sembra strano che, per quanto giovane, scrivesse versi melensi come questi:

> La rosa schiude i petali
> E abbraccia la viola.
> Anche il giglio s'è desto.
> E denudano agli zefiri la fronte.

Già il fatto che Stalin scrivesse poesie può lsasciare perplessi, ma anche Mao Tse-tung, Fidel Castro e Ho Chi Minh si dedicarono di tanto in tanto alla stessa arte. A parte qualsiasi altra considerazione, nel caso di Stalin potrebbe essersi trattato di un espediente per consentirgli di entrare nell'ambiente dell'intellighenzia letteraria georgiana, sebbene non esistano prove che sia andata davvero così. È un tipico episodio oscuro, ma forse rivelatore.

Il seminario aveva due caratteristiche palesemente negative. Innanzitutto, rappresentava sempre di più la Chiesa russa e la sua detestata opera di russificazione. In secondo luogo, c'erano sistemi di controllo ignobili, nella peggior tradizione ecclesiastica, che ricordavano i metodi dei più perfidi preti-insegnanti dello splendido *Sainte Colline* di Gabriel Chevalier.

Durante il primo anno di seminario, Stalin aveva ottimi voti in condotta e in profitto, e i suoi compagni lo notavano per la sua religiosità. Ma durante il secondo anno, cioè fra il 1895 e il 1896, quando aveva circa sedici anni, assunse un atteggiamento di intensa ribellione.

Una delle regole più stupide della scuola era la messa all'indice non solo della letteratura occidentale sospetta, ma persino di Dostoevskij, Turgenev e Tolstoj. Dato che durante il pomeriggio agli studenti era consentito di recarsi in città per due ore, l'obbedienza a tale norma, oltre che esasperante, risultava incontrollabile. Così, per allargare il limitato orizzonte delle cognizioni fornite dal seminario, Stalin divenne autodidatta. Lui e i suoi amici si procuravano i libri alla «biblioteca economica» locale, e spesso se li portavano in seminario per leggerli di nascosto.

Il rettore russo Germogen, i suoi assistenti russi Murahovskij e Ržavenskij e il suo «ispettore» georgiano Abašidze conducevano una campagna instancabile contro gli studenti sospetti. Abbiamo testimonianze di prima mano secondo cui l'armadietto di Stalin fu forzato, e gli vennero sequestrati i libri proibiti. In seguito, quando Stalin era più grande (nel dicembre del 1898), si intromise mentre venivano perquisiti altri studenti, e criticò la procedura, affermando che in altri seminari non esisteva. Nel rapporto del sovrintendente si dice pure che in generale Džugašvili era irrispettoso, e in particolare rifiutava di inchinarsi, com'era consuetudine, a Murahovskij. Fu chiuso in cantina per cinque ore.

Come in seguito affermò Stalin stesso, quell'atmosfera di spionaggio meschino e continuo, o secondo la sua definizione «il sistema oltraggioso e i metodi gesuitici predominanti al seminario», lo prepararono a diventare un rivoluzionario.

È difficile immaginare un sistema che avesse meno probabilità di instillare un sentimento di fedeltà verso le autorità e di dedizione all'idea del sacerdozio cui in teoria la scuola doveva preparare gli allievi; figuriamoci dunque se avrebbe potuto far emergere le componenti migliori in un carattere già in sé difficile. Secondo alcuni studiosi proprio le esperienze in seminario diedero origine all'indole tetra e sospettosa manifestata in seguito da Stalin. In generale è un'ipotesi sensata, anche se comunque in seguito egli si servì di metodi ben diversi. I monaci, nel loro modo squallido, quando accusavano qualcuno di avere infranto le regole lo facevano almeno sulla base di prove concrete. Stalin, quando era in auge, usava un sistema completamente diverso: faceva arrestare le persone e poi inventava le prove. E anche se di certo fu un'esperienza bruciante stare rinchiuso per ore nella cella di punizione del seminario, non può essere paragonata con l'ordine dato da Stalin di estendere la pena di morte addirittura ai ragazzini di dodici anni.

3

Anche in seminario, come a Gori, Stalin era il capo riconosciuto del suo gruppo; ma aveva cattivi rapporti con chiunque non accettasse la sua supremazia. Si rifiutava di abbracciare gli altri studenti quando tornava dopo le vacanze estive, com'era consuetudine. «Non voglio essere un fariseo e baciare quelli che non mi amano» diceva.

Esponeva di continuo le proprie opinioni ai compagni. Ogniqualvolta un altro studente cercava di prendere in mano la discussione, a quanto dicono Stalin si arrabbiava e gridava fino a zittirlo. Iremašvili, suo compagno di studi (e indicato in un articolo sovietico fra i membri di uno dei «gruppi di discussione» di Stalin), aggiunge che egli vedeva in tutto «il lato peggiore, negativo». Se fuori dalla sua cerchia qualcuno aveva la meglio su di lui in una discussione, sorrideva con espressione sarcastica e se ne andava.

Il 19 settembre 1898 Stalin si beccò un rapporto per aver radunato un gruppo di studenti e aver letto loro «libri non autorizzati dalle autorità del seminario». L'elenco completo delle opere educative non autorizzate è illuminante.

Parlando di Hitler, Churchill affermò che aveva «un'istruzione approssimativa». In un certo senso lo stesso si può dire di Stalin. In effetti a scuola ricevette un'istruzione rigorosa, ma molto limitata. Fuori lesse opere letterarie georgiane, alcuni classici russi come gli scrittori satirici Saltykov-Ščedrin e Gogol', qualche libro occidentale (in traduzione russa), come per esempio *La fiera delle vanità* di Thackeray, o *Il novantatré* e *I lavoratori del mare* di Victor Hugo. Soprattutto l'opera di Hugo rientrava nella sfera del romanticismo rivoluzionario. Ma inoltre c'erano libri che riportavano idee occidentali di più ampio respiro, anche se non dobbiamo credere all'affermazione fatta in seguito, sotto il regime sovietico, secondo la quale a tredici anni, quando era ancora a Gori, Stalin lesse *Le origini delle specie* di Darwin e dichiarò a un altro allievo che il libro dimostrava l'inesistenza di Dio. Questa storia non regge da molti punti di vista, tra l'altro perché Stalin continuò a essere religioso, e addirittura devoto, ancora per alcuni anni.

Gli unici libri di cui possiamo dire con sicurezza che li lesse mentre era in seminario sono quelli con cui fu colto in flagrante. Fu messo sotto inchiesta tredici volte, anche se in realtà sono riportati soltanto i titoli dei libri di Hugo e *L'evoluzione letteraria delle popolazioni* di Letourneau, che egli fu scoperto a leggere sulle scale della cappella.

È ragionevole pensare che questo libro fosse una lettura tipica degli studenti radicali. Il dottor Charles-Jean-Marie Letourneau (1831-1902) fu autore di una serie di scritti sull'«evoluzione» della proprietà, del matrimonio, della politica, della religione e così via. Essi rientrano nella tradizione del «materialismo scientifico», come afferma uno di tali testi, e costituiscono una vasta enciclopedia tremendamente noiosa di tutto lo scibile dal punto di vista di un radicale francese di quell'epoca. Letourneau, tipico erudito per tutte le stagioni, molto popolare e oltremodo prolifico, evidentemente si considerava un successore degli enciclopedisti del secolo precedente. Oggi non è nemmeno citato negli indici delle enciclopedie francesi e inglesi. L'*Evolution littéraire dans les diverses races humaines* (nell'edizione francese) è lunga 574 pagine: il fatto che Stalin vi si fosse dedicato è molto indicativo del suo bisogno di informarsi, e di quanto fosse noiosa la vita in seminario. A giudicare dagli altri libri che a quanto pare circolavano fra gli studenti in quell'epoca, il ragazzo lesse *L'origine dell'uomo* di Darwin e anche *L'antichità dell'uomo* di Charles Lyell, le due opere che stavano rivoluzionando il modo di considerare il posto occupato dalla nostra specie nella storia del mondo.

Inoltre, a parte i libri russi e occidentali di narrativa che abbiamo menzionato, poté accedere a Feuerbach, Buckle e Spinoza, alle vite di Copernico e di Galileo e alla *Chimica* di Mendeleev. Non è chiaro che cosa attinse da ogni singola opera. Nel 1932, nel tricentenario della nascita di Spinoza, la «Pravda» pubblicò un articolo commemorativo con citazioni di Stalin, che tuttavia avevano poco a che vedere con il filosofo olandese.

4

Quindi le opere non autorizzate lette da Stalin erano più o meno nettamente contrarie alle idee ufficiali. In generale, sia il concetto di «rivoluzione» sia quelli indicati come socialismo o anarchismo erano diffusi da tempo negli ambienti intellettuali. Già negli anni Venti Pavel Pestel', la mente più speculativa dei decabristi, propose l'equivalente di un'utopia realizzata per mezzo del terrore. I rivoluzionari preleninisti più in vista usavano lo stesso tono. P.N. Tkačev, fra il 1860 e il 1870, chiedeva con insistenza che a governare fosse la minoranza intellettuale per il suo «livello mentale e morale più elevato» e temeva che l'industrializzazione e l'occidentalizzazione avrebbero introdotto nell'impero russo i valori borghesi. Petr Zaičnevskij, nel 1862, parlò del «partito rivoluzionario» che doveva andare al potere, salvaguardare la propria centralità e «assumere poteri dittatoriali». Era soprattutto Nikolaj Černyševskij, da cui Lenin per la prima volta apprese le idee rivoluzionarie (come riconobbe per tutta la vita), a insistere in favore di un governo di élite e dell'odio per il liberalismo.

Tkačev aveva ragione. A parte le tradizioni del dispotismo imperiale e rivoluzionario, le riforme degli anni successivi al 1860 stavano davvero cominciando a produrre, per usare le parole di Pasternak, i primi aristocratici «entusiasti delle idee occidentali» e in seguito «la nascita di una classe media illuminata e facoltosa, aperta alle influenze occidentali, progressista, intellettuale, artistica». È significativo che nessuno dei grandi scrittori dell'illuminismo russo appoggiasse l'intellighenzia rivoluzionaria, a eccezione, almeno in parte, di Gercen; e anche lui aveva scritto: «Il comunismo è l'autocrazia russa alla rovescia», un'espressione che sarebbe stata ripetuta da Rosa Luxemburg mezzo secolo dopo proprio in riferimento ai bolscevichi di Lenin.

Ma Tolstoj e Dostoevskij, Turgenev e Čehov non avevano i requisiti per essere annoverati nell'«intellighenzia», mentre Černyševskij (il cui *Che fare?*, che ebbe una straordinaria influenza, è stato definito il peggior romanzo mai scritto) ne era un membro di alto rango. Per essere un *intelligent* non c'era bisogno di requisiti particolari, salvo la devozione all'«idea». E l'idea, o una sua variante, era a portata di mano.

5

Le letture parascolastiche di Stalin, e i suoi commenti personali, dimostrano in modo abbastanza chiaro che in lui i sentimenti ribelli o rivoluzionari precedettero il marxismo. Sappiamo che accadde anche a Lenin, il quale divenne un rivoluzionario černyševskiano a diciotto anni, molto prima di diventare marxista. A quanto pare esistono pochi casi, ammesso che ne esistano, in cui una mente indifferente o reazionaria leggendo Marx si sia convertita al marxismo. Ci voleva quasi sempre una predisposizione mentale per accogliere un sistema di certezze completo e in apparenza sofisticato.

La gradualità, ovvero le fasi attraverso le quali questo avvenne nel caso di Stalin, è attestata da una risposta che diede nel 1926 a un ammiratore americano, il quale gli aveva chiesto come fosse diventato rivoluzionario. «È un processo difficile da descrivere. All'inizio si arriva a convincersi che lo stato delle cose è sbagliato e ingiusto. Poi si decide di fare del proprio meglio per rimediare...»

La cultura acquisita personalmente da Stalin al di fuori della scuola lo aveva preparato al marxismo. Ovviamente in seguito essa dovette essere supportata da una lettura ragionevolmente completa dei classici marxisti, da cui attinse nuovi dogmi con cui sostituire quelli religiosi che aveva ripudiato. In quell'epoca la mente di Stalin, nel senso del suo equipaggiamento intellettuale, era un conglomerato di nozioni linguistiche, storiche e teologiche acquisite a scuola, di classici georgiani e russi, di alcuni elementi della tradizione scientifica e letteraria occidentale, e di questa dottrina onnicomprensiva.

6

Il marxismo aveva conquistato i primi adepti russi negli anni immediatamente successivi al 1880, quando G.V. Plehanov e altri, in esilio a Ginevra, avevano costituito il gruppo «Liberazione del lavoro». Fino a quel momento i rivoluzionari russi per la maggioranza avevano avuto idee populiste, attinte alla dottrina dei *narodniki*, e credevano che il socialismo potesse essere edificato sulla base dell'antica comunità contadina senza consentire lo sviluppo del capitalismo. Purtroppo anche Marx aveva convenuto che le cose avrebbero potuto evolversi in questo modo, date le condizioni particolari della Russia. I marxisti russi più ortodossi risolvevano il problema o insinuando – quasi un sacrilegio – che Marx si fosse sbagliato, o sostenendo che, per quanto possibile, un processo simile in quel momento era ostacolato, o già bloccato, dalla crescente industrializzazione della Russia, a causa della quale il paese era ormai inserito nel normale schema di sviluppo marxista, con capitalisti, lavoratori e tutto il resto.

A un secolo di distanza, potrebbe stupirci la rapidità con cui il marxismo trionfò in un ampio settore dell'intellighenzia politicamente attiva. Oggi, naturalmente, restano fedeli al marxismo propriamente detto soltanto una fascia intellettuale retrograda in Unione Sovietica e in pochi altri paesi socialisti, un pugno di accademici e pochi altri occidentali, oltre alla classe dirigente di qualche regime o movimento guerrigliero del Terzo Mondo. I suoi precetti sulla natura e sul futuro del «capitalismo» e del «socialismo» si sono dimostrati errati.

È vero che persino all'epoca dei suoi massimi successi politici, pochi storici ne accettavano la teoria storica, pochi economisti la teoria economica, e pochi filosofi la teoria filosofica. La sua forza si fondava su altri elementi. Nell'Ottocento sembrava che ovunque il mondo stesse rompendo i vecchi schemi. L'industrializzazione, le ferrovie, le navi a vapore, il telegrafo erano il corrispettivo materiale di un altrettanto straordinario balzo in avanti nel mondo del pensiero. La nuova geologia e la nuova astronomia avevano grandemente ampliato il mondo fisico nel tempo e nello spazio. Faraday, Clark Maxwell e una dozzina di altri avevano scoperto nuove leggi fisiche. E Darwin aveva inserito l'umanità e le sue origini in uno schema nuovo che appariva iconoclastico.

Ora era comparso il Darwin della società. Un «Doktor» tedesco aveva scoperto le «leggi ferree» della storia, e addirittura dell'universo in generale. In Russia il marxismo esercitava un fascino particolare. Lo spiegò un giovane rivoluzionario di allora, poi collega di Lenin (e in seguito suo oppositore), N.F. Valentinov:

> Ci siamo aggrappati al marxismo perché eravamo attratti dal suo ottimismo sociologico ed economico, dalla sua forte convinzione, puntellata da fatti e cifre, che lo sviluppo dell'economia, lo sviluppo del capitalismo (ecco perché ci interessava tanto), demoralizzando ed erodendo le basi della vecchia società, stessero creando nuove forze sociali (noi inclusi) le quali di certo avrebbero spazzato via il regime autocratico insieme a tutti i suoi abomini. Con l'ottimismo della giovinezza avevamo cercato una formula che offrisse una speranza, e la trovammo nel marxismo. Eravamo attratti anche dalla sua natura europea. Il marxismo veniva dall'Europa. Non aveva il gusto e l'odore di uno schema fatto in casa e di provincialismo, ma era nuovo, fresco, eccitante.

Inoltre, come scrisse in seguito il filosofo russo Berdjaev:

Il positivismo scientifico, come ogni altra cosa occidentale, era accettato nella sua forma più estrema e convertito non solo in una metafisica primitiva, ma persino in una speciale religione che soppiantava tutte le religioni precedenti.

Nella situazione russa esisteva un fattore particolare. I populisti dei decenni precedenti erano «andati al popolo», in una campagna disastrosa, perché i contadini respingevano con ostinato disprezzo quegli intellettuali di città. Ma anche il terrorismo individuale che abbracciarono allora fu un fallimento. Il marxismo, d'altra parte, prometteva che una nuova forza, il «proletariato», avrebbe distrutto non soltanto lo zarismo, ma anche le «classi sfruttatrici» comparse più di recente.

In Georgia l'iniziatore del movimento marxista era stato Noe Žordanija, futuro presidente della Georgia indipendente, quando era studente al seminario. Il movimento assunse il nome *Mesame Dasi*, «Il terzo gruppo»: il primo erano stati i liberali riunitisi intorno al principe Čavčavadze, e il secondo un circolo molto più radicale e più effimero.

All'inizio il gruppo di Žordanija si occupava soprattutto di studiare e diffondere il marxismo. Pubblicava il settimanale «Kvali» («Il solco») e il mensile «Moambeh» («L'Araldo»). All'epoca l'opera marxiana poteva essere pubblicata legalmente nell'impero: anzi la polizia riteneva che i socialisti marxisti non terroristi costituissero una minaccia meno pericolosa del vecchio movimento «Volontà del popolo» e del Partito socialista rivoluzionario, di recente formazione, per il quale bomba e rivoltella erano armi politiche consuete.

A quanto riferiscono, Stalin leggeva «Kvali» e nel 1896 o nel 1897 cominciò a considerarsi un marxista. Il suo gruppo di discussione, su cui esercitava una supremazia sempre maggiore, si dedicò alle idee marxiste. Sembra che insieme ad altri studenti del seminario avesse preso contatti con qualche operaio di Tiflis, soprattutto all'interno di gruppi informali di discussione dei ferrovieri.

Quando pensiamo a Gori e a Tiflis in quei giorni, come ho detto, dobbiamo liberarci dalla vaga idea di una «cittadina» o di una «capitale di provincia» come quelle dell'America o dell'Europa occidentale. Avevano più il carattere delle piccole città orientali o mediterranee. E questo accadeva solo un secolo fa. A Tiflis, come a Gori, c'era un ordine sociale semimedievale, comparabile sotto certi aspetti a quello di Parigi ai tempi di François Villon, con la popolazione urbana in cui clero e funzionari, mercanti e studenti, criminali e operai a giornata si mischiavano in uno strano potpourri molto ben amalgamato. Come in tutte le città più antiche, questo tipo di ambiente comprendeva un «proletariato» nel senso romano, e cioè non la classe dei lavoratori dell'industria cui il termine era stato applicato da Marx, ma la vasta classe dei poveri delle città, senza alcuna proprietà se non se stessi.

È vero che Tiflis stava cominciando a modernizzarsi. I cantieri ferroviari avevano i propri dipendenti, e c'era un certo numero di piccole fabbriche, alcune ancora allo stadio di laboratori artigiani, altre più grandi. I ferrovieri erano un proletariato esiguo ma autentico in senso marxista.

Verso la fine del 1898 Stalin andò da Žordanija e gli disse che aveva deciso di lasciare il seminario per impegnarsi a tempo pieno nella propaganda fra i lavoratori. Žordanija gli pose alcune domande e scoprì che aveva solo una conoscenza superficiale della storia, della sociologia e dell'economia politica, tratta dagli articoli di «Kvali» e dal programma del Partito socialdemocratico tedesco. Gli consigliò di restare per un altro anno in seminario e di migliorare la sua formazione politica. Stalin rispose che ci avrebbe pensato. A quanto pare si risentì un poco per quel diniego, e fu sentito attaccare con calore Žordanija in un gruppo di studenti.

Rimase in seminario fino al maggio del 1899, quando gli notificarono che sarebbe stato espulso per non aver sostenuto gli esami, ma che gli veniva concessa una dilazione di due giorni per spiegare questo peggioramento. Non lo fece, e fu espulso ufficialmente il 29 maggio 1899.

In seguito Stalin disse di essere stato radiato per «aver diffuso il marxismo» (anche se sua madre dichiarò di averlo riportato a casa per una malattia). Presa alla lettera, l'affermazione di Stalin è ovviamente falsa. Ma è plausibile che potesse aver scelto un sistema semplice per liberarsi del seminario e buttarsi nel pieno della vita rivoluzionaria. D'altronde non fu il solo a essere cacciato. Soltanto cinquanta studenti, sui trecento iscrittisi prima del 1900, portarono a termine il corso di studi.

Stalin aveva intensificato i contatti con gli ambienti marxisti tramite un suo compagno di stanza, «Vano» Kechoveli, fratello di quel «Lado» Kechoveli che aveva guidato lo sciopero studentesco nel 1893. Fu a quel punto che si imbatté per la prima volta in alcuni scritti di Lenin, firmati con lo pseudonimo «Tulin».

Fu sempre allora che Stalin assunse il suo primo pseudonimo politico, «Koba», nome dell'eroico brigante vendicatore con cui si era identificato quando aveva qualche anno di meno. E, nonostante le riserve dimostrate in precedenza da Žordanija nei suoi riguardi, ben presto Stalin fu ammesso a pieno titolo fra i marxisti. Nel corso degli anni immediatamente successivi si impegnarono in due importanti campagne: l'attività per influenzare la nuova classe degli operai dell'industria, e una lotta mortale fra gli stessi marxisti.

Nel marzo del 1898, a Minsk si era tenuto il cosiddetto I «congresso» del Partito operaio socialdemocratico russo (POSDR). Ormai esisteva, anche se per il momento era piuttosto instabile, un'organizzazione politica propriamente detta cui i marxisti potevano fare riferimento.

III
LA CLANDESTINITÀ

1

Non sappiamo che cosa fece Stalin nel periodo tra l'espulsione dal seminario e la fine del 1899. Se è vero che sua madre, come affermò in seguito, lo aveva portato via perché «era talmente deperito che a quanto dissero i dottori si sarebbe preso la tubercolosi», presumibilmente tornò a casa a Gori per rimettersi in salute.

Quell'inverno era già di ritorno a Tiflis, e il 28 dicembre 1899 ottenne il suo primo e unico impiego regolare, come contabile all'Osservatorio locale. Le sue mansioni erano un po' più varie di quanto faccia pensare la qualifica. Gli impiegati subalterni come lui erano sei, facevano il turno di notte a rotazione e aggiornavano i dati meteorologici. Al museo Stalin di Gori si possono vedere alcune annotazioni relative alla temperatura scritte nella sua grafia, e datate gennaio 1900.

Stalin aveva ottenuto il lavoro tramite un suo amico studente, Vano Kechoveli, già impiegato all'Osservatorio. Era una situazione ideale per i giovani rivoluzionari, che potevano riporre la letteratura proibita in diversi nascondigli, situati negli edifici e nei dintorni.

Il 23 aprile del 1900 si svolse a Tiflis la festa del Primo maggio, non in pubblico ma fuori città, in segreto. Anche l'anno precedente Lado Kechoveli aveva organizzato una riunione del genere, cui a quanto pare aveva partecipato una settantina di persone tra operai e altri. Quell'anno erano in duecento, e Stalin si trovava fra gli oratori. Intanto gli era stata affidata ufficialmente la propaganda marxista negli ambienti degli operai ferroviari con cui era entrato in contatto quando si trovava ancora al seminario.

La notte del 21 marzo 1901 però la polizia fece un'incursione all'Osservatorio e in altri covi dei socialdemocratici e ne arrestò diversi. Stalin non fu preso, e anche se la sua stanza venne perquisita, non furono trovate pubblicazioni illegali. Ma com'è logico perse il lavoro, e da quel momento in poi fece la vita del rivoluzionario di professione.

La dimostrazione per il Primo maggio del 1901 si svolse a Tiflis pubblicamente, ma illegalmente. Secondo i rapporti vi parteciparono «quasi duemila persone». Avvennero scontri con la polizia e i cosacchi; quattordici operai rimasero feriti (non uccisi, come afferma erroneamente una biografia) e oltre cinquanta furono arrestati. Lenin, in Svizzera, accolse con entusiasmo la dimostrazione: «Questo giorno segna l'inizio di un aperto movimento rivoluzionario nel Caucaso». In realtà da quel momento in poi, per parecchi anni, a Tiflis i disordini furono pochissimi.

Secondo le leggende che si diffusero in seguito, Stalin era stato il capo e l'organizzatore della dimostrazione. Furono dipinti dei quadri che rappresentavano il giovane rivoluzionario, circondato da bandiere rosse, mentre affrontava gli attacchi della polizia insieme ai suoi amici operai. A quanto pare in realtà davvero vi partecipò, per quanto in secondo piano, ma non fu né ferito né arrestato. E non lo arrestarono nemmeno in seguito, mentre diversi socialdemocratici, tra cui Noe Žordanija, passarono qualche tempo in prigione.

Stalin stava cominciando a scrivere articoli, e nell'autunno del 1901, quando per iniziativa di Lado Kechoveli uscì il primo quotidiano radicale e illegale georgiano, «Brdzola» («La lotta»), almeno una parte di uno dei contributi anonimi era di Stalin.

Intanto i socialdemocratici di Tiflis erano sempre più infastiditi dalla sua tattica: «Lo abbiamo incaricato di dirigere la propaganda contro il governo e i capitalisti, ma è venuto fuori che organizzava la propaganda contro di noi». Ormai questo atteggiamento gli aveva alienato non soltanto le persone relativamente moderate come Žordanija, ma persino dei radicali come Sil'vestr Džibladze, diventato famoso anni prima, quando era ancora seminarista, per aver percosso il rettore.

Alla fine dell'anno un «tribunale» di partito espulse Stalin dalla sezione di Tiflis. A dicembre lo ritroviamo a Batum, il porto georgiano sul mar Nero dove l'organizzazione socialdemocratica locale era diretta da Čheidze, un altro moderato che condivideva le opinioni di Žordanija. Čheidze sarebbe diventato un personaggio di spicco nel regime democratico del 1917, in veste di presidente del Soviet di Pietrogrado; John Reed lo definirà «la vecchia aquila».

Gli storici, più avvezzi alla rigida disciplina instaurata in seguito nella vita di partito, trovano strano che Stalin, espulso dai suoi colleghi di Tiflis, abbia potuto semplicemente trasferirsi a Batum. Ma nel 1901 il partito non aveva certo lo stile di un'organizzazione ufficiale. E mentre in pratica la cerchia di Stalin a Tiflis era dispersa, sotto molti aspetti Batum costituiva un terreno assai più fertile per l'opera degli attivisti rivoluzionari. Essendo un porto di mare era più cosmopolita, negli stabilimenti Rotschild e in altre industrie vi erano molti operai russi. Verso la fine di febbraio, a causa di uno sciopero, furono arrestati alcuni operai; altri trecento vennero fermati a seguito di una manifestazione di protesta per gli arresti. Il 9 marzo 1902, duemila operai in corteo che chiedevano il rilascio dei loro compagni assalirono le prigioni militari. La polizia aprì il fuoco sui dimostranti. Ne furono uccisi quindici e feriti cinquantaquattro; oltre cinquecento vennero arrestati. Diventò un caso famoso, e una commissione d'inchiesta governativa svolse un'indagine esauriente. Nelle opere successive si afferma che fu Stalin a organizzare e a guidare la dimostrazione; ma nell'inchiesta il suo nome non è menzionato. Tuttavia, sembra accertato che svolse un ruolo importante nella propaganda e nella discussione da cui fu stimolato il movimento, anche se gli operai di Batum, a quanto pare, erano contrariati dal fatto che li avessero trascinati in una situazione in cui i loro compagni erano stati uccisi e feriti senza scopo evidente.

In ogni caso, Stalin venne arrestato un mese dopo, il 5 aprile 1902, con altri socialdemocratici. Fu detenuto per diciotto mesi, prima nel carcere di Baku e poi in quello di Kutaisi, la principale città interna della Georgia occidentale. Abbiamo una sua descrizione lasciataci da un compagno di cella, che notò il suo passo furtivo e la sua incapacità di ridere di cuore; dimostrava grande autocontrollo, fatto inconsueto per lui: non gridava né imprecava. Forse questo primo periodo di detenzione contribuì a un processo di maturazione, o meglio allo sviluppo della capacità di dominare esteriormente il suo carattere, seppure senza mai trovare con esso una piena armonia interiore.

Il 9 luglio 1903 fu condannato a tre anni di esilio in Siberia, e il 27 novembre arrivò alla destinazione assegnatagli, il villaggio di Novaja Uda nella provincia di Irkutsk. Si stabilì presso una famiglia contadina e, secondo i biografi, lesse molto a lume di candela. Ma fuggì il 5 gennaio 1904, e poco dopo era di nuovo nel Caucaso.

Fu la prima di molte fughe dall'esilio. Va detto che queste evasioni non erano affatto le imprese disperate e azzardate cui potremmo associare il termine. In confronto ai criteri successivi, l'esilio zarista era straordinariamente comodo e mite. In seguito, sotto il regime di

Stalin, c'erano filo spinato, torrette di guardia e una disciplina severissima. Ma i prigionieri politici del periodo prerivoluzionario sottostavano soltanto al «controllo» non molto efficace di qualche funzionario di polizia. Inoltre, talvolta la punizione per un tentativo di evasione consisteva soltanto nel rimandare indietro il colpevole a finire di scontare la condanna, o al massimo nell'inviarlo in zone più remote e disagevoli. Moltissimi bolscevichi e menscevichi eminenti e altri esiliati fuggivano abbastanza spesso. Le evasioni in senso stretto, dalle carceri, erano più rare, ma avvenivano. Stalin non fuggì dalle prigioni di Kutaisi, Baku o Pietroburgo, ma non aveva buone ragioni per farlo, nemmeno dopo un anno e oltre, poiché la tappa successiva era l'esilio, che costituiva un obiettivo più facile. Del resto, quando si era in esilio a volte era preferibile scontare tutta la pena. (Stalin lo puntualizzò in seguito, mentre stava ultimando una condanna, quando affermò che poter contare al ritorno su una situazione di legalità presentava dei vantaggi.)

Questa volta tornò a Tiflis nel febbraio del 1904.

2

Mentre Stalin era assente, il movimento socialdemocratico aveva vissuto avvenimenti che si sarebbero rivelati cruciali.

Il I «congresso» del Partito operaio socialdemocratico russo nel 1898 era stato ben piccola cosa, e molti dei nove delegati erano stati subito arrestati andando a raggiungere i prigionieri o gli esiliati dei gruppi precedenti, come l'Unione di lotta per l'emancipazione della classe operaia di Martov e Lenin.

Anche se il «congresso» era illegale, includeva i cosiddetti «marxisti legali», che desideravano operare allo scoperto. Ben presto sarebbero stati espulsi dal grosso del gruppo e sarebbero diventati liberali costituzionali. Ma innanzitutto vale la pena di ribadire che, com'è logico, la polizia segreta zarista considerava prioritario il problema dei populisti e dei socialisti rivoluzionari, propensi all'omicidio, rispetto a quello dei marxisti. E in secondo luogo, molte opere marxiste, compreso *Il Capitale*, erano legali, se non per il seminario di Tiflis almeno per il pubblico in generale. Lo era persino il primo libro di Lenin, *Lo sviluppo del capitalismo in Russia,* pubblicato nel 1899. La concezione originaria espressa da Lenin sul partito e il suo rapporto con la classe operaia era la seguente:

> Il partito non ha il compito di escogitare un qualche mezzo alla moda per aiutare gli operai, ma ha il compito di unirsi al movimento degli operai ...

Gli operai l'acquisiscono [la coscienza di classe] attingendola incessantemente dalla stessa lotta che cominciano a condurre contro i fabbricanti ... Ma gli operai, nel corso della lotta che essi conducono contro i fabbricanti per le proprie necessità quotidiane, sono indotti in modo spontaneo e inevitabilmente a interessarsi degli affari di Stato, dei problemi politici...*

Questa opinione, palesemente del tutto diversa dal leninismo successivo, permeò il Partito socialdemocratico. Ma ben presto Lenin e la maggior parte dei dirigenti, compresi tanto i futuri bolscevichi come i futuri menscevichi, dovettero affrontare una pecca fatale che emerse con chiarezza nel progetto marxista.

In primo luogo, le unioni dei lavoratori emergenti, persino in Russia, anziché essere attratte verso posizioni più radicali dalla loro battaglia economica, in sostanza erano sempre più concentrate sui propri interessi immediati, e non sapevano che farsene della teoria. E questo era un riflesso, o una conferma, di una crisi ideologica più profonda.

Marx aveva predetto che la società si sarebbe polarizzata, dividendosi in una classe possidente sempre più esigua e un proletariato in aumento costante; e che il proletariato si sarebbe impoverito ulteriormente. Non era un'ipotesi campata in aria: era una deduzione rigorosa dalla tesi fondamentale dell'economia marxista, secondo la quale il profitto capitalistico è plusvalore ottenuto negando al proletariato una parte dei profitti che gli spettano. Ma questo significava che mentre il capitale aumentava, il costo del lavoro calava rispetto ad esso nell'insieme del processo produttivo. Quindi per mantenere il livello dei suoi profitti il capitalista sarebbe stato costretto a ridurre sempre di più il fondo salari. Questo avrebbe provocato la «crescente povertà» prevista da Marx, con la conseguenza che il mercato offerto dai poveri ai capitalisti per lo smercio dei loro prodotti si sarebbe ridotto sempre di più, dando così origine alla «crisi del capitalismo».

Persino Marx, prima di morire, si era reso conto che qualcosa non funzionava; ma aveva accantonato il problema per studiarlo meglio. Ora però il giovane marxista Eduard Bernstein, nel suo *Socialismo evolutivo*, in sostanza «rettificava» questa concezione di Marx. Bernstein osservava che il tasso di profitto non era calato; che il capitalismo non aveva cessato di espandere la produzione; che non si erano prodotte situazioni rivoluzionarie nei paesi industrializzati. In realtà

* Lenin, *Opere complete*, trad. it. Roma, Rinascita [poi] Editori riuniti, 1954-1970, vol. 4, pp. 102-05.

confutava e abbandonava Marx. I marxisti, tanto in Occidente come in Russia, lo attaccarono duramente. I tedeschi e altri marxisti socialdemocratici occidentali continuarono a conformarsi alla vecchia teoria in linea di principio, ma vi rinunciarono nella pratica. Invece i russi, in generale, negarono che fosse mai stata confutata sia in pratica sia in teoria. O così sembrava. Esaminata con maggiore attenzione, la reazione dei dirigenti socialdemocratici russi in esilio fu di escogitare un sistema per ostacolare la verità non ammessa. Nel 1900 fondarono «Iskra» con lo scopo precipuo di combattere gli «economisti» i quali sostenevano ancora che il compito del partito consisteva nel contribuire allo sviluppo naturale del movimento proletario sulla via, considerata inevitabile, verso la rivoluzione. Nel 1902 Lenin pubblicò *Che fare?*, dove affermava che tutto sommato il proletariato, da solo, non avrebbe imboccato quella direzione. E aggiungeva:

> La classe operaia è in grado, esclusivamente con i propri sforzi, di sviluppare soltanto una coscienza sindacale ... La coscienza socialista moderna può essere portata loro soltanto dall'esterno ... può affiorare soltanto sulla base di una profonda conoscenza scientifica. A tramandare la scienza non è il proletariato ma l'intellighenzia borghese. È dalle teste dei membri di questa fascia sociale che ha origine il socialismo moderno ... Il sindacalismo puro e semplice significa la subordinazione ideologica degli operai alla borghesia ... Il nostro compito è di portare il movimento dei lavoratori sotto l'ala della Socialdemocrazia rivoluzionaria.

In altre parole, la teoria si era dimostrata sbagliata, e la società avrebbe dovuto essere trascinata a forza in quello che secondo il marxismo doveva essere la sua evoluzione naturale: un po' come se, dato che la pseudoscienza vittoriana della frenologia non era risultata corrispondente ai veri esseri umani, fosse diventato necessario bastonarli sulla testa per produrre le protuberanze previste dalla teoria. Come ha scritto Czesław Miłosz, si «impara a prevedere un incendio con precisione assoluta, poi si brucia la casa per realizzare la previsione».

Insomma, in realtà, anche se non lo ammetteva nessuno, il marxismo come insieme di leggi scientifiche sull'evoluzione della storia e della società era fallito. Che cosa ne rimaneva?

Innanzitutto, si manteneva l'obiettivo di una società senza conflitti, anche se come desiderio soggettivo anziché come previsione oggettiva. In altre parole l'utopismo rivoluzionario premarxista perse la vernice scientifica che aveva temporaneamente acquisito, e tornò a essere quanto era stato, sotto diverse spoglie, per millenni.

In secondo luogo si continuava ad affermare in teoria l'ineluttabilità della crisi capitalista, anche se dal punto di vista empirico si era dimostrata infondata.

Terzo, restava fondamentale l'analisi della società in termini di «classi», come pure l'idea che prima o poi il proletariato industriale in un certo senso sarebbe diventato la classe dominante e avrebbe prodotto il socialismo (nemmeno questa era una tesi specificamente marxista, essendo condivisa da molti anarchici, sindacalisti e socialisti non marxisti).

Quarto, si continuavano a considerare sacre persino le previsioni marxiste confutate. Rimaneva l'idea prestigiosa di un «socialismo scientifico». E tutto l'apparato del materialismo dialettico continuava a soddisfare le esigenze filosofiche dei fedeli.

Nel 1903, a Bruxelles e a Londra si svolse il «II», ma in realtà I, vero congresso del POSDR. In origine aveva lo scopo di sgominare gli «economisti». Questi avevano la maggioranza a Pietroburgo e in altre importanti sezioni; ma, come spiegò Lenin, «la composizione del congresso del partito è stata stabilita in anticipo dal comitato organizzativo». Il movimento avrebbe utilizzato sistemi del genere anche in altre occasioni.

Di conseguenza gli «economisti» avevano soltanto tre delegati su cinquantuno con diritto di voto. C'era una serie di delegati indipendenti, ma gli antieconomisti potevano contare su trentatré voti sicuri, cioè sui due terzi.

Intanto tra i vincitori cominciò a manifestarsi una nuova frattura che produsse la famosa scissione tra bolscevichi e menscevichi. Il problema principale era se il partito dovesse essere centralizzato in modo radicale e diventare un'organizzazione di rivoluzionari di professione. La questione fondamentale messa ai voti era se fosse meglio la definizione data dal dirigente menscevico Martov di un membro di partito («Chi accetta il programma di partito e lo sostiene con mezzi materiali e con la sua regolare partecipazione sotto la direzione di una delle organizzazioni di partito») o quella di Lenin («Chi accetta il programma di partito e lo sostiene con mezzi materiali e la partecipazione personale a una delle organizzazioni di partito»). In apparenza la differenza è minima; ma, a quanto disse Lenin, «la mia formula limita il concetto di attivista del partito, mentre quella di Martov lo espande». Come sottolineò Martov, Lenin voleva un partito di rivoluzionari di professione. In effetti, già in *Che fare?* aveva sostenuto che il partito doveva essere costituito «soprattutto da rivoluzionari di professione» e aveva affermato una cosa sotto certi aspetti ancora più straordinaria: «Poiché è questa la caratteristica comune ai membri di un'organizzazione del genere, deve essere eliminata qualsiasi distinzione tra operai e intellettuali».

Insomma, stava proponendo un partito di professionisti a tempo pieno, non definibile secondo criteri di classe, estraneo alla società, che lavorasse su di essa dall'esterno...

Quando fu votato questo punto Lenin perse per ventotto voti contro ventidue. Persino il giovane Lev Trockij sostenne che sebbene il partito non dovesse porsi al seguito della classe operaia, distaccarsi da essa e «assumersene gli impegni» non era marxista. La celebre votazione in cui Lenin ottenne la maggioranza (ventidue a venti con due astenuti), per cui da quel momento definì la sua fazione bolscevica (maggioritaria) contrapposta a quella menscevica (minoritaria) di Martov, verteva su chi dovesse avere il controllo dell'organo di stampa del partito, «Iskra».

Bisognerebbe subito sgombrare il campo da un mito. I menscevichi e altri «moderati» non erano cauti e rispettabili borghesi, restii a combattere contro il dominio dello zar e il capitalismo. Anzi, alcuni dei rivoluzionari più arditi erano menscevichi, e furono imprigionati e perseguitati più di qualsiasi bolscevico. Si differenziavano per cause affatto diverse.

Innanzitutto i menscevichi non credevano nello scontro violento fine a se stesso; al contrario, dopo il 1917 nei partiti comunisti questa tattica era considerata una deviazione «di sinistra» o addirittura un errore anarchico (definizione non inadeguata delle prime attività di Stalin). In secondo luogo erano convinti che il regime zarista sarebbe crollato a causa di una rivoluzione, come alla fine anche il successivo regime capitalista, ma non credevano alla conquista del potere da parte dei socialdemocratici per mezzo di un colpo di stato armato, poiché la grande maggioranza della popolazione era contro di loro.

Nel frattempo si verificò la dichiarata creazione di un gruppo leninista distinto: ma all'interno di molte organizzazioni politiche, in Occidente come altrove, erano nate fazioni del genere entro partiti più vasti, senza che questo provocasse fratture. In effetti, la scissione bolscevico-menscevica, che in seguito si sarebbe rivelata così macroscopica, all'epoca non appariva tale. C'erano state numerose votazioni, si erano costituiti gruppi che si ispiravano a tesi diverse, singoli individui avevano cambiato schieramento su questioni specifiche. In realtà, anche ammettendo che le discussioni fossero accanite, si riteneva che avvenissero all'interno di un partito abbastanza grande per sopportarle. Per le sezioni russe, nella stragrande maggioranza impegnate nella resistenza pratica, non significavano molto. I socialdemocratici locali, per la maggior parte, non sapevano con chiarezza quanto fossero importanti le votazioni e le fazioni al II congresso.

Quando Stalin, verso la fine del 1904, tornò nel Caucaso dalla Siberia, ammesso che potesse essere classificato in un gruppo, andava considerato un «menscevico»; o quanto meno, un successivo rapporto di polizia lo indica come bolscevico ex menscevico. Ma le sue tendenze mensceviche probabilmente furono dovute a un breve periodo di disorientamento. In realtà vedremo con chiarezza che Stalin era bolscevico per natura; come afferma Robert Tucker, gli ambienti «militanti» di Stalin potrebbero essere già considerati «protobolscevichi». Ora era un «rivoluzionario di professione», già incline a preferire le posizioni più estreme, e ben presto divenne un attivista bolscevico, mentre i socialdemocratici georgiani veterani si identificavano ormai con i menscevichi.

All'interno di questi raggruppamenti si sarebbe delineata anche un'ulteriore differenziazione. Alcuni si spostarono verso il cuore della politica russa, come i menscevichi Cereteli e Čheidze, che svolsero un ruolo di primo piano nel governo del 1917 e nei soviet, e i bolscevichi Stalin e Ordžonikidze. Alcuni restarono nel proprio paese, come Žordanija stesso e i suoi seguaci menscevichi, che riuscirono a ottenere un'ampia maggioranza in Georgia nel corso di libere elezioni (successo che i bolscevichi non poterono mai vantare nemmeno in Russia), o Filipp Maharadze e altri bolscevichi, che rimasero un'esigua minoranza fino a quando non ebbero l'appoggio dell'esercito sovietico.

Al suo rientro a Tiflis nel 1904, Stalin si recò prima di tutto a casa di Lev Kamenev, che sarebbe ricomparso in svariati momenti della vita di Stalin con una serie di diverse funzioni. Kamenev, figlio di un ferroviere, più giovane di Stalin, si era diplomato al liceo di Tiflis nel 1901, era entrato nella facoltà di giurisprudenza di Mosca ed era stato arrestato come attivista socialdemocratico. Trasferitosi a Parigi, aveva conosciuto Lenin ed era entrato a far parte del gruppo di «Iskra» (aveva anche sposato la sorella di Trockij). Lenin stesso lo aveva rimandato a Tiflis nel 1903. In quel momento era un esperto bolscevico di alto grado mentre Stalin, maggiore di lui per età, stava ancora aprendosi laboriosamente la strada per ascendere da un livello inferiore.

3

Di lì a poco Kamenev fu arrestato, e Stalin venne subito coinvolto in dissidi faziosi con quanti rimanevano. Nel Caucaso nacquero disaccordi persino all'interno del minuscolo raggruppamento bolscevico. Prima si scontrarono Stalin e Filipp Maharadze (il quale successivamente diventò presidente della Georgia sovietica). Poi Stalin ebbe un conflitto più grave con Stepan Šaumjan, il quale in seguito giunse a convincersi che lo avesse denunciato alla polizia.

Un compagno descrive Stalin durante una riunione con «lo sguardo vivace e scaltro, animato, libero e a suo agio, sicuro di sé». Ma questa impressione favorevole svanì quando «fin dalle prime parole» cominciò a criticare i volantini del partito locale perché non erano «abbastanza bellicosi». A quanto pare espose la sua linea direttamente ai militanti attivi tra i comuni operai, ma quando vide che veniva respinta con fermezza, se ne andò. Nel corso di un incontro «insultò tutte le persone presenti nella sala definendole "piccoloborghesi"» e se ne andò con qualche seguace. Ormai Stalin era piuttosto noto tra i socialdemocratici georgiani, e famoso nell'esigua ala dei militanti. Ma persino in quell'ambiente ci misero del tempo prima di tributargli piena fiducia. Era soprattutto la sua eccessiva scortesia, la volgarità usata nel parlare durante i dibattiti ad alienargli le simpatie.

Lenin, e i leninisti in generale, insultavano senza remore i compagni da cui dissentivano, definendoli deviazionisti, traditori e così via. Lenin stesso, quando venne convocato da un tribunale di partito per rispondere di tale comportamento, ammise che si trattava di una tattica discutibile, «calcolata per suscitare l'odio, l'avversione e il disprezzo ... intesa non a convincere, ma a scompaginare lo schieramento avverso ... a evocare i peggiori pensieri, i peggiori sospetti sugli avversari». Tuttavia questa faziosità violenta e calunniosa era solo una delle componenti della condotta di Stalin, il quale viene sempre descritto come uno che interrompeva le riunioni con interventi volgari, espressi in un linguaggio triviale e ingiurioso. Di solito sosteneva a propria discolpa che quello era il modo in cui parlava il «popolo», a differenza dei leziosi intellettuali (anche se in realtà, a quanto pare, gli operai georgiani si comportavano in modo molto corretto durante le riunioni). Una volta sostenne di non essersi comportato in modo indecente, perché non si era calato i pantaloni. In un'altra occasione definì Martov e Dan «giudei circoncisi». Parlando della veterana Vera Zasulič la chiamò «vecchia troia» e così via. Tra i socialdemocratici georgiani si sentiva spesso dire: «È un vero Koba»...

Intanto, lo sparuto gruppetto dei militanti si era ridotto ancora di più. Lado Kechoveli, incarcerato nella prigione Meteh di Tiflis, aveva urlato canzoni e discorsi rivoluzionari dalla finestra della sua cella, e (benché avvertito dal suo compagno di cella Sergej Alliluev, futuro suocero di Stalin, di stare tranquillo e allontanarsi dalla finestra), fu abbattuto da una guardia a colpi di fucile.

Nonostante questo, e nonostante il suo grande ed evidente coraggio, per i bolscevichi georgiani Stalin non costituiva una scelta obbligata. Non era tra i delegati che si riunirono a Tiflis nel novembre del 1904 per la prima conferenza dei bolscevichi transcaucasici. E non era nemmeno uno dei quattro delegati transcaucasici presenti al III congresso del partito (panbolscevico) a Londra nell'aprile 1905: alla guida della delegazione c'era Kamenev, in seguito collega e vittima di Stalin, che tra l'altro poco prima aveva organizzato il suo soggiorno clandestino a Tiflis. Persino tale congresso, che per ammissione di Lenin era «formalmente illegale», rifiutò di espellere i menscevichi, e i socialdemocratici rimasero in linea di principio un unico partito fino al 1912, anche se le fazioni continuarono a battersi tra loro per avere il controllo dei giornali, dei vari comitati e delle risorse economiche.

Il 1905, anno della prima rivoluzione russa, è un momento particolare nella biografia di Stalin. Ormai, secondo un menscevico, era un «leninista ortodosso, impegnato, qualificato, che ripeteva le argomentazioni del suo maestro come un grammofono». Ma a quanto pare ebbe un ruolo di scarso rilievo negli avvenimenti di quell'anno. È vero che si trattò di un movimento in larga misura spontaneo, e che colse alla sprovvista tutti i socialdemocratici. Ancora in marzo c'erano solo poche centinaia di operai socialdemocratici. Ma nel corso degli eventi, i socialdemocratici riuscirono a ottenere una certa influenza e autorevolezza, soprattutto quando Trockij, coetaneo di Stalin, acquisì notorietà mondiale come presidente del Soviet di Pietroburgo, allora appena costituito, e altri menscevichi svolsero un ruolo di rilievo a Sebastopoli, il focolaio più violento della rivoluzione.

Nella cronologia attinente la biografia ufficiale di Stalin, durante l'anno si registrano pochi avvenimenti. Parlò ad alcuni comizi di massa e scrisse dodici articoli e libelli. Ma il suo operato consistette soprattutto in azioni tipo aver tenuto discorsi «contro i dirigenti menscevichi» durante una riunione in aprile e «contro gli anarchici, i federalisti e i socialisti rivoluzionari» durante un'altra, in luglio.

Nel dicembre 1905, quando ormai era stata ottenuta una Costituzione e l'ondata rivoluzionaria si era spenta, Stalin partecipò finalmente come delegato a un'importante riunione di partito. Si trattava di una conferenza (dei soli bolscevichi) a Tammerfors in Finlandia; per quanto ne sappiamo, fu la prima volta che uscì dal Caucaso, se non si tiene conto del periodo di esilio in Siberia. Fu anche la prima volta che incontrò Lenin. Molto tempo dopo descrisse le sue sensazioni:

> Mi attendevo di vedere l'aquila del nostro partito, il grand'uomo, grande non solo politicamente ma, se vogliamo, anche fisicamente, perché Lenin si presentava alla mia immaginazione come un gigante di bell'aspetto, dall'aria imponente. Quale fu invece la mia delusione quando vidi il più comune degli uomini, di statura inferiore alla media, che non si distingueva in nulla, assolutamente in nulla dai semplici mortali!...
>
> Si ritiene di solito che un «grand'uomo» deve giungere in ritardo alle riunioni, affinché gli altri lo attendano col cuore in sospeso, e ne annuncino l'apparizione sussurrando: «Ssst..., zitti... viene!». Questo rito non mi pareva superfluo, perché impone, ispira rispetto. Qual fu la mia delusione quando seppi che Lenin era già arrivato alla riunione prima dei delegati e che, appartato in un angolo, parlava con la più grande semplicità di cose comuni in un crocchio dei più comuni delegati alla conferenza. Non vi nascondo che questo mi sembrò allora, in un certo qual modo, una trasgressione di talune regole necessarie.*

In quell'epoca, apprendiamo dai socialdemocratici georgiani, lo stesso Stalin aveva l'abitudine di arrivare tardi alle riunioni di partito e di fazione, per creare almeno una certa sensazione. Ma che fosse rimasto colpito dalla mancanza di ostentazione di Lenin o no, comunque in seguito anche Stalin prese a vestirsi in modo modesto (almeno fino alla guerra) e a non ostentare eccessivamente la sua importanza in pubblico. Anzi, Ronald Hingley lo paragona al temutissimo conte Arakčeev, che aveva governato la Russia in modo alquanto spietato all'epoca di Alessandro I ma «si presentava alle riunioni brillanti a capo scoperto e con una semplice mantella ... incutendo così il terrore generale perché era l'unico uomo che non doveva preoccuparsi degli altri».

Va detto pure che, nonostante Stalin abbia continuato per tutta la vita a usare toni virulenti nelle polemiche pubbliche, e sia in privato sia tra i suoi intimi adoperasse sempre un linguaggio volgare, ben presto nelle occasioni ufficiali e semiufficiali cominciò a evitare le trivialità più marcate. Negli anni immediatamente successivi, in particolare nei dissidi *all'interno* della fazione bolscevica, dicono che

*Stalin, *Opere complete*, 8 voll., trad. it. Roma, Edizioni Rinascita, 1951-1956, vol. 6, pp. 75-76.

Stalin era «taciturno, placido, serio» ed «evitava di alzare la voce»: «Era impossibile indovinare i suoi veri pensieri; non reagiva subito agli attacchi offensivi, ma aspettava con pazienza il momento opportuno per vendicarsi».

Nel territorio transcaucasico i bolscevichi rimanevano ancora un gruppuscolo sparuto rispetto ai menscevichi, che erano circa cinquemila. A Batum su mille socialdemocratici soltanto un dieci-quindici erano bolscevichi, e a Tiflis non superavano le poche decine. In effetti i menscevichi erano emersi come il movimento politico di punta in Georgia, anche grazie alla campagna elettorale lanciata sotto la nuova Costituzione per ottenere cinque degli otto seggi georgiani alla prima Duma (e tutti quelli destinati ai georgiani alla seconda).

Tra il 10 e il 25 aprile 1906, quando convenne a Stoccolma il IV congresso di tutto il partito, Stalin era l'unico delegato bolscevico di Tiflis, mentre i menscevichi erano dieci. In generale, al congresso i menscevichi avevano la maggioranza assoluta. E persino diversi delegati bolscevichi erano rimasti colpiti dall'insofferenza dimostrata dalla base degli iscritti per la faziosità e la mancanza di unità dimostrata negli ultimi tempi.

4

Fu nell'aprile del 1906 che avvenne uno degli episodi più oscuri di tutta l'attività del mondo clandestino transcaucasico. Ad Avalbar, nei sobborghi di Tiflis, dal 1903 era attiva una tipografia segreta nascosta accanto a un pozzo sotterraneo, in un modesto edificio costruito apposta. Naturalmente tutta l'operazione era controllata dai socialdemocratici e dal loro Comitato dell'Unione caucasica.

Con macchine tipografiche dotate di caratteri russi, georgiani e armeni, vi venivano stampate migliaia di volantini e opuscoli: nel 1905 furono oltre duecentocinquantamila. Nel 1906, dopo la «riunificazione» di menscevichi e bolscevichi, fu costituito un nuovo comitato di Tiflis, con alcuni bolscevichi. All'inizio della primavera del 1906, a quanto pare, i tipografi e il loro equipaggiamento furono trasferiti a Pietroburgo, e i locali furono convertiti (dal comitato ancora prevalentemente menscevico) in nascondiglio per le armi e laboratorio di bombe. Nel frattempo all'Ohrana di Tiflis, che aveva cercato a lungo e invano la tipografia, era pervenuta una soffiata da una fonte mai identificata. Dall'inizio di aprile l'installazione di Avalbar fu posta sotto sorveglianza, e il 15 subì un'incursione. Di conseguenza, a Tiflis e nei dintorni furono arrestati molti socialdemocratici di primo piano. Ma Stalin, che quando era cominciata la sorveglianza si trovava a Tiflis, in quel momento era a Stoccolma per il congresso del partito.

Questo fatto ha dato origine a molte speculazioni sull'eventualità che Stalin fosse implicato nel tradimento, o più plausibilmente che vi fosse coinvolto un suo compagno, arrestato ma subito rilasciato. Questo non significa necessariamente che Stalin lo sapesse: forse l'altro era stato troppo zelante nell'eseguire qualche suo ordine o consiglio. Gli indizi sono molto scarsi, e l'unica ragione per non scartarli subito è il tono oltremodo suscettibile e incoerente della stampa sovietica nel trattare della questione in seguito, fino a quando, negli anni Trenta, sorse una nuova versione stalinista che forniva un resoconto perfettamente chiaro, con Stalin nella veste di fondatore e organizzatore della tipografia clandestina e suo eroe principale (storia, ovviamente, inventata di sana pianta).

La vicenda di Avalbar, presa insieme ad altri episodi peculiari, in seguito ha alimentato a lungo il sospetto che Stalin fosse un agente della Ohrana. Esistono alcuni documenti che dimostrano, o potrebbero dimostrare, come egli fosse davvero un agente: ma sulla base delle prove oggi disponibili, sembra siano falsi. In realtà il movimento rivoluzionario pullulava di agenti della Ohrana e di provocatori anche eminenti, per esempio Roman Malinovskij, membro effettivo del Comitato centrale. La diffidenza e il sospetto erano endemici, e spesso giustificati.

Tuttavia, sulla base dei documenti disponibili (incluse recenti ricerche sovietiche) l'accusa mossa a Stalin di aver lavorato per l'Ohrana deve essere scartata. Ma esiste una versione più moderata, per così dire, che accusa Stalin di aver denunciato alla polizia gli avversari socialdemocratici, compresi dei bolscevichi, con soffiate senz'altro anonime. Comunque in molte occasioni Stalin sembrava il sospetto più plausibile. Ma ribadiamo che nonostante la quantità di aneddoti esistenti, non ci sono prove. Non è affatto un'accusa inverosimile, per quanto ne sappiamo. Persino allora, erano in molti a considerarla plausibile.

5

Conformandosi alle pressioni della base degli iscritti, il congresso di Stoccolma avrebbe dovuto verificare e imporre la riunificazione del partito. Come disse Zinov'ev, che in quel momento era stretto collaboratore di Lenin, «cedendo alla pressione delle masse, lo stato maggiore dei bolscevichi e quello dei menscevichi furono costretti a riunificarsi ... i bolscevichi non poterono fare altro che sottomettersi».

Ma non ci fu nemmeno per qualche tempo qualcosa che somigliasse a una «disciplina di partito» all'interno delle fazioni. Il padre del marxismo russo, Plehanov, votava ora con un gruppo, ora con l'altro (nel 1907 lo stesso Lenin, durante una conferenza di partito, si schierò con i menscevichi contro una posizione dei bolscevichi altrimenti unanime).

Stalin non era ancora il fedele leninista ritratto in seguito dalla leggenda. Si dichiarò contrario a una mozione avanzata da Lenin su una questione importante, il diritto dei contadini alla proprietà della terra. Quando Lenin si dichiarò contrario (cambiando opinione) alla linea del boicottaggio della Duma di stato, Stalin continuò a sostenerla, dopo aver attaccato l'affermazione dei menscevichi secondo cui la loro «partecipazione» elettorale costituiva un'«azione», affermando che il semplice fatto di gettare delle schede in un'urna non corrispondeva a quello che lui avrebbe definito «azione». E quando Lenin pubblicò un proclama di fazione con cui riservava ai bolscevichi il diritto a una certa indipendenza all'interno del partito, ventisei delegati bolscevichi lo firmarono, ma Stalin fu uno dei quattordici che non lo fecero.

La decisione più cruciale del congresso di Stoccolma fu una ferma condanna del furto come strumento per finanziare la socialdemocrazia. Le insurrezioni del 1905 avevano provocato un certo numero di reati con motivazioni politiche, rapine, estorsioni e così via. Il congresso, senza che Lenin si opponesse apertamente, dichiarò che: «I criminali e la feccia della popolazione urbana hanno sempre sfruttato le insurrezioni rivoluzionarie per i loro obiettivi antisociali»; e ribadì che i rivoluzionari non dovevano abbassarsi a tattiche del genere. Molti bolscevichi appoggiarono la sua posizione.

Si trattava di un marxismo ben disciplinato, contrario all'antica tradizione secondo la quale il mondo rivoluzionario si sovrapponeva a quello criminale. L'anarchico Mihail Bakunin aveva scritto:

> In Russia i ladri sono gli unici rivoluzionari ... i ladri nei boschi, nelle città e nei villaggi, i ladri in tutta la Russia e i ladri imprigionati in innumerevoli galere in tutto il paese costituiscono un mondo unico, indivisibile, strettamente connesso, il mondo della rivoluzione russa ... Chi vuole davvero cospirare per la rivoluzione in Russia, chi desidera una rivoluzione popolare, deve entrare in questo mondo.

In effetti, tutti i rivoluzionari russi conoscevano quel mondo, ma i «socialisti scientifici» progressisti, che rinnegavano il passato oscuro e medievale, lo avevano ripudiato, e il congresso anche.

Tuttavia Lenin aveva un problema. Se un partito è costituito da «rivoluzionari di professione» ne consegue che vanno retribuiti. Lenin non aveva scrupoli riguardo ai metodi. Ricchi finanziatori fornivano del denaro, ma la lotta tra le fazioni ne aveva scoraggiati molti. Si ricorreva persino a espedienti come la seduzione, da parte di bolscevichi adatti, di facoltose ereditiere per indurle a sposarli. Ma gli «espropri» restavano una fonte di finanziamento allettante. Non appena finito il congresso, Lenin costituì numerosi comitati, illegali dal punto di vista del partito, che comprendevano un centro segreto per le questioni militari e finanziarie. La sua mansione principale era di attuare rapine in banca.

Fu al suo ritorno che Stalin scrisse le *Note di un delegato* pubblicate a Baku in russo sul periodico «Proletarij». Era una polemica diretta contro i menscevichi, e ottenne l'approvazione di Lenin; fu da parte sua il primo segno di interesse nei confronti di Stalin di cui siamo a conoscenza. Le *Note* sono da tener presenti anche per la famosa osservazione: «[Un bolscevico] aveva osservato per scherzo che i menscevichi erano un gruppo ebraico, mentre i bolscevichi sono un gruppo davvero russo, e perciò non sarebbe una cattiva idea per noi bolscevichi organizzare un pogrom nel partito». Questo brano è riportato nella raccolta di opere di Stalin pubblicata nel 1946, mentre cominciavano le sue azioni antisemite più importanti.

6

Con le sue nuove risorse finanziare e diversi altri mezzi, Lenin riuscì a conquistare la maggioranza al V congresso, tenutosi a Londra nel maggio 1907. Stalin era presente, anche se i socialdemocratici transcaucasici questa volta gli avevano negato qualsiasi tipo di credenziale, e dichiararono che la documentazione da lui presentata era completamente contraffatta. Lenin riuscì a malapena a includerlo come delegato consultivo senza diritto di voto, come fece per alcune altre persone. Pur avendo diritto di parola, dai verbali non risultano suoi interventi. L'unico incidente riportato riguardo alla sua esperienza londinese consiste in un'aggressione contro di lui di portuali furibondi, da cui lo salvò un altro delegato, per l'esattezza il suo futuro commissario degli Esteri Litvinov.

Quando i bolscevichi tornarono in Russia, cominciarono gli espropri su larga scala. Nel Caucaso un antico protetto di Stalin mezzo matto, Kamo (Ter-Petrosjan), anch'egli originario di Gori, organizzò il colpo più famoso e drammatico. Il 13 giugno 1907 a Tiflis, in piazza Erevan (poi piazza Lenin), guidò un manipolo di pistoleri e bombaroli in una rapina violenta e spettacolare.

I congiurati avevano saputo che una somma molto ingente sarebbe stata inviata da Pietroburgo a Tiflis. Mentre la valuta della Banca di Stato, scortata da un distaccamento di cosacchi, stava lasciando piazza Erevan su un carro, furono lanciate sette bombe. Un'ultima bomba, gettata tra le gambe dei cavalli terrorizzati che stavano allontanandosi al galoppo, li buttò a terra; poi i cospiratori si impadronirono dei sacchi di denaro e di titoli. Durante l'attacco rimasero uccise diverse persone, e una cinquantina, per la maggior parte passanti – era un'ora di traffico – rimasero ferite.

Sul fatto che Kamo e la sua banda stessero operando dietro ordini emanati personalmente da Lenin e dal suo «comitato» non esistono dubbi. Mancano prove dirette di un qualche coinvolgimento di Stalin. Ma si valuta che nel complotto fossero implicate tra le cinquanta e le sessanta persone, ed esiste un elenco dei quindici nomi dei partecipanti effettivi, tutti georgiani eccetto uno. Sarebbe strano che un agente importante e attivo nella zona non fosse stato almeno tenuto al corrente, se non altro in previsione dei provvedimenti di sicurezza da adottare per il suo gruppo durante la inevitabile reazione della polizia. Come in molti altri episodi oscuri non si può dire nulla di certo, ma esistono prove più precise del coinvolgimento di Stalin in espropri successivi.

All'epoca simili atti di violenza erano abbastanza comuni in Russia. Il gruppo di Lenin collaborava con i socialisti rivoluzionari e i «massimalisti», accaniti sostenitori del terrore e degli espropri. Persino i menscevichi tolleravano o organizzavano specifici omicidi, come quello di un capo della polizia di Tiflis.

Non sorprende quindi che i bolscevichi fossero sospettati dell'omicidio (tuttora oscuro), avvenuto il 28 agosto 1907, del principe Čavčavadze, padre del rinascimento culturale georgiano, il quale si era espresso con forza contro la sinistra rivoluzionaria. Erano anche sospettati di aver ucciso l'arcivescovo Nikon, esarca della Georgia, il 28 maggio 1908. Quando si verificò quest'ultimo omicidio, i menscevichi chiesero che chiunque fosse in possesso di informazioni le comunicasse alla polizia. Stalin, allora detenuto in prigione, scrisse che naturalmente i socialdemocratici si opponevano a tali omicidi, ma si opponevano pure all'ipotesi di «tradire» gli esecutori.

La rapina di piazza Erevan e gli omicidi fecero sensazione in tutta

Europa. I socialisti erano sbalorditi da quello che consideravano un atto di banditismo brutale e spietato. In quell'occasione, le banconote furono rintracciate quando si tentò di utilizzarle in Europa occidentale, e gli intermediari bolscevichi vennero arrestati. Quasi tutto il denaro fu recuperato, e a Lenin rimase soltanto il conseguente discredito.

Alla fine, anche a seguito di una sottrazione di fondi stanziati per tutto il Partito socialdemocratico compiuta da Lenin, un comitato segreto della Seconda internazionale gli intimò di consegnare il denaro. Un «tribunale d'onore» dei socialdemocratici russi ordinò un'epurazione. Nel 1911, poiché Lenin non si era conformato alla sua decisione, Martov pubblicò le prove.

Quanto a Stalin, fu a sua volta sottoposto a censura. Anzi, nel 1907 venne espulso dalla sua organizzazione di partito per attività di esproprio. Questo fatto fu menzionato da Martov dopo la rivoluzione, in un articolo del 1918. Stalin negò (affermando con prudenza di non essere mai stato «espulso dal partito») e fece processare Martov da un tribunale bolscevico per «diffamazione del governo sovietico». Martov si offrì di produrre dei testimoni sia menscevichi sia bolscevichi. Da un recente resoconto completo dei procedimenti risulta del tutto chiaro che Stalin, e in minor misura il tribunale stesso, fecero in modo di eliminare le prove, e non consentirono l'accesso ad alcun testimone. Per stornare l'attenzione, Martov venne fatto oggetto soltanto di una lieve censura per altre affermazioni fatte nell'articolo.

In realtà (anche se talvolta si è ritenuto che la storia fosse messa in dubbio dal diniego di Stalin) è evidente che nel 1907 il partito locale lo giudicò davvero colpevole di complicità nelle rapine, una complicità confermata indirettamente in diversi libri di memorie di bolscevichi e menscevichi. L'aspetto più significativo della storia è che Stalin trascinò Martov in tribunale, e riuscì quantomeno a intorbidare le acque. Lo scrittore tedesco Emil Ludwig, che intervistò Stalin nel 1931, riferisce le sue risposte:

> Questa storia è stata radiata dalle biografie ufficiali di Stalin, sebbene sia provato ch'egli diresse la rapina: io ne parlai, durante un colloquio, a Stalin, cercando di leggere nei suoi tratti e nei suoi sguardi la verità, anche se a parole me l'avesse negata:
>
> «In Europa» dissi «Lei viene designato come lo zar sanguinario o il brigante della Georgia ...»
>
> Stalin si mise a ridere del suo riso cupo, ammiccò con gli occhi e si alzò, ciò che non fece che allora in tutto il colloquio di tre ore. Si recò col suo pas-

so un po' strascicato allo scrittoio e mi portò un opuscolo di circa trenta pagine, contenente i suoi dati biografici, ma nulla sulla rapina di Tiflis.

«Troverà qui tutto quello che le occorre» disse, e rise sotto i baffi, perché mi aveva giuocato. La domanda sulla rapina delle banconote fu l'unica della quale Stalin mi è rimasto debitore di una risposta; cioè, me la diede sottacendola, in tal maniera che mi diede nuovi lumi sul suo carattere. Avrebbe potuto negarla; avrebbe potuto confessarla; oppure avrebbe potuto semplicemente parlare di tutta la questione come di una leggenda. Il suo contegno fu veramente asiatico.*

Dopo l'espulsione, Stalin si trasferì in Azerbaigian, a Baku, il grande centro petrolifero sul mar Caspio. Dato che il comitato di partito di Baku era controllato dai menscevichi, egli costituì con gli altri bolscevichi un comitato separatista. Nell'estate del 1907, tentò di organizzare uno sciopero tra gli operai di una raffineria, ma tanto i menscevichi come i bolscevichi si opposero (lo sappiamo da Ordžonikidze), ed egli fu messo in minoranza.

Secondo quanto afferma un libro di memorie di un bolscevico pubblicato negli anni Venti, Stalin era un bolscevico «di sinistra», e gli altri per la maggior parte «di destra»; e fu «l'ultimo a rassegnarsi alle nuove possibilità di attività legali per gli operai».

7

Nel 1905 (a quanto pare) Stalin aveva sposato Ekaterina Svanidze. Sappiamo poco della loro breve vita in comune, anche se i conoscenti affermano che lei, pur pregando per la redenzione di Stalin dalla sua pericolosa carriera, conformemente alla tradizione georgiana era obbediente ai suoi voleri; quanto a lui, era come se il principio ufficialmente accettato dai socialdemocratici della parità tra i sessi non esistesse. Ciò nondimeno, anche se di tanto in tanto si comportava in modo brutale, a quanto dicono la apprezzava molto. Nel 1907 nacque un figlio, Jakov. Il fratello di Ekaterina e altri parenti anche in seguito avrebbero svolto una parte nella vita di Stalin; invece Ekaterina morì nel 1907. Stalin fu accompagnato al funerale da un vecchio amico, anche se ormai, in quanto menscevico, era suo avversario politico. In seguito Stalin disse: «Quella creatura ha addolcito il mio cuore di pietra. È morta, e con lei sono morti i miei ultimi sentimenti affettuosi verso tutti gli esseri umani».

Lasciò il figlio Jakov allo zio e alla zia, affinché lo allevassero.

* Emil Ludwig, *Stalin*, trad. it. Verona, Mondadori, 1946, p. 47.

Quando il ragazzo in seguito giunse a Mosca, conosceva male il russo. Parleremo più avanti del suo destino successivo.

8

Il 25 marzo 1908 Stalin venne arrestato di nuovo, e fu recluso fino all'inizio di novembre nella prigione Bajlov di Baku.

Disponiamo di interessanti descrizioni di Stalin in prigione, provenienti soprattutto dal socialista rivoluzionario Semen Vereščak (il quale pubblicò le sue memorie all'estero nel 1928, anche se ben presto esse furono in larga parte riprese dalla «Pravda»). Vereščak avrebbe conosciuto Stalin in seguito, durante l'esilio in Siberia; nel 1917, essendo rappresentante del Soviet di Tiflis, lo incontrò di nuovo al I congresso dei soviet.

In quella «prigione aperta» i prigionieri politici, cioè i socialisti rivoluzionari e i socialdemocratici di entrambe le fazioni, si erano organizzati per discutere e agire sotto le direttive di un comitato cui Vereščak apparteneva.

Stalin lo colpì come la personificazione della «diffidenza» in cui «si intrecciavano razionalità e furbizia, verità e menzogna». Incitava gli altri prigionieri alla rivolta, pur senza mai parteciparvi. In un «gioco» durante il quale i prigionieri assillavano uno di loro con insulti, affermazioni false e provocazioni di carattere generale, non riuscirono mai a far perdere la calma a Stalin. Quando avvenivano le esecuzioni, e tutti gli altri erano molto scossi, lui «dormiva profondamente, o studiava tranquillo l'esperanto»...

Una volta, dopo una grave sommossa, i prigionieri politici subirono la punizione delle bacchette, sotto i calci dei fucili dei soldati. Stalin sopportò il supplizio con calma e coraggio, leggendo un libro.

Contrariamente alla norma consolidata, legava apertamente e di preferenza con criminali comuni, «tagliagole, ladri, banditi». Ma organizzava regolarmente gruppi di discussione. Nei suoi interventi personali, bruschi ma non eccessivamente volgari, aridi e privi di umorismo, per essere incisivo ribadiva i brani più importanti dei testi marxisti, che ormai conosceva molto bene. Le discussioni erano accalorate, ma Stalin manteneva la calma, a differenza di un altro bolscevico, Sergo Ordžonikidze, che durante un dibattito sulla politica agraria colpì in viso un socialista rivoluzionario, e fu poi pestato dai compagni della sua vittima; anche in altre occasioni Ordžonikidze si sarebbe messo nei guai per la sua irascibilità, tipica dei georgiani. Accadevano strani incidenti. Una volta Stalin mise in giro la voce che un detenuto innocente era un informatore, e l'uomo venne picchiato a sangue. Un altro, forse non innocente, fu accoltellato.

Il 29 settembre 1908 Stalin fu condannato a due anni di esilio, e deportato a Sol'vyčegodsk, nella provincia di Vologda. Sol'vyčegodsk è al centro di quella che in seguito divenne una tra le zone più vaste di campi di lavoro stalinisti, nei dintorni di Kotlas. Anche lì, frequentava di preferenza criminali comuni, come in seguito disse a Hruščev, che raccontava:

> Non ho mai dimenticato come descriveva il suo esilio. La storia aiuta a spiegare perché bevesse tanto. Fu mandato da qualche parte nella provincia di Vologda, dove venivano inviati molti prigionieri politici e criminali comuni. Stalin soleva dire: «Durante il mio esilio, tra i criminali c'erano alcuni bravi ragazzi. Andavo in giro soprattutto con i comuni. Ricordo che di solito ci fermavamo alle taverne in città. Vedevamo chi aveva un paio di rubli, poi porgevamo i soldi allo sportello, ordinavamo da bere e ci finivamo fino all'ultimo centesimo. Un giorno pagavo io, un giorno qualcun altro e così via, a turno. Quei prigionieri comuni erano simpatici, il sale della terra. Invece tra i detenuti politici c'era un sacco di farabutti. Una volta organizzarono una giuria di compagni e mi processarono perché bevevo con i detenuti comuni, fatto che consideravano un reato.

Per un certo periodo fu ammalato, ma evase di nuovo alla fine di giugno del 1909. Andò a Pietroburgo, dove era in contatto con Sergej Alliluev, suo ex collega di Tiflis e futuro suocero. A metà luglio era di ritorno a Baku.

Il 23 marzo 1910 fu arrestato di nuovo, trascorse altri sei mesi alla prigione Bajlov e fu riportato a Sol'vyčegodsk. Essendo alloggiato in case del posto e disponendo di una diaria governativa sufficiente per il vitto e l'alloggio, trascorreva molto tempo a leggere e a scrivere. In un certo senso aveva già colpito Lenin con le sue rudi e aggressive *Note di un delegato* sul congresso di Londra, e con altri articoli. Ormai Stalin aveva un curriculum: dieci anni di attività clandestina, arresti, esilio, fughe e opposizione militante contro i menscevichi e altri eretici. Si era trovato in disaccordo con Lenin solo su questioni di secondaria importanza, ed esprimendosi in modo franco, come i lavoratori. Ora, alla fine di dicembre del 1910, scrisse una lettera a un contatto di Lenin a Parigi.

Mandava «saluti di cuore a Lenin, Kamenev e gli altri» e concordava sulla linea di Lenin nella lotta in corso all'interno del partito. Aggiungeva: «Nel blocco si vede la mano di Lenin: egli è un uomo intelligente e sa il fatto suo». Ma concludeva affermando che comunque quelle manovre erano meno importanti della necessità di organizzare l'attività in Russia, dove secondo lui i menscevichi erano più efficienti; e insisteva:

> Quel che più importa è l'organizzazione del lavoro in Russia ... Il compito attuale, improrogabile per noi, è secondo me l'organizzazione di un gruppo centrale (russo) che coordini il lavoro illegale, semilegale e legale, per i primi tempi nei centri maggiori (Pietroburgo, Mosca, Urali, Sud). Chiamatelo come volete – «parte russa del CC» o gruppo ausiliario presso il CC – per me è indifferente. Ma questo gruppo è necessario come l'acqua, come il pane.*

A quanto pare questo gli assicurò l'attenzione di Lenin. E l'idea di una serie di centri operativi all'interno della Russia venne accettata. Ma già qualche settimana dopo, Stalin scriveva ai bolscevichi di Mosca definendo «tempesta in un bicchier d'acqua all'estero» il dissidio che contrapponeva Lenin e Plehanov a Trockij, Martov e Bogdanov. Stavano dando eccessiva importanza alle questioni pratiche immediate; secondo Stalin gli operai sembravano appoggiare il gruppo di prima, ma aggiungeva: «Comunque in generale gli operai cominciano a nutrire disprezzo verso quelli che sono "all'estero" e dicono: "Continuino pure a spaccare il capello in quattro quanto vogliono, ma per come la vediamo noi, chi tiene agli interessi del movimento dovrebbe darsi da fare; quanto al resto, si risolverà da solo"». Se in questo modo intendeva impressionare Lenin, stava facendo un grossolano errore, ed è difficile immaginare a che cosa mirasse Stalin con quelle affermazioni.

Quando gli giunse voce della lettera, Lenin si infuriò. Ne parlò a Ordžonikidze, che trascorse sei o sette mesi con lui a Parigi dal novembre 1910; gli disse che sebbene Stalin avesse fatto un lavoro utile, quelle battute riguardo alla tempesta in un bicchier d'acqua tradivano «l'immaturità di Koba come marxista».

Le lettere furono intercettate e copiate dall'Ohrana, e la sorveglianza sugli esiliati divenne più severa. Tuttavia nel giugno 1911, allo spirare della condanna, Stalin venne rilasciato, anche se gli fu imposto di vivere lontano da Pietroburgo, Mosca e il Caucaso. Scelse Vologda, ma in settembre si recò a Pietroburgo, dove rivide Sergej Alliluev; lo arrestarono quasi subito, e nel dicembre 1911 cominciò a scontare una nuova condanna a tre anni di esilio a Vologda.

Nel gennaio del 1912, Lenin organizzò la conferenza di Praga, cui parteciparono soltanto uomini suoi: durante i lavori i bolscevichi si

* Stalin, *trad. cit.*, vol. 1, pp. 240, 241-42.

scissero definitivamente dai menscevichi e fondarono il proprio partito. Fu eletto un Comitato centrale di sette membri (tra cui l'infiltrato della polizia Malinovskij) e quattro membri candidati. A Lenin fu conferito il potere di cooptarne altri, e poco dopo la fine della conferenza inserì nel Comitato centrale Stalin e il metalmeccanico Belostockij.

9

Nel frattempo quasi tutti i precedenti collaboratori di Lenin si erano dimostrati inadeguati. I suoi alleati contro le tendenze politiche moderate dei socialdemocratici, in particolare Bogdanov, si erano trovati in disaccordo con lui su questioni filosofiche. Lenin, seppure in violento contrasto con la propria volontà, si era sentito costretto a sdrammatizzare quei dissensi politici (presumibilmente fondamentali) in considerazione dell'azione politica immediata. Ma poi Bogdanov e i suoi alleati avevano dimostrato di pensare con la propria testa anche su questioni politiche. Chi restava?

Quando i bolscevichi salirono al potere, molti osservatori notarono la mancanza di vero talento tra i loro capi. Lo slancio e la grinta rivoluzionaria provenivano in buona parte dagli ex menscevichi più attivi e da altri che si erano uniti ai bolscevichi solo alcuni mesi prima della presa del potere; soprattutto Trockij, ma anche personaggi come Antonov-Ovseenko, che avrebbe guidato la conquista del palazzo d'Inverno.

I bolscevichi erano davvero giù di tono. Stalin stesso in seguito scrisse: «Nel periodo 1909-1911 il partito ha attraversato una fase di disintegrazione assoluta, con diserzioni di massa, non solo degli intellettuali, ma pure dei lavoratori». Anche Molotov in seguito disse a Gilas: «Il nostro partito era in uno stato di grave debolezza, la sua organizzazione non era compatta ma disgregata, e c'erano pochi iscritti». Nel giro di cinque anni quella piccola fazione dissestata sarebbe giunta a governare la Russia.

È stato detto che Lenin sceglieva i membri del Comitato centrale in modo un po' capriccioso e seguendo l'impulso del momento, e che si preoccupava soltanto di assicurarsi candidati obbedienti alle sue direttive in qualsiasi occasione. Senza alcun dubbio i membri del Comitato centrale del 1912 per la maggior parte non erano personaggi di primo piano della rivoluzione. A parte Lenin e Zinov'ev, solo Stalin fu rieletto nell'aprile 1917. Kalinin venne alla ribalta soltanto in seguito. Ovviamente, dopo la morte di Lenin, Ordžonikidze entrò a far parte del Politbjuro. Bubnov era destinato ad avere cariche prestigiose di secondo piano. La Stasova, segretaria di Lenin, rimase una figura secondaria benché essenziale. Invece Sverdlov, Kamenev, Rykov, Buharin, Tomskij, Krestinskij, Rudzutak e Kujbyšev, Vecchi bolscevichi non eletti nel Comitato centrale del 1912, ebbero un'influenza assai più significativa nel futuro del regime sovietico.

Nel 1912, tra i membri eletti c'era già un georgiano, Ordžonikidze, che era stato tra i giovani bolscevichi portati da Lenin alla sua scuola di partito a Longjumeau, nei dintorni di Parigi: lo aveva conosciuto a Londra in occasione del III congresso, e lo aveva giudicato promettente. Sembra plausibile che Lenin avesse sentito parlare, e non soltanto da Ordžonikidze, dell'attività indefessa di Stalin nell'ordire intrighi di carattere organizzativo simili a quelli di Lenin stesso, anche se più grossolani, contro gli elementi non bolscevichi con una solida posizione nel Caucaso. Comunque ci mise diverso tempo per apprezzarlo, soprattutto come esecutore spietato e affidabile della volontà dei bolscevichi.

Il fatto che Lenin lo avesse inserito nel Comitato centrale subito dopo la conferenza di Praga, anziché sottoporre il suo nome alla votazione dei delegati, viene di solito motivato come un ripensamento. Ma Lenin, grande pragmatico politico, era raramente soggetto a simili ghiribizzi improvvisi. E il suo comportamento ha un'altra spiegazione: temeva che i delegati si fossero fatti un'idea giusta dell'altra faccia del carattere di Stalin, quella negativa, e che avrebbero potuto votare contro di lui. Come vedremo, anche nel 1917, prima del ritorno di Lenin, a Stalin fu rifiutata una carica per «certe caratteristiche personali».

In ogni caso, in linea di principio il Comitato centrale era il massimo organo operativo del partito. La promozione di Stalin significava che aveva ormai una posizione autorevole e di primo piano.

Senza questa mossa di Lenin, Stalin sarebbe rimasto un personaggio secondario, o almeno avrebbe avuto bisogno di più tempo per farsi strada. Forse Lenin agì senza essere sufficientemente informato; ciò nonostante, quando giunse a Pietrogrado dopo la rivoluzione del febbraio 1917, non ritornò sulla sua decisione.

IV

UN RIVOLUZIONARIO IN ASCESA

1

A Vologda, Ordžonikidze informò Stalin che lo avevano inserito nel Comitato centrale, e lui ne fu «molto compiaciuto» (come scrisse Ordžonikidze a Lenin): «La notizia gli ha fatto una splendida impressione».

Stalin lasciò Vologda nel marzo 1912. Prima andò a Tiflis e a Baku, dove ebbe una discussione relativamente amichevole su questioni di partito con il menscevico (non georgiano) Boris Nikolaevskij, uno specialista in evasioni ancora più famoso di lui. Poi Stalin si recò a Pietroburgo, e grazie alla sua recente ammissione nel Comitato centrale entrò nella politica seria. Vi trovò una nuova situazione. Era appena avvenuto il famoso massacro di scioperanti nella zona aurifera della Lena, e in tutto il paese si era verificata un'ondata di scioperi di protesta. Per un certo periodo sembrò che stesse cominciando una nuova insurrezione rivoluzionaria, e lo pensavano anche i bolscevichi. Nella capitale Stalin scrisse una serie di articoli.

Uno di essi, pubblicato il 2 aprile 1912, consisteva in un lungo atto d'accusa che elencava le cose di cui «aveva bisogno la nazione», e per ciascuna la reazione negativa del regime. È un esempio interessante della vena più emotiva nel suo stile retorico, spesso definito «liturgico» per la sua struttura a domanda e risposta e le sue volute iterazioni. Un raffronto più interessante potrebbe essere quello con le rimostranze espresse nella Dichiarazione d'Indipendenza americana. La differenza consiste in buona parte nel carattere specifico di quest'ultima, e nella pomposa retorica dell'articolo di Stalin, in cui si diceva per esempio «dieci milioni di contadini soffrono la fame», affermazione quasi priva di fondamento nella realtà (ma che ne avrebbe acquisito anche troppo a dieci e poi di nuovo a vent'anni di distanza).

Dopo la conferenza di Praga, Lenin si era incontrato in segreto a Lipsia con alcuni membri bolscevichi della Duma, e aveva formulato il progetto del quotidiano bolscevico «Pravda». Stalin era arrivato a Pietroburgo quando ormai le trattative per la sua pubblicazione in generale erano molto avanti. In seguito fu affermato che tutta l'operazione era sua, ma in realtà essa fu gestita in larga parte dall'agente dell'Ohrana Malinovskij, e il primo direttore fu un altro agente dell'Ohrana. In seguito un articolo anonimo del primo numero fu attribuito a Stalin, anche se a quanto pare in realtà era stato scritto da un altro.

Esiste un aneddoto su Stalin in quell'epoca: rimasto brevemente da solo con il figlio di nove anni di una famiglia bolscevica, gli dà uno schiaffo e dice che in quel modo il piccolo si ricorderà di lui. A quanto pare è un'usanza georgiana: si racconta di un contadino che, durante la visita di un principe nella sua capanna, tirò un ceffone al figlioletto in modo che non dimenticasse quell'occasione.

Comunque, in quel periodo Stalin si trovò per qualche settimana al centro dell'attività di partito in Russia, e per un breve lasso di tempo partecipò a svariate discussioni importanti. Arrestato di nuovo il 5 maggio 1912, trascorse alcune settimane nel carcere Špalernyj che in seguito, sotto lo stalinismo, avrebbe acquisito una spaventosa reputazione. Fu poi condannato a tre anni di esilio a Narym, in Siberia. A Vologda, lungo il tragitto, incontrò di nuovo Nikolaevskij, che in quel momento veniva trasferito in una città di confino ben popolata, e quindi regalò a Stalin il suo bollitore dell'acqua per il tè, perché a Narym sarebbe stato difficile trovarne uno.

Quella zona siberiana, quattrocentocinquanta chilometri circa a nord di Tomsk lungo il fiume Ob', era a quel tempo un centro importante per i deportati politici. (In seguito, fra il 1930 e il 1931, per ordine di Stalin quasi duecentomila contadini furono deportati nei suoi acquitrini, e per la maggior parte perirono. All'epoca dell'esilio di Stalin, tuttavia, si provvedevano vitto e alloggio persino ai nemici politici del regime.) Qui trascorse un paio di mesi. Tra i suoi compagni di esilio che si trovavano nella stessa zona vi erano Vereščak e il bolscevico Jakov Sverdlov. Ma non c'è molto da dire su questo breve esilio, se si eccettua la confessione semiseria di Stalin, il quale ammise che imbrogliava Sverdlov per indurlo a fare la maggior parte delle faccende domestiche. Stalin evase di nuovo poco dopo, durante l'estate.

2

Quasi contemporaneamente al suo ingresso negli organi centrali della macchina bolscevica, cominciò a essere conosciuto come Stalin, anche se non era il suo unico pseudonimo.

Stalin, come lo abbiamo chiamato fin dall'inizio, non si faceva ancora chiamare così. A scuola era «Soso», tra i compagni del movimento rivoluzionario rimase «Koba» per tutto il primo decennio del secolo, e ancora nel 1911, in una lettera a Lenin, fu questo il soprannome con cui si firmò.

Ma non era uno pseudonimo rivoluzionario definitivo e ufficiale, come Lenin o Trockij. Stalin aveva molti nomi di penna. A volte era «Vasilij». Al congresso di Londra si chiamava «Ivanovič» e Lenin lo chiamava ancora con questo nome nel 1912. A quell'epoca i suoi articoli recano svariate firme: «Stalin», «K. Solin», «Koba Ivanovič», «K. Stefin», «K. Kato». Un articolo del 1912 era firmato «Stalin» e fu nel 1913 che questo diventò il suo pseudonimo usuale.

Stalin, l'uomo d'acciaio, è sulla stessa linea di «Kamenev» (pietra) e «Molotov» (martello). La sua origine è ovvia. Ma può darsi che questa non sia la spiegazione, o almeno non l'unica spiegazione: a quanto pare c'è un dialetto caucasico in cui «Džuga» significa «ferro», e forse contiene un'allusione al suo nome originale.

Per il partito era senz'altro difficile ricordare «Džugašvili». Persino Lenin, tre anni dopo averlo cooptato al Comitato centrale, in una lettera dice a un compagno: «Devo chiederti un grande favore. Scopri il nome di Koba. Iosif D... Ce lo siamo dimenticato». Nel 1915, mentre era in esilio, nelle sue lettere Sverdlov parlava ancora di lui come di «Džugašvili». Il nome Stalin non aveva fatto presa, forse persino il suo proprietario lo considerava soltanto uno pseudonimo giornalistico.

Nel 1917 sarebbe diventato «ufficiale».

3

Nell'inverno del 1912 Stalin attraversò due volte illegalmente la frontiera austroungarica e vide Lenin. I loro incontri precedenti, in realtà, erano avvenuti tra folle di delegati ai congressi di Londra e Stoccolma. Questa volta si incontrarono da soli, o quasi da soli. Il «Vecchio» viveva a Cracovia. Discussero il problema delle nazionalità, che in quel momento stava molto a cuore a Lenin. Questi condivideva l'opinione di Marx che il problema essenziale fossero gli interessi del proletariato internazionale, mentre le questioni interne costituivano soltanto un diversivo momentaneo. Ma negli ultimi anni i nazionalismi si erano manifestati con una certa veemenza. Lenin voleva una formula grazie alla quale fossero gratificate le aspirazioni originarie delle popolazioni minoritarie all'interno di una futura Russia socialista, pur senza permettere che minassero l'unità rivoluzionaria.

Quanto a Stalin, in precedenza non aveva manifestato alcun interesse all'idea di compiacere o placare i sentimenti nazionali dei georgiani o di qualsiasi altra etnia. Fu Lenin a concludere che in un impero multietnico il problema nazionale andava considerato con attenzione, che per i bolscevichi poteva diventare o una causa da sfruttare o un ostacolo nella lotta per il potere.

Naturalmente, secondo la concezione marxista ortodossa, «il proletario non ha patria». Rosa Luxemburg e altri rappresentanti del marxismo di sinistra continuarono ad attenersi a questo principio. Nell'opinione di Lenin, «nazione» era una categoria tipica dell'era capitalista; il socialismo l'avrebbe «superata» e sarebbe riuscito a «unire» le nazioni; «gli interessi del socialismo» erano «prioritari rispetto al diritto delle nazioni all'autodeterminazione», ma poiché la Russia stava attraversando un periodo in cui le nazionalità contavano, era necessario «un punto del ... programma sul diritto delle nazionalità all'autodeterminazione». Come disse in seguito, nel 1914 tutti i grandi paesi belligeranti cercavano di sfruttare le minoranze dell'alleanza avversa contro i loro rivali, e nello stesso modo i bolscevichi dovevano sfruttare quanto più possibile le minoranze contro i loro avversari in Russia.

Quando Lenin arrivò a questa conclusione, si risolse a comporre una breve opera teorica sull'argomento.

Stalin, che concordava con le sue opinioni, fu incaricato di mettere per iscritto le loro idee comuni. Fece un'impressione eccellente. Lenin scrisse a Gor'kij di «un meraviglioso georgiano che si è messo a scrivere un articolo importante per "Prosveščenie" [una rivista «legale» di «teoria» bolscevica], per cui ha raccolto tutto il materiale austriaco e altro». E aggiunse: «Ci stiamo lavorando».

Il risultato fu *Il marxismo e la questione nazionale e coloniale*, che affrontava diffusamente i punti di cui sopra.

Sul problema dell'effettivo contributo apportato da Stalin a questo studio siamo aiutati dal fatto che successivamente (nel 1915) scrisse da solo un saggio sull'argomento. L'opera abbraccia la sostanza della concezione leninista, ma è assai più rozza, anzi più scadente, come anche i due articoli pubblicati sulla «Pravda» nel marzo 1916. Contengono alcuni errori marchiani sul federalismo americano, e tra l'altro osservano che non c'erano spunti perché si creasse un'«oppressione nazionalistica» negli Stati Uniti. Tuttavia non si trattava soltanto di «un'analisi disperatamente provinciale», come affermò Trockij, ma dimostrava (fu sempre lui a dirlo) che Stalin «doveva aver dimenticato del tutto la sua opera sulla questione nazionale scritta all'inizio del 1913 sotto la guida di Lenin».

A quanto pare dobbiamo concludere che *Il marxismo e la questione nazionale e coloniale*, la più importante opera teorica di Stalin, era quasi interamente il prodotto delle indicazioni e della revisione di Lenin. Questi riteneva, anche se in seguito dovette ricredersi, di trovarsi di fronte al portavoce di una minoranza, che avrebbe collaborato con lui per convogliare il partito su un'analisi del problema razionalmente fondata e strategicamente pragmatica.

Ma anche se Stalin compose *Il marxismo e la questione nazionale e coloniale* seguendo alla lettera le direttive di Lenin, quest'ultimo apprezzò l'opera, e in proposito scrisse che aveva «una posizione di primo piano» fra gli scritti marxisti contemporanei sull'argomento. Robert C. Tucker sostiene che le conclusioni cui giunse Lenin un paio d'anni dopo in *Il diritto delle nazioni all'autodeterminazione* tendevano a dare maggior rilievo all'indipendenza o all'autonomia nazionale, e che ciò faceva presagire il contrasto su questo problema verificatosi in seguito tra i due. Ma se è vero, all'epoca Lenin non se ne accorse.

Nel gennaio 1913 Stalin andò a Vienna per alcune settimane allo scopo di elaborare la prima stesura dell'opera e procurarsi l'aiuto di bolscevichi che leggevano bene il tedesco, tra gli altri il suo futuro rivale Nikolaj Buharin. Incontrò anche un altro futuro avversario, Lev Trockij. Questi ricorda il suo aspetto «scialbo ma non banale», e l'ostilità dei suoi «occhi gialli». (Nel 1948 le autorità sovietiche posero una lapide a Vienna per celebrare il luogo dove Stalin aveva lavorato una generazione prima.)

Fu l'ultima esperienza di Stalin all'estero (a parte i pochi giorni che trascorrerà alle conferenze di Teheran e di Potsdam, nel 1943-45, in circostanze alquanto diverse). Al suo ritorno, all'inizio di marzo del 1913, fu arrestato per l'ultima volta. Lo condannarono a quattro anni di esilio in un luogo ancora più remoto di Narym, la zona di Turuhansk, a oltre millecinquecento chilometri a valle lungo il corso dell'Enisej, il grande fiume siberiano.

Da lì scrisse a Lenin una lettera molto tipica:

I miei saluti a lei, caro Il'ič, calorosi, calorosi saluti. Saluti a Zinov'ev, saluti a Nadežda Konstantinovna. Come sta? Come va la sua salute? Io vivo come prima, mastico il mio pane, ho scontato metà della mia condanna. È piuttosto noioso, ma non c'è niente da fare. A lei come vanno le cose? Dove sta lei deve esserci più vita. Ho letto di recente gli articoli di Kropotkin: è un vecchio idiota, completamente fuori di testa. Ho anche letto un breve articolo di Plehanov su «Reč'»; che vecchio pettegolo incorreggibile! *Eh-mah*! I liquidatori con i loro vice, agenti della società economica libera! Che il diavolo mi porti, non c'è nessuno che li riempia di botte? Bisogna proprio lasciargliela passare liscia? Rallegri i nostri cuori dicendoci che uscirà presto un giornale che spaccherà loro la faccia, e carichi le tinte a tutto spiano.
In caso avesse voglia di scrivermi, l'indirizzo è territorio di Turuhansk, provincia dell'Enisej, villaggio Monastyrskoe, per Suren Spandarjan.

Suo
Koba

P.S. Timofeev [Spandarjan] chiede di mandare i suoi più amari ossequi a Guesde, Sembat e Vandervelde nelle loro gloriose (oh ! oh!) cariche ministeriali.

Questa lettera è degna d'attenzione. Possiamo star sicuri che, non avendo molto altro da fare, Stalin la stilò con cura. La sua caratteristica più evidente è la sua apparenza di schietto buon senso conforme al tipo del solido operaio. Ma non pare molto riuscita: qui e là risuonano note false. Comunque, era questo il personaggio che Stalin desiderava evocare. Non c'è ragione di pensare che Lenin ne fosse rimasto molto colpito in un senso o nell'altro, ma comunque probabilmente non portò nocumento al suo autore.

All'inizio Stalin stava insieme a un nutrito gruppo di bolscevichi, tra cui c'erano Kamenev e Sverdlov. Dopo svariati piccoli attriti, le autorità vennero a sapere (tramite Malinovskij) di un piano di evasione, e trasferirono Stalin e Sverdlov al piccolo insediamento di Kurejka, a nord del Circolo polare artico. Stalin portò con sé alcuni libri appartenenti a un prigioniero morto da poco, anche se in teoria sarebbero dovuti diventare di proprietà comune. Un bolscevico inviato a Kurejka per protestare fu mandato via in malo modo.

A Kurejka, Sverdlov scoprì che dividere l'alloggio con Stalin era piuttosto stressante. All'inizio si lamentava soltanto: «È un bravo tipo, ma nella vita di ogni giorno esige che tutto funzioni come dice lui. Caso vuole che a me piaccia un certo grado di ordine, e a volte mi innervosisco». Invece un paio di mesi dopo scriveva: «Ci conosciamo troppo bene. La cosa più triste dell'esilio o della prigione è come emerge il carattere di un uomo, rivelando il lato meschino... Adesso il mio compagno e io viviamo in alloggi diversi, e ci vediamo di rado».

Una donna, in seguito diventata segretaria di Stalin, scrive che l'antipatia tra i due era nata a Monastyrskoe qualche tempo prima, per la rivalità sorta riguardo a un'esule bolscevica che preferiva Sverdlov. Comunque probabilmente fu allora che Stalin, come racconta la cognata nelle sue memorie, ebbe un figlio illegittimo da una donna del luogo.

4

Dopo alcune settimane di attrito con Sverdlov, Stalin si mise sotto a leggere, scrivere, sparare, pescare. Fu allora, a quanto afferma sua figlia, che fu davvero invaso dal senso della Russia. Né le cittadine provinciali della zona di Vologda, né le tetre paludi di Narym e neanche, almeno in apparenza, la vita nella capitale avevano minimamente intaccato la sua cultura caucasica. Ma ora si stabilì per diversi anni in quell'ambiente russo particolare, a nord della taiga e dei grandi fiumi, l'ambiente delle lunghe giornate estive, e delle grandi nevi invernali. Non potendo evadere, non aveva altre responsabilità che quelle di pensare, scrivere e rilassarsi. Andava a pesca e a caccia, e in un certo senso sembrava si sentisse più a casa di quanto non gli fosse mai accaduto in passato.

A quanto pare in certo modo i grandi spazi gli piacevano, più o altrettanto delle gole e delle montagne della sua infanzia. Negli anni del potere andava a vivere fuori città tutte le volte che gli era possibile, e si interessava molto al suo giardino o alla sua tenuta. Ciò nonostante, l'ultima volta che visitò un vero e proprio villaggio russo fu venticinque anni prima di morire. (Come è logico, non trascorreva le vacanze in Siberia ma sulle rive del Mar Nero o nei dintorni.)

Venticinque anni dopo, la zona di Igarka, in cui aveva scontato la condanna all'esilio, divenne un'area di campi di lavoro stalinisti tra le più dure e intensamente popolate. Nel 1947-1948 i prigionieri eressero una struttura di marmo intorno alla piccola casa dove aveva vissuto. I traghetti che percorrevano in su e in giù lo Enisej dovevano fermarsi per due ore mentre i passeggeri rendevano omaggio al santuario. Nel 1961, a Igarka giunse voce che i tempi erano cambiati. Durante la notte la statua innalzata accanto alla casa fu gettata alla chetichella nello Enisej, e a poco a poco l'edificio cadde in rovina.

Nel luglio del 1915 Stalin andò a Monastyrskoe per una spinosa questione interna al partito. Kamenev (come direttore della «Pravda») era stato processato per tradimento insieme ai deputati bolscevichi alla Duma, perché Lenin si era pubblicamente impegnato in nome dei bolscevichi a battersi per la sconfitta della Russia con lo slogan «Trasformate la guerra imperialista in guerra civile». Si chiedeva cioè ai socialdemocratici di lavorare per la disfatta del proprio paese, e soprattutto della Russia. Kamenev si era difeso e aveva difeso gli altri accusati dicendo (e nel suo caso era la pura verità) che in realtà non avevano appoggiato la posizione radicale di Lenin. All'interno del partito Kamenev era già stato censurato. Ora Sverdlov e altri stilarono una condanna formale di questo errore; ma Stalin, in quello che fu considerato un suo tipico modo di defilarsi, assunse una posizione evasiva. Di conseguenza non si formò una maggioranza contro Kamenev, e il caso fu chiuso. Sverdlov e altri ne ricavarono un'impressione abbastanza negativa. Ma in realtà a quanto pare Stalin non sembrava molto interessato a quella disputa dottrinale, come era già accaduto quando la sua indifferenza per le divergenze tra emigrati aveva molto irritato Lenin. Comunque, evitando di schierarsi, come spesso faceva in tali contrasti, Stalin riuscì a uscirne almeno relativamente incolume.

C'è una fotografia di Stalin con Kamenev e gli altri. Negli anni di punta dello stalinismo continuava a circolare, ma al posto di Kamenev c'era un alberello.

Poco dopo Stalin tornò a Kurejka. Ma nel 1916 il governo zarista decise di chiamare alle armi gli esiliati. Lungo il tragitto Stalin fu riportato a Monastyrskoe, ma si tenne alla larga dalla maggior parte degli altri bolscevichi, e questo suscitò malumore.

Li condussero tutti a Krasnojarsk, sempre lungo il fiume ma più a monte, e nel dicembre 1916 Stalin fu riformato dal servizio militare per ragioni mediche, precisamente per il suo braccio sinistro. La sua condanna era quasi spirata, e non fu rimandato a Kurejka, ma raggiunse Kamenev e altri nella piccola città di Ačinsk. Lì, ricorda un altro esiliato, non si mise in luce, e rimase «taciturno e immusonito, fumando in silenzio la pipa», mentre Kamenev teneva brillanti discorsi. Il fumo irritava Ol'ga, moglie di Kamenev (e sorella di Trockij), che cercò senza successo di indurlo a rinunciare a quel vizio.

Per due anni e mezzo la Russia aveva combattuto una guerra perdente ma non catastrofica. Senza dubbio le truppe erano stanche del conflitto. Ma la Russia aveva subito meno perdite della Francia o della Gran Bretagna, e in generale le sue armate avevano opposto una strenua resistenza. I problemi impellenti, l'approvvigionamento e la produzione, erano stati ampiamente superati. Non c'erano molti segnali evidenti dell'imminenza di un crollo del regime. Persino Lenin, ancora nel gennaio 1917, concluse una lezione tenuta a degli studenti svizzeri dicendo: «Noi della generazione più anziana forse non vedremo le battaglie decisive della futura rivoluzione». Aveva quarantasei anni.

Le debolezze recondite, o forse non comprese da Lenin, non si trovavano nelle masse, ma ai vertici del potere. «Il pesce comincia a puzzare dalla testa.» La sensazione che la situazione fosse insostenibile si avvertiva soprattutto negli ambienti vicini alla consorteria al potere, fra i liberali dell'establishment. Lo zar e molti dei suoi ministri erano poco intelligenti e privi di perspicacia. La zarina, sospettata di simpatie per la natia Germania e soggetta all'influenza del losco Rasputin (fino a quando questi non venne assassinato, nell'inverno del 1916) era molto odiata negli ambienti patriottici. Il clima politico non era sfavorevole alla guerra, che al contrario si auspicava fosse proseguita in modo più efficiente di quanto avrebbero fatto lo zar e il governo. L'autorità del regime era ormai un guscio vuoto, pronto per crollare.

Nel febbraio del 1917, quando giunse ad Ačinsk la notizia inaspettata che lo zar era stato deposto, Stalin, Kamenev e Muranov (un deputato bolscevico alla Duma) partirono immediatamente per Pietrogrado.

V
RIVOLUZIONE

1

Le primissime settimane dopo la rivoluzione di Febbraio sono tra le più bizzarre della storia interna del bolscevismo.

Il treno che trasportava gli esiliati ci mise un bel po' ad arrivare. Lungo la strada si pronunciavano discorsi, si ottenevano informazioni. Durante una sosta Kamenev inviò un telegramma di congratulazioni al granduca Mihail, in favore del quale lo zar aveva abdicato (e che aveva rifiutato la corona); in seguito quel telegramma gli avrebbe procurato qualche guaio.

Ma più significativo è ciò che accadde quando Stalin, Kamenev e Muranov arrivarono a Pietrogrado.

Alcuni giorni di sommosse per il cibo avevano abbattuto la dinastia trisecolare. Centinaia di migliaia di persone avevano manifestato nelle piazze. Le truppe si erano rifiutate di aprire il fuoco su di loro. Nicola II aveva abdicato il 2 marzo; e nel giro di pochi giorni, dove in teoria doveva esserci il potere, d'un tratto si era creato il vuoto.

Il 27 febbraio, nel fervore degli eventi rivoluzionari, era stato istituito il Soviet di Pietrogrado dei delegati degli operai. Era nato su iniziativa dei menscevichi e dei socialisti rivoluzionari, ma ad alcuni bolscevichi fu consentito di accedere al suo Comitato esecutivo. In realtà il Soviet era stato creato dall'alto, dal Comitato centrale. Contrariamente ai soviet del 1905, che erano comitati spontanei di sciopero dei lavoratori, questo era diretto sin dall'inizio da intellettuali e rivoluzionari di professione dei partiti socialisti.

Contemporaneamente era emerso un organo costituzionale con poteri giuridici limitati, il Comitato provvisorio della quarta Duma, che si autoproclamò Governo provvisorio e avanzò timidamente la pretesa di amministrare tutto il paese. I due organi coesistevano in una situazione di «doppio potere»: il governo esercitava l'autorità che possedeva, ed era sottoposto alle critiche più o meno costruttive dell'istituzione «sovietica».

La dissoluzione del vecchio ordine si manifestava nel lusso inusitato del nuovo quartier generale bolscevico. I bolscevichi avevano occupato il palazzo della ballerina Matil'da Kšesinskaja, che era stata l'amante dello zar prima del suo matrimonio, e che in seguito, in esilio, avrebbe sposato il granduca Andrej, sopravvivendo molti anni a Stalin.

Qui quel che restava del vecchio Bureau bolscevico russo, istituito in precedenza da Lenin, assunse la direzione effettiva del partito. Era capeggiato dal principale agente diretto di Lenin in Russia, l'operaio Aleksandr Šljapnikov, che nei primi tempi del governo di Lenin gli creò dei fastidi essendo a capo dell'Opposizione operaia, e fu prima degradato e poi fucilato da Stalin. Lo stesso destino sarebbe toccato anche al secondo protagonista, Petr Zaluckij. Il terzo era Vjačeslav Molotov.

Il 6 marzo fondarono la «Pravda» in forma legale. Invocavano un governo rivoluzionario e l'opposizione al nuovo regime.

Alcuni giorni dopo, quando arrivarono Stalin, Muranov e Kamenev, era in corso una battaglia importante. Il 12 marzo il Bureau russo, che nel frattempo si era allargato fino a essere costituito da una dozzina di membri circa, votò per cooptare Muranov. Fu osservato che Stalin faceva parte del Comitato centrale, «e perciò sarebbe stato opportuno averlo come membro ... Tuttavia, in considerazione di certe sue caratteristiche personali, il Bureau ha deciso di conferirgli soltanto il voto consultivo».

Anche questa volta, come sarebbe accaduto in altre occasioni, chi conosceva gli atteggiamenti di Stalin o li aveva sperimentati cercava di ostacolarlo. La misura di questa sfiducia e ostilità personale è abbastanza straordinaria, se consideriamo che ebbe più peso della sua elevata posizione ufficiale. Inoltre non si erano limitati a tenerlo fuori dal Bureau, ma avevano anche fatto in modo che non avesse alcun potere: sembrava quasi che secondo i membri il potere, nelle mani di Stalin, sarebbe sempre stato usato male. Se persino durante la rivoluzione un organismo costituito da suoi compagni di partito arrivò ad assumere una simile posizione, questo indica, a dir poco, che tra i bolscevichi esistevano riserve davvero forti su di lui e i suoi atteggiamenti, i suoi metodi e le sue intenzioni.

Anche Kamenev ricevette una cattiva accoglienza, sebbene nel suo caso questo fosse palesemente dovuto a ragioni politiche contingenti, e alla posizione moderata che aveva assunto riguardo alla guerra. Si decise di consentirgli di lavorare per la «Pravda», ma senza firmare gli articoli.

Tuttavia il 13 marzo finalmente Stalin fu ammesso come membro effettivo, e nominato al comitato di redazione della «Pravda». Il 15 marzo fu istituito un nuovo «Presidium» del Bureau, costituito da Stalin, Muranov, Šljapnikov e Zaluckij, più la riservata veterana Elena Stasova. Lo stesso giorno Stalin, Muranov e Kamenev furono nominati delegati bolscevichi al Comitato esecutivo del Soviet di Pietrogrado.

Significava che Šljapnikov era stato sconfitto. Questo fatto deve essere considerato in larga misura il ripudio della linea leninista sulla guerra e la rivoluzione. Mentre Stalin e Kamenev si trovavano isolati in Siberia, Šljapnikov era stato in rapporti molto assidui con Lenin, il quale lo aveva cooptato nel Comitato centrale nel 1915: era lui il vero rappresentante della linea politica leniniana.

Ma Šljapnikov non aveva ordini precisi da Lenin. Questi, tagliato fuori in Svizzera oltre le linee tedesche, non era ancora riuscito a inviare al partito la sua valutazione sulla situazione completamente nuova emersa dalla rivoluzione di Febbraio. E intanto l'opinione di Šljapnikov era impopolare non soltanto fra gli esiliati appena rientrati, ma anche fra molti bolscevichi di Pietrogrado. Stalin e i suoi ottennero il consenso generale quando adottarono la linea per cui dovevano essere loro, i dirigenti più importanti sul posto, a gestire la situazione basandosi sui propri giudizi, e che quindi le posizioni estremistiche andavano abbandonate perché non erano più applicabili.

Nel corso delle settimane successive, Stalin e Kamenev perseguirono una linea di riavvicinamento ai menscevichi, di tolleranza verso il Governo provvisorio e di opposizione allo slogan «Abbasso la guerra».

Quando Stalin assunse la carica nel Comitato esecutivo del Soviet, a quanto pare ricevette un'accoglienza abbastanza calorosa dai suoi ex avversari georgiani Nikolaj Čheidze (ora presidente del Soviet stesso) e Irakli Cereteli. Stalin non diede contributi memorabili al dibattito: a quanto pare trascorreva la maggior parte del suo tempo a sondare gli altri delegati socialisti e a stabilire rapporti con loro.

Tra i colleghi di Stalin al Comitato esecutivo c'era il menscevico Suhanov, il quale quindi ebbe una buona occasione per osservarlo e prendere nota delle reazioni che suscitava al di fuori dell'ambiente bolscevico. Il libro di Suhanov, *Appunti sulla rivoluzione*, basato sui suoi diari del 1917, fu pubblicato a Mosca nel 1922, e lodato da Lenin. Ovviamente la sua famosa descrizione di Stalin in un certo qual senso è abbastanza soggettiva, ma Suhanov è considerato un osservatore onesto. Sulle impressioni suscitategli da Stalin scriveva:

> In quei giorni, accanto a Kamenev, anche Stalin rappresentava i bolscevichi nel Com. es. Era uno dei personaggi centrali del Partito bolscevico e forse uno dei pochi individui che reggevano (e reggono ancora oggi) il destino della rivoluzione e dello stato. Non cercherò di spiegare perché sia così, dato che in quegli ambienti esaltati e irresponsabili, lontani dal popolo e alieni dalla pubblicità, l'«influenza» è oltremodo capricciosa. Comunque è impossibile non rimanere sconcertati dal ruolo di Stalin. Il Partito bolscevico, nonostante il basso livello del suo «corpo ufficiali» e dei semplici iscritti, per la stragrande maggioranza ignoranti e superficiali, comprende nel suo stato maggiore un nutrito gruppo di grandi personaggi e di abili dirigenti. Ma Stalin, nel corso della sua modesta attività al Comitato esecutivo, mi ha fatto l'impressione – e non ero il solo a pensarla così – di una macchia grigia che tremolava oscuramente in lontananza senza lasciare traccia. Non si può dire davvero nient'altro su di lui.

In realtà Suhanov ne descriveva l'attività, o ne osservava la presenza sulla ribalta della rivoluzione, tra gli oratori o gli agitatori. Sullo sfondo, alla sua scrivania, Stalin era più attivo. Continuava a sostenere la linea «moderata».

In sei articoli e un editoriale pubblicati sulla «Pravda» nel corso delle due settimane successive, Stalin sosteneva: «Il duro slogan "Abbasso la guerra" è oltremodo inopportuno»; a suo parere si doveva seguire la linea della «pressione sul Governo provvisorio» per costringerlo ad accettare «di avviare immediatamente i negoziati di pace»; era proprio la linea seguita dai menscevichi e dai socialisti rivoluzionari.

È piuttosto chiaro che per la maggioranza dei bolscevichi la fase della clandestinità si era conclusa, ed era necessario un partito socialdemocratico riunificato, meno dogmatico, per attuare il passaggio alla fase successiva dell'evoluzione politica «proletaria». Per quanto li riguardava, avevano già conquistato delle posizioni all'interno del sistema, e forse aspiravano a carriere politiche serie. Probabilmente consideravano utopistica la possibilità alternativa, quella di un governo sovietico esclusivamente bolscevico in cui sarebbero ascesi più in alto e più in fretta. All'epoca non sembrava fattibile che un piccolo partito, con un'esigua minoranza persino nei soviet, pur condannando tutti gli altri movimenti politici e rinchiudendosi in un isolamento settario, conquistasse lo stato. Persino in retrospettiva le loro possibilità di riuscita appaiono minime. I bolscevichi di Pietrogrado più giovani, che avevano portato avanti questa linea, possono sembrare, e forse sembravano a Stalin e Kamenev, ingenui settari. La situazione generale era caotica, nuova, disorientante. E anche se Lenin, in fin dei conti, scommise tutto sul tentativo di conquistare il potere, ebbe la sua occasione solo grazie a una serie di avvenimenti imprevisti e di errori non presagibili dei suoi oppositori. E persino così riuscì a vincere solo di stretta misura.

2

Il 19 marzo arrivò alla redazione della «Pravda» la prima «Lettera da Afar» di Lenin. Il capo del partito, dal suo esilio a Zurigo, aveva scelto una linea assolutamente diversa da quella di Stalin e Kamenev. Anziché offrire sostegno condizionato al Governo provvisorio e premere su di esso perché concludesse la pace, Lenin voleva che fosse sferrata una lotta rivoluzionaria totale e affermava che solo il socialismo poteva portare la pace.

Stalin e Kamenev pubblicarono la lettera, ma con pesanti tagli, omettendo soprattutto gli attacchi più violenti contro il Governo provvisorio e i menscevichi. Forse la «Seconda lettera da Afar» non venne recapitata; la questione è oscura. Se arrivò, come appare probabile, Stalin e Kamenev si limitarono a distruggerla. Evidentemente Stalin, trovandosi sul posto, pensava come prima di avere una visione più corretta della situazione politica rispetto a Lenin, nella lontana Svizzera.

Durante una conferenza panrussa dei bolscevichi cominciata il 27 marzo, Stalin fece una relazione sul Governo provvisorio. Forse era influenzato almeno in una certa misura dalle osservazioni di Lenin, perché la sua analisi fu un po' più aspra di quella precedente, e tuttavia insistette con la richiesta di sostenere quel governo, almeno finché esso si atteneva a un programma rivoluzionario; come fa osservare Robert Slusser, questo voleva dire che per lui si trattava solo di tattica politica, mentre Lenin condannava il Governo provvisorio in toto, in quanto borghese e quindi incorreggibile.

La conferenza accolse la linea di Stalin, e passò ad altre questioni. Lenin aveva inviato un telegramma che giunse al Bureau russo il 13 marzo, in cui chiedeva che non avvenissero «riavvicinamenti di nessun genere con gli altri partiti». Era stata avanzata la proposta che i bolscevichi si unificassero con i menscevichi di sinistra. Stalin, che era stato in contatto con Cereteli, la appoggiò, e si pronunciò in favore dell'unificazione di tutti i socialdemocratici contrari alla guerra. Doveva essere l'elemento di fondo delle conferenze di Zimmerwald e di Kienthal, rispettivamente nel 1915 e nel 1916, in cui convennero vari gruppi di sinistra contrari alla guerra. Ma Lenin, pur avendo partecipato a queste conferenze, ne aveva respinto le decisioni considerandole inopportune.

Con la sua proposta Stalin suscitò dei dissensi, soprattutto da parte di Molotov, ma comunque ottenne l'autorizzazione, insieme ad altre tre persone, ad aprire il dialogo con i menscevichi, impegnandosi a riferire sull'argomento a una riunione congiunta di rappresentanti dei due partiti.

La cosa sorprendente è che Stalin avesse insistito sulla sua posizione nonostante la disapprovazione di Lenin. Forse pensava che, una volta tornato, Lenin avrebbe finito per dargli ragione, o almeno si sarebbe sentito in dovere di raggiungere un compromesso con i suoi luogotenenti. Se è così, Stalin si era completamente sbagliato. Non aveva capito che Lenin si sentiva certo di essere pienamente nel giusto. E aveva sottovalutato la sua capacità di dominare i bolscevichi.

Il 3 aprile Lenin e il suo gruppo arrivarono a Pietrogrado dalla Svizzera. Kamenev e altri erano saliti sul treno fuori Beloostrov e la prima osservazione di Lenin era stata: «Cosa mai state scrivendo sulla "Pravda"? Ne abbiamo visto qualche numero e vi abbiamo insultati alla grande!».

Nella storia, come fu riscritta nel periodo culminante dello stalinismo, si descriveva l'incontro di Stalin e Lenin come se fosse avvenuto in un clima di totale collaborazione e sostegno. «Fu con grande gioia» raccontava una cronaca successiva «che i due capi della rivoluzione, i due capi del bolscevismo, si incontrarono dopo la loro lunga separazione.» Esistono dei dipinti in cui è rappresentata questa scena immaginaria.

In realtà alla stazione Finlandia c'era il comitato di accoglienza bolscevico di Pietrogrado capeggiato da Šljapnikov, mentre Čheidze, a nome del Soviet diede un benvenuto più formale a Lenin che rientrava. A quanto pare Stalin non c'era perché impegnato nei colloqui per una possibile fusione tra bolscevichi e menscevichi.

La sera del suo arrivo, Lenin disse a un pubblico di bolscevichi e altri (in quelle che furono poi chiamate *Tesi d'aprile*) che la pace sarebbe stata possibile solo dopo «l'abbattimento del capitalismo» e che l'esercito doveva essere incoraggiato a fraternizzare con i tedeschi. Proponeva un programma totalmente rivoluzionario, inclusa la fantasiosa idea di una «collettivizzazione» immediata dell'agricoltura. Non ci sarebbe stata unità con i menscevichi.

Il 6 aprile, a una riunione del Bureau russo, Stalin mosse di nuovo alcune critiche alle *Tesi* di Lenin, anche se fu Kamenev a fare l'opposizione più dura. Il giorno dopo, quando le *Tesi* furono pubblicate sulla «Pravda», in una nota della redazione si sottolineava che esse costituivano soltanto l'opinione personale di Lenin; non occorre ripetere che Stalin era condirettore. Kamenev continuò a criticare Lenin sulla «Pravda», Stalin invece ben presto cambiò atteggiamento, e l'11 aprile ormai sosteneva Lenin.

Intanto, nelle tre settimane precedenti il congresso del Partito, condivideva un ufficio con Lenin, e nel corso dei mesi immediatamente successivi divenne un fedele esecutore e propagandista della nuova linea.

3

Il 24 aprile cominciò la VII conferenza di partito. Come relatore Lenin espose le sue bellicose opinioni. Dzeržinskij, il futuro capo della polizia, disse allora che chiaramente molti delegati non erano d'accordo, e propose una seconda relazione in cui si esponesse l'altra opinione. Fu Kamenev a pronunciarla, in rappresentanza della delegazione di Mosca. In quel momento, disse, la linea corretta per il Soviet, che doveva essere seguita anche dai bolscevichi, era di «tenere sotto controllo» il Governo provvisorio.

Dopo un dibattito lungo e confuso, fu deciso di dare la parola ad altri due oratori per ogni proposta. Stalin si fece avanti per Lenin, in modo efficace quanto a vigore, anche se travisò del tutto la posizione di Kamenev. Zinov'ev lo appoggiò in modo meno incisivo. Quando Nogin e Rykov ebbero parlato a favore dei moderati, Lenin e Kamenev fecero i discorsi conclusivi.

Alla fine fu stilata una risoluzione, più aderente alle concezioni di Lenin che a quelle di Kamenev, poiché quest'ultimo, almeno in parte, aveva convenuto sulle tesi di Lenin. Il punto interessante è un altro: Stalin era stato nominato da Lenin suo principale sostenitore. L'influenza che esercitava era dovuta al fatto di essere il principale ex sostenitore della linea di Kamenev. E a giudicare dalla perdurante irritabilità di molti delegati, forse il suo contributo fu decisivo per la vittoria di Lenin.

Il 27 aprile la conferenza elesse un nuovo Comitato centrale. Lenin si pronunciò a favore di due candidati: Kamenev e Stalin. Del primo Lenin disse che si era emendato dalla posizione assunta nel 1915, quando non si era opposto alla guerra, e che bisognava dimenticare la sua «esitazione» nei mesi immediatamente successivi alla rivoluzione. Kamenev aveva ottimi precedenti, e non si poteva supporre che accettasse la nuova linea politica senza discutere. Riguardo a Stalin disse: «Conosciamo il compagno Koba da moltissimi anni. Lo abbiamo visto a Cracovia, dove aveva sede il nostro Bureau. La sua attività nel Caucaso è stata importante. Un buon lavoratore in tutti i posti di responsabilità».

Poi, per la prima volta, Stalin fu *eletto* al Comitato centrale. I risultati furono di 104 voti per Lenin, 101 per Zinov'ev, 97 per Stalin e 95 per Kamenev.

Com'è abbastanza logico, Stalin fu scelto anche per presentare la risoluzione di Lenin sulla questione nazionale. La discussione principale riguardava le garanzie a tutte le nazionalità in Russia del «diritto alla libera secessione». Molti delegati la considerarono una concessione al nazionalismo borghese, ma Stalin e Lenin, precorrendo la futura politica sovietica, sostennero che il partito doveva mantenere un'organizzazione unitaria, e che i suoi affiliati, nei paesi dotati di *diritto* alla secessione, si sarebbero battuti contro il separatismo. Stalin dichiarò che personalmente era contrario al nazionalismo secessionista nel Caucaso «tenendo presente lo sviluppo unitario della Transcaucasia e della Russia, certe condizioni della lotta del proletariato e così via». Tutta la questione si sarebbe sempre più inasprita nei primi sette anni di governo sovietico e oltre.

Più o meno per tutto il mese successivo, l'attività del partito fu incentrata sull'organizzazione, l'agitazione e la propaganda. L'ex rivale di Stalin, Sverdlov, tornato in posizione centrale, si stava dimostrando un genio in ambito organizzativo. Gli altri dirigenti, soprattutto Zinov'ev, parlavano – in modo più o meno incisivo – alle assemblee di fabbrica e in riunioni analoghe, cui Stalin in pratica non partecipava. Non scriveva nemmeno molto, circa un articolo alla settimana.

Il 1° giugno, quando si riunì il I congresso dei soviet di tutta la Russia, era tra i delegati bolscevichi. I rappresentanti principali del partito erano Lenin, Zinov'ev e Kamenev, mentre Sverdlov e Stalin avevano la funzione di capigruppo. In quell'occasione Stalin si dimostrò deciso ed efficiente; il suo ex compagno di prigionia, il socialista rivoluzionario Vereščak, ne rimase molto colpito.

Intanto Lenin aveva bisogno di tutto il talento politico possibile nella sfera dei militanti. All'inizio di maggio, nonostante la riluttanza dei suoi colleghi, avvicinò Trockij, con cui, come gli altri bolscevichi, era stato a lungo in cattivi rapporti, offrendogli posizioni dirigenziali per lui e alcuni suoi seguaci. Trockij era appena ritornato (dagli Stati Uniti) e si era subito dichiarato favorevole alla linea rivoluzionaria di Lenin. Il suo primo discorso al Soviet ebbe un effetto dirompente. (Dopo alcune settimane di trattative, verso la fine di luglio Trockij insieme al suo gruppo si fuse con i bolscevichi, ma poco dopo venne arrestato, e quindi non poté contribuire granché alla causa fino all'inizio di settembre, quando lo rilasciarono.)

Mentre si svolgevano i lavori del congresso dei soviet, i bolscevichi che ormai erano ben finanziati e ragionevolmente ben organizzati cominciarono a discutere un'azione di massa contro il governo. Stalin si lanciò con grande vigore nel progetto di una dimostrazione di operai e soldati prevista per il 10 giugno.

Il congresso dei soviet respinse a grande maggioranza il progetto di dimostrazione, e il Comitato centrale bolscevico alla fine vi rinunciò. Allora Stalin rassegnò le dimissioni, che però non furono accettate.

Anche se i bolscevichi assunsero in larga parte il controllo di un'altra dimostrazione sponsorizzata dai soviet per il 18 giugno, il clima popolare cambiò presto, e Lenin disse che se in quel momento avessero preso il potere non sarebbero riusciti a conservarlo.

Tuttavia il 3-4 luglio, alcuni soldati da poco convertiti al bolscevismo, sotto l'influenza dei militanti radicali che ignoravano gli ordini del Comitato centrale, inscenarono una dimostrazione, e si trattò di una dimostrazione armata. Le «giornate di luglio» hanno suscitato molte controversie, ma vi fu un momento in cui, a quanto sembra, i bolscevichi sperarono che tutto sommato la dimostrazione avrebbe provocato la caduta del governo. Ma Lenin batté in ritirata, e alla fine Stalin si schierò dalla sua parte.

A proposito del carattere di Stalin è molto interessante la storia di come consigliò di comportarsi ai marinai di Kronštadt riguardo alla dimostrazione. Il rappresentante dei marinai chiese a Stalin, allora in servizio alla «Pravda», se dovevano partecipare con le armi o senza. Stalin, almeno a quanto sembra, rispose: «Noi imbrattacarte portiamo sempre con noi le nostre armi, le penne, ovunque andiamo. Quanto alle vostre, di armi, i migliori giudici siete voi». Questo aneddoto fu reso pubblico solo nel dicembre 1929, quando Stalin aveva appena sgominato il suo ultimo avversario politico. Venne raccontato al pubblico sovietico come esempio dell'«astuzia» di Stalin: aveva evitato di dire ai marinai di partecipare armati, in modo da non poter essere incolpato se le cose si fossero messe male, ma allo stesso tempo aveva suggerito loro tra le righe di portarsi le armi.

Gli storici hanno molto discusso sulla veridicità dell'episodio. Comunque sia, il fatto che Stalin l'avesse raccontato a un intervistatore più di dieci anni dopo, dimostra quanto fosse convinto che mettesse in luce le sue doti di capo, e perciò avvalora senz'altro la nostra idea su come concepiva la politica e se stesso.

4

Le giornate di luglio ebbero una conseguenza significativa per Stalin. Il Governo provvisorio ordinò l'arresto dei capi bolscevichi. Trockij e Kamenev finirono in galera. Lenin e Zinov'ev si nascosero. Le figure secondarie (almeno nella concezione del governo), Sverdlov e Stalin, furono i bolscevichi più importanti che rimasero al loro posto: il primo gestiva di nuovo l'apparato, e il secondo era il personaggio più rilevante sulla scena politica propriamente detta.

Stalin dovette contribuire a organizzare la ritirata dei bolscevichi. Ebbe un colloquio con Cereteli per trattare la resa del palazzo della Kšesinskaja, che venne occupato dal governo.

Per diversi giorni Lenin si nascose in casa degli Alliluev, dove in quel momento viveva Stalin, quindi lasciò Pietrogrado diretto a un rifugio più sicuro: i due uomini ebbero dunque un'altra opportunità di approfondire le comprensioni e incomprensioni reciproche.

A quel punto il Governo provvisorio lanciò la controffensiva, con una campagna di propaganda oltremodo efficace. Aveva ottenuto delle informazioni sui fondi tedeschi con cui Lenin finanziava i bolscevichi, e altre ne inventò. Su questa base, fu dichiarato che Lenin era un agente della Germania.

Lenin non lo era di certo, ma aveva senz'altro ricevuto denaro dai tedeschi (tutta la faccenda fu pubblicata sulla stampa sovietica negli anni Venti). In quel momento entrambe le parti avevano un interesse in comune: la sconfitta della Russia. Dal punto di vista dei tedeschi era lo stesso calcolo che li aveva indotti in aprile ad autorizzare il «treno piombato» diretto a Pietrogrado con a bordo Lenin e i suoi colleghi ad attraversare il loro paese.

Ma anche se Lenin non era al servizio della Germania, la storia dei finanziamenti tedeschi lo fece di certo apparire tale. Stalin fu mandato al quartier generale del Soviet per smentire la faccenda e chiedere che venisse soffocata. Parlò con Čheidze, e gli chiese la solidarietà dei socialisti. Čheidze, con il consenso meno convinto dell'altro menscevico georgiano, Cereteli, accettò di bloccare la notizia, che però comparve ugualmente sui giornali, provocando un enorme calo di popolarità dei bolscevichi, soprattutto nelle unità dell'esercito.

A quel punto Stalin ricevette le ultime tesi di Lenin. In esse si sosteneva che non era più opportuno invocare il potere per i soviet, dato che erano controllati dai menscevichi e dai socialisti rivoluzionari, entrambi passati dalla parte della controrivoluzione. Ormai Lenin contava soltanto sui bolscevichi, e chiedeva di mobilitare le forze per una «insurrezione armata».

Stalin produsse, sembra, una nuova stesura delle tesi, sostituendo «insurrezione armata» con «lotta decisa»; fu questa la versione finale in cui furono pubblicate dall'organo di stampa bolscevico di Kronštadt. Ma nel corso di una riunione del Comitato centrale del 13-14 luglio, e di una conferenza dei bolscevichi di Pietrogrado del 16 luglio, permaneva ancora un umore avverso a un'azione offensiva. Stalin era l'oratore principale della conferenza. La sua relazione cominciava con una difesa della nuova linea di Lenin, e ribadiva il concetto che al momento i soviet non meritavano il potere. Ma non esponeva le tesi di Lenin, e di conseguenza un nutrito gruppo di delegati non le appoggiò, poiché non erano state spiegate né difese. Stalin era apparso certo un personaggio di rilievo, ma aveva suscitato un'impressione ambigua.

A quanto pare di lì a poco incontrò Lenin, e ben presto tornò a essere un leninista convinto. Il 28 luglio si aprì il VI congresso bolscevico, convegno secondario e ai limiti della legalità, che fu interrotto per la mancanza del quorum. Stalin, che all'inizio era assente, alla fine pronunciò la relazione principale. Si espresse di nuovo in favore delle tesi di Lenin, ma anche in questa occasione usò toni meno bellicosi dell'autore. In retrospettiva, possiamo notare la comparsa di un altro suo rivale, Nikolaj Buharin, che espose la relazione sulla situazione internazionale.

Nella sua perorazione Stalin fece questa affermazione significativa: «Non è escluso che la Russia diventi il paese che spianerà la strada al socialismo ... respingiamo l'idea superata che soltanto l'Europa possa mostrarci la strada. Esiste il marxismo dogmatico e il marxismo creativo. Io mi schiero dalla parte di quest'ultimo».

Fu eletto un nuovo Comitato centrale. Questa volta i quattro più votati furono Lenin, Zinov'ev, Kamenev e Trockij. Il numero dei voti ricevuti dagli altri, tra cui Stalin, non è riportato.

Poi vi fu un altro momento di quiete. Ma alla fine di agosto, in un accesso di incompetenza e incomprensione, si verificò un'aperta frattura tra Kerenskij, capo del Governo provvisorio, e il comando dell'esercito, guidato dal generale Kornilov. Questi marciò su Pietrogrado e fu sconfitto con l'aiuto di unità simpatizzanti per i bolscevichi. Come Lenin aveva intuito, il potere del governo era ormai una vuota formalità.

Lenin, ancora in clandestinità, esortò a prendere subito il potere. Il Comitato centrale, all'interno del quale i moderati erano guidati da Kamenev, respinse l'idea. A quanto pare Stalin titubava. In quel momento Trockij era in ascesa: il 24 settembre fu scelto come candidato bolscevico per la presidenza del Soviet di Pietrogrado. Anche Sverdlov stava mettendosi sempre più in luce come leninista convinto. Il 10 e il 16 ottobre Lenin assistette alle riunioni del Comitato centrale e si impose. Ormai solo Zinov'ev e Kamenev votarono contro l'insurrezione, e il 18 ottobre lo dichiararono nella celebre lettera pubblicata sulla rivista di Maksim Gor'kij, «Novaja Žizn'».

Lenin si infuriò e chiese che venissero espulsi dal partito in quanto «crumiri». Zinov'ev scrisse al giornale di partito diretto da Stalin, «Rabočij Put'» (che aveva temporaneamente sostituito la «Pravda», in quel momento illegale), confutando le accuse di Lenin e dicendo che la questione poteva essere discussa in seguito. Stalin pubblicò la lettera e aggiunse persino un commento editoriale, esprimendo la speranza che la faccenda potesse «considerarsi chiusa» e nonostante il «tono tagliente» di Lenin i bolscevichi fossero «sostanzialmente» d'accordo. Quando il Comitato centrale si riunì di nuovo il 20 ottobre, Stalin si oppose all'espulsione di Zinov'ev e di Kamenev, e rispose alle critiche offrendo di dimettersi dalla direzione del giornale.

Il 21 ottobre, tuttavia, Stalin fu uno dei dieci rappresentanti del Comitato centrale inviati al Comitato esecutivo del Soviet. In quel momento Sverdlov e Miljutin stavano organizzando il programma per la imminente riunione del II congresso dei soviet di tutta la Russia in cui i bolscevichi avrebbero controllato la maggioranza, e su cui quindi avrebbero potuto dichiarare ufficialmente la propria autorità.

Ormai la crisi si approssimava. Il 24 ottobre Stalin scrisse un editoriale per «Rabočij Put'» in cui invocava un governo sovietico. D'un tratto smise di insistere per la sollevazione armata, affermando che i lavoratori dovevano «presentare le loro richieste al congresso dei soviet» e formare un governo che avrebbe esercitato il potere fino alla «convocazione tempestiva di un'Assemblea costituente».

Gli storici sovietici del periodo poststaliniano sottolineano che non si trattava affatto di un appello all'immediata insurrezione armata. D'altra parte, qualcuno sostiene che non si sarebbe potuto pubblicare un appello simile a chiare lettere. Ma può darsi che Stalin non avesse colto fino in fondo le intenzioni di Lenin. E anche se questi non aveva cessato di apprezzarlo nonostante i loro disaccordi, e continuò ad apprezzarlo in seguito, a quanto pare non riscontrava in lui lo spirito di iniziativa e il coraggio con cui Trockij, Sverdlov e altri si battevano per la conquista del potere.

Infatti a questo punto ci troviamo di fronte a uno strano fenomeno. Il potere fu conquistato il 25 ottobre. Ma a quanto pare Stalin non partecipò in alcun modo all'evento. Secondo un eminente studioso, Adam Ulam, forse accadde perché avevano deciso di tenerlo in ombra, in modo che, in caso di insuccesso, non essendo coinvolto potesse operare per i bolscevichi, cioè svolgere più o meno lo stesso ruolo che aveva avuto dopo le giornate di luglio. Non esistono prove di tale decisione, e secondo la maggior parte degli storici la sua inattività rappresenta (per usare l'espressione di Isaac Deutscher) un «fatto strano e inconfutabile». Secondo altri, nella fretta di organizzare il colpo di stato, probabilmente le persone più coinvolte (soprattutto Trockij e Sverdlov) si rivolgevano soltanto a chi consideravano utile nell'immediato, e il nome di Stalin non venne loro in mente.

In realtà, analizzando il comportamento di Stalin nel periodo marzo-ottobre 1917, emerge soprattutto la sua lentezza nell'adattarsi alle crisi e ai cambiamenti. Nei momenti cruciali il suo istinto gli suggeriva sempre di temporeggiare, di ponderare i fatti, e solo in un momento successivo di adeguarsi alla nuova situazione. Persino quando era Lenin ad assumere una posizione netta, Stalin all'inizio dissentiva, e in apparenza si considerava davvero un elemento moderatore indipendente, anche se prima o poi cedeva. Il suo carattere non era fatto per le incertezze della rivoluzione. O quanto meno, guardando alla sua carriera si può affermare che le crisi improvvise, a parte quelle progettate e innescate da lui, lo lasciavano disorientato, come effettivamente sarebbe accaduto il 22 giugno 1941.

Intanto, nonostante la scarsa collaborazione di Stalin, il suo partito aveva occupato il palazzo d'Inverno e arrestato il Governo provvisorio. I bolscevichi ormai detenevano il potere statale. All'inizio dell'anno successivo sciolsero con la forza l'Assemblea costituente, che era stata appena eletta con votazioni popolari, e che pochissimo tempo prima Stalin aveva descritto come la fonte legittima del futuro governo della Russia.

5

Quando Lenin proclamò il governo sovietico, Stalin era compreso nella lista (al quindicesimo e ultimo posto) come commissario del popolo per le Nazionalità. A quanto pare era riluttante ad assumere la carica perché, come Sverdlov, avrebbe preferito tornare alle sue funzioni dentro il partito. Inoltre il suo commissariato non era, come altri, un ex ministero più o meno funzionante sul piano operativo. Non disponeva di personale, edifici, e non aveva mansioni evidenti nello stato. Questo significa che in parte era un'agenzia di propaganda per il partito, in parte un canale per le trattative con i governi secessionisti. Comunque sia, non era oberato di lavoro, e Stalin poteva dedicarsi ad altre occupazioni. A farsi carico dell'attività del commissariato fu il volontario S. Pestkovskij, laureato alla London School of Economics, che in un primo momento aveva cercato lavoro ai commissariati degli Esteri e delle Finanze, prima di incontrare Stalin, seduto a una scrivania in un'unica stanza ed essere assunto.

Precedentemente alla prima riunione del nuovo Consiglio dei commissari del popolo, Stalin ebbe un incontro singolare e rivelatore con Trockij. I due uomini si trovavano in una sala consiliare dove, dietro a un paravento, c'era il marinaio bolscevico Pavel Dybenko (in quel momento commissario della Marina) in intima conversazione con la sua amante, l'aristocratica fautrice del libero amore Aleksandra Kollontaj (di cui Lenin deplorava le opinioni sul sesso). Stalin gesticolò indicando il paravento e ammiccò in modo volgare.

Trockij si alzò e lo rimproverò per la trivialità dello scherzo: «Stalin si rese conto di aver commesso un errore. La sua faccia cambiò e nei suoi occhi gialli balenò lo stesso sprazzo di rancore che avevo notato a Vienna. Da allora non tentò più di coinvolgermi in discorsi di carattere personale».

Certo Trockij aveva affettato una verecondia un po' eccessiva, non rara tra l'intellighenzia puritana, ma che forse avrebbe richiesto un certo margine di adattamento ad ambienti più eterogenei. Stalin invece stava senza dubbio recitando la parte di rozzo rappresentante delle masse. Nemmeno lui aveva saputo cogliere lo spirito della situazione. Comunque da questa strana scenetta possiamo trarre qualche indicazione sui rancori personali, e politici, del futuro.

6

Il 15 novembre Stalin firmò, e Lenin controfirmò sotto di lui, il Decreto sulle nazionalità (ufficialmente «sul diritto dei popoli della Russia all'autodeterminazione»). Esso garantiva:

1) L'eguaglianza e la sovranità dei popoli della Russia.

2) Il diritto alla libera autodeterminazione dei popoli della Russia, compreso il diritto alla secessione.

3) L'abolizione di tutti i privilegi e di tutti gli svantaggi basati sulla nazionalità o sulla religione.

4) Il libero sviluppo delle minoranze nazionali e dei gruppi etnici residenti sul territorio russo.

Naturalmente il decreto era di natura essenzialmente strategica, inteso a far schierare con il regime le nazionalità minoritarie. Ma aveva anche una finalità più generale: attestare le buone intenzioni dei bolscevichi e i loro principi per il futuro, qualora il loro potere ancora fragile crollasse.

Stalin andò a Helsinki il 27 novembre per parlare a un congresso dei socialdemocratici finlandesi. Promise l'indipendenza dalla Russia, e allo stesso tempo esortò a dare fiducia soltanto al potere rivoluzionario dei lavoratori. E offrì loro aiuto, nel caso ne avessero bisogno. Il 1° marzo i finlandesi ottennero l'indipendenza, anche se nella successiva guerra civile i bolscevichi non riuscirono a dare un aiuto adeguato, e alla fine si trovarono di fronte una Finlandia non comunista. La Finlandia aveva sempre costituito un caso a sé: non era governata dagli zar come parte dell'impero, ma come granducato distinto con ampie libertà costituzionali. Sarebbe rimasta in una situazione particolare per tutta la vita di Stalin.

Intanto Stalin era stato nominato insieme a Lenin, Sverdlov e Trockij a costituire il gruppo che doveva affrontare i problemi urgenti, anche se poteva parteciparvi qualsiasi altro membro del Comitato centrale cui capitasse di essere disponibile. Sverdlov era impegnato in questioni organizzative, Trockij e Stalin erano i confidenti abituali di Lenin.

Stalin aveva gli uffici accanto a quelli di Lenin nell'istituto Smol'nyj, l'ex scuola per fanciulle aristocratiche diventata adesso il quartier generale rivoluzionario, e nei due o tre mesi successivi veniva spesso convocato per discutere, in veste (come disse Trockij) di capo di stato maggiore. Fu quasi di certo in quel momento che Stalin conquistò, almeno temporaneamente, la piena fiducia di Lenin come attivista bolscevico efficiente e devoto, e nei due anni successivi avrebbe mantenuto tale fiducia nonostante la sua tendenza all'indocilità.

VI
LA GUERRA CIVILE

1

Nel marzo 1918, quando sembrava che i tedeschi potessero conquistare Pietrogrado, dopo duecento anni Mosca tornò a essere la capitale.

Stalin portò con sé la sua segretaria sedicenne Nadežda Allilueva, con cui doveva sposarsi l'anno successivo. A quanto pare testimoni delle nozze furono Avel Enukidze, il bolscevico georgiano che Stalin aveva conosciuto nel periodo della sua clandestinità a Tiflis e di cui ormai era intimo amico, e Stanislav Redens, il comunista polacco che aveva sposato la sorella di Nadežda, Anna. Questa almeno è la versione comune, anche se in un recente studio occidentale si afferma che il matrimonio avvenne assai prima.

Secondo svariati aneddoti Stalin si impose con la forza a Nadežda sul vagone letto di un treno. Non abbiamo modo di sapere se sia vero, e in quale misura. Se accadde, va detto che una certa brutalità nella seduzione è spesso attribuita a molti bolscevichi, anche se di solito non agli adepti dell'ambiente intellettuale. Sono cose difficili da stabilire, ma se la storia ha un fondo di verità, dato il suo carattere, Nadežda certo non avrebbe mai sposato un uomo che l'aveva violentata nel comune senso del termine.

Stalin conosceva gli Alliluev da tempo. Il padre di Nadežda, Sergej, era arrivato a Tiflis alla fine dell'Ottocento, aveva sposato una georgiana e si era messo in luce nel movimento socialdemocratico. In seguito elogiò il ruolo svolto da Stalin nelle dimostrazioni dell'epoca, ma a quanto pare lo conobbe solo nel 1904, quando Stalin tornò a Tiflis dopo aver scontato la prima condanna al confino. Allora Nadežda aveva tre anni. Esiste un aneddoto secondo cui Stalin salvò la piccola e sua sorella Anna di otto anni che rischiavano di annegare, presumibilmente nel Kura.

Nel 1908 Stalin era stato ospite della famiglia, che ormai viveva a Pietroburgo, ed era tornato a trovarla per un breve periodo nel 1911. Nel 1912, di ritorno nella capitale, aveva frequentato assiduamente gli Alliluev, e di tanto in tanto dormiva a casa loro. La sua futura cognata scrive che di solito era «taciturno e riservato» ma anche capace di fare battute e raccontare storielle divertenti; in particolare sapeva esibirsi in imitazioni esilaranti di altre persone. Descrive inoltre un'allegra corsa in slitta.

Durante l'ultimo periodo di esilio, Stalin si teneva in corrispondenza con gli Alliluev. Gli inviavano lettere e capi di vestiario, e lui scriveva per ringraziarli. Nelle memorie di Anna Allilueva pubblicate nel 1946, e ritirate quasi immediatamente, compariva una sua lettera. Alex de Jonge sostiene che, a parte altre obiezioni al libro, forse questa lettera metteva Stalin in una luce di cui lui preferiva non circondarsi in pubblico, facendolo apparire «deferente, persino ossequioso, con un tono di lieve autocommiserazione». La lettera dice:

> Le sono più che grato, cara Ol'ga Evgenevna, per i suoi sentimenti gentili e buoni nei miei confronti. Non dimenticherò mai la sollecitudine che mi ha dimostrato. Aspetto il momento in cui il mio periodo di esilio sarà finito e potrò venire a Pietroburgo a ringraziare personalmente di ogni cosa lei e Sergej. Ho ancora due anni in tutto per finire.
>
> Ho ricevuto il pacco. Grazie. Vi chiedo soltanto di non spendere soldi per me; il denaro serve a voi. Sarei felice se di tanto in tanto mi mandaste qualche cartolina con immagini della natura e così via. In questo luogo sperduto il mondo naturale è di una squallida bruttezza, in estate il fiume e in inverno la neve, a questo si riduce la natura, e io sono spinto dallo sciocco desiderio di vedere bei panorami, anche se solo sulla carta.
>
> I miei saluti ai bambini e alle bambine. Fate loro i migliori auguri di ogni bene da parte mia. Io vivo più o meno come prima. Mi sento bene. La salute è buona, e mi sono abituato alle condizioni di qui. Ma la natura è piuttosto selvaggia: tre settimane fa abbiamo avuto 45 gradi sotto zero.
>
> Alla prossima mia.
>
> Rispettosi saluti
>
> *Iosif*

Effettivamente la lettera evoca un'atmosfera, forse temporanea, non del tutto consona all'eroismo rivoluzionario. Ma non contiene proprio nulla di cui vergognarsi. E almeno apre uno scorcio su quello che Stalin provava, o quantomeno affermava di provare.

Nel 1917, il giorno del suo arrivo a Pietrogrado, si era recato direttamente dagli Alliluev, che vivevano in un posto scomodo da raggiungere, fuori città, anche se stavano cercando un appartamento più centrale. Parlò loro del suo esilio, e li divertì imitando gli oratori rivoluzionari che avevano accolto il treno alle stazioni sulla via del ritorno: «La sacra rivoluzione, tanto attesa, la cara rivoluzione è finalmente arrivata...». Chiese agli Alliluev di riservargli una stanza quando avessero trovato il loro nuovo alloggio. Vi si trasferì quell'estate.

In seguito Lenin dimostrò di apprezzare la fedeltà degli Alliluev, incluse le figlie che stavano crescendo. Erano una famiglia di rivoluzionari devoti di vecchio stampo. Il padre era un operaio specializzato, e guadagnava abbastanza per vivere in un appartamento, come in seguito sottolineò sua nipote, più grande di quello che poteva permettersi negli anni Sessanta un professore sovietico ben retribuito. I figli furono allevati nella tradizione della intellighenzia rivoluzionaria colta. Stalin, anche se in una certa misura interpretava ancora il suo personaggio di rozzo «popolano», si era adeguato al loro stile e non recava offesa. La sua modestia personale si estendeva agli indumenti, scarsi e malconci. Ol'ga Allilueva, la madre, li accomodava e li sostituiva, e gli fece una sciarpa a maglia. Lui divertiva e impressionava le bambine con storie relative al suo passato rivoluzionario. Raccontava delle sue avventure in esilio, delle sue prede a pesca, di come lo ammiravano i contadini locali, della sua scaltrezza in svariate situazioni.

Una volta che Nadežda puliva l'appartamento facendo molto rumore, Stalin sporse la testa dalla stanza e disse: «Che cos'è tutto questo chiasso?... ah, sei tu! Si è messa al lavoro una vera massaia». Nadežda si risentì e chiese: «Che c'è di male?».

Questo cordiale scambio di battute forse era rivolto ai familiari circostanti. Come scrive Auden in un altro contesto:

Quanto ci si diverte a procurare
Agli immaturi degli eroi da venerare!

Pare indubbio che Nadežda fosse molto attratta da quel rivoluzionario importante ed esperto. Lui non dimostrava affatto la rudezza e la volgarità con cui l'avrebbe trattata in seguito. Indipendentemente dal modo in cui Stalin poi la corteggiò, è chiaro che lei pensava al matrimonio come a un'impresa bella e nobile.

2

A Mosca, Stalin e Pestkovskij cercavano una sede per il loro commissariato delle Nazionalità. Tentarono di occupare l'albergo Grande Siberia, strappando avvisi che lo avocavano al Consiglio supremo dell'economia nazionale e sostituendoli con i propri, ma senza successo.

Pestkovskij la registrò come una delle rare occasioni in cui Stalin fu sconfitto. Tuttavia ottennero altri locali. Pestkovskij rilevò che il suo capo sul lavoro era una persona tetra e per nulla disposta alla conversazione. Ma a poco a poco Stalin si costituì un organico (che comprendeva in particolare I.P. Tovstuha, suo segretario politico per quasi dieci anni).

Per Lenin concludere a ogni costo la pace con i tedeschi era l'obiettivo prioritario. Si rendeva conto che sul piano pratico né quanto restava delle vecchie forze armate in via di dissoluzione, né l'Armata rossa di recente costituzione, fondata almeno in teoria nel febbraio 1918, potevano offrire resistenza sul piano militare. Ma molti bolscevichi continuavano a credere che il proletariato tedesco avrebbe aiutato la Russia a evitare un attacco della Germania, o coltivavano l'idea ancora più illusoria di una «guerra rivoluzionaria» come quella condotta dai francesi nell'ultimo decennio del Settecento.

All'inizio Lenin non riuscì a tirare dalla sua parte il Comitato centrale, che approvò (per nove voti a sette) la formulazione di Trockij: «Fine dello stato di guerra, ma senza firma della pace, e smobilitazione dell'esercito». Alla riunione successiva, Stalin disse che questa «posizione intermedia» almeno forniva una via d'uscita. Poi suggerì: «Si può evitare di firmare, ma aprire i negoziati». Lenin replicò: «Stalin ha torto» e chiese di accettare le condizioni dei tedeschi.

Nel corso delle settimane successive, e al VII congresso del partito che si svolse in marzo, furono in molti a rassegnare le dimissioni: Trockij, Buharin, Pjatakov, Bubnov, Urickij. Alla fine Lenin riuscì a imporre la sua linea. Dal punto di vista di Lenin, Stalin aveva di nuovo esitato, dimostrando però maggiore buon senso di Trockij e degli altri.

Il trattato di Brest-Litovsk fu firmato il 3 marzo 1918. A quel punto per un breve periodo il regime, sebbene privato dell'Ucraina, degli stati Baltici e del Caucaso, parve controllare la maggior parte della Russia.

3

Questo periodo relativamente idilliaco finì all'inizio dell'estate del 1918, quando i bolscevichi entrarono nella «fase socialista» grazie alla nazionalizzazione, le requisizioni di derrate e tutte le altre misure dittatoriali in seguito definite «comunismo di guerra», anche se all'epoca, naturalmente, furono presentate come la realizzazione degli obiettivi a lungo termine del partito.

Da tempo gli oppositori del nuovo regime si erano radunati nella parte sud orientale del paese, e la guerra civile stava per cominciare davvero.

Dobbiamo immaginarci un paese sotto il controllo precario di una minoranza molto determinata. Come disse Lenin, se duecentomila proprietari terrieri o giù di lì potevano dominare la Russia, perché non duecentomila comunisti? È vero che si servì del vecchio apparato statale e di moltissimi suoi dipendenti. Si avvalse della collaborazione di «specialisti borghesi» non soltanto in questioni militari. Ma la politica che adottò dopo la primavera del 1918 portò a disordini operai di vaste dimensioni, e poiché il sistema impiegato per procurare le derrate era la requisizione armata, a insurrezioni contadine ancora più significative. Ben presto milioni di persone cominciarono a soffrire la fame, e l'economia era allo sfascio.

La Prima guerra mondiale aveva visto milioni di soldati russi al fronte. Ora il vecchio esercito era stato smantellato proprio dai bolscevichi, e si combatteva una guerra civile contro le armate bianche che disponevano di poche decine di migliaia di uomini, mentre l'Armata rossa (anche se ormai effettuava arruolamenti di massa) poteva schierare in battaglia qualche decina di migliaia di soldati in più. In questa guerra di «scarso coraggio e ancora meno misericordia» entrambe le parti erano altamente impopolari.

I bolscevichi riuscirono a prevalere soltanto grazie a provvedimenti assai drastici, anche se, come afferma Adam Ulam, il metodo del terrore alienò loro molti possibili alleati.

L'insurrezione di poche migliaia di socialisti rivoluzionari di sinistra, nel luglio 1918, per quanto fosse di scarso rilievo e mal concepita, rischiò di far cadere i bolscevichi. Più di una volta il regime parve essere appeso a un filo. Un'armata cecoslovacca di settantacinquemila uomini avanzò senza trovare adeguata opposizione, e se non fosse stata evacuata avrebbe potuto debellare il regime senza difficoltà. Quando riferirono la notizia inesatta dello sbarco di *due* divisioni britanniche ad Arcangelo, i dirigenti moscoviti diedero per scontato che fosse giunta la fine. Più di una volta crisi militari o di altro genere fecero barcollare il governo di Lenin. Il nuovo stato si salvò solo grazie alle comunicazioni interne, all'uso del telegrafo e delle ferrovie, e soprattutto a un'estrema determinazione.

Per Stalin in questo nuovo periodo si verificarono tre eventi di grande rilievo.

4

Per prima cosa, nel giugno 1918 Stalin fu incaricato di una importante missione: affrontare la conseguenza immediata delle recenti mosse bolsceviche, una catastrofica penuria di derrate alimentari. Fu investito di poteri straordinari nella funzione di direttore generale per il vettovagliamento nella Russia meridionale: «I consigli locali e provinciali dei commissari del popolo, i dipartimenti sovietici, i comitati rivoluzionari, gli stati maggiori e i comandi di unità, le organizzazioni ferroviarie e i capistazione, le organizzazioni che si occupano di spedizioni commerciali per via marittima e fluviale, le poste e i telegrafi, le organizzazioni per il vettovagliamento, tutti i commissari e i delegati devono eseguire gli ordini del compagno Stalin».

E così, per la prima volta in vita sua, Stalin godeva di poteri illimitati. Il modo eccezionale in cui si comportò in tali condizioni rivela moltissimo sulla sua personalità e le sue potenzialità.

Stalin arrivò a Caricyn, la futura Stalingrado (e ancora più di recente Volgograd) con un treno blindato, una scorta di quattrocento uomini e Nadežda in veste di segretaria, il 6 giugno 1918. Dato che l'Ucraina era in mano ai tedeschi, si trattava del miglior centro di rifornimento per le risorse alimentari della regione del basso Volga e del Caucaso settentrionale. All'inizio Stalin si impegnò nel suo compito, fissò i prezzi delle derrate e rese più efficiente il razionamento. Riuscì inoltre a scovare grandi quantità di carne e pesce, e a requisirle. Continuava a chiedere a Mosca denaro, squadre per la manutenzione ferroviaria, attrezzature, il controllo sulle flotte del Volga e del mar Caspio. Da parte loro, le autorità di Mosca continuavano a protestare perché i rifornimenti non arrivavano, e Stalin chiedeva loro di resistere fino a quando non fossero state ripristinate le comunicazioni. Esisteva già una sporadica resistenza dei bianchi, e una volta il treno di Stalin fu assalito; a quanto pare si trattò dell'unico caso nella sua vita in cui si trovò sotto il fuoco.

Oltre a occuparsi degli approvvigionamenti alimentari, Stalin riorganizzò le sezioni locali della Čeka, la nuova polizia segreta di Lenin, e sventò una serie di complotti, veri o presunti, giustiziando le persone implicate e tutti i loro complici di cui fosse a conoscenza.

Ma all'inizio di luglio cominciò una nuova fase; da quel momento all'inizio di ottobre Stalin fece la sua prima esperienza militare, che in seguito il mito stalinista indicò come la prima operazione cruciale della guerra civile. Le truppe bianche e cosacche stavano avvicinandosi a Caricyn, nel sud. Il 7 luglio Stalin scrisse a Lenin:

Al compagno Lenin
Mi affretto verso il fronte. Scrivo solo di ciò che riguarda il lavoro.
1) La linea a sud di Tsaritsyn non è ancora ristabilita. Caccio e rimprovero chi di dovere. Spero che la linea sarà presto ristabilita. Potete esser certo che non risparmieremo nessuno, né noi stessi né gli altri, e il grano lo manderemo a ogni costo. Se i nostri «specialisti» militari (ciabattini!) non dormissero e non fossero dei fannulloni, la linea del fronte non sarebbe stata spezzata, e se la linea sarà ristabilita lo sarà non grazie ai militari, ma loro malgrado.
2) A sud di Tsaritsyn è stato caricato molto grano. Appena la strada sarà libera ve lo invieremo con treni merci diretti.
3) Abbiamo ricevuto la vostra comunicazione. Si farà di tutto per prevenire le possibili sorprese. Siate certo che la mano non ci tremerà.*

Faceva anche una richiesta più ragionevole:

... È necessario che ci siano in queste regioni persone investite di larghi poteri perché si possano prendere tempestivamente provvedimenti. Se nominerete qualcuno a questo scopo (chiunque sia) fatelo sapere per filo diretto.**

Ovviamente esisteva già una gerarchia di comando ufficiale che faceva capo a Trockij, commissario del popolo per la Guerra. Ma il 10 luglio Stalin nominò Kliment Vorošilov al comando effettivo delle truppe sul fronte di Caricyn, firmando gli ordini come «Membro del Consiglio dei commissari del popolo e commissario per le Nazionalità» il che, com'è logico, non gli conferiva alcuna autorità in materia.

Stalin aveva conosciuto Vorošilov quando dirigeva uno sciopero di operai delle raffinerie di Baku, e si dice che quando erano entrambi delegati al congresso di Stoccolma dormissero nella stessa stanza. Poi Vorošilov era entrato nella Čeka, quindi aveva fatto carriera e aveva capeggiato truppe irregolari bolsceviche nella regione del basso Volga.

In quel momento Vorošilov propugnava, in pratica ma anche in larga misura sul piano teorico, la vetusta teoria rivoluzionaria della superiorità di una milizia popolare rispetto alle truppe regolari, nonostante le precise decisioni in senso opposto prese a Mosca. La sua nomina rappresentava una critica più o meno velata di Stalin al metodo di Trockij (pienamente approvato da Lenin) di arruolare nell'Armata rossa degli «specialisti», cioè ex ufficiali dell'esercito zarista ben addestrati. Questi personaggi, che costituivano circa i tre quarti del corpo ufficiali rosso, erano sottoposti al controllo dei com-

* Stalin, *Opere complete*, trad. cit., vol. 4, p. 133.
** *Ivi*, p. 134.

missari politici, che quasi sempre li spiavano; ma tutti i bolscevichi, a parte un'esigua minoranza costituita dai più ignoranti o dai più puri, si rendevano conto che senza di loro l'esercito non sarebbe scampato alla guerra civile. Molti venivano ridotti all'obbedienza con le minacce, o avevano dei familiari tenuti in ostaggio in territorio rosso, ma altri collaboravano sinceramente con i bolscevichi, spesso perché li consideravano fedeli a una Russia centralizzata, e come socialisti non li giudicavano peggiori dei regimi socialisti rivoluzionari-menscevichi che stavano sorgendo oltre il Caspio in rappresentanza dell'Assemblea costituente.

Però a quanto pare Stalin era convinto che qualsiasi bolscevico competente, lui compreso, potesse trasformarsi nel giro di pochi giorni in uno stratega o un tattico; e continuò a pensarla così, per quanto in forma un po' meno radicale, per il resto della sua vita. Aveva un altro movente formidabile, lo stimolo della lotta per il potere, in questo caso contro Trockij. In occasione della nomina di Vorošilov, Stalin inviò a Lenin un'altra lettera straordinaria:

> 1) Ficcategli [a Trockij] bene in testa che se non si conoscono le persone del posto non si debbono dare incarichi, perché altrimenti ne verrà fuori uno scandalo per il potere sovietico.
>
> 2) Se non ci darete aeroplani con aviatori, autoblinde, pezzi da sei pollici, il fronte di Tsaritsyn non reggerà, e perderemo per lungo tempo la ferrovia.
>
> 3) Nel sud c'è molto grano, ma per poterlo prendere bisogna avere un apparato bene organizzato, che non incontri ostacoli da parte di treni militari, dei comandi d'armata ecc. È inoltre necessario che i militari aiutino coloro che sono incaricati di raccogliere viveri. La questione degli approvvigionamenti alimentari è naturalmente connessa con quella militare. Per condurre favorevolmente a termine la faccenda, mi occorrono i pieni poteri militari. Ho già scritto a questo proposito, ma non ho avuto risposta. Molto bene. In tal caso destituirò da solo, senza formalità, quei commissari e comandanti d'armata che compromettono il nostro lavoro. Così mi suggerisce di fare l'interesse della causa, e, naturalmente, non sarà la mancanza di carte firmate da Trotski a trattenermi.*

Intanto, Stalin annotava «Ignorare» sugli ordini provenienti da Trockij a Vorošilov. Quanto agli «specialisti militari», ne arrestò molti in concomitanza con i complotti che continuava a scoprire. Alcuni erano detenuti su una chiatta sul Volga che poi fu affondata in circostanze oscure, a quanto sembra con a bordo tutti i prigionieri rimasti. Altri furono giustiziati: secondo recenti pubblicazioni sovietiche, una volta Stalin ignorò un ordine proveniente da Mosca che decreta-

* Stalin, *Opere complete*, trad. cit., vol. 4, pp. 135-36.

va di svolgere ulteriori indagini, e proseguì imperterrito le fucilazioni. Quando un subordinato gli fece notare che la cosa poteva creargli dei problemi, a quanto pare Stalin dissentì: «La morte risolve tutti i problemi; nessun uomo, nessun problema». Risultò che aveva ragione: non si parlò più della faccenda.

Quanto alle questioni militari propriamente dette, Trockij all'inizio pensava che la colpa per la totale insubordinazione delle forze di Caricyn non fosse tanto di Stalin quanto di Vorošilov. In seguito osservò che a quel punto Stalin sosteneva Vorošilov «in modo tale da poter battere in ritirata in qualsiasi momento».

Non durò per molto. Alla fine di agosto da Mosca inviarono come comandante supremo del fronte meridionale un ex ufficiale zarista, P.P. Sytin. Quanto arrivò a Caricyn, Stalin e Vorošilov contestarono che avesse, come sosteneva, «pieni poteri nella conduzione delle operazioni».

Il 2 ottobre Stalin e il suo Soviet militare rivoluzionario del fronte meridionale ordinarono che Sytin venisse destituito e rimpiazzato da Vorošilov. Sverdlov telegrafò immediatamente da Mosca. Il Comitato esecutivo centrale (il supremo organo legislativo) si era appena riunito:

> Esso ha esaminato il problema della subordinazione di tutti i compagni del partito alle decisioni provenienti dal centro. Non occorre dimostrare che è necessaria una subordinazione incondizionata. La proposta del Soviet militare rivoluzionario è stata accettata dal Comitato esecutivo centrale. Tutte le decisioni del Soviet militare rivoluzionario sono vincolanti per i soviet militari al fronte. Senza subordinazione non c'è un esercito unito. Per la mancata esecuzione delle direttive si può ricorrere agli organi supremi, il Consiglio dei commissari del popolo o il Comitato esecutivo centrale oppure, in casi estremi, il Comitato centrale [del PCR]. Applicare le decisioni del Soviet militare rivoluzionario è obbligatorio. Se le ritiene dannose o scorrette, le proponiamo di venire qui, di discuterne insieme, di prendere le decisioni adeguate. Non devono esserci conflitti.

Ecco dunque Sverdlov che invia disposizioni a Stalin sul principio bolscevico del «centralismo democratico» in generale, di cui avrebbe dovuto essere al corrente anche la più inesperta recluta del partito persino in tempo di pace. Se si aggiunge inoltre che si tratta di un principio incontrovertibile per qualsiasi esercito sul campo, si comprende fino a che punto si fosse spinto Stalin nella sua sfida e nella sua inosservanza delle regole elementari tanto per un bolscevico come per un esercito.

Il 4 ottobre, alla fine, Trockij scrisse:

Insisto categoricamente perché Stalin venga richiamato. Nel settore di Caricyn le cose vanno male nonostante la superiorità delle forze. Vorošilov è capace di dirigere un reggimento, ma non un esercito di cinquantamila uomini. Tuttavia gli lascerò il comando della Decima armata se fa rapporto al comandante del fronte.

Trockij aggiunse che lui stesso aveva ordinato di inviargli rapporti due volte al giorno, ma che non era stato obbedito. Se questo comportamento non veniva immediatamente rettificato, avrebbe sottoposto Vorošilov alla corte marziale.

Per un certo periodo Trockij prese davvero in considerazione l'idea di inviare normali unità dell'Armata rossa a sedare il semiammutinamento di Vorošilov.

Cercarono di risolvere il problema richiamando Stalin nella capitale. Trockij insistette che bisognava smantellare la conventicola dei militari di Stalin.

«Vuole davvero che li destituisca tutti?» chiese Stalin. «Sono bravi ragazzi.»

Trockij rispose: «Quei bravi ragazzi rovineranno la rivoluzione, che non può aspettare fino a quando siano cresciuti. Io voglio soltanto riportare Caricyn nella Russia sovietica».

Stalin tornò a Caricyn, ma fu necessario intervenire di nuovo.

Alla fine Lenin mandò Sverdlov a Caricyn, e dopo aver esaminato la questione questi ricondusse Stalin a Mosca. Si fece un altro sforzo per ricomporre il dissidio con Trockij, per «accantonare i contrasti precedenti e creare la collaborazione che Stalin desidera così tanto». A quanto pare fu in questo modo che Stalin cercò di tirarsi fuori dai guai nati esclusivamente per la sua caparbietà. Lo placarono con la nomina al Soviet militare rivoluzionario della Repubblica (anche se non presenziò mai alle riunioni). Lenin evidentemente apprezzava la sua energia, e approvava i suoi provvedimenti meno controversi, ma osservò che, pur essendo ammissibile sacrificare sessantamila uomini se necessario, nel caso di Caricyn le perdite erano state inutili. «Se ci fossero stati degli specialisti... non sarebbe stato necessario sprecare sessantamila uomini» aggiunse Lenin. Come sosteneva Trockij, i bolscevichi avevano sempre avuto una forte superiorità numerica nella zona, e la minaccia era facilmente contenibile con una normale azione militare.

In questa occasione per la prima volta Stalin aveva disposto di una certa autorità, per un po' quasi incontrastata. Si era comportato con un arbitrio al limite dell'incredibile. Aveva travalicato grossolanamente i suoi poteri. Aveva disobbedito agli ordini, e rifiutato di conformarsi alla politica sovietica sugli specialisti militari.

In seguito si affermò che le operazioni intorno a Caricyn avevano avuto un'importanza cruciale per tutto lo sforzo bellico comunista. Si disse che si era dimostrato fondamentale tenere la città per impedire il ricongiungimento dei bianchi provenienti da sud e da est. La difesa era stata un'impresa eroica e decisiva in condizioni oltremodo sfavorevoli. Nulla di tutto questo è vero: i combattimenti furono irregolari e disorganizzati, e Caricyn, per quanto importante, non era essenziale dal punto di vista strategico, tanto che in seguito i bianchi la conquistarono e la tennero per un anno senza influire molto sulla situazione complessiva dei rossi.

Quali furono le principali conseguenze?

In primo luogo, Stalin si era dimostrato capace di agire con decisione quando si trovava al di fuori dell'immediato controllo del centro. Fu questo che Lenin apprezzò; alla maggior parte dei suoi colleghi mancava tale attitudine al comando. Evidentemente Lenin per tirare le somme si basò sul principio, accettato dalle concezioni militari di tutti gli eserciti, che un piano sbagliato perseguito con decisione sia meglio dell'indecisione. Lenin comprese una volta per tutte le mancanze di Stalin soltanto nel suo ultimo anno di vita. Potremmo chiederci come mai ci mise così tanto, dato che già in quell'epoca Stalin aveva offerto svariati motivi per lamentarsene. Non appare del tutto soddisfacente nemmeno la scontata risposta che i Vecchi bolscevichi risoluti e capaci di comandare erano pochi. E non basta neanche ricordare che più di una volta anche altri uomini capaci, tra cui Trockij, Kamenev, Buharin e Pjatakov non erano stati all'altezza della situazione.

Va detto che da molti punti di vista Lenin non era un buon giudice di caratteri, e non modificava volentieri le idee sbagliate che si era formato sulle persone. Proprio nel periodo in cui Stalin entrò per la prima volta nel Comitato centrale, il suo favorito era l'agente dell'Ohrana Malinovskij. È vero che Malinovskij era un operaio, e a suo modo un esecutore capace dei voleri di Lenin. Ma questi lo difese anche quando da tempo la massa dei socialdemocratici lo considerava un traditore.

Quanto a Caricyn, evidentemente Stalin ritenne di riuscire a farla franca. E anche se uscì sconfitto dal contrasto, non subì severe misure disciplinari, quindi in un certo senso aveva ragione riguardo allo spazio di manovra che gli avrebbe concesso Lenin. La questione più interessante è perché prese queste decisioni provocatorie, sconsiderate. Sul piano politico stava senza dubbio portando avanti una contesa con Trockij, e in situazioni analoghe continuò a farlo per un altro paio d'anni, anche se mai più in modo tanto temerario. Ma a parte questo, dimostrò di essere ben deciso a fare quello che voleva quanto più possibile, senza quasi tenere conto delle conseguenze. Una volta investito di autorità, Stalin aveva rivelato i tratti che il potere faceva emergere in lui, e che avrebbe fatto emergere in futuro.

Aveva dimostrato di trovare difficoltà a tollerare gli ordini altrui. Il suo carattere appare di una tracotanza satanica, egoista, capace di scaltrezza, anche se non ancora della demolizione premeditata di ogni alternativa proposta da altri. Inoltre era arrivato alla conclusione di essere esperto in questioni militari, convinzione cui non venne mai meno nonostante l'evidenza del contrario. Nell'esercito in formazione, come aveva fatto nel nuovo apparato burocratico, si era costituito un proprio gruppuscolo: non si trattava soltanto di Vorošilov, ma di altri sotto di lui. Nel 1920, quando tornò nelle regioni meridionali, Stalin consolidò ulteriormente la posizione conquistata nell'esercito. Tra i suoi protetti entrò un beniamino di Vorošilov, Semen Budennyj, che capeggiava una banda di partigiani a cavallo. (In seguito fu lo stesso Budennyj a citare la definizione data da Trockij di lui e dei suoi uomini, un'«orda» agli ordini di un «capobanda atamano»: «Dove guida la sua banda, loro vanno; oggi per i rossi, domani per i bianchi». Successivamente un suo comandante sparò davvero a un commissario che aveva protestato per il saccheggio compiuto dalle truppe a Rostov.)

Su proposta di Trockij, Vorošilov fu trasferito in Ucraina, dove però, evidentemente contando sull'appoggio di Stalin, continuò a perseguire la stessa politica faziosa. Trockij, che ormai disponeva di un rapporto completo sul caso Caricyn, protestò di nuovo. Una riunione del Politbjuro condannò Vorošilov, e Lenin gli intimò di desistere, dicendo poi a Trockij di intervenire per risolvere la conseguente crisi nell'equipaggiamento.

Nel complesso, l'episodio di Caricyn offre uno straordinario ritratto di Stalin in azione, dotato per la prima volta di un potere autentico che non sa o non vuole usare se non per esaudire i propri desideri o i propri impulsi.

5

Poco dopo essere tornato a Mosca, Stalin scrisse un famoso articolo che comparve sulla «Pravda» il 6 novembre, in cui celebrava il primo anniversario della presa del potere, e lodava calorosamente Trockij. In esso compaiono espressioni come:

> Tutto il lavoro pratico di organizzare l'insurrezione è stato fatto sotto la direzione diretta di Trockij, il presidente del Soviet di Pietrogrado. Si può affermare con certezza che il partito deve ringraziare prima e soprattutto il compagno Trockij per la rapida diserzione della guarnigione in favore del soviet e per l'abile organizzazione del Comitato militare rivoluzionario.

Sembra che, nello stesso modo in cui poco prima aveva accennato a una riconciliazione, quali che fossero i suoi motivi, ora Stalin stesse davvero cercando la distensione nei rapporti con Trockij. La spiegazione più ovvia è che negli anni successivi un'alleanza con Trockij poteva essere una manovra attuabile, una delle configurazioni politiche realizzabili. In seguito Trockij non si lasciò mai convincere; ma per il momento in una certa misura sembrò placato, e a quanto pare non si oppose alla nomina di Stalin al Soviet militare rivoluzionario.

Più curioso è l'atteggiamento assunto da Trockij dopo la nascita della prima grande Armata bianca diretta dall'ammiraglio Kolčak, che prese il potere a Omsk il 18 novembre 1918. Le truppe rosse che fronteggiavano la sua avanzata erano in grave dissesto. Il 31 dicembre Lenin telegrafò a Trockij di aver ricevuto da Perm' rapporti «sulla situazione catastrofica dell'esercito e sull'ubriachezza»:

> Glieli sto inviando. Chiedono che lei vada là. Ho pensato di mandare Stalin. Ho paura che Smil'ga sia troppo tenero con Laševič, il quale a quanto dicono beve e non è capace di ristabilire l'ordine. Telegrafi la sua opinione.

Trockij rispose subito che era favorevole a inviare Stalin con pieni poteri per ripristinare l'ordine. Vediamo qui l'opinione di un uomo certamente senza pregiudizi favorevoli nei confronti di Stalin, ma che lo considerava il più efficiente e spietato tra i bolscevichi disponibili. Questo elogio implicito da parte di una simile fonte conferma in modo significativo l'esattezza della valutazione di Lenin.

Lenin e Trockij dovevano fare i conti con un problema che tutte le leadership politiche si trovano ad affrontare. Ogni membro di un Politbjuro o di un consiglio dei ministri oltre alle qualità positive ha vistose deficienze, ed è coinvolto in aspre rivalità. Il presidente, o il primo ministro, deve fare continue valutazioni e arrivare a quella che appare la migliore soluzione possibile, o al miglior compromesso, per raggiungere il successo. È sufficiente leggere le memorie dei ministri del governo britannico degli anni Sessanta per farsi qualche idea del problema. Quello affrontato da Lenin si differenziava per intensità, ma non nella sostanza.

Stalin era capace di generare ordine dal caos, di sbaragliare lo spirito di fronda e le esitazioni. Altra questione è come si servisse dell'ordine dopo averlo raggiunto, soprattutto in settori come l'esercito di cui non sapeva niente.

Dunque partì accompagnato dal capo della Čeka Dzeržinskij, e arrivò sul fronte a Vjatka il 5 gennaio 1919. Lo stesso giorno mandò un rapporto a Lenin (scritto da lui ma firmato anche da Dzeržinskij), dicendo che la situazione era critica e aggiungendo: «Le unità mandate dal comandante in capo sono inaffidabili, alcune persino ostili, e necessitano di una severa epurazione». L'annotazione «mandate dal comandante in capo» ovviamente, implica una chiara critica a Trockij, il quale pur non essendo personalmente il «comandante in capo», aveva nominato e proteggeva l'ex ufficiale zarista I.I. Vacetis. Lenin telegrafò chiedendo risposte più concrete al problema militare, ma ottenne scarsa soddisfazione. Stalin tornò prima della fine del mese, con un lungo rapporto in cui accusava il Soviet militare rivoluzionario. Lenin allora lo nominò capo di una nuova commissione di controllo e di ispezione, dipendente dal Consiglio della difesa, con poteri organizzativi nelle retrovie, ma non al fronte.

Lenin continuava ad apprezzare le doti di Stalin, ma forse aveva sperato di scinderle dall'immediatezza della questione strategica e tattica. Comunque, quando Stalin fu decorato per i suoi servigi in guerra, l'episodio del fronte orientale non venne menzionato (e nemmeno il caso Caricyn), mentre fu lodata senza risparmio la sua impresa successiva, quella di Pietrogrado.

Anch'essa ha dei punti oscuri. Nel maggio 1919 sembrava imminente un'offensiva congiunta di russi bianchi, finlandesi e britannici contro Pietrogrado. In maggio Lenin inviò Stalin a occuparsene. In realtà dal punto di vista militare il pericolo era minimo, ma Zinov'ev si era lasciato prendere dal panico. Il 13 giugno due piazzeforti secondarie caddero in mano ai bianchi, e Stalin, ignorando i consigli degli specialisti, ne organizzò la riconquista; il 16 giugno si trovavano di nuovo sotto il controllo dei rossi. Due giorni dopo Stalin fece rapporto su una «vasta cospirazione» fra gli ufficiali di Kronštadt e di altre località e ne giustiziò sessantasette (a quanto pare si trattava semplicemente di uomini che si erano trovati in disaccordo con lui). Sarebbe sbagliato dare l'impressione che Stalin fosse l'unico a sforzarsi di risollevare il morale con esecuzioni di massa: anche Trockij era attivo in questo senso. Ma l'interesse principale dell'episodio risiede nella lettera che Stalin scrisse a Lenin sulla riconquista delle piazzeforti, e che terminava così:

Gli specialisti della flotta assicurano che la presa di Krasnaia Gorka dal mare capovolge tutti i principi della scienza navale. Non mi resta che piangere sulla cosiddetta scienza. La rapida occupazione di Gorka si spiega con il fatto che io e i civili in generale siamo intervenuti nel modo più brutale nelle operazioni, giungendo sino ad annullare gli ordini per le operazioni di terra e di mare e ad imporre i nostri.

Mi sento in dovere di dichiarare che anche in avvenire agirò in questo modo, nonostante tutta la venerazione che nutro per la scienza.*

Secondo quanto afferma Trockij, Lenin fu oltremodo contrariato da questo telegramma e dalle sue «millanterie provocatorie». A parte qualsiasi altra considerazione, costituiva un attacco aperto alle idee di Lenin e Trockij sull'impiego di specialisti militari. È sconcertante sul piano psicologico. Anche in questo caso affiora la manifestazione da parte di Stalin di un egocentrismo sfrenato e persino in apparenza autolesionista. La sua convinzione di saper giudicare una situazione meglio degli specialisti lo avrebbe accompagnato tutta la vita, non solo rispetto alla scienza militare, ma pure nei confronti della fisica, della biologia e di altre discipline, e sempre a danno dei suoi propri piani.

Il 3 luglio Stalin era di ritorno a Mosca. Dopo aver visitato il fronte occidentale, dove in quel momento accadeva poco o nulla, il 3 ottobre fu inviato al fronte meridionale. Il generale bianco Denikin stava preparando un'importante offensiva contro Mosca, che si arenò circa tre settimane dopo. Stalin a quel punto scrisse un'altra delle sue lettere sorprendenti, dove si diffondeva in argomentazioni contro uno dei piani alternativi di controffensiva del comando supremo rosso, in realtà preso in considerazione per breve tempo e poi abbandonato. Parlando del piano da lui caldeggiato Stalin affermava: «Deve essere adottato senza indugio»; e aggiungeva: «In caso contrario il mio lavoro sul fronte meridionale sarà privo di significato, criminale e futile, e questo mi conferirà il diritto, o meglio l'obbligo, di andare ovunque, persino dal diavolo, piuttosto che restare sul fronte meridionale».

Quando era al potere, tale analisi fu messa in luce come esempio della sua eccelsa abilità militare. All'epoca, Stalin fu criticato dal Politbjuro per aver sostenuto le proprie argomentazioni minacciando di dimettersi (anche se poco tempo prima Trockij aveva presentato le dimissioni ed era stato pregato di restare da una grande maggioranza, incluso Stalin...). Ma ovviamente anche in questo caso la cosa

* Stalin, *Opere complete*, trad. cit., vol. 4, p. 287.

che più colpisce è il tipico tono di eccezionalità. La lettera era una manovra politica immediata, e Lenin se ne rese conto. Ma in senso più profondo era anche una rivendicazione del suo diritto al potere; per la verità, almeno da un certo punto di vista, Stalin metteva in gioco di nuovo il valore della sua politica reale allo scopo di accrescere ulteriormente la sua influenza e il suo potere.

A un certo punto Stalin rifiutò di aggiungere la sua firma a quella del comandante del fronte Egorov, sull'ordine del comandante in capo di trasferire le truppe. La firma di un commissario politico era necessaria per convalidare l'ordine, e alla fine si ottenne quella dell'altro commissario, R.I. Berzin, membro del Comitato centrale. Ma ciò nonostante allora le truppe non vennero trasferite. Lenin, a quanto racconta Trockij, disse con un certo imbarazzo: «Che possiamo farci? Stalin di nuovo colto sul fatto».

D'altra parte, Trockij rammenta che a quell'epoca chiese al Vecchio bolscevico Serebrjakov, il quale allora lavorava con Stalin sul fronte meridionale, se non potesse portare avanti le cose senza Stalin, per risparmiare personale. Questi rispose: «No. Non so esercitare pressioni come Stalin. Non è la mia specialità».

Il 20 novembre 1919 il Comitato esecutivo centrale assegnò i primi Ordini della Bandiera rossa. Trockij era il candidato naturale, ma a quel punto si apprese che sarebbe stato premiato anche Stalin. Kalinin chiese sorpreso: «Per che cosa?». Più tardi Buharin lo prese da parte e gli spiegò: «Non capisci? È un'idea di Lenin. Stalin non può vivere se non ha quello che ha qualcun altro. Non gliela perdonerebbe mai».

All'inizio del 1920, Stalin stava di nuovo discutendo con Mosca. Lenin deprecò la sua «cavillosità» e gli scrisse per invitarlo a collaborare e a «non attaccare briga in ambiti di competenza dipartimentale».

Tornato a Mosca nell'aprile del 1920, verso la fine del mese successivo fu inviato nella sua quinta e ultima missione legata all'esercito. I polacchi avevano sconfinato e occupato Kiev. Un tentativo di tagliarli fuori fallì, in parte (a quanto pare) perché Stalin e il suo tirapiedi militare Egorov gestirono male la nuova I Armata di cavalleria di Budennyj. I polacchi si ritirarono relativamente in buon ordine, e in luglio si svolse la controffensiva dei rossi. L'attacco principale fu sferrato sul fianco settentrionale, dove Tuhačevskij colpì a nord di Varsavia, e alla fine fu sconfitto. Le direttive dei rossi erano comunque azzardate, ma Stalin e i suoi attaccarono Leopoli a sud, disobbedendo agli ordini di trasferire le truppe per spalleggiare Tuhačevskij. Di solito si imputa loro di aver impedito, almeno in parte, qualsiasi possibilità di successo dell'invasione. O almeno Lenin fece propria questa opinione: «Chi mai penserebbe di andare a Varsavia passando da Leopoli?».

Studi pubblicati in Unione Sovietica prima e dopo il periodo staliniano considerano le azioni di Stalin quanto meno (nel riassunto che ne fa Robert Tucker) «un fattore che contribuì in maniera oltremodo significativa» alla disfatta. La questione fu dibattuta nel 1921, durante una sessione a porte chiuse del X congresso del partito: Stalin attribuì la colpa a Smil'ga, rappresentante politico al quartier generale di Tuhačevskij. Ma fu poco convincente. «Il congresso ascoltò con muta disapprovazione il cupo oratore con quel bagliore giallo negli occhi»: così descrive la scena Trockij, naturalmente ostile. Aggiunge che il discorso danneggiò Stalin, e non ottenne appoggio. Era diffusa la sensazione che Stalin e la sua conventicola di militari cercassero di procurarsi prestigio personale con una vittoria indipendente, e che non tenessero minimamente presente il quadro d'insieme.

Quando Stalin era al potere, fu affermato che l'operazione di Leopoli era giusta e che Trockij e Tuhačevskij si erano comportati da traditori. Insomma negli anni successivi l'episodio continuò a essere una spina nel fianco (e l'esercito sovietico in generale ne soffrì: ma questo accadeva diciassette anni dopo).

Il 20 febbraio 1920 Stalin aveva protestato, quando Lenin gli aveva chiesto di affrettare il trasferimento di truppe al Caucaso, che questo era compito del comando supremo, «non di Stalin, il quale è già sovraccarico di lavoro». Lenin lo rimproverò perché discuteva sugli ambiti di competenza anziché fare il possibile per dare una mano. E subito prima della disfatta polacca, Stalin aveva scritto a Lenin che era esausto e che sarebbe riuscito a sopportare soltanto un altro paio di settimane di lavoro, poi si sarebbe preso una vacanza. A quanto pare in quegli anni era stato piuttosto male diverse volte. Lenin, preoccupato, gli consigliò di consultare specialisti e persino di farsi operare, elemento che, come osserva McNeal, fa pensare alla possibilità di un'ulcera. Il 17 aprile 1920, giorno della sconfitta di Tuhačevskij, Stalin era a Mosca per la IX conferenza del partito. Chiese due settimane di permesso, che gli furono concesse, ma durante le vacanze presentò istanza al Politbjuro di essere sollevato una volta per tutte da incarichi legati all'esercito.

In questa fase della carriera di Stalin il coinvolgimento militare era finito.

Gli exploit di Stalin erano meno straordinari di quanto lui affermasse all'epoca, e di come sostenne in seguito con insistenza la storiografia stalinista. Inoltre vanno considerati nella prospettiva bolscevica più ampia. Già nella primavera del 1918 l'Armata rossa aveva sei fronti e diciannove armate. Nel corso della guerra civile queste cifre aumentarono. E su ogni fronte, a sovrintendere alle azioni cruciali venivano mandati bolscevichi di primo piano. Alla fine del conflitto Stalin non aveva, tra i membri del partito, una reputazione particolarmente brillante per le sue straordinarie capacità in ambito militare.

Come fa rilevare Trockij, almeno undici bolscevichi autorevoli, tra cui I.N. Smirnov, Smil'ga, Ordžonikidze, Frunze e Antonov-Ovseenko, trascorsero tutti i tre anni della guerra civile in prima linea, in veste di membri civili del comando al fronte o di comandanti militari, come Sokol'nikov e Laševič, e alcuni si dimostrarono di gran lunga più efficienti di Stalin, il quale trascorse sul campo solo un terzo circa di questo tempo.

La sua fu una carriera particolare, e caratterizzata soprattutto, secondo ogni evidenza, da faziosità, millanteria, scontrosità e incompetenza. E senza alcun dubbio questi aspetti del carattere di Stalin sono illustrati in modo straordinario più e più volte. Ma aveva altri lati che li compensavano. La conquista delle fortezze di Pietrogrado era stata un successo, e per quanto irrisorio in senso concreto, dal punto di vista psicologico era stato un grande sollievo per il regime, dopo il panico che lo aveva preceduto. Il fronte meridionale, nonostante l'inopportunità della lettera «strategica» di Stalin, aveva svolto un ruolo di rilievo nella vittoria finale sull'Armata bianca di Denikin. Se in Polonia Stalin aveva sbagliato, anche Lenin aveva le sue responsabilità perché non si era preoccupato quando Radek e altri lo avevano avvisato che i polacchi si sarebbero battuti contro di lui fino alla fine. E quando non era intervenuto in questioni militari, Stalin aveva governato i vasti territori nelle zone di combattimento con estrema fermezza ed efficienza.

Inoltre, se in tutto il periodo della guerra civile e della guerra polacca Stalin si era comportato in modo troppo autoritario, al punto da esasperare talvolta Lenin, questo può essere considerato un segno, per quanto esagerato, della sua certezza di essere indispensabile.

6

Nel trattare questo periodo, i libri di storia stalinisti, antistalinisti e non stalinisti parlano soprattutto dell'aspetto militare degli avvenimenti, offrendo così solo una visione parziale. Dal 1918 al 1921 la disperata contesa per mantenere il potere non era diretta soltanto contro le formazioni bianche, cosacche e polacche organizzate. Anche più drammatica e costante, intensa e prolungata, fu la lotta per imporre il regime alla popolazione nel complesso.

Il «comunismo di guerra» comportava la requisizione di derrate ai contadini, e la soppressione della resistenza rurale, talvolta su scala di singoli villaggi, talvolta contro formazioni di contadini armati più grandi di quelle schierate dai bianchi. Non dappertutto si rispondeva con la stessa efficienza di Stalin alla disorganizzata resistenza popolare. Essa culminò nel marzo 1921 con la ribellione di Kronštadt. Fu l'ultima goccia, che costrinse Lenin ad abbandonare il comunismo di guerra in favore della Nuova politica economica, reintroducendo nelle campagne i meccanismi del mercato.

La politica economica, o meglio antieconomica, dei bolscevichi fu la causa principale dell'imminente disastro che avrebbe afflitto la Russia, la spaventosa carestia del 1921, in cui morirono circa cinque milioni di persone, portando le perdite umane del periodo postrivoluzionario fino a circa quattordici milioni. Stalin, al Cremlino, aveva cibo a sufficienza. Era membro di una commissione per i soccorsi alla carestia, ma il suo compito principale consisteva nel sorvegliare il progetto di Herbert Hoover chiamato American Relief Administration. Questo progetto, che forse rappresenta l'opera umanitaria più efficace mai intrapresa, salvò milioni di vite nella regione del Volga e altrove. Stalin, come la maggior parte dei bolscevichi, lo guardava con disprezzo e sospetto. Ma mentre moltissimi suoi compagni di partito lo accettavano come una disgraziata necessità, Stalin partecipò a svariate macchinazioni contro gli americani, a cominciare dalla proposta assurda di farli pagare per il trasporto del cibo che offrivano. Fu anche incaricato espressamente di liquidare il comitato ufficioso di soccorso che costituiva il supporto principale per lo sforzo americano ed era formato soprattutto da menscevichi sopravvissuti che Lenin sospettava collaborassero al progetto con «obiettivi controrivoluzionari». Quando gli americani se ne andarono, Stalin fece arrestare questi russi, che sarebbero stati giustiziati se Hoover e altri non fossero intervenuti energicamente in loro difesa.

Per quanto riguarda i precedenti personali di Stalin fuori Mosca, secondo tutte le apparenze nemmeno gli errori militari bastarono a mutare l'opinione di Lenin che fosse una persona affidabile per la capacità di agire con decisione e rapidità quando la situazione lo richiedeva. Inoltre, le ambizioni di Stalin erano state gratificate da un colpo di fortuna, perché il 16 marzo 1919 Sverdlov era morto di influenza spagnola, e la squadra di buoni amministratori di Lenin si era assottigliata più che mai.

La situazione politica era eccezionale da tutti i punti di vista. Se la valutiamo in base ai criteri che, consapevolmente o no, ci paiono naturali, non riusciamo a comprenderla. Gli enormi territori della Russia erano ora governati da un partito che alla vigilia della rivoluzione annoverava non più di duecentocinquantamila membri circa e nemmeno nel 1920 superava i trecentomila. E per la maggioranza erano neoiscritti o di recente acquisizione. Come disse Lenin, «la politica [del partito] al momento attuale non è determinata dalla base, ma dall'autorità immensa e indivisa dei piccoli settori che potrebbero essere definiti Vecchia guardia del partito». Per almeno un altro decennio l'élite dirigente fu attinta esclusivamente in questa cerchia ristretta di persone.

Ma chi erano i Vecchi bolscevichi? Solo alcuni anni prima costituivano soltanto una piccola setta millenarista, un settore molto ristretto della popolazione. Avevano acquisito esperienza nell'organizzazione settaria e nelle dispute dottrinali, come alcune comunità gnostiche clandestine dell'antica Alessandria.

Era una riserva alquanto strana e scarsa da cui attingere tutti i livelli di dirigenza di un grande stato. Comprendeva intellettuali e uomini con competenze pratiche (che non erano necessariamente gli stessi). Per un processo di selezione naturale, la rivoluzione e la guerra civile avevano contribuito a portarli al vertice. Ma non erano molti. Dovremmo ricordare che nelle contese imminenti, gli antagonisti di Stalin non rappresentavano certo l'insieme del potenziale talento politico di un paese; e comunque in Russia l'esperienza politica era scarsa. Lenin vinse contro Kerenskij; sarebbe stato assai più difficile vincere anche contro dirigenti come i socialdemocratici tedeschi Noske e Scheidemann. Stalin doveva affrontare un gruppo ancora più ridotto.

A parte i suoi impegni in giro per il paese, Stalin era spesso a Mosca, a dirigere il commissariato per le Nazionalità, pur senza risultati significativi. Nel marzo 1919 Lenin lo nominò anche commissario del popolo per il Controllo statale, poi inglobato nell'ispettorato degli Operai e dei contadini, un organo istituito nella speranza di controllare una burocrazia proliferante e inefficiente per mezzo di un gruppo di nuovi burocrati. È chiaro che il numero di effettivi comunisti richiesti da Stalin non gli fu mai messo a disposizione: egli avrebbe voluto oltre un migliaio dei migliori, ma ne ottenne solo duecentocinquanta di dubbia qualità, che in larga parte erano stati scartati (secondo Trockij) dalle principali istituzioni amministrative o che venivano fuori dal nulla. Come sempre accadeva con organi del genere nelle condizioni sovietiche, l'ispettorato non produsse molti risultati.

Il 4 marzo 1919 Stalin partecipò come delegato russo, insieme a Lenin, Trockij, Zinov'ev e Buharin, alla costituzione dell'Internazionale comunista.

Tra il 18 e il 23 maggio 1919 presenziò all'VIII congresso del partito e fu eletto nei suoi due nuovi organi, il Politbjuro (da quel momento in poi l'organo centrale del potere) e l'Orgbjuro, che all'epoca era prefigurato come un sottocomitato del Comitato centrale, addetto all'organizzazione del partito. Quando (all'XI congresso, nel 1922) fu osservato che una persona sola non poteva svolgere tutte le funzioni di partito assegnate a Stalin e allo stesso tempo amministrare due commissariati del popolo, Lenin rispose che nessuno era in grado di indicare un altro candidato adatto per le alte responsabilità politiche del commissariato delle Nazionalità «se non il compagno Stalin», e aggiunse: «Lo stesso dicasi per l'ispettorato degli Operai e dei contadini. Un lavoro enorme ... che deve essere diretto da un uomo autorevole». Questo dimostra la considerazione in cui ormai Lenin teneva Stalin, e quanto fosse migliorata la reputazione di quest'ultimo, nonostante gli specifici errori e insubordinazioni.

7

Anche se gli eserciti bianchi erano stati sconfitti definitivamente nel novembre 1920 e in ottobre era stata conclusa la pace con la Polonia, rimaneva ancora un obiettivo militare. Nel Caucaso erano nate le repubbliche indipendenti dell'Azerbaigian, dell'Armenia e della Georgia. L'Azerbaigian era stato occupato nell'aprile 1920 da forze armate bolsceviche sotto il controllo di Ordžonikidze. E all'inizio di dicembre fu l'Armenia a soccombere.

Ma riguardo alla Georgia menscevica Lenin era titubante, e per un certo tempo aveva frenato Ordžonikidze, che insisteva per l'invasione da quando aveva occupato l'Azerbaigian. In realtà nel maggio 1920 Lenin aveva firmato un trattato in cui si riconosceva formalmente l'indipendenza della Georgia sotto il vecchio protettore di Stalin Noe Žordanija, e si rinunciava esplicitamente alla sovranità: «La Russia riconosce senza riserve l'indipendenza e la sovranità dello Stato georgiano, e rinuncia di propria volontà a tutti i diritti di sovranità che appartenevano alla Russia sul popolo e sul territorio della Georgia» e «si impegna a desistere da qualsiasi interferenza nelle questioni interne della Georgia». Nel novembre 1920 Stalin fu inviato a effettuare un giro di ispezione nel feudo di Ordžonikidze, e Lenin gli telegrafò chiedendogli la sua opinione. A quanto pare Stalin fu d'accordo con lui di astenersi, almeno per il momento, dall'invasione; addusse come motivo (in altra occasione) la speranza che il regime menscevico, sottoposto a pressioni di carattere non militare, a poco a poco si sarebbe sgretolato e isolato dai suoi sostenitori occidentali. Lenin, dal canto suo, temeva che l'invasione in realtà potesse innescare «un'altra guerra» con le potenze occidentali, ma capiva anche quanto fosse difficile integrare la Georgia nell'ordine bolscevico.

Mentre era nel Caucaso, Stalin fece un ritorno trionfante a Baku. Nella capitale dell'Azerbaigian Ordžonikidze gli diede un benvenuto eccessivamente adulatorio in base ai criteri allora vigenti, anche se molto simile a quelli accettati in seguito durante il periodo del «culto della personalità». Senza dubbio Ordžonikidze valutò con esattezza il suo ospite. Il Comitato centrale locale annunciò:

> Il compagno Stalin, un dirigente operaio dotato di abnegazione, energia e risolutezza eccezionali, l'unica autorità sperimentata e universalmente riconosciuta in materia di tattica rivoluzionaria e capo della rivoluzione proletaria nel Caucaso e in Oriente, è venuto in visita. Conoscendo la modestia del compagno Stalin e la sua avversione per la pompa ufficiale, il Comitato centrale del Partito comunista (bolscevico) dell'Azerbaigian ha dovuto rinunciare all'idea di riunioni speciali in occasione del suo arrivo. Il Comitato centrale ritiene che il benvenuto e l'accoglienza migliori per il nostro caro capo e maestro da parte del nostro partito, dei proletari di Baku e dei lavoratori dell'Azerbaigian, consista nel concentrare ogni sforzo per migliorare sempre di più il partito e l'attività sovietica con tutti i mezzi. Tutto il possibile per un armonioso lavoro militante degno del veterano combattente proletario esperto compagno Stalin, il primo organizzatore e dirigente del proletariato di Baku!

In realtà Ordžonikidze, contrariamente all'annuncio, organizzò un incontro solenne del Soviet di Baku. Stalin parlò preannunciando la rivoluzione a oriente. Inoltre fece un'allusione beffarda alla «retrograda Tiflis, fra i social-osti georgiani».

Quando tornò a Mosca rilasciò un'intervista alla «Pravda» (30 novembre 1920) dicendo che la Georgia menscevica stava «ormai vivendo i suoi ultimi giorni». Nel gennaio del 1921 si schierò a completo favore di un'altra forte richiesta di Ordžonikidze di invadere la Georgia, e Lenin ora finalmente convenne con loro. Il 15 febbraio, forse in reazione a una debole «insurrezione» di pochi comunisti georgiani, l'Armata rossa attaccò.

Dopo dieci giorni di combattimenti la Georgia soccombette a forze di gran lunga superiori. Lenin voleva ancora usare cure particolari nel governare la nuova preda, e propose che nel governo georgiano entrassero alcuni menscevichi. Ma per il suo paese natale Ordžonikidze difese una linea più dura.

Lo stesso fece Stalin. Non era stato direttamente coinvolto nelle operazioni: a quanto pare nel dicembre 1920 aveva subito un'appendicectomia (e Lenin si informava tutti i giorni della sua salute presso i dottori). Poi, benché si fosse rimesso in fretta, il 30 aprile 1921 il Politbjuro gli ordinò di sottoporsi a una terapia presso la stazione termale di Nalčik, nel Caucaso settentrionale. Durante il periodo che vi trascorse, giugno e luglio 1921, andò a Tiflis su invito di Ordžonikidze per presenziare a un plenum del Bureau caucasico dei bolscevichi che aveva organizzato la riannessione della Transcaucasia. Era la sua prima visita al paese dopo nove anni.

Non fu un successo. Durante il plenum parlò a un comizio degli operai ferroviari, che un tempo costituivano la sua base di potere. Lo zittirono urlandogli «rinnegato» e «traditore». Due vecchi menscevichi nel pubblico furono applauditi. Uno, Aleksandr Dgebuadze, chiese: «Perché hai distrutto la Georgia? Che cos'hai da offrire in riparazione?». L'altro, Isidor Ramišvili, fu portato sul podio e parlò al posto dell'ospite ufficiale. A quanto riferiscono, Stalin impallidì e lasciò la sala con le sue guardie del corpo della Čeka.

Durante una riunione dell'organizzazione di partito di Tiflis che seguì questa disfatta, Stalin si dimostrò vendicativo al massimo. Rimproverò i dirigenti bolscevichi locali per la loro mollezza e ordinò di «annientare l'idra del nazionalismo», di cauterizzarla con «ferri roventi». Si cita un brano:

> Donnette! Figli di puttana! [Epiteto comune fra i georgiani e non solo]. Che cosa sta succedendo, qui? Dovete sguainare una spada incandescente su questa terra georgiana! ... Mi sembra che abbiate già dimenticato il principio della dittatura del proletariato. Dovrete spezzare le ali a questa Georgia!. Fate scorrere il sangue dei piccoloborghesi finché non rinunceranno a qualsiasi resistenza! Impalateli! Squartateli! Fate ricordare loro i giorni di Shah-Abbas! [il sanguinario invasore persiano che aveva imperversato nel paese nel XVIII secolo].

Ciò nonostante, per venire incontro almeno in parte ai sentimenti politici della popolazione georgiana, alcuni menscevichi subirono un trattamento relativamente mite. Žordanija e altri erano fuggiti prima che il paese venisse definitivamente soggiogato. Ma nel 1922 oltre sessanta menscevichi, fra cui l'ex compagno di scuola di Stalin,

Iremašvili, furono semplicemente espulsi in Occidente. A Iremašvili era stata offerta una carica purché aderisse al nuovo regime, ma aveva rifiutato ed era stato arrestato. A quanto dicono, la sorella implorò Stalin. Comunque furono adottate misure più miti, come in effetti era accaduto con i menscevichi russi di spicco, compreso Martov stesso.

Quindi Stalin destituì dalla presidenza del Consiglio locale dei commissari del popolo il suo antico avversario Filipp Maharadze, che aveva seguito la linea relativamente conciliante di Lenin, sostituendolo con Budu Mdivani (il quale in seguito dimostrò di resistere con forza anche maggiore ai rigori politici).

Un'osservazione espressa da Stalin nel suo discorso ai bolscevichi non ha ricevuto tutta l'attenzione che merita. Disse che, tornando a Tiflis dopo tutti quegli anni, era rimasto spiacevolmente colpito dall'assenza della solidarietà che prima univa gli operai di diverse nazionalità, e per il modo in cui tra operai e contadini si era sviluppato il nazionalismo.

In realtà sembra indubbio che Stalin (come Ordžonikidze e altri) si fosse alleato, deciso a condividerne le sorti, con quello che all'epoca rappresentava un ampio movimento internazionale o sopranazionale, e che non riuscisse ad accettare l'idea del forte e quasi unanime sentimento nazionale sviluppatosi nel paese, contrario a tale indirizzo politico. Quando Stalin era giovane, il ceto dei possidenti georgiani aveva in larga parte accettato l'ordine sopranazionale zarista e vi si era integrato. I contadini restavano passivi. E anche la composizione etnica dei nuovi movimenti operai era mista; i bolscevichi in particolare avevano iscritti di molte diverse nazionalità. A quanto pare Stalin fu sorpreso quando scoprì, mezza generazione dopo, che il sentimento nazionale di cui riteneva che, maturando, il mondo civilizzato si fosse liberato, come se ne era liberato lui stesso dopo il fervore della sua prima adolescenza, stava invece diffondendosi e consolidandosi. I suoi avversari di un tempo, i menscevichi georgiani, avevano capito una cosa di cui lui non si era reso conto, e avevano conquistato il sostegno della nazione rinata su un programma di indipendenza autentica e totale.

In una certa misura tutti i bolscevichi erano stati colti di sorpresa da questa rinascita del sentimento nazionale, e non soltanto in Georgia. Per Lenin stesso era assai difficile conciliarsi con l'idea che la nazionalità ucraina fosse rinata nel XX secolo, dopo essere scomparsa per cent'anni. È vero che in linea generale già prima della Grande guerra Lenin si era reso conto dell'esistenza di una «questione nazionale» in Europa e soprattutto nell'impero russo. Ma la soluzione trovata da lui e da Stalin era inadeguata e di carattere dichiaratamente tattico; e comunque si incentrava soprattutto sulle nazioni consolidate.

Nel 1921, Lenin e Stalin continuavano a concordare su un problema essenziale: la necessità di un regime comunista ovunque fossero in condizione di imporlo. Ma Lenin aveva ormai capito meglio la forza delle nazionalità, e quindi insisteva che venissero fatte quante più concessioni si poteva in conformità con il governo comunista, soprattutto in Georgia.

Nel periodo successivo al 1917, Stalin aveva sostenuto tutte le scelte politiche più importanti di Lenin; talvolta poteva avere qualche riserva transitoria, ma nel momento critico era sempre possibile contare su di lui. Non aveva seguito Kamenev e Zinov'ev all'opposizione nel novembre 1917, né Buharin l'anno dopo. E di recente si era schierato con Lenin contro l'energico tentativo di Trockij di militarizzare il lavoro, culminato in un'acuta crisi al IX congresso di partito.

Soltanto in questo momento assistiamo a una frattura vera e propria con Lenin: una lunga controversia che si aprì sulla politica sovietica delle nazionalità. Riguardo alla questione georgiana Stalin, contrastato tanto da Lenin come dai comunisti georgiani e sostenuto solo da Ordžonikidze (che, come Stalin, aveva compiuto l'ascesa politica in Russia) e da altri bolscevichi sradicati come il polacco Dzeržinskij, si batté tenacemente contro Lenin arrivando quasi al punto di distruggersi sul piano politico.

Nel frattempo, possiamo interpretare così la sua collera: era stato respinto dalla sua gente, e persino dal settore del suo popolo nei confronti del quale rivendicava un particolare ascendente. Un altro dei suoi legami con l'umanità era stato reciso.

VII
LA LUNGA MORTE DI LENIN

1

Da allora in poi, Stalin rimase quasi sempre a Mosca. Fu lì che si batté prima per la sopravvivenza, poi per il potere.

Pur non essendo ancora molto conosciuto tra i membri del partito nel complesso, si era messo in luce tra i bene informati come personaggio importante e decisivo. Nel gennaio 1922, quando Lenin, che in quel momento era esausto, si prese un periodo di riposo, Stalin e Kamenev furono incaricati di sovrintendere rispettivamente al partito e allo stato.

Alcuni stranieri erano rimasti colpiti da Stalin: John Reed, poco prima di morire nel 1920, commentava: «Non è un intellettuale come le altre persone che si incontrano. Non è nemmeno particolarmente bene informato, ma sa quello che vuole. Ha carattere, e un giorno o l'altro sarà in cima al mucchio».

Nel 1922 e nel 1923 persino i rappresentanti dell'American Relief Administration, inesperti di politica, parlavano di lui come della «persona più vicina a Lenin di chiunque altro» o nel peggiore dei casi lo consideravano «secondo solo a Trockij». Alcuni giornali occidentali pubblicarono dei servizi in cui suggerivano che potesse essere il successore di Lenin. Un americano citò una frase detta (il 14 marzo 1923) da Radek, che pure era un oppositore di Stalin: «Se Lenin dovesse morire, Stalin diventerebbe il leader del partito».

Nelle alte sfere erano convinti che avesse moltissima forza di carattere e alcune grandi capacità. L'unica riserva era dettata dal fatto che aveva sparso più sangue dello stretto necessario, un difetto però considerato di secondaria importanza.

Il 4 aprile 1922 gli fu assegnato quello che si sarebbe dimostrato il suo incarico fondamentale. Dopo l'XI congresso del partito fu nominato su raccomandazione di Lenin Segretario generale del Comitato centrale. La condizione da lui posta per accettare la carica fu che gli venisse consentito di dimettersi dal Rabkrin (ispettorato degli Operai e dei contadini).

Un particolare episodio di questo periodo non è mai stato interpretato adeguatamente. Nadežda, la moglie di Stalin, aveva lavorato fino al 1919 nella segreteria di Lenin; Lidija Fotieva, segretaria in capo di Lenin, la definiva «quasi sempre bellissima, ma talvolta poco interessante». Nadežda fu espulsa dal partito nel 1921 da una commissione di epurazione. È inspiegabile che si fosse potuto compiere un gesto simile senza comprendere che poteva colpire Stalin, o addirittura senza nemmeno porselo come obiettivo. E alla fine non fu Stalin, ma Lenin a intercedere per lei, in considerazione dell'aiuto che aveva ricevuto nel 1917 dai suoi familiari, i quali erano irreprensibili dal punto di vista politico, anche se «data la giovane età di Nadežda Sergeevna Allilueva» forse la commissione «ignorava questa circostanza»...

A quanto pare Nadežda fu reintegrata, anche se all'inizio solo come membro candidato. Il motivo della sua espulsione fu chiarito solo nel 1989: era la sua «passività», intesa come scarsa attività nel partito. Ora sappiamo (da fonte autorevole, la Fotieva) che oltre a lavorare per Lenin era talmente impegnata a scrivere sotto dettatura di Stalin, ad accudire i suoi ospiti e così via, da non avere tempo per nient'altro. Evidentemente la commissione non conosceva questa situazione coniugale.

Forse talvolta Nadežda era «poco interessante», come afferma Lidija Fotieva. Secondo altri aveva «un carattere eccezionale» soprattutto per la sua modestia e onestà, contrariamente a molte donne della nuova classe emergente. Non era una intellettuale, di quel tipo di donna cioè che Stalin scherniva chiamandolo «aringa con delle idee», precisa immagine caricaturale delle suffragette zitelle e spigolose presenti nell'Occidente capitalista, ma assai di rado negli ambienti «progressisti».

Se Nadežda fosse stata meno «onesta», la sua posizione nella segreteria di Lenin avrebbe potuto rivelarsi molto utile per Stalin. Da lei seppe di certo alcune cose, ma nulla dimostra che Nadežda si fosse mai comportata in modo sleale nei confronti di Lenin. E da quando Stalin fu incaricato di curare gli affari di Lenin, il suo nome scomparve dai registri della segreteria. Senza dubbio Stalin l'aveva reclamata per servirsene lui.

2

Il 25 maggio 1922 Lenin ebbe il primo ictus. Veniva così a crearsi una situazione completamente nuova. Nel corso dell'anno successivo, fino a poco prima del nuovo ictus che il 10 marzo 1923 lo rese definitivamente invalido (e che fu seguito dalla morte, il 21 gennaio 1924), la dirigenza del paese si trovò in una condizione particolare di temporanea instabilità. Talvolta Lenin non era in grado di influenzare gli eventi, ma talvolta si riprendeva abbastanza da imporre la propria volontà. Durante quel difficile interludio Stalin rischiò di distruggere la sua promettente carriera.

La prima divergenza politica tra Lenin e i suoi colleghi, in questo periodo, fu causata dal problema del monopolio di stato sul commercio estero: Lenin insisteva per imporlo, ma molti altri dirigenti erano contrari o, come nel caso di Stalin, poco entusiasti. Il 22 maggio 1922 l'opinione di Lenin era stata accettata dal Politbjuro, ma nel corso dell'anno il Comitato centrale si pronunciò in favore di un forte allentamento del monopolio. Allora Lenin lavorò per settimane allo scopo di far annullare la decisione. Alle sue prime proteste, Stalin aveva osservato: «La lettera del compagno Lenin non mi ha fatto cambiare idea sulla giustezza delle decisioni del Plenum», ma ben presto lui e gli altri cedettero. La principale conseguenza politica fu che Lenin cominciò a fidarsi quasi esclusivamente di Trockij come proprio alleato e portavoce: «Sosterrà le mie idee bene come me».

Durante l'anno tale «alleanza» si estese ad altre questioni cruciali, ed ebbe come conseguenza immediata l'insorgere dei primi segnali del blocco di Zinov'ev, Kamenev e Stalin contro Trockij, che si manifestò su questo e altri punti.

Se Stalin non fu il principale responsabile del dissenso sul monopolio del commercio estero, a quel punto però venne coinvolto direttamente e in modo inequivocabile in una divergenza importante, sorta proprio allora, sulla linea politica.

Il 10 agosto 1922 il Politbjuro ordinò all'Orgbjuro di creare una commissione per i rapporti tra la Repubblica federale socialista sovietica russa da una parte, l'Ucraina, la Bielorussia e le tre repubbliche caucasiche dall'altra. In essa Stalin era il personaggio più eminente. La commissione raccomandò che le cinque repubbliche entrassero nella Federazione russa come entità «autonome» e che il governo russo assumesse direttamente il controllo del paese così ampliato. Alla proposta si opposero con vigore soprattutto i georgiani.

Quando sulla questione fu interpellato Lenin, egli rispose con un memorandum in cui suggeriva invece l'istituzione di una «Unione delle repubbliche sovietiche» su base costituzionale paritaria. Stalin, dichiarando a Kamenev «con Lenin dobbiamo dimostrare fermezza», nel trasmettere il memorandum al Politbjuro lo accompagnò con una lettera in cui si opponeva ai suoi suggerimenti e lo accusava di «liberalismo nazionale». Tuttavia il Comitato centrale alla fine accettò la formulazione di Lenin, rimasta alla base dell'Unione Sovietica. Vedremo che la proposta di Stalin non conferiva nemmeno una parvenza di sovranità alle repubbliche minori, riportandole invece esplicitamente allo status di parti integranti della Russia. E ora Lenin insisteva proprio su questa assoluta mancanza di sensibilità verso le minoranze nazionali.

Il disaccordo non rimase soltanto una divergenza di opinioni sull'alta politica, ma diventò un dissidio pressante e accanito quando, poco dopo, Lenin scoprì che Stalin e i suoi non avevano abbracciato soltanto in teoria lo «sciovinismo granderusso» ma lo praticavano anche in modo brutale (e inaccettabile).

All'inizio Lenin aveva pensato che i comunisti georgiani fossero troppo intransigenti sulla questione, addirittura secessionisti. Il 15 settembre 1922, quando il Comitato centrale georgiano respinse quasi all'unanimità la soluzione «russa», Ordžonikidze (come capo del Bureau caucasico) ordinò loro di obbedire e di non rendere pubblico il loro disaccordo. Dapprima Lenin non prese sul serio la protesta dei georgiani contro la disposizione, e disse loro di usare un tono più «conveniente e leale» verso Ordžonikidze, aggiungendo che il dissidio doveva essere appianato dalla Segreteria, ovvero da Stalin. Il 22 ottobre la grande maggioranza del Comitato centrale georgiano (nove su undici) rassegnò le dimissioni. Allora Ordžonikidze nominò un nuovo Comitato centrale, ma quando andò a Tiflis per insediarlo fu accolto da grande ostilità. Durante una riunione perse la calma e percosse un comunista georgiano (in realtà non per ragioni politiche, ma perché il suo avversario aveva insinuato che si fosse comportato in modo eticamente disdicevole accettando un cavallo in regalo).

Prima di venire a conoscenza dell'episodio, Lenin ricevette un reclamo secondo cui Ordžonikidze stava minacciando i comunisti georgiani, e quando la Segreteria nominò una commissione d'inchiesta, si astenne dalla votazione su chi dovesse farne parte. I membri della commissione, nominati da Stalin, assolsero Ordžonikidze e condannarono i georgiani. E insistettero perché i membri ribelli del Comitato centrale locale fossero allontanati dalla Georgia.

In giugno la salute di Lenin migliorò, ed egli riprese l'attività politica con interventi e lettere, anche se solo all'inizio di ottobre lasciò la casa di Gorki per recarsi al Cremlino. Il 13 novembre parlò al congresso del Komintern e il 20 novembre al Soviet di Mosca. Dal 7 al 12 dicembre era di nuovo a riposare a Gorki. In quel periodo apprese la verità sul caso georgiano. Fu ostacolato da altri due collassi il 13 dicembre, ma non interruppe l'attività politica.

Il 18 dicembre il Comitato centrale incaricò Stalin di far controllare il suo stato clinico.

Il 22 dicembre Stalin venne a sapere che Lenin aveva appena scritto a Trockij congratulandosi con lui per la sua vittoria nella questione del monopolio di stato. Telefonò allora alla moglie di Lenin, la Krupskaja, e la insultò con espressioni volgari e violente per aver consentito al marito di scrivere nonostante il suo stato di salute. La Krupskaja per il momento non rivelò l'incidente a Lenin, ma scrisse a Kamenev dicendo: «Ieri Stalin mi ha tempestato di insulti oltremodo volgari per un breve biglietto che Lenin mi ha dettato con il permesso dei medici. Non sono entrata nel partito ieri. In tutti gli ultimi trent'anni non ho mai sentito una parola volgare da un compagno». Aggiunse di sapere meglio dei dottori che cosa si poteva e non si poteva dire a Lenin: «E comunque lo so meglio di Stalin». Chiese di essere protetta da brutali interferenze nella sua vita privata, da spregevoli insulti e intimidazioni. Stalin aveva minacciato di trascinarla davanti alla Commissione di controllo del partito, e se fosse avvenuto, lei era convinta di poter contare senza dubbio sul sostegno unanime dei suoi membri, ma affermò che non aveva tempo per una simile «farsa» e che i suoi nervi stavano per «saltare». Tra le espressioni volgari che non aveva mai sentito negli ambienti di partito a quanto pare c'era «troia sifilitica». Evidentemente Stalin aveva perso del tutto il controllo.

Quel giorno stesso (22 dicembre) Lenin ebbe un altro collasso, ma nei due giorni successivi si riprese abbastanza da rifiutare di lasciarsi curare se non gli avessero consentito di dettare qualche appunto. Il Politbjuro glielo concesse, e Lenin trascorse alcuni giorni a scrivere quello che in seguito sarebbe stato definito il suo testamento.

Questo celebre documento, censurato per trentatré anni, esordiva con l'affermazione che il pericolo più immediato di scissione nel partito era costituito dai rapporti tra Stalin e Trockij, «i due dirigenti più abili dell'attuale Comitato centrale». Elogiava l'attività di Trockij: «Sul piano personale è forse l'uomo più capace nell'attuale Comitato centrale»; ma gli vedeva dei limiti, «l'eccessiva fiducia nelle proprie capacità» e il fatto di preoccuparsi troppo dell'«aspetto esclusivamente amministrativo del lavoro». Di Stalin diceva: «Essendo diventato Segretario generale, ha concentrato nelle proprie mani poteri illimitati, e non sono sicuro che sarà capace di utilizzare tale autorità con prudenza sufficiente». Lenin quindi esprimeva svariati commenti su Zinov'ev, Kamenev e (tra le «forze giovani») Buharin e Pjatakov. I primi due di certo furono piccati nel veder collocare in modo tanto ostentato le capacità di Stalin a un livello più alto delle loro. E in effetti uno dei punti più rilevanti del testamento è proprio la stima dimostrata da Lenin per i talenti di Stalin.

Nei giorni successivi Lenin elaborò la sua valutazione delle qualità necessarie per un leader, che deve saper cogliere «la totalità di una situazione», avere fascino personale ed essere un organizzatore e un amministratore efficiente, aggiungendo però: «È raro trovare questi due tipi di qualità combinate in una persona, ed è tutt'altro che necessario».

Ormai Lenin era pienamente informato sulla questione georgiana. Il 30 e il 31 dicembre dettò degli appunti al riguardo. Era furibondo soprattutto con Ordžonikidze che era uscito dai gangheri, e insistette affinché venisse espulso per un certo periodo dal partito, infliggendo censure ufficiali a Stalin e Dzeržinskij. Li accusò tutti di «sciovinismo granderusso», aggiungendo che soprattutto le persone come loro, di origini non russe naturalizzate, erano inclini a questo difetto.

A quanto pare fu in conseguenza del riesame del caso georgiano (poiché non era ancora venuto a sapere di come si era comportato Stalin con la Krupskaja) che il 4 gennaio 1923 aggiunse un poscritto al testamento, proponendo la destituzione di Stalin:

> Stalin è troppo grossolano, e questo difetto del tutto tollerabile nell'ambiente e nei rapporti tra noi comunisti, diventa intollerabile nella funzione di un Segretario generale. Perciò propongo ai compagni di pensare alla maniera di togliere Stalin da questo incarico e di designare a questo posto un altro uomo che, a parte tutti gli altri aspetti, si distingua dal compagno Stalin solo per una migliore qualità, quella cioè di essere più tollerante, più leale, più cortese e più riguardoso verso i compagni, meno capriccioso ecc.*

Dovremmo osservare per inciso che la parola sempre tradotta con «grossolano», *grubyj*, ha un significato molto più ampio in russo della semplice scortesia: ha una forte implicazione di rudezza e di una rozza e prepotente assenza di semplice educazione.

* Lenin, *Opere complete*, trad. cit., vol. 36, p. 430.

Il Testamento, ovvero la «Lettera al congresso del partito», come lo chiamava Lenin, in cui era incluso il poscritto su Stalin non fu reso noto nemmeno ai dirigenti fino a dopo la morte di Lenin. Gli altri scritti suoi di questo periodo, compresi gli appunti sulla Georgia, erano accessibili, mentre il Testamento era stato consegnato alla Krupskaja in una busta sigillata, per essere aperto e trasmesso al partito in caso di morte del leader. Si può presumere che Lenin ne temesse l'imminenza, ma che si riservasse, in caso di sopravvivenza o di guarigione, di risolvere il caso di persona in modo più efficace e più completo.

Il Politbjuro aveva proibito alla Fotieva di informarlo riguardo alle decisioni «di tutti i giorni» e Lenin riusciva a fatica a strapparle le notizie. Fu in tale difficile situazione che nelle poche settimane successive Lenin dettò una serie di articoli per la «Pravda», in uno dei quali attaccava il vecchio feudo di Stalin, il Rabkin, dicendo: «Non ha la minima autorità. Lo sanno tutti che non esiste istituzione peggio organizzata», e aggiungendo che era necessaria una ristrutturazione immediata e radicale degli organici e degli assetti organizzativi. Pur essendo stato scritto il 10 febbraio, l'articolo uscì soltanto il 4 marzo. La maggioranza nel Politbjuro si era opposta alla sua pubblicazione, e qualcuno aveva addirittura proposto di stampare una sola copia della «Pravda» da mostrare a Lenin. Ma alla fine Trockij riuscì a convincere Zinov'ev e Kamenev di permettere che fosse pubblicata. Infatti più o meno in quel momento Trockij fu interpellato da Lenin, che gli chiese di sferrare la lotta contro la burocrazia. Trockij rispose che era un compito impossibile perché tutti i burocrati si trovavano sotto la protezione di qualche «dirigente di partito importante». Lenin spiegò allora che in questo caso si sarebbe dovuto prevedere anche di dare battaglia alla burocrazia all'interno dello stesso Orgbjuro. Trockij accettò, e Lenin propose che sulla questione si muovessero di concerto.

Nel febbraio del 1923, durante una riunione del Politbjuro, Stalin disse ai presenti (Trockij, Zinov'ev e Kamenev) che Lenin aveva chiesto del veleno. Trockij rispose che secondo il medico curante (e lui stesso), Lenin poteva rimettersi quasi del tutto, restando solo lievemente invalido. Stalin spiegò che Lenin voleva avere il veleno a portata di mano per l'eventualità che le sue sofferenze diventassero intollerabili. Non ottenne appoggio, e non si parlò più di quell'idea. La parte più strana di tutta la vicenda è che accadde in febbraio, nel periodo in cui Lenin stava meglio di prima, e per giunta in cui assai difficilmente si sarebbe fidato di Stalin. Forse la richiesta (che in seguito ha trovato conferma negli archivi sovietici resi pubblici) era stata fatta in dicembre, prima della rottura tra loro.

Sempre in febbraio, Lenin approfondì ulteriormente la questione georgiana. Nel frattempo, senza che lui ne fosse a conoscenza, il Politbjuro aveva condannato di nuovo i comunisti georgiani e prosciolto Ordžonikidze e Stalin. La Fotieva, sua segretaria, lo informò del dibattito e lui chiese i documenti relativi. Stalin disse che non era possibile fornirglieli senza il permesso del Politbjuro, poiché in questo modo Lenin si sarebbe affaticato con i «dettagli di tutti i giorni». Lenin andò in collera e insistette per averli. Allora Stalin chiese senza successo di essere esonerato dal compito di sorvegliare l'invalido.

Marija, la sorella di Lenin che collaborava ad assisterlo, anche lei una vecchia bolscevica, più o meno in quel periodo fu avvicinata da Stalin, come spiega lei stessa nelle sue memorie pubblicate per la prima volta a Mosca nel 1989. Stalin, che sembrava sconvolto, le disse di non essere riuscito a dormire per tutta la notte, perché ormai Lenin gli era palesemente contro e lo trattava «come un traditore». Da parte sua lui voleva bene a Lenin, e chiese che gli fosse riferito. Marija, dispiaciuta per Stalin, disse a Lenin che questi gli mandava affettuosi saluti. Doveva trasmettergli quelli del fratello?

«Mandaglieli» rispose Lenin con freddezza.

Allora lei disse: «Ma Volodja, è molto intelligente».

«Non è affatto intelligente» rispose Lenin «con decisione» ma «senza alcuna irritazione». (Quanto a Marija era, o sarebbe diventata, una sostenitrice della cordata Stalin-Buharin.)

Trockij, il cui punto di vista era pure ostile, probabilmente non è comunque lontano dal vero quando dice che Lenin apprezzava Stalin per «la sua fermezza e la sua mentalità lineare», ma alla fine ne aveva compreso «l'ignoranza ... e l'orizzonte politico molto limitato, la volgarità morale e l'assoluta mancanza di scrupoli».

Lenin istituì una commissione privata composta dalle sue segretarie, cui diede l'ordine preciso di riferire sulla questione georgiana. Il 5 marzo incaricò Trockij di dirimere tutta la faccenda, osservando che non si poteva contare sull'imparzialità di Stalin.

A quel punto venne a sapere del violento attacco di Stalin contro la Krupskaja, e gli scrisse una lettera (con copie a Kamenev e Zinov'ev):

> Egregio compagno Stalin,
>
> Avete avuto la grossolanità di chiamare mia moglie al telefono e di insolentirla. Benché essa vi abbia fatto sapere di essere disposta a dimenticare ciò che le avete detto, quanto è accaduto è venuto a conoscenza di Zinoviev e di Kamenev (che l'hanno saputo da lei).
>
> Non ho intenzione di dimenticare tanto facilmente ciò che è stato fatto contro di me, e non c'è bisogno di dire che ciò che è fatto contro mia moglie lo considero fatto anche contro di me. Perciò vi prego di riflettere e di farmi

sapere se acconsentite a ritirare le vostre parole e a scusarvi, o se preferite rompere i rapporti fra noi.*

Una segretaria di Lenin, Marija Volodičeva, consegnò la lettera personalmente a Stalin. Lui rimase calmo e disse piano: «Non è Lenin a parlare, è la sua malattia. Io non sono un dottore. Sono un politico. Sono Stalin. Se mia moglie, un membro del partito, avesse agito in modo sbagliato e l'avessero punita, non mi arrogherei il diritto di intervenire nella questione. E la Krupskaja è un membro del partito. Se Lenin insiste sono pronto a scusarmi con la Krupskaja per la mia rudezza». E la Volodičeva riferì le scuse verbali.

Inoltre Stalin rispose subito con una lettera (che, come parte delle altre informazioni sull'episodio è stata resa pubblica solo di recente in Unione Sovietica) dove sistemò l'episodio con grande faccia tosta. Disse di essersi rivolto alla Krupskaja più o meno in questi termini: «I medici hanno proibito di dare a Lenin informazioni politiche, considerando questo regime il modo migliore di curarlo, ma lei, Nadežda Konstantinovna, a quanto pare ha trasgredito le istruzioni. Non scherzi con la salute di Il'ič» e così via. Questa non poteva essere considerata, disse, una scortesia, inammissibile o diretta «contro» Lenin. Aveva fatto il suo dovere, ma a quanto pare c'era stato un malinteso: «[Se] per mantenere "i rapporti" devo "ritirare" le parole sopracitate, posso ritirarle, ma non riesco a capire in questa faccenda di che cosa io sia "colpevole" e che cosa esattamente si pretenda da me».

Certo Stalin non poteva pensare che Lenin avrebbe creduto alla sua versione dei fatti anziché a quella della Krupskaja. La lettera ha tutta l'aria di un documento concepito per difendersi da ripercussioni future, nel caso che Lenin fosse riuscito a sollevare la questione di fronte al partito e ai suoi dirigenti. In realtà non fu mai sollevata. E Lenin non vide la lettera di Stalin.

Proprio nel momento in cui scriveva a Stalin, Lenin mandò una lettera ai comunisti georgiani:

> Ai compagni Mdivani, Maharadze e altri (copia ai compagni Trockij e Kamenev).
>
> Cari compagni, seguo con tutto il mio cuore la vostra questione. Sono sdegnato della brutalità di Orgionikidze e del favoreggiamento di Stalin e di Dzerginski. Preparerò per voi degli appunti e un discorso.
>
> Con stima
>
> *Lenin***

* Lenin, *Opere complete*, trad. cit., vol. 45, pp. 623-24.
** *Ivi*, vol. 45, p. 624.

In precedenza aveva detto a Trockij di tenere celati gli appunti sulla questione georgiana a Kamenev, perché questi lo avrebbe riferito a Stalin, il quale avrebbe architettato «un disgustoso compromesso» per poi ingannarli. Ora chiese invece di parlargliene, evidentemente pronto ad aprire le ostilità. E disse alla Krupskaja: «Stalin è privo della più elementare onestà, della più semplice onestà umana».

Una segretaria di Lenin disse a Trockij che Lenin stava preparando «una bomba» contro Stalin; e da un'altra Kamenev venne a sapere che Lenin aveva deciso «di distruggere politicamente Stalin».

Il giorno dopo, 7 marzo 1923, Lenin ebbe un altro ictus, l'ultimo. Non avrebbe più recuperato la parola, anche se morì soltanto il 21 gennaio 1924. Il 23 aprile lo operarono per estrargli un proiettile a tre millimetri dalla carotide, rimastogli in corpo da quando avevano attentato alla sua vita nel 1918, e che ora veniva reputato la causa principale dei suoi gravissimi problemi circolatori.

Stalin l'aveva scampata per un pelo. L'odio per la Georgia e la mancanza di autocontrollo avevano rischiato di rovinarlo. È sempre circolata la voce che Lenin fosse stato avvelenato. È vero che Lenin, come riferiscono, in precedenza aveva chiesto a Stalin di mettergli a disposizione del veleno, nel caso che la sua resistenza fisica venisse meno; ma non esistono prove che l'ultimo colpo fosse stato provocato in questo modo, cosa del resto poco probabile. Al contrario, Lenin stava lavorando sodo ai suoi progetti politici fino all'ultimo momento. In realtà Stalin fu salvato soltanto dalla fortuna.

VIII
LA LOTTA PER IL POTERE

1

Negli anni tra la rivoluzione e la fine della vita politica di Lenin si era combattuta una disperata lotta per la sopravvivenza del nuovo regime. Lo stesso Stalin si era mosso da un'emergenza all'altra, applicando la forza bruta e lo slancio per fronteggiare situazioni estremamente difficili.

Nella fase successiva, la situazione appariva diversa. Il regime era stato accettato dalla popolazione, anche se con riluttanza, e per essere sicuro di trovare consenso aveva ripristinato, almeno in buona misura, la libertà economica. Ora le lotte più importanti si svolgevano all'interno del partito, e Stalin, dopo un inizio difficile, riuscì a manifestare la sua capacità di manovra, fino a quel momento sottovalutata.

Il XII congresso del partito si aprì il 17 aprile 1923, alcune settimane dopo che Lenin era diventato definitivamente inabile. In apparenza Trockij si trovava in una posizione di forza. Uno dei suoi sostenitori gli disse che, avendo l'appoggio esplicito di Lenin, era ormai sicuro di svolgere un ruolo preponderante; ma Trockij rispose che, al contrario, questo avrebbe coalizzato tutti i suoi avversari contro di lui. Se Lenin si fosse ripreso, loro due insieme avrebbero costituito una forza predominante, e senza dubbio avrebbero potuto battere Stalin ed epurare la sua nuova élite di burocrati. Persino se Lenin fosse stato malato, ma ancora in condizione di intervenire da casa, la coalizione sarebbe stata molto forte e forse vincente. Ma con Lenin totalmente inabile, Trockij era in balia dei venti, e ancora di più, naturalmente, quando alla fine la morte di Lenin cancellò qualsiasi speranza di una guarigione almeno parziale.

Trockij avrebbe ancora potuto ingaggiare battaglia. Poteva contare su una serie di insigni sostenitori, una base di potere nell'esercito, e un largo seguito nella fascia dei più giovani iscritti al partito. Ma evidentemente ebbe l'impressione che una lotta simile sarebbe stata dannosa, e avrebbe potuto provocare guai seri. Inoltre è evidente che non aveva idee chiare sulla tattica politica; l'esperienza bolscevica degli intrighi all'interno del partito e delle pastette nei comitati gli era estranea. Era un intruso, e i membri veterani del partito non si fidavano di lui. Se avesse giocato bene le sue carte, avrebbe potuto prendere il potere anche così. In realtà non eseguì nemmeno gli ultimi ordini di Lenin.

Stalin propose che al XII congresso fosse Trockij a presentare la relazione principale, ma questi ebbe il buon senso di rifiutare, ritenendo a ragione che sarebbe stata considerata una conseguenza della protezione di Lenin. Alla fine a fare la relazione fu Zinov'ev, il quale evidentemente si considerava il personaggio più importante all'interno del partito, l'erede di Lenin, minacciato soltanto da Trockij il parvenu. Si stava già creando quello che in seguito fu chiamato «triumvirato» o «trojka», in cui Kamenev e Stalin spalleggiavano Zinov'ev contro Trockij. In apparenza (anche se si tratta di un'analisi discutibile) Zinov'ev e Kamenev da soli potevano contare su una discreta maggioranza nel Comitato centrale. Durante tutto l'anno successivo Stalin in un certo senso sembrò meno potente e più moderato dei suoi alleati. I tre, inoltre, godevano del sostegno unanime del resto del Politbjuro, anche se Buharin e altri fecero sporadici tentativi di favorire la riconciliazione.

Il congresso introdusse pochi banali cambiamenti. Stalin lesse il rapporto sull'organizzazione, suggerendo tra le altre cose di aumentare il numero dei membri del Comitato centrale. Era stato Lenin a raccomandarlo, nella speranza che questo avrebbe in qualche modo arginato le tendenze scissioniste tra i massimi dirigenti. In realtà tale azione produsse due conseguenze. La prima è che Stalin riuscì a introdurre un maggior numero di suoi sostenitori senza incorrere, almeno in un primo momento, nel rancore di coloro che altrimenti avrebbe dovuto allontanare. La seconda (destinata a diventare molto importante per il resto del decennio) era che più si ampliava l'organo, più facile diventava organizzare le cose in modo da vessare, o addirittura mettere a tacere, gli oppositori. Dunque il Comitato centrale fu allargato da ventisette a quaranta membri effettivi. Allo stesso tempo Stalin affermò con benevolenza che i dieci o quindici membri più eminenti del partito erano ormai abbastanza esperti da prendere le decisioni giuste nove volte su dieci: si trattava di un appello ostentato alla moderazione, e a mantenere l'atteggiamento tollerante con cui Lenin guardava agli errori occasionali.

Stalin presentò anche la relazione sul problema delle nazionalità. Assunse una linea piuttosto morbida, concordando con tutto quanto era stato detto riguardo allo «sciovinismo granderusso», ma aggiungendo che era dannoso anche lo «sciovinismo locale» manifestatosi per esempio in Georgia, dove aveva portato alla persecuzione di minoranze ancora più esigue, come quella degli abcasi (un valido argomento, ripreso poi negli anni Ottanta). In generale Stalin assunse il ruolo del moderato. In un certo senso neutralizzò le critiche di Lenin, che ormai erano di pubblico dominio, concordando ufficialmente con esse ma introducendo una serie di diversivi e in pratica riducendo tutto all'inattività; e non soltanto nella questione della Georgia, ma anche sul problema organizzativo.

Le dispute, come sempre, in estate si esaurirono. In quel periodo ogni anno i dirigenti trascorrevano più o meno un mese in vacanza sul Mar Nero o nelle località turistiche montane, e affidavano a qualche visita reciproca la possibilità di mantenere i contatti e di fare progetti. Intanto Stalin si riposava, al punto che una volta disse a Kamenev e a Dzeržinskij: «Scegliere la propria vittima, preparare nei dettagli i propri piani, soddisfare l'implacabile sete di vendetta e poi andare a letto... non esiste niente di più dolce al mondo». Nel mio libro *Il Grande Terrore* ho avanzato qualche timido dubbio sull'autenticità di questa storia, per una semplice considerazione generale: non era da Stalin esprimersi in modo così esplicito. È una considerazione abbastanza fondata: eppure, a quanto pare egli si servì proprio di questi termini, e Buharin in seguito avrebbe ricordato la sua teoria della «dolce vendetta».

All'interno del triumvirato, l'alleanza contro Trockij non significava nemmeno in quel momento unanimità assoluta e amichevole su tutto. Zinov'ev non era così stupido da non accorgersi di come aumentasse la concentrazione del potere nelle mani di Stalin. Verso la fine dell'estate Zinov'ev e Buharin, che erano in vacanza a Kislovodsk, nel Caucaso settentrionale, si chiesero come assumere il controllo politico sulle questioni organizzative, e per discuterne misero insieme un gruppo variegato che includeva il fedelissimo di Stalin, Vorošilov. Il gruppo si riuniva in una cantina delle vicinanze (la cantina del Mulo morto), un particolare che in seguito fu sfruttato per far apparire tutta la faccenda una cospirazione sinistra, e allo stesso tempo abbastanza comica.

Tra le altre cose, ritenevano che un comitato di membri anziani del Politbjuro, forse Zinov'ev, Stalin e Trockij, dovesse assumere congiuntamente il controllo della Segreteria. In conclusione inviarono a Stalin alcune proposte di questo genere; lui si recò a Kislovodsk, e alla fine propose di far entrare nell'Orgbjuro Trockij, Buharin e Zinov'ev, mossa che in realtà ebbe effetti scarsi o nulli. In seguito Stalin avrebbe presentato tutta la faccenda come un tentativo di spodestare il Politbjuro ponendo alla guida del partito soltanto Zinov'ev, Trockij e lui. È chiaro che si trattava di un'ammissione indiretta: l'uomo il quale aveva già il potere che gli proponevano di condividere era saldamente insediato.

2

Se durante l'estate, nonostante tutto, la lotta politica aveva goduto di un momento di tregua, poco dopo essa imperversava di nuovo. Durante un plenum del Comitato centrale il triumvirato cercò di indebolire Trockij introducendo alcuni suoi oppositori nel Soviet militare rivoluzionario. Trockij, furibondo, offrì di dimettersi da tutte le sue cariche e di andare a combattere per la rivoluzione tedesca. Nel corso di una scena farsesca, Zinov'ev affermò che avrebbe fatto lo stesso. Il Comitato centrale lo proibì. Stalin parlò con moderazione. Durante il successivo scambio di frecciate, Trockij lasciò la riunione indignato.

Dalle lettere e da una raccolta di suoi scritti emerge che Trockij a quel punto cominciò a criticare la burocrazia e l'atteggiamento dei dirigenti in modo simile a come Lenin gli aveva chiesto di fare. E disse persino che alcune fazioni bandite da Lenin avevano dimostrato di avere qualche idea utile.

In ottobre fu presentato un forte appello contro la burocrazia e per la libertà di dibattito all'interno del partito, la «piattaforma dei quarantasei», senza però che Trockij vi partecipasse. I quarantasei erano uno schieramento impressionante di bolscevichi che comprendeva illustri personaggi intimi alleati di Trockij, come Pjatakov e Preobraženskij, ma anche sostenitori di Šljapnikov e della sua «Opposizione operaia». Il Comitato centrale vietò il documento e censurò i quarantasei. Ma era impossibile ignorare del tutto questo influente raggruppamento, e il triumvirato cambiò tattica, consentendo la discussione all'interno del partito a Mosca. Le conseguenze furono significative. La maggior parte delle cellule, soprattutto nell'esercito, nel Komsomol e nell'università, si schierarono con l'opposizione. A quel punto il Politbjuro sciolse il Comitato centrale del Komsomol e destituì il commissario politico in capo dell'esercito, il trozkista Antonov-Ovseenko. Trockij era ammalato, e le riunioni del

Politbjuro si svolsero al suo capezzale. Attuando una manovra, in cui si può vedere più la mano di Stalin che quella dei suoi colleghi, il Politbjuro presentò un «nuovo corso», assumendo la gestione di tutto il programma contro la burocrazia, anche se risultò che si trattava soltanto di parole. Accettò persino gli emendamenti di Trockij che rendevano più rigoroso il testo.

Ben presto Trockij, rendendosi conto che Stalin e gli altri non avevano alcuna intenzione di realizzare il nuovo programma, sollevò di nuovo la questione in pubblico. Questo portò le cose allo scoperto. E alla XIII conferenza del partito, tenutasi nel gennaio 1924 per discutere tali questioni, la segreteria di Stalin manipolò con successo le delegazioni, e l'avvenimento fu trasformato in una serie di attacchi a Trockij che stava trascorrendo la convalescenza nel Caucaso. In effetti Trockij nel novembre 1917 aveva criticato Zinov'ev e Kamenev per le loro esitazioni (e il primo anche per la disfatta del suo recente tentativo di far scoppiare la rivoluzione in Germania tramite il Komintern da lui diretto, un progetto assurdo accettato con riluttanza dagli attivisti locali e lasciato a metà, in un accesso di incompetenza). Ma se i due potevano essere attaccati per la loro «diserzione» all'epoca della rivoluzione, Trockij aveva un novero altrettanto ampio di trascorsi, risalenti alle sue lunghe e spesso aspre polemiche con Lenin durante gli anni precedenti. Queste mancanze gli furono ora rinfacciate, in una serie di attacchi sempre più feroci. Stalin mantenne una posizione abbastanza moderata, anche se espose in maniera pittosto energica sei «errori» del trozkismo, condannando in sostanza la proclamazione da parte di Trockij della «libertà di frazionismo: sì, la libertà di frazionismo!». I disturbatori trozkisti gridarono che Stalin stava intimidendo il partito, e lui rispose che stava solo intimidendo i faziosi.

Poi, il 21 gennaio 1924, Lenin morì. Al momento dell'ultimo colpo apoplettico, quello che lo aveva reso invalido, doveva ancora compiere cinquantatré anni, e quando morì non era arrivato a cinquantaquattro.

Non c'era motivo per aspettarsi questa fine improvvisa. È vero, era stato male: ma era accaduto anche ad altri. Fino al suo ultimo colpo si prevedeva che sarebbe rimasto alla guida politica per molti anni. Se fosse vissuto solo quanto Stalin, avrebbe governato ancora negli anni Quaranta. Se fosse vissuto quanto Mao tse-Tung o Tito, sarebbe sopravvissuto fino agli anni Cinquanta.

La morte di Lenin ebbe una serie di conseguenze. Per prima cosa Stalin telegrafò a Trockij, nel Caucaso, per dirgli che non sarebbe riuscito a tornare a Mosca in tempo per il funerale, e che quindi poteva pure continuare la sua cura. In realtà le esequie furono celebrate il 27 gennaio, e quindi Trockij avrebbe avuto tutto il tempo per rientrare (in seguito si convinse che Stalin lo avesse ingannato di proposito). Comunque fosse, mancò alla importantissima cerimonia di fedeltà al leninismo e al partito, e questo non lo favorì.

Il giorno prima del funerale, furono pronunciati molti discorsi solenni. Quello di Stalin fu notevole per il suo tono liturgico. Ha colpito svariati biografi di opinioni diverse perché incarna appieno la raffigurazione pubblica proposta da Stalin di se stesso e dello stalinismo:

> Compagni! Noi comunisti siamo gente di una fattura particolare. Siamo fatti di una materia speciale. Siamo coloro che formano l'esercito del grande stratega proletario, l'esercito del compagno Lenin. Nulla è più elevato dell'onore di appartenere a questo esercito. Nulla è più elevato dell'appellativo di membro del partito che è stato fondato e diretto dal compagno Lenin. Non a tutti è dato essere membri di un tale partito. Non a tutti è dato sopportare i rovesci e le tempeste che l'appartenenza a un tale partito comporta. I figli della classe operaia, i figli del bisogno e della lotta, i figli delle privazioni inimmaginabili e degli sforzi eroici: ecco coloro che, innanzitutto, debbono appartenere a un tale partito. ...
>
> Lasciandoci, il compagno Lenin ci ha comandato di tener alto e serbar puro il grande appellativo di membro del partito. Ti giuriamo, compagno Lenin, che adempiremo con onore questo tuo comandamento! ...
>
> Lasciandoci, il compagno Lenin ci ha comandato di salvaguardare, come la pupilla dei nostri occhi, l'unità del nostro partito. Ti giuriamo, compagno Lenin, che adempiremo con onore questo tuo comandamento! ...
>
> Lasciandoci, il compagno Lenin ci ha comandato di salvaguardare e rafforzare la dittatura del proletariato. Ti giuriamo, compagno Lenin, che adempiremo con onore questo tuo comandamento! ...
>
> Lasciandoci, il compagno Lenin ci ha comandato di rinsaldare con tutte le forze l'alleanza degli operai e dei contadini. Ti giuriamo, compagno Lenin, che adempiremo con onore questo tuo comandamento! ...
>
> Lasciandoci, il compagno Lenin ci ha comandato di rafforzare e di estendere l'Unione delle Repubbliche. Ti giuriamo, compagno Lenin, che adempiremo con onore questo tuo comandamento!*

La decisione di imbalsamare Lenin e di trasformare la sua tomba in un sacrario, in contrasto con i desideri della vedova e di altri, fu dovuta in larga misura alle pressioni di Stalin. Infatti la Krupskaja chiese pubblicamente che «non fosse tributata venerazione esteriore alla sua persona» e fece presente l'atteggiamento personale di Lenin verso tali forme esteriori. Ma Stalin era di altra opinione, come pos-

* Stalin, *Opere complete*, trad. cit., vol. 6, pp. 65-69.

siamo vedere ancora oggi sulla piazza Rossa. Si stava creando uno stile diverso per il bolscevismo.

Stalin approfittò dell'occasione anche per convincere il Comitato centrale a celebrare l'occasione con una «leva di Lenin», organizzando nuove ammissioni di massa al partito. Quindi il vecchio partito fu diluito ulteriormente, e in larga parte con nuovi ammessi passati al vaglio dai rappresentanti della Segreteria.

Ma per Stalin la conseguenza più importante della morte di Lenin fu una questione al di fuori del suo controllo. In maggio, proprio prima dell'apertura del XIII congresso del partito, la Krupskaja, seguendo esattamente gli ordini del marito, inviò a Kamenev il Testamento rimasto segreto fino a quel momento, con una lettera in cui parlava del «desiderio preciso» espresso da Lenin che gli appunti «del 24-25 dicembre 1922 e del 4 gennaio 1923, contenenti apprezzamenti personali su alcuni membri del Comitato centrale» fossero «sottoposti dopo la sua morte al successivo congresso del partito per informarlo». Disse che erano stati «messi da parte da Vladimir Il'ič per essere trasmessi al partito».

Stalin esultò quando seppe della morte di Lenin: «Non l'ho mai visto di un umore più allegro» afferma la sua segretaria. «Camminava avanti e indietro con la soddisfazione scritta in volto.» Ma quando fu aperto il Testamento il suo atteggiamento cambiò. Definì la Krupskaja «vecchia troia» e imprecò anche contro Lenin: «Mi ha coperto di merda e si è coperto di merda...». Riferiscono che durante il successivo congresso disse a Sokol'nikov, seduto accanto a lui: «Non è riuscito nemmeno a morire da dirigente onesto», anche se a quanto pare intendeva dire che la «direzione collettiva» fortemente voluta da Lenin era sbagliata, come in effetti si sarebbe dimostrata.

Quando il Comitato centrale si riunì per discutere sui documenti, Stalin comprese con chiarezza che la sua situazione era critica. In quel momento all'interno del Comitato non c'era una maggioranza stalinista, e se i suoi avversari avessero insistito, probabilmente sarebbero riusciti a distruggerlo. Kamenev lesse il Testamento a voce alta. La sua segretaria racconta:

> Un penoso imbarazzo paralizzò tutta l'assemblea. Stalin, che era seduto su una panca della tribuna del Presidium, sembrava piccolo e miserabile. Nonostante il suo autocontrollo e la calma forzata, gli si poteva leggere con chiarezza in viso che si stava decidendo il suo destino.

Ma Zinov'ev lo salvò. Osservò che ogni parola di Lenin era sacra, e che avrebbero «eseguito le disposizioni date da Il'ič in punto di morte». Be', non proprio tutte: «Su un punto, siamo lieti di affermare che i timori di Lenin si sono dimostrati infondati. Sto parlando della questione del nostro Segretario generale. Tutti voi siete stati testimoni della nostra armoniosa collaborazione negli ultimi mesi, e tutti voi, come me, avete avuto la soddisfazione di vedere che i timori di Lenin non si sono avverati». Anche Kamenev sostenne Stalin.

Trockij stava seduto in silenzio, con un'espressione sprezzante. Stalin parlò, facendo cenno al fatto che molto probabilmente mentre scriveva Lenin non era in sé, ma era «un uomo malato, circondato di donne». Il Comitato decise che il Testamento non andava reso noto al congresso (né pubblicato); venne letto soltanto durante riunioni ristrette delle delegazioni di ciascuna provincia, con le postille del Comitato riguardo al fatto che Lenin era malato e che Stalin si era dimostrato soddisfacente. Stalin presentò le dimissioni dalla carica di Segretario generale, che furono respinte all'unanimità. Aveva superato la tempesta.

L'altro avvenimento della vita di Stalin che fu diretta conseguenza della morte di Lenin fu una serie di conferenze da lui tenute in aprile, *I fondamenti del leninismo*, ben presto pubblicate in volume. Si tratta in un certo senso di un'esposizione perfettamente conseguente delle concezioni da cui deriva l'autocrazia comunista. È scritto in uno stile dogmatico e schematico, e ha il carattere antifonale di tutte le opere di Stalin. Non ha il genio teorico delle *Lezioni dell'ottobre* di Trockij e nemmeno dell'*ABC del comunismo* di Buharin. Stalin, a quanto disse Buharin, era «divorato dal vano desiderio di diventare celebre come teorico»: «Considera questa l'unica cosa che gli manca». Lo studioso Rjazanov, un Vecchio bolscevico, una volta gli aveva detto apertamente che la teoria non era «il suo campo». *I fondamenti del leninismo* sono il suo primo tentativo serio di ovviare a tale mancanza.

Ma in altro risiede il principale motivo di interesse dell'opera. Oggi è accertato che si basava in larga misura, se non del tutto, su un saggio di F.A. Ksenofontov, segretario di Stalin. Questi lo ammise in una lettera privata, ma in seguito proibì a Ksenofontov di pubblicare il suo testo e gli consigliò di rinunciare a scrivere sul leninismo (poi, negli anni Trenta, lo fece fucilare).

In passato Stalin aveva preso lezioni di marxismo due volte alla settimana dal filosofo bolscevico Jan Sten, studiando persino la *Fenomenologia dello spirito* di Hegel. Sten disse a un amico che a quel suo allievo risultava ostica. Ma anche se non passò l'esame su Hegel, a quanto pare Stalin aveva rinfrescato le sue cognizioni generali sul marxismo quanto bastava per condurre in seguito in modo adeguato le polemiche all'interno del partito.

3

Bisogna sempre ricordare che tali lotte non avvenivano fra uomini politici nel senso comune del termine. Erano persone che non si preoccupavano degli interessi immediati del paese, ma che prendevano in considerazione soltanto la sua trasformazione e, nel lungo termine, la trasformazione del mondo, in base ai precetti di un certo dogma. Ed erano convinti che il partito dovesse mantenere il potere a tutti i costi, perché solo così sarebbero riusciti a raggiungere i propri obiettivi.

Ogni azione doveva essere giustificata in base al dogma. Il principio di fondo era che la lotta di classe è la forza motrice della storia; che la classe degli operai dell'industria, il proletariato, è delegata a sconfiggere le precedenti classi dirigenti; che da questo processo conseguiranno il socialismo e poi il comunismo, una società di assoluta eguaglianza e totale libertà. Intanto il Partito comunista, «rappresentante» del proletariato russo, avrà conquistato il potere e con esso il compito di governare in nome di tale classe (dichiaratamente esigua, apatica e in declino). E comunque Lenin continuava a sostenere che altre rivoluzioni proletarie nei paesi «avanzati» avrebbero decretato il trionfo della Rivoluzione russa.

Questa concezione del ruolo trascendentale della classe operaia, il proletariato, presente nello schema marxista, era ovviamente basilare per i bolscevichi.

Era un'idea nata all'inizio dell'Ottocento, quando gli operai dell'industria erano davvero, almeno agli occhi di alcuni accademici, un nuovo fenomeno sociale. L'analisi di classe di Marx conferì a questo ceto il ruolo di portare la storia alla sua conclusione prestabilita, prima conquistando il potere politico, in precedenza prerogativa di altre «classi», e poi creando una società senza classi, ideale da tutti gli altri punti di vista.

In pratica, i bolscevichi fecero tutto il possibile per reclutare operai e farne il nucleo principale della loro base. Concentrarono sforzi enormi sull'organizzazione e l'agitazione di un pubblico di massa nelle fabbriche e sulla manipolazione dei loro consigli «rappresentativi» per mezzo dei comitati. Al tempo della rivoluzione di Ottobre gli operai specializzati organizzati – tipografi, ferrovieri e così via – erano in grandissima maggioranza menscevichi, e favorevoli a un governo socialista di coalizione.

Ma i dipendenti delle grandi imprese industriali di Pietrogrado, come le officine Putilov, erano in larga parte «proletari» reclutati di recente nel ceto rurale, con tutta l'ingenuità politica che questo comportava. Come spiegò a Lenin lo scrittore Korolenko, almeno in questa fascia sociale la rivoluzione aveva avuto successo non perché i russi potessero vantare una inaspettata maturità, ma proprio perché erano così arretrati. I bolscevichi si erano rivolti a questi operai, avevano assunto il controllo dei loro comitati di fabbrica e se ne erano serviti. Ma lo avevano fatto in buona fede, considerandosi i loro migliori, anzi inevitabili, rappresentanti in base allo schema marxista, o all'interpretazione che il leninismo ne dava. Sostituendo la vecchia amministrazione, i bolscevichi dovevano formare un nuovo nucleo di quadri, e la teoria esigeva che dovesse provenire il più possibile dal proletariato. Il regime avrebbe ottenuto una ratificazione teorica dalle sue nuove componenti di classe. In realtà questo ragionamento, a parte tutto il resto, non prendeva in considerazione quanto aveva obiettato l'anarchico russo Bakunin a tutta la concezione marxista su tali questioni: «Quegli ex operai, appena diventati governanti o rappresentanti del popolo, cesseranno di essere operai; guarderanno gli operai dall'alto della loro posizione, non rappresenteranno il popolo, ma se stessi ... chi lo mette in dubbio non conosce la natura umana».

E nella realtà fu proprio questa la situazione che emerse, contro tutte le idee sentimentali dei marxisti. Ciò nonostante, per i primi venticinque anni di governo comunista in Russia, l'«origine sociale» dei membri del partito era un fattore tenuto in grande considerazione (anche se per alcuni bolscevichi borghesi come Molotov e Lenin chissà perché non si applicava). E rimase almeno come atto di pubblica devozione l'idea di un «istinto di classe» e della complessiva superiorità innata del proletariato, idea che anzi è sopravvissuta, per quanto in modo meno marcato, quasi fino a oggi.

Durante il terrore degli anni Trenta era abbastanza usuale sentir accettare denunce senza prove sulla base dell'istinto di classe. Negli anni Trenta, se i ragazzini denunciavano le persone sospettate di furto di essere *kulaki* parenti di *kulaki*, venivano elogiati per «aver imparato a parlare la lingua di classe». Ancora dopo la guerra Stalin rimproverò Hruščev, che aveva trasmesso la protesta di un contadino, dicendogli: «Hai perso il senso di classe proletario». In effetti la concezione che lo «stato dei lavoratori» e la intellighenzia privilegiata o «privilighenzia» siano «servi del popolo» è dura a morire ancora oggi, benché grazie alla *glasnost'* sia stata resa nota, per esempio, la protesta di una settantina di operai edili riguardo al lusso degli appartamenti che stanno costruendo per gli *apparatčiki*.

Lenin ha detto: «La vittoria degli operai è impossibile senza un peggioramento temporaneo della loro situazione». Nella prima metà del 1918, i bolscevichi persero molti voti degli operai nei soviet di fabbrica, nonostante la loro efficienza organizzativa e la loro severità nell'esercitare il potere. Durante la guerra civile, ricorsero con successo, per quanto in modo demagogico, agli antichi antagonismi di classe contro la restaurazione del vecchio regime. Allo stesso tempo, la crisi li mise in condizione di utilizzare le loro forze di polizia contro l'opposizione degli operai. Ma non appena superata la crisi, nel 1921, grandi scioperi spazzarono via quelle che un tempo erano roccaforti dei bolscevichi nelle fabbriche.

Nel periodo critico, all'inizio del 1921, Radek disse ai cadetti del Collegio militare:

> Siamo arrivati al punto che i lavoratori, al limite della sopportazione, rifiutano di continuare a seguire un'avanguardia che li guida alla battaglia e al sacrificio ... Dovremmo cedere allo strepito dei lavoratori che sono arrivati al limite della pazienza ma che non capiscono come noi quali sono i loro veri interessi? In questo momento il loro stato mentale è francamente reazionario. Ma il partito ha deciso che *non* dobbiamo cedere, che dobbiamo assolutamente imporre la nostra volontà di vittoria ai nostri seguaci esausti e demoralizzati.

E anche Lenin parlò della necessità di «violenza rivoluzionaria contro gli elementi esitanti e sfrenati delle stesse masse operaie».

Anzi, come disse Lenin, i comunisti ammettevano che il proletariato aveva quasi cessato di esistere: molti di quanti non si erano inseriti nella macchina statale erano tornati nei villaggi dove magari poteva esserci (anche se spesso non c'era) qualcosa da mangiare.

All'interno del partito emersero illegalmente dei gruppi favorevoli a fare concessioni alla classe operaia. Essi attaccavano la «nuova borghesia» e parlavano dell'«abisso tra il partito e gli operai», «privati dei diritti politici più elementari». I dirigenti vennero arrestati, anche se alla fine li condannarono soltanto all'espulsione dal partito. Più ardua da affrontare risultò l'Opposizione operaia guidata da Šljapnikov, che era stato il principale agente di Lenin in Russia durante la Prima guerra mondiale. Essa era rappresentata nel Comitato centrale, e quando Lenin la denunciò e la sconfisse nel 1921, ritenne comunque preferibile che i membri più importanti rimanessero a fare parte di tale organo, dove potevano essere sconfitti alle votazioni, e tuttavia dovevano continuare ad accettare la responsabilità della linea politica del partito in base al criterio del «centralismo democratico». E infatti essi sostennero pienamente il partito quando andò ad annientare i marinai e gli operai di Kronštadt...

Qualunque fosse la situazione reale, il punto centrale dell'idea comunista restava il partito come rappresentante del proletariato, con il dovere di condurre in nome suo la lotta di classe contro tutte le altre componenti sociali. Nelle lotte politiche intestine di partito del periodo postleninista, si parlava delle «masse» un po' come se si trattasse del grado di giudizio definitivo, anche se in realtà la popolazione urbana e rurale era ormai in larga misura apatica ed esausta.

Erano queste le suppellettili di cui era ingombra la mente di Stalin, e più in generale della maggior parte dei comunisti. Quello che vedremo da qui in avanti è l'evaporazione di tutta la sostanza dal concetto di «proletariato». Questa mistificazione, in parte inconsapevole, in parte semicosciente, può essere considerata la degenerazione sostanziale del modo di pensare stalinista, che costituì la base del successivo mezzo secolo di falsificazioni sovietiche. Intanto, se nell'idea di «lotta di classe» la parte relativa alla «classe» era fittizia, la parte relativa alla lotta restava reale e attiva.

4

In *Buio a mezzogiorno*, Arthur Koestler fa dire al suo Vecchio bolscevico Rubashov:

> Prima della rivoluzione e per un breve periodo anche in seguito, durante la vita del vecchio leader, non era esistita alcuna distinzione fra «teorici» e «politici». Si deduceva direttamente la tattica da seguire in ogni dato momento dalla dottrina rivoluzionaria tramite la discussione aperta; le mosse strategiche durante la guerra civile, la requisizione del raccolto, la divisione e la distribuzione della terra, l'introduzione della nuova moneta, la riorganizzazione delle fabbriche, in pratica qualsiasi provvedimento amministrativo, rappresentava un atto di filosofia applicata.

Naturalmente la versione che Rubashov, o Koestler, presenta dei primissimi dibatti bolscevichi è carica di romanticismo. È vero che erano espressi in termini dottrinali. Ma ciò nonostante, quando risultava necessario ottenere l'appoggio di un eretico per ragioni pragmatiche immediate, talvolta Lenin evitava le controversie filosofiche. E anche nel dibattito all'interno del partito i bolscevichi non si esprimevano proprio con la cortesia che ci si aspetterebbe da un congresso di filosofi, per quanto divisi riguardo a problemi teorici. Anzi, alcuni tra i dirigenti più intellettuali, incluso lo stesso Lenin, sembravano considerare la rozzezza un indice di contatto con le maniere delle masse. L'indulgenza dimostrata per lungo tempo da Lenin a Stalin, come abbiamo detto, scaturiva, o almeno così pare, da motivazioni in qualche modo analoghe. E nei dibattiti del periodo immediatamente postleniniano, la volgarità e la violenza dello stile, per esempio, di Buharin nell'attaccare gli avversari, fino a quando non passò lui stesso all'opposizione, non erano affatto inferiori a quelle di Stalin.

Nei primi anni del secolo, quando Rosa Luxemburg si era lamentata della «inciviltà tataro-mongolica» dei leninisti, non si riferiva soltanto ai loro atteggiamenti dittatoriali, ma a una violenza intrinseca nel loro modo di pensare e di comportarsi. Stalin certo contribuì a un ulteriore calo di livello, ma non era l'unico. Eppure, per quanto fossero brutali i modi di discutere, le argomentazioni venivano espresse in termini di categorie dottrinali.

È paradossale che i bolscevichi, quasi gli unici tra gli oppositori del vecchio regime, pur giustificando i conflitti di potere quando si trattava di competere con altri partiti e movimenti, considerassero appartenenti a una diversa categoria, almeno in una certa misura, le controversie interne al partito; lo facevano soprattutto gli intellettuali del movimento. Sotto la guida di Lenin, le dispute e le discussioni erano incentrate, in linea di principio e in buona parte anche in pratica, sulla correttezza di certe concezioni riguardo alla tattica, la strategia e le finalità. Bisogna dire che, per quanto rozzamente, erano condotte in termini razionali, anche se di fatto erano sempre rinchiuse entro i confini di una dottrina che precludeva il grado di razionalità normalmente previsto per una mente umana indipendente. Ma, fatte le debite premesse, in linea di principio i dibattiti erano tentativi di persuadere la élite di partito sulla sostanza dei punti in discussione. Un trucchetto comune a Lenin e a tutti gli altri marxisti era di sostenere, per usare il termine di Stalin, che ogni nuovo stile personale di marxismo fosse «creativo». I marxisti «creativi» che promuovevano qualche innovazione di genere diverso erano chiamati «revisionisti» («i revisionisti non vincono / e non fa sensazione / perché se vincessero / non sarebbe revisione»).

Nel periodo successivo alla morte di Lenin, quasi tutti i bolscevichi seguivano ancora questa consuetudine. È sorprendente come negli anni successivi in moltissimi casi i contendenti non stalinisti si preoccupassero soprattutto di «avere la meglio» nella discussione. Sembravano convinti, o almeno quasi convinti, che presentando valide argomentazioni sarebbero riusciti a prevalere. Più di un secolo prima Wordsworth aveva scritto che quando presentava un dato modo di vedere non nutriva «la speranza sciocca ed egoista di *persuadere*» qualcuno a concordare con lui. Spesso, invece, nelle diatribe tra comunisti del periodo postleniniano si intravede proprio tale speranza. Ma non possiamo nemmeno liquidare questo atteggiamento limitandoci a dichiararlo stupido. Esisteva un vasto numero di ex Vecchi bolscevichi che avevano bisogno di essere persuasi, se non altro perché così avrebbero avuto un motivo in più per sostenere questa o quella fazione.

Insomma, anche se gli stalinisti adottavano la tattica di non mantenere nemmeno il minimo livello di decoro nel dibattito, dovevano ancora almeno fino a un certo punto esporre la propria linea politica, o i cambiamenti introdotti nella propria linea politica, in termini di argomentazione dottrinale. Avevano il vantaggio di rendersi conto che lo scopo era di prevalere nel dibattito conquistando i delegati cui miravano; o, se si trattava soltanto di funzionari ammanigliati, di fornire motivazioni teoriche sufficienti per giustificare i loro pregiudizi. Preobraženskij era dieci volte più intelligente di Vorošilov: ma per ogni Preobraženskij esistevano dieci Vorošilov.

5

Naturalmente è difficile stabilire per ogni data polemica interna al partito fino a che punto ogni specifico discorso o articolo si basasse su una sincera convinzione dottrinale (seppure confortata da espedienti retorici) e quanto invece fosse soltanto una copertura comoda e convenzionale nella tattica della lotta per il potere.

Emerge chiaramente che Buharin (per la destra) e Preobraženskij (la mente più importante della sinistra) non solo erano del tutto convinti della correttezza teorica delle proprie analisi, ma speravano anche sinceramente di convincere altri, almeno in parte, con argomentazioni logiche.

Stalin suscita di rado questa impressione (come pure Zinov'ev). Il metodo di Stalin nelle discussioni era l'asserzione dogmatica, confortata da un numero di citazioni canoniche dai classici marxisti o dai testi di Lenin sufficiente per convalidare le sue opinioni alle orecchie di una fascia di individui sempre meno perspicaci che stava formandosi all'interno del partito.

Abbinava a questo metodo l'impiego sempre più frequente dell'argomentazione *ad hominem,* come del resto facevano, per quanto in misura minore, alcuni suoi oppositori. In effetti questo periodo rivela una transizione dalla vecchia idea della discussione amichevole, per quanto rude, all'idea (altrettanto tradizionale nel leninismo) di una discussione mirata esclusivamente ad annientare i nemici: Lenin stesso aveva affermato che era del tutto legittima nel caso dei suoi attacchi contro i menscevichi.

Ma per Stalin, gli oppositori politici all'interno del movimento bolscevico erano «nemici» esattamente alla stregua di qualsiasi menscevico, e come dimostrò successivamente, in realtà li detestava più di quelli apertamente ostili alla concezione comunista nel complesso.

È vero che tra i dirigenti c'erano molte divergenze partigiane, politiche o ideologiche. Ma se confrontiamo il periodo postleniniano con le lotte di partito del 1917-1923, possiamo individuare un importante spartiacque. Nel periodo di Lenin si era verificata tutta una serie di feroci dispute all'interno del partito. Ma dopo ciascuna di esse avveniva quella che potrebbe essere definita una riconciliazione, e i contrasti precedenti venivano dimenticati, o almeno messi da parte. Ancora alla conferenza di aprile, nel 1917, quando Kamenev fu attaccato per la sua politica di riconciliazione con il Governo provvisorio, e qualcuno chiese che venisse estromesso dal Comitato centrale, Lenin disse:

> L'attività di Kamenev è cominciata oltre dieci anni fa, ed è molto preziosa. È un valido lavoratore ... Il fatto di discutere con il compagno Kamenev produce solo risultati positivi. La presenza del compagno Kamenev è molto importante e, nello stesso modo, le discussioni che abbiamo con lui sono molto importanti. Avendolo convinto con difficoltà, ci si rende conto che si stanno così superando le difficoltà insorgenti tra le masse.

Questa valutazione (non inclusa nell'edizione delle *Opere* di Lenin pubblicata all'epoca di Stalin) sarebbe stata applicata in tutte le dispute successive. Persino la collera di Lenin contro Zinov'ev e Kamenev per la loro «azione di crumiraggio» appena prima della rivoluzione d'Ottobre era stata dimenticata quasi all'istante; entrambi avevano ammesso il proprio errore e quindi furono subito chiamati a cariche importanti. E lo stesso vale per i comunisti «di sinistra» all'epoca del trattato di Brest-Litovsk; per i trozkisti nella discussione riguardo alle armate del lavoro; e per tutto il resto. Anche quando Lenin proibì le «fazioni» durante la crisi del 1921, in un periodo in cui gli sembrava essenziale mantenere la massima disciplina all'interno del partito, in realtà sapeva che le divergenze di opinione e la nascita di gruppi erano inevitabili. Aveva stabilito che le sanzioni annunciate fossero applicabili solo con due terzi dei voti del Comitato centrale. Aveva lavorato personalmente per organizzare le elezioni del Comitato centrale, in modo da assegnare almeno quel critico terzo dei seggi a membri delle diverse fazioni sconfitte, l'Opposizione operaia e altre, così che potessero mettere il loro talento al servizio della causa comune senza creare scompiglio.

Dire che il futuro stalinista non avrebbe avuto tale connotazione è eufemistico. Ma vale la pena di ricordare che nelle fasi iniziali era questa l'atmosfera cui erano abituati i bolscevichi, e per un po' fu mantenuta una parvenza di qualcosa del genere.

6

Anche se in un certo senso la lotta si svolgeva ancora sul piano delle idee, le idee divennero sempre più rozze e primitive, e quindi più convincenti – non meno – per i nuovi quadri. Inoltre, anche se i membri più colti del partito come Trockij continuavano a discutere a un livello superiore, la loro verbosità molto ideologica spesso li induceva, come vedremo, a parlare in termini facilissimi da fraintendere.

Un altro aspetto per cui negli atteggiamenti, e persino nei discorsi, Stalin si differenziava dalla maggior parte degli altri, era la sua mancanza (nella pratica se non nelle dichiarazioni d'intenti) dello stravagante feticismo di partito riscontrabile in loro. È vero che nel discorso funebre per Lenin, ad esempio, giurò al leader defunto di «preservare l'unità del partito come la pupilla del [suo] occhio». Ma non c'è nulla che somigli alla famosa affermazione di Trockij del 1924:

> Nessuno di noi desidera o sa mettere in discussione la volontà del partito. Chiaramente il partito ha sempre ragione ... Noi possiamo avere ragione soltanto insieme al partito e per suo tramite, perché la storia non ha fornito altri modi per essere nel giusto. Gli inglesi hanno un modo di dire: «Il mio paese, nella ragione e nel torto»; che abbia ragione o torto, è comunque il mio paese. Abbiamo una giustificazione storica assai migliore se diciamo: che abbia ragione o torto in singoli casi specifici, è comunque il mio partito ... E se il partito adotta una decisione che qualcuno di noi ritiene ingiusta, dirà: giusta o ingiusta, è il mio partito, e io sopporterò fino in fondo le conseguenze di tale decisione.

L'idea secondo cui il partito (anche se di tanto in tanto sbagliava su qualche punto) in un certo senso incarnava una saggezza superiore, perché collettiva, emerge in modo ancora più chiaro da alcune osservazioni fatte da Pjatakov, Kamenev e altri dopo che avevano sconfessato le proprie idee «d'opposizione».

Questa sottomissione consapevole all'infallibilità, o quasi infallibilità del pensiero collettivo ha palesi analogie in altri movimenti politici e religiosi. Ha un difetto, notato con acutezza nel 1956 dal poeta polacco Adam Wazyk riguardo a pretese simili avanzate dal Partito comunista del suo paese: un gruppo di persone stupide o meschine non diventa più perspicace mettendo in comune le proprie qualità. Anzi, accade piuttosto il contrario: per una sorta di teorema di Gresham del pensiero, prima o poi le idee originali vengono tolte dalla circolazione. Nel suo libro *Fame americana* lo scrittore nero statunitense Richard Wright racconta della sua breve adesione al Partito comunista americano:

> Un'ora di ascolto rivelò l'intolleranza fanatica di menti ermeticamente chiuse alle nuove idee e ai nuovi eventi, alle nuove sensazioni, ai nuovi atteggiamenti, ai nuovi indizi del modo di vivere. Denunciavano libri che non avevano mai letto, persone che non avevano mai conosciuto, idee che non avrebbero mai potuto capire e teorie che non erano capaci di enunciare. Il comunismo, invece di farli balzare avanti con il fuoco nel cuore ... li aveva raggelati a un livello di ignoranza ancora peggiore di quello a cui erano prima di imbattersi nel comunismo.

Questo tipo di crescente grossolanità della mentalità di partito forse è naturale. Comunque, anziché costituire un ostacolo per la sete di potere di Stalin, gli era di aiuto.

In Occidente, e forse soprattutto in America, si tende a pensare che per quanto sviati, per quanto fanatici, i membri dei partiti rivoluzionari militanti siano comunque spinti dal desiderio di edificare una società migliore. Perciò meriterebbero una specie di assoluzione per le loro virtuose intenzioni, una eccezione allo scetticismo con cui di solito si giudicano i politici. Si può dissentire da questa opinione, che peraltro l'esperienza sovietica degli ultimi trent'anni ha molto contribuito a invalidare.

Questo libro non ha lo scopo di descrivere nei minimi dettagli tutte le discussioni sulla linea politica, o di analizzare tutte le manipolazioni recondite del marxismo, o di esaminare in modo particolareggiato tutte le macchinazioni delle varie fazioni all'interno del Comitato centrale, se non nella misura in cui sono importanti per comprendere la scalata di Stalin al potere, e Stalin stesso. Infatti le sue argomentazioni erano presentate in termini ideologici, e così sarebbe stato per tutto il periodo sovietico. Gli occidentali non sono avvezzi a un approccio del genere, almeno in questo contesto. Può apparire loro un po' comico o infantile (come accadde a Gosse, quando da ragazzo notò che suo padre era un po' imbarazzato riguardo alla sua futura matrigna e colse all'istante il probabile errore dottrinale: «Padre, non dirmi che è una pedobattista»).

Almeno non siamo più costretti a dimostrare, o comunque non in modo rigoroso e dettagliato, che il marxismo era una tendenza mentale fuorviante. Non dobbiamo più scrivere pagine su pagine per confutare la versione stalinista di molti avvenimenti della storia e della sua carriera.

7

Sempre nel 1924 Stalin, forse fortificato dal suo tuffo nella teoria, fu coinvolto in numerosi dibattiti più o meno teorici. Intanto era arrivato un altro momento di relativa calma. Il segretario di Stalin di quel periodo lo descrive mentre assisteva alle riunioni del Politbjuro, di solito taciturno durante le prime fasi del dibattito, anche se alla fine si pronunciava in favore della maggioranza, con l'aria di chi dà il sostegno risolutivo. Sedeva fumando la pipa, o passeggiava per la stanza: questi particolari indicano il carattere relativamente informale di tali piccole riunioni. Anzi, nelle pause della discussione, c'era una certa dose di greve allegria, del tipo che esiste fra amici rudi ma di buon cuore; solo Trockij si teneva un po' in disparte. Per esempio, deridevano il primo ministro laburista britannico, Ramsay MacDonald, che aveva appena concesso il riconoscimento diplomatico all'URSS. Buharin scherzava dicendo che ora i comunisti avevano il loro agente a Londra. Ma era troppo stupido per quel lavoro, quindi Stalin e gli altri redigevano una risoluzione formale trasferendo MacDonald in una cittadina proverbialmente arretrata degli Urali, e Mihail Tomskij veniva nominato al suo posto primo ministro della Gran Bretagna.

Negli ultimi mesi dell'anno, tuttavia, le polemiche divennero pubbliche. Nell'ottobre 1924, Stalin cominciò per la prima volta a sminuire, senza però negarlo del tutto, il ruolo di Trockij nella rivoluzione d'Ottobre. Questo comportava una falsificazione a tutto tondo che nel corso degli anni successivi sarebbe diventata storia ufficiale. Stalin osservò che Trockij non era nemmeno mai stato membro del «centro» di cinque uomini nominato per dirigere la presa del potere, mentre Stalin ne faceva parte. Dato che il centro non si incontrò mai, e a quanto si sa non intraprese mai azioni di alcun genere, era un'impudenza da lasciare senza fiato. Poi, in dicembre, cominciò un diverbio serio e fondamentale.

Dobbiamo immaginare una fazione marxista che aveva conquistato il potere in un paese dove quasi nulla combaciava con i suoi preconcetti; e per giunta un paese la cui economia era quasi distrutta, in larga parte a causa della precedente politica della fazione stessa. L'unico vero successo dei bolscevichi, in realtà, era stato di conservare il potere in barba a tutte le difficoltà. Ma ora il loro governo non correva più pericoli immediati, e avevano tempo per riflettere su come si sarebbero serviti del potere.

Per Lenin e tutti i suoi seguaci era stato assiomatico che nella Russia arretrata e non proletaria la rivoluzione proletaria poteva avere successo solo se sostenuta da rivoluzioni analoghe in Occidente, dove esisteva davvero un proletariato consistente. Per promuovere tali rivoluzioni occidentali erano stati fatti molti sforzi, ma ormai sembrava logico pensare che non sarebbe stato né veloce né facile ottenere dei risultati, ammesso di riuscirci.

Ora, il 17 dicembre 1924, Stalin introdusse un'innovazione teorica davvero importante, il «socialismo in un solo paese». Richiamandosi a citazioni speciose tratte da Engels e Lenin, affermò che la Russia poteva realizzare il socialismo senza l'aiuto, previsto ma non imminente, della rivoluzione in Occidente. Magari sarebbe potuto risultare difficile, ma far insorgere i paesi occidentali stava dimostrandosi ancora più difficile. La rivoluzione mondiale prima o poi sarebbe arrivata, questo è chiaro, e il socialismo russo l'avrebbe incoraggiata. Nel frattempo i lavoratori russi volevano un obiettivo realizzabile.

Come Stalin si aspettava, e senza dubbio sperava, la sua tesi fu criticata dai trozkisti attoniti. Dopo tutto, non molto tempo prima lo stesso Stalin si era uniformato alla concezione ortodossa nei *Fondamenti del leninismo* (nelle edizioni successive questo punto fu eliminato). In teoria avevano davvero ragione, e se la questione fosse stata sottoposta a una giuria di specialisti della dottrina, avrebbero potuto vincere. Ma, come poi diventò consueto, non avevano centrato il problema essenziale. Stalin mise in rilievo che la loro posizione «di sinistra» comportava alcune conseguenze logiche: senza la rivoluzione in Occidente il socialismo in Russia era destinato al fallimento; quindi il regime doveva concentrare tutti i suoi sforzi nella promozione di tali rivoluzioni; *e perciò*, se tali sforzi non davano buon esito, i soviet avrebbero dovuto rinunciare al potere.

Sì, era proprio questa la logica degli ingarbugliati processi del pensiero marxista. Stalin non fece altro che tagliare quel nodo gordiano limitandosi a simulare una giustificazione teorica. Ciò di cui i suoi oppositori non arrivarono a rendersi conto è che il partito non era più costituito da esperti in ambito dottrinale. Era sensazione diffusa che all'interno della Russia esso potesse fare qualsiasi cosa, per quanto difficile in teoria. E soprattutto, qualsiasi proposta che comportasse, o sembrasse comportare, il rischio di dover rinunciare al potere non era congeniale alla fascia di persone risolute per cui il potere era diventato uno stile di vita. Inoltre i vecchi quadri intellettuali cosmopoliti avevano perso il contatto con il nuovo pragmatismo e le tendenze russocentriche dei dirigenti di rango inferiore, per non parlare delle «masse del partito».

Così, la lotta ideologica consisteva prevalentemente nell'interpretazione delle rune marxiste in favore di un gruppo o di una linea politica, e in tutte le controversie di questo genere le dichiarazioni retoriche di ortodossia o di denuncia di eresia erano più determinanti di qualsiasi cosa anche vagamente simile a un'argomentazione razionale. E sul modo in cui Stalin conduceva queste controversie, in realtà basta dire soltanto che sebbene le sue analisi fossero spesso criticate dai puristi del marxismo, e in molti casi fossero meno sofisticate di quelle dei suoi oppositori, erano adeguate alle circostanze.

Infatti Stalin forniva marxismo sufficiente a indorare la pillola per i dialettici che condividevano le sue posizioni. E gettò loro un'offa, attaccando indirettamente una teoria di Trockij dimenticata, quella della rivoluzione permanente, per cui Trockij era entrato in polemica con Lenin. Ora veniva messa in collegamento, in modo abbastanza surrettizio, con la discussione principale; e con effetti accresciuti dal fatto che i testi originali non erano reperibili e non vennero ristampati per il pubblico chiamato in teoria a giudicarli: è uno dei primi esempi dei metodi adottati per le controversie dallo stalinismo maturo.

In quel momento Zinov'ev e Kamenev erano assorbiti da contrasti ancora più accaniti con Trockij. Nel gennaio del 1925, Zinov'ev e Kamenev chiesero con insistenza al Comitato centrale che Trockij fosse espulso dal Politbjuro. Stalin fece diverse proposte alternative, compresa quella di limitarsi a destituire Trockij dalla carica di commissario per la Guerra (posto dal quale egli aveva per l'appunto appena presentato le dimissioni). Fu approvata. Lo stesso Stalin in seguito disse:

> Non fummo d'accordo con Zinoviev e Kamenev perché sapevamo che la politica dell'amputazione comportava gravi pericoli per il partito, che il metodo dell'amputazione, il metodo del salasso – ed essi chiedevano sangue – era pericoloso, contagioso: oggi si elimina uno, domani un altro, dopodomani un terzo; che cosa ci resterà nel partito?*

* Stalin, *Opere complete*, trad. cit., vol. 7, p. 430.

Nel paio d'anni successivi Trockij, pur continuando a far parte del Politbjuro, sarebbe rimasto isolato dalle nuove lotte emergenti. A sostituirlo nella carica di commissario per la Guerra fu Mihail Frunze, che nella guerra civile era stato un comandante di un certo successo, simpatizzante di Zinov'ev. In novembre Stalin ordinò a Frunze a nome del Politbjuro di sottoporsi a un intervento chirurgico per un'ulcera, in conseguenza del quale morì. Da subito si diffusero delle voci secondo cui l'operazione non serviva, anzi in realtà era stata quasi un omicidio. Indagini recentissime effettuate in Unione Sovietica non confermano questa teoria, interessante soprattutto perché era considerata plausibile già in una fase così precoce della carriera di Stalin. Ebbe grande pubblicità alcuni anni dopo grazie al racconto *Storia della luna che non si spense* di Boris Pil'njak, in cui l'ingenuo scrittore raccontava la storia in forma romanzata. (È piuttosto strano che nei *Fondamenti del leninismo* Stalin avesse citato Pil'njak con approvazione; meno strano che lo avesse fatto fucilare nel 1938).

Frunze, a sua volta, fu sostituito alla carica di commissario per la Guerra dal vecchio collega di Stalin, Kliment Vorošilov.

Intanto Stalin stava consolidando la sua posizione. Da tempo aveva stretti legami con Ordžonikidze e Vorošilov, molto rafforzati dalle vicende della Georgia e di Caricyn.

Gli gravitavano intorno anche altri alleati. Molotov, cugino del compositore Skrjabin e suo omonimo, prima di adottare il nome di battaglia con cui è noto, suonava egli pure il violino. Suo padre faceva il rappresentante, e lo aveva mandato alle scuole superiori a Kazan'; proprio lì, a sedici anni, Molotov era diventato bolscevico. L'attività clandestina gli aveva impedito di proseguire gli studi, se si eccettua un corso annuale di economia al Politecnico di Mosca. Nel 1912, a ventidue anni, cominciò a collaborare alla redazione della «Pravda». E come abbiamo visto, nel 1917 adottò una linea che all'inizio non fu presa in considerazione, ma di cui in seguito si scoprì la «correttezza». Negli anni seguenti divenne prezioso per Lenin grazie al suo talento organizzativo e si alleò con Stalin, sempre in posizione subordinata, contro i retori della rivoluzione. Negli anni successivi, pur essendo uno dei pochi «uomini colti» della cerchia di Stalin, non riuscì mai a farsi proporre per l'esposizione di un'analisi intellettuale, e nemmeno per una giustificazione dello stalinismo.

È difficile trovare una qualche descrizione di Molotov se non in toni estremamente neutrali, come uno scialbo marxista-leninista ortodosso, un burocrate privo di senso dell'umorismo (ancora negli anni Venti era noto come «culo di pietra»). Sopravvisse fino agli anni Ottanta, ma da tempo si trovava in disgrazia perché complice del terrore, anche se ne era quasi rimasto vittima (due volte). Parlando di lui, Churchill disse: «Alla fine dei miei giorni sono molto contento di non aver dovuto sopportare le tensioni subite da lui; meglio non essere mai nato». Grazie al periodo di collaborazione con la «Pravda» prima della rivoluzione dava l'impressione del Vecchio bolscevico leale e con tutte le carte in regola.

Persino Molotov aveva una base culturale più solida della maggior parte degli stalinisti rampanti. Kaganovič, nato in Ucraina da una famiglia ebrea povera, a sedici anni era diventato operaio in una conceria calzaturiera e poco dopo, insieme a due fratelli, era entrato nella cerchia clandestina dei bolscevichi di Kiev. Come Vorošilov, per quanto in circostanze diverse, sembra fosse stato reclutato da Stalin quando questi si trovava in missione nel Sud.

Quasi tutti i personaggi politici di secondo piano che, grazie alla loro efficienza e implacabilità, si erano fatti strada sgomitando nel periodo della guerra civile avevano storie abbastanza simili. Provenivano dalla fascia più violenta del movimento clandestino o dai circoli operai, ed eranc di origine operaia o giù di lì. Non avevano frequentato l'università, e non erano vissuti studiando in esilio a Ginevra o a Zurigo. Non erano stati al centro dell'azione, pubblicando la «Pravda» oppure organizzando la rappresentanza bolscevica alla Duma. Purché la linea politica paresse loro giusta, non si curavano molto dei problemi della democrazia all'interno del partito, sollevati dagli aderenti alla Sinistra come l'ex principe Obolenskij-Osinskij. In realtà a quanto pare diffidavano degli spettacoli pirotecnici intellettuali della sinistra e della destra, e preferivano le più comprensibili argomentazioni di Stalin.

Ma questi sono aspetti generali, mentre nelle diverse fazioni si poteva riscontrare grande varietà di origini sociali e intellettuali. Ciò nondimeno il grosso del nuovo gruppo di Stalin era costituito da devoti robusti, violenti, ottusi e poco istruiti. Un altro sostenitore emergente era il lettone Jan Rudzutak, ragazzo contadino diventato metalmeccanico e a lungo detenuto nelle prigioni zariste, che già nel 1921 divenne membro del Comitato centrale (e che Lenin a quanto pare aveva preso in considerazione per l'incarico di Segretario generale). Tra gli altri futuri dirigenti della fazione c'erano Mihail Kalinin, che nel 1919 ereditò la carica di Sverdlov diventando capo di stato: di origini contadine era poi divenuto operaio, e in generale era del tutto privo di personalità dal punto di vista politico; Anastas

Mikojan, membro candidato del Comitato centrale nel 1922, membro effettivo nel 1923; Stanislav Kosior, membro candidato nel 1923, membro effettivo nel 1924; e Sergej Kirov, membro candidato nel 1922, membro effettivo nel 1923. Valerjan Kujbyšev divenne membro della Segreteria insieme a Molotov e Stalin nel 1922, e nel 1923 fu anche capo del Rabkrin e della Commissione centrale di controllo di recente istituzione. Era di una razza piuttosto diversa. Figlio di un ufficiale, a dieci anni era stato a una scuola locale per cadetti di Samara, e poi all'Accademia di medicina militare, da cui fu espulso a diciotto anni, essendo diventato rivoluzionario.

Tali personaggi erano uomini famosi nel partito, anche se in apparenza meno importanti dei vari Trockij e Zinov'ev. I loro avversari facevano l'errore di sottovalutarne il potenziale e la capacità effettiva di non limitarsi a votare sotto l'influenza di discorsi altisonanti, ma invece di farsi o avere opinioni proprie; Stalin invece no.

Perciò è importante rilevare che, anche se dal 1922, nella posizione di Segretario generale, Stalin aveva ampia libertà di manovra nella scelta dei segretari provvisori, nella costituzione delle delegazioni ai congressi e così via (fatto che lo aiutava anche a sopraffare i suoi avversari di livello inferiore), non avrebbe potuto conquistare il potere senza far salire di livello insieme a lui quaranta o cinquanta Vecchi bolscevichi. In realtà erano uomini che Lenin aveva apprezzato solo per il loro curriculum e non per i loro contributi teorici. Ora rappresentavano l'elettorato che un nuovo dirigente doveva conquistarsi, costituivano la base sempre più sicura per l'ascesa al potere di Stalin. In tale ambiente era saldamente radicata l'idea che fosse essenziale eliminare il sistema di mercato e tutti i produttori indipendenti dallo Stato; e che nelle campagne e altrove andasse immancabilmente applicato il sistema della «lotta di classe». Ma accettavano anche come esigenza temporanea il compromesso di Lenin con i contadini.

Anni dopo (nel novembre 1937) Stalin parlò in privato a un gruppo di intimi del problema del potere negli anni Venti. In quell'epoca, disse, Trockij era assai più conosciuto di lui. La reputazione di Trockij e di altri personaggi famosi – Zinov'ev, Kamenev, Buharin e Rykov, appoggiati per giunta dalla Krupskaja – superava di gran lunga quella dei suoi sostenitori, Molotov, Kaganovič, Vorošilov eccetera. Lui stesso, in confronto a Lenin, era una nullità nel partito. I suoi avversari erano oratori migliori di lui, che disponeva soltanto dell'apparato organizzativo. Ma i suoi avversari non tenevano conto della base, soprattutto della «componente media, cioè la spina dorsale del partito».

Nell'ultimo anno di vita di Lenin, i settori più importanti dell'amministrazione erano nelle mani dei sostenitori di Stalin: Kaganovič dirigeva il dipartimento Organizzazione e istruzione, Syrcov l'Archivio e incarichi, Bubnov l'Agitazione e propaganda.

Stalin aveva ai suoi ordini un gruppo di «assistenti della Segreteria del Comitato centrale». Il primo era I.P. Tovstuha, che aveva diretto la sua segreteria personale prima della nomina a Segretario generale, e che fu promosso capo del «dipartimento segreto», restando comunque il principale collaboratore di Stalin. Per un certo periodo fu distaccato all'Istituto Lenin insieme a Nazaretjan, altro membro dello staff di Stalin (poi fucilato) che a quanto pare ne faceva le veci.

Un altro collaboratore di primo piano di Stalin era Boris Bažanov, che scappò in Occidente nel 1928, e scrisse un interessante libro di memorie. Più importante era Lev Mehlis, che aveva esordito come sionista, era diventato menscevico, poi bolscevico, era stato con Stalin nella Guerra civile, e in seguito come stalinista fece una vertiginosa carriera. Ricorderemo inoltre, come novizio, il giovane Georgij Malenkov, che in seguito divenne Primo ministro dell'URSS. E il collaboratore di antica data Aleksandr Poskrebyšev, che sarebbe rimasto alla guida dell'ufficio di Stalin fino al 1952. Nel 1922 faceva parte dell'apparato, e già nel 1924 divenne assistente. Poskrebyšev una volta accennò a Stalin che Tovstuha, malato di una qualche forma di tubercolosi, forse aveva toccato dei piatti portatigli per cena. Tovstuha fu trasferito all'Istituto del Marxismo-leninismo, e il suo posto fu preso da Poskrebyšev. Questi lavorava sedici ore al giorno. La sua dote più rilevante era una memoria fenomenale; e aveva un carattere talmente rozzo da non potere sperare in una carica politica più elevata. Era spesso ubriaco, e usava immancabilmente un linguaggio oltremodo volgare.

Ma c'era una cosa più importante: come già allora notarono alcuni osservatori stranieri, l'apparato di Stalin era di gran lunga l'organismo più efficiente del paese. Raccoglieva sempre di più le fila di tutte le potenzialità politiche del partito e dello stato.

8

All'epoca Stalin e la moglie avevano un appartamento al Cremlino, e in seguito una bella casa di campagna non lontano da Mosca, chiamata Zubalovo dal nome dei precedenti proprietari, le cui fiorenti imprese petrolifere nel Caucaso erano state il quadro di alcuni scioperi quando Stalin era agli esordi. Stalin ristrutturava di continuo questa dacia «più lontana», come veniva chiamata per distinguerla da quella di Kuncevo («più vicina») dove avrebbe trascorso la maggior parte della sua vita futura.

In queste case Nadežda viveva come moglie di un bolscevico importante, anche se non divenne mai una rappresentante viziata della «nuova classe» emergente. In una recente biografia sovietica di Stalin si afferma: «Si adattò in fretta all'atmosfera in cui viveva suo marito, caratterizzata dal susseguirsi di conferenze, riunioni, lotte, e viaggi»; inoltre (nonostante ormai Stalin disponesse di tutto il personale necessario) sbrigava parte del suo lavoro di segreteria. Nel 1921 gli diede un figlio, Vasilij, in seguito tristemente famoso, e nel 1926 una figlia altrettanto nota, Svetlana. Inoltre il suo figliastro Jakov, nato dalle prime nozze di Stalin, che era stato allevato in Georgia dai nonni Svanidze, in quell'epoca andò a vivere da loro. Nadežda era in buoni rapporti con lui, ma Stalin nutriva del risentimento per Jakov, la cui conoscenza del russo avrebbe richiesto notevoli perfezionamenti, e che perciò gli ricordava di continuo le sue origini georgiane. Inoltre lo zio di Jakov (fino a quel momento suo effettivo tutore) si era messo piuttosto in luce tra i comunisti georgiani insubordinati – infatti era il commissario locale per gli Affari esteri – pur senza dimostrare l'intransigenza di altri.

Per di più Stalin disapprovava il primo matrimonio del figlio, e poi anche il secondo (con una donna ebrea); e la «cortesia e la compostezza» di Jakov, a quanto dicono, lo mandavano in bestia. Quando, dopo alcuni anni di questo tenore, Jakov cercò di togliersi la vita, il fallimento del tentativo suscitò questo commento di Stalin: «Ah! Non è riuscito nemmeno a prendere la mira giusta». Dopodiché Jakov andò a vivere a Leningrado con la famiglia della matrigna, gli Alliluev.

Nemmeno Nadežda riusciva sempre a sopportare il modo di vivere di Stalin. Si lamentava di frequente: «I tuoi figli, la tua famiglia, non ti interessano minimamente»; lui spesso rispondeva in modo sgarbato, talvolta con un'imprecazione. Nel 1926 lei andò a stare dai suoi genitori a Leningrado, anche se poi tornò da lui. Ma la vita continuava a pesarle, e alla fine degli anni Venti si recò a Berlino, dove risiedeva allora suo fratello Pavel, per consultare un neurologo. A quanto pare c'era una predisposizione familiare alla depressione: sia sua sorella Anna sia suo fratello Fedor erano stati ricoverati a svariate riprese per disturbi psicologici.

Ma il matrimonio con Stalin era un problema piuttosto grosso. Alla fine degli anni Venti lei aveva la sua camera da letto, e di solito Stalin dormiva nello studio o in una stanzetta per conto suo.

Benché Nadežda rimproverasse Stalin di disinteressarsi della propria famiglia, anche lei più di una volta confessò di averne abbastanza di tutto, «persino dei bambini». In effetti, anche se Stalin aveva poco tempo per i figli piccoli, a quanto pare nei loro confronti era più affettuoso della madre. In ogni caso, erano soprattutto le tate e le governanti a occuparsi dei piccoli, come (presumibilmente) era accaduto ai loro predecessori nella dacia, i figli dei magnati del petrolio Zubalov.

Quando litigavano per questo o altri motivi, talvolta Stalin andava in collera. Di tanto in tanto perdeva le staffe per altre ragioni: una volta buttò un pollo fuori dalla finestra del suo appartamento al Cremlino in atto di protesta per come era stato cucinato; una volta strappò dalla parete un telefono da cui non riusciva a ottenere altro che il segnale di occupato. In un'altra occasione, racconta sua figlia, passeggiava nell'appartamento, fumando e sputando com'era sua abitudine. Un pappagallo cominciò a imitare il suo modo di sputare e lui incollerito lo colpì sulla testa con la pipa e lo uccise.

Nadežda protestava perché beveva e perché era irascibile. In realtà a quanto pare non era un vero e proprio bevitore: consumava solo vino, di solito georgiano. Di tanto in tanto a quanto dicono si ubriacava sul serio, ma di solito gli importava soprattutto di creare l'atmosfera calorosa da bicchierata tra amici.

Questo fatto corrispondeva a un altro aspetto molto marcato del suo comportamento, e non soltanto a casa. Si riscontra in tutta la sua carriera lo sforzo di creare un'atmosfera di giovialità, spesso penosa per la sua artificiosità, ma che evidentemente rappresentava qualcosa a cui per qualche motivo Stalin aspirava. Il suo quadro favorito, la tela di Repin con *La risposta dei cosacchi del Zaporože al sultano*, di cui aveva una riproduzione in camera da letto, è abbastanza simile alla sua idea di riunione di un Politbjuro ideale: rude, ubriaca, volgare, eroica.

Con ciò non vogliamo dire che l'occasionale ubriachezza fosse priva di significato. Ma quale? E in che modo si ubriacava? In certe culture, per alcune festività, si ritiene corretto dal punto di vista sociale fingersi più ubriachi di quanto si sia in realtà. Una signora ospite di Stalin sulla sua barca a motore sul Mar Nero lo vide bere e poi ballare, o meglio «vacillare pestando i piedi» fuori tempo in giro per la cabina. Tale esibizione non le parve soltanto volgare e di cattivo gusto, ma anche stravagante al punto da sembrare «una specie di sinistra minaccia», perché, disse, Stalin sembrava «ancora abbastanza sobrio da spiare come reagivo al suo modo di comportarsi».

Comunque questo tipo di eventi sociali non piaceva a Nadežda. D'altra parte a volte, quando c'erano Buharin e altri, amava intrattenere gli ospiti, e si fece una serie di amiche, in particolare Polina, la moglie di Molotov, Marija, moglie di Kaganovič, Dora, moglie di Andreev e la (seconda) moglie di Buharin, Esfirija.

Può darsi che il ritmo di lavoro di Stalin e le sue idee su come trascorrere il tempo libero non lasciassero molto spazio per la vita coniugale. Lei lo persuadeva a frequentare diversi teatri (anche se dopo la morte di Nadežda lui andò solo al Bol'šoj, dove vide per dodici o tredici volte la stessa produzione del *Lago dei cigni*). Quanto ai film, invece, alla fine degli anni Venti ne vedeva uno o due alla settimana, in un piccolo cinema dentro il Cremlino o in una stanza della sua dacia. Una volta disse a un importante personaggio dell'Agitprop: «Il cinema è solo illusione, ma è la vita a dettarne le regole», rammentando le osservazioni di Christopher Isherwood che nel libro autobiografico *Leoni e ombre* diceva di essere imbarazzato quando doveva spiegare agli amici perché giustificava persino i cattivi film, ma di aver capito che ciò accadeva a causa del loro rapporto, per quanto fumoso, con la vita reale.

Invecchiando, Stalin cominciò a vedere film in cui non esisteva affatto un rapporto del genere, come le scene di propaganda di felici e inesistenti fattorie collettive.

9

Nel 1923 Stalin era stato sul punto di essere politicamente annientato. Nel 1924 era uno *inter pares*, senza avere sostenitori veri e propri tra i membri del Politbjuro. Sei anni dopo godeva del potere incontrastato, e tutti i suoi ex colleghi persero il posto.

Intanto, i primi sintomi della tendenza «cultuale» di bassa lega che sotto Lenin non esisteva avevano trovato espressione in una delle più marcate caratteristiche della nuova era, l'attribuzione alle piccole città (ai monti, alle università, alle strade e a qualsiasi cosa cui fosse possibile cambiar nome) di nuovi nomi in onore dei dirigenti politici.

Nel 1924, il cambiamento del nome di Pietrogrado in Leningrado all'inizio era stato concepito come un caso particolare. Inoltre, Lenin era morto. Ma in seguito si verificò un'intera serie di cambiamenti del genere, nessuno definitivo, anche se alcuni durarono più di altri.

Juzovka, una cittadina mineraria in Ucraina, nel giugno 1924 divenne Stalino. Il nome precedente derivava dall'imprenditore gallese Hughes, che l'aveva fondata e sviluppata, ma che come capitalista privo di radici nella storia russa fu il primo a sparire.

All'inizio si trattava di cittadine minori: nello stesso periodo Elizavetgrad divenne Zinov'evsk, e poi l'usanza si diffuse rapidamente. Vi fu persino (per breve tempo) una Trock, la città di Gatčina dove nel 1919 Trockij aveva conseguito una vittoria *autentica* nella difesa di Pietrogrado. Altre cittadine furono ribattezzate in onore di Kamenev, Rudzutak e simili.

Nell'aprile del 1925 la città di Caricyn divenne Stalingrado: fu un importante passo avanti, che attestava l'ascesa di Stalin a un livello adeguatamente più elevato, con grande distacco da tutti i concorrenti, pur senza confrontarsi con la posizione di Lenin e Leningrado.

L'usanza, divenuta comune, si mantenne fino agli anni Ottanta. Nel frattempo Ekaterinburg, dove era stato ucciso lo zar, aveva ricevuto un nome calzante, Sverdlovsk; era stato Sverdlov infatti, insieme a Lenin (come ha chiarito nel 1989 un'analisi sovietica), a ordinare il regicidio. Poi, mentre il culto si sviluppava, città più grandi sacrificarono i loro nomi secolari a Vorošilov, Kirov, Kalinin, Kujbyšev, Frunze, Ordžonikidze, Maksim Gor'kij. La maggior parte di queste brutture non sono state eliminate dalle cartine sovietiche. Intanto nel corso degli anni il paese dovette sopportare non soltanto Stalingrado e Stalino (alla fine arrivarono a essercene ben sei) ma anche Stalinabad, Stalinsk, Stalinogorsk, Stalinskoe, Stalinskij, Stalinirij (la capitale dell'Ossezia meridionale), monte Stalin (il monte più alto dell'URSS) – cui in seguito fecero eco le cime più alte in Cecoslovacchia e in Bulgaria –, baia di Stalin, catena di Stalin e svariati villaggi definiti semplicemente «Stalin».

10

Oggi, a posteriori, conosciamo gli esiti della lotta politica che si protrasse dal 1923 al 1929. In sei anni Stalin mise fuori gioco una serie di avversari: prima, alleandosi con tutti gli altri suoi colleghi, si oppose a Trockij e lo degradò, poi, alleandosi con la destra di Buharin e Rykov, sconfisse il blocco di sinistra Zinov'ev-Kamenev, e in seguito una nuova coalizione composta da essi e dai trozkisti. Per finire, lui e il suo seguito attaccarono coloro che sino a quel momento erano stati loro alleati, gli uomini della destra.

A quell'epoca un esito del genere appariva improbabile. Non solo perché si riteneva che il piccolo gruppo dirigente comunista, impopolare nel paese, avesse bisogno di tutto il suo talento, di tutti i suoi quadri – pochissimi rispetto al territorio amministrato – per assumere il controllo della società. E d'altra parte, come abbiamo visto, in generale non esisteva la sensazione che Stalin fosse superiore agli altri. Anche chi aveva sentore che era destinato a prevalere, non immaginava di vedergli raggiungere la supremazia personale assoluta. Ed erano veramente in pochi a ritenere inevitabile la sua ascesa. Radek intuì questa possibilità, anzi questa probabilità; ma si batté per cinque anni allo scopo di sventarla.

Quando esaminiamo la situazione venuta a crearsi tra il 1923 e il 1924, la nostra prima sensazione è che gli avversari di Stalin fossero degli incapaci dal punto di vista politico, o comunque degli incapaci rispetto a Stalin. Come abbiamo detto, i bolscevichi erano una fazione esigua e chiusa. Se si eccettuano la lotta vera e propria contro l'*ancien régime* da un lato, e i contrasti ideologici risolti con meschine manovre organizzative dall'altro, avevano poca esperienza della politica propriamente detta.

Lenin era (come disse Trockij) un «pragmatico» tra i più convinti, quando si trattava di tattica, cioè entro i limiti delle sue convinzioni ideologiche. Persino lui aveva preso cantonate enormi con la politica perseguita fino al 1921, rasentando il disastro, e aveva salvato lo stato comunista in extremis. Eppure la sua abilità negli intrighi prima della rivoluzione era stata, entro tali limiti, di natura «politica».

Ma pochi dei suoi seguaci avevano qualche esperienza di politica vera e propria, degli equilibri di forza all'interno del *pays légal*, di manovre nell'ambito del potere costituito. La loro competenza era limitata. Non erano «uomini di mondo» in simili faccende. Non si trattava di intelligenza in astratto, ma della mancanza di cognizioni e di esperienze del giusto tipo o, in loro assenza, di istinto.

Tendevano in modo rozzo, confuso, a limitare il potere dei loro rivali. Ma erano privi di tempismo, incapaci di rimandare l'azione al momento opportuno. In seguito Buharin criticò Stalin per la sua maestria nel «dosare», nel procedere in modo graduale. Il fatto che fosse considerato un punto a suo sfavore dà la misura della incompetenza di Buharin (e di altri) rispetto a lui.

Persino nelle più strane sette millenariste possono comparire persone dotate di genio politico. Brigham Young, il capo dei mormoni, costituisce un caso esemplare, benché appartenesse a una setta che molti consideravano, almeno a quel tempo, davvero molto *sui generis*. La mancanza, per lo più, di un simile talento nei comunisti è dovuta in parte al fatto che la loro politica si basava quasi completamente sull'accettazione intellettuale della teoria; era una posizione accademica. Lord Melbourne, futuro primo ministro della Gran Bretagna, quando si trovava ancora all'università, in una lettera ai familiari scrisse che gli studenti con qualche vaga nozione della politica reale chiedevano «con un'altezzosa espressione di dubbio» se Pitt fosse davvero un buon oratore, o Fox un esperto della politica: «Con il tempo questo difetto si attenuerà; anche se, a dire il vero, uno di loro ha già ventitré anni ... Non si possono avere allo stesso tempo i vantaggi dello studio e quelli dell'esperienza del mondo». Gli intellettuali bolscevichi più giovani basavano le loro valutazioni su un'insipienza quasi altrettanto grande.

Agli occhi dei suoi colleghi Trockij era un convertito. È una condizione che ha sempre creato problemi. Persino Gesù Cristo dovette pronunciarsi in favore del «peccatore che si pente» per confutare le obiezioni di quanti si consideravano già salvati. I convertiti talvolta hanno conseguito il successo come, almeno entro certi limiti, l'apostolo Paolo, o in un altro contesto, il califfo Omar, un tempo importante nemico dell'Islam.

Ma a Trockij mancava un'importante abitudine bolscevica, quella di non mollare la presa, come un segugio, sulle questioni di ideologia o di linea politica. Questa posizione indipendente gli aveva consentito di selezionare e scegliere le sue controversie, di rilassarsi o addirittura abbandonare la lotta quotidiana. Aveva persino tentato (prima della rivoluzione) di riconciliare le fazioni dei socialdemocratici in un momento in cui i bolscevichi consideravano insormontabili le divergenze dottrinali.

La brama di Stalin per il potere e la determinazione a non lasciarsi ostacolare, e comunque non a lungo, dai desideri o dagli interessi di altri era chiara. È vero che aveva dimostrato una rozza incapacità di capire fino a che punto poteva osare una persona desiderosa di conquistare il potere, anche se fu solo verso la fine dell'era leniniana che scoprì di essersi spinto troppo in là.

Ma nella nuova situazione in cui era diventata assolutamente indispensabile un'autentica capacità di manovra politica, egli dimostrò di avere imparato la lezione. A quanto afferma una recente biografia, un moderno studioso della teoria dei giochi ha affermato che solo Stalin fra i concorrenti ne aveva afferrato nel giusto modo i principi. Forse è vero, nel senso che era più abile a intuire il momento di muoversi e quali metodi usare. Per quanti amano quella teoria, è senza dubbio interessante ridurre in formule le condizioni delicate, complesse, mutevoli e talvolta impossibili da analizzare che entrano in gioco (anche se i tentativi di applicare la teoria dei giochi agli sviluppi della situazione nel Politbjuro degli anni Ottanta sono stati curiosamente infruttuosi, non fosse altro perché nemmeno i membri stessi del Politbjuro sapevano quali decisioni avrebbero preso in date circostanze). Comunque, Stalin aveva acquisito, e stava sviluppando sempre di più, la perizia necessaria per il gioco assai meno semplice che si svolgeva nel caos della realtà.

11

La sconfitta di Trockij, per quanto non ancora definitiva, era stata causata da un attacco praticamente unanime di tutti gli altri dirigenti, con Lenin moribondo come unico sostenitore. Ma ormai la lotta tra fazioni all'interno del Politbjuro era aperta a tutti. Sei dei sette uomini eletti come membri effettivi nel giugno 1924 sarebbero stati uccisi dall'unico sopravvissuto.

L'organo era composto da: Zinov'ev e Kamenev; Stalin; Trockij; Buharin, Rykov e Tomskij.

Il triumvirato, per quanto privo di uno status costituzionale, era riconosciuto da tutti come il nucleo dirigente di questo Politbjuro. I suoi membri erano sempre elencati in quest'ordine: Zinov'ev, Kamenev e Stalin.

In seguito parve straordinario che un uomo come Zinov'ev, dotato di scarso prestigio personale nei vertici del partito e poco senso politico, potesse per un certo periodo essere parso l'uomo di punta del partito e dello stato. Certo, durante l'esilio era stato il più stretto collaboratore di Lenin. Ma si era macchiato la reputazione opponendosi alla presa del potere, e durante la Guerra civile a Pietrogrado aveva agito con brutalità mista a codardia. Aveva maggior peso in alleanza con Kamenev, un personaggio più autorevole, benché anche lui avesse un punto debole nel suo curriculum. Zinov'ev era un abile oratore, anche se i suoi discorsi lasciavano l'impressione di essere privi di sostanza. Kamenev era un politico serio, e un ottimo presidente del partito e dei comitati governativi; all'epoca di Lenin aveva la presidenza del Politbjuro.

Zinov'ev e Kamenev controllavano gli apparati di partito rispettivamente a Leningrado e a Mosca. Avevano diversi illustri sostenitori, ma assai meno dei bolscevichi eminenti su cui potevano fare conto i trozkisti. Contrariamente a Pjatakov o Preobraženskij, dotati di mentalità analitica e portati per le ideologie, rappresentavano un ampio strato di bolscevichi tradizionalisti che nutrivano qualche riserva verso il personaggio di Stalin, per il momento più marginale. Potevano vantare tra i loro sostenitori innanzitutto la Krupskakja, ma anche personaggi politici rispettati come Grigorij Sokol'nikov. Nel 1923 sembrava che avessero una discreta maggioranza nel Comitato centrale.

Oltre all'impegno ideologico per l'imminente rivoluzione mondiale condividevano con gli «uomini della sinistra» l'opinione che, nell'attesa, la Russia non dovesse permettere la dispersione del suo traballante socialismo. Per riuscirci bisognava riprendere subito l'offensiva contro le classi in errore. A dire il vero di solito non si pensava di sferrare l'attacco per mezzo del terrore di massa, ma si doveva almeno imporre ai contadini la tassazione per procurare i fondi necessari alla reindustrializzazione. Ma Stalin, con i suoi attuali alleati della destra, era contrario.

Gli «uomini della destra», Nikolaj Buharin, Aleksej Rykov e Mihail Tomskij, influivano in modo meno diretto di Zinov'ev e Kamenev, ma erano più rilevanti come forza politica. Buharin, definito da Lenin «il beniamino del partito», era un intellettuale nel senso in cui Zinov'ev non lo era. Rykov, successore di Lenin alla presidenza del Consiglio dei commissari del popolo, era più dello stampo di Kamenev. Tomskij in realtà era un operaio (l'unico, fra i dirigenti), e si occupava dei sindacati, che Lenin aveva salvato dalla proposta di Trockij di arruolare delle «armate del lavoro».

Verso la fine del 1924 Zinov'ev e Kamenev si resero conto, sebbene con un certo ritardo, che Stalin e i suoi alleati del momento costituivano una minaccia più grave per la loro posizione di quanto non fosse stato Trockij, e compresero che Lenin aveva ragione.

Ma era troppo tardi. Nel 1923 Trockij non era riuscito a sfruttare il vantaggio costituito dal Testamento. Kamenev e Zinov'ev avevano difeso Stalin, e si erano resi conto della sua vera natura soltanto quando non erano più in condizione di sconfiggerlo. E nel corso del 1925, quando cominciarono a mobilitare le loro forze, capirono che il sostegno di cui godevano era costituito in larga parte da una massa inerte, dotata di scarsa energia e vitalità. Anche se migliaia di vecchi membri del partito restarono fedeli a Zinov'ev durante la lotta che seguì, nel suo insieme alla corrente mancava lo slancio o l'influenza delle altre fazioni. Era la quintessenza del più ottuso conformismo.

La sua forza consisteva nel fatto di esercitare il controllo sugli apparati di partito più importanti, a Leningrado e a Mosca. Con roccheforti simili, Zinov'ev e Kamenev avevano delle possibilità nel gioco per il potere. Ma nel Politbjuro erano già in posizione di minoranza, e probabilmente non l'avevano previsto.

Zinov'ev e Kamenev decisero di battersi sulla questione del socialismo in un solo paese, che sul piano dottrinale era il punto debole di Stalin, ma nella pratica costituiva il suo punto di forza, e per giunta esprimeva una posizione quasi scontata per l'esistenza stessa della Nuova politica economica, e per la conseguente ricerca della stabilità economica.

Nel frattempo chiesero a Trockij di eseguire un umiliante «servizio al partito». Max Eastman, esponente della sinistra americana, aveva pubblicato un saggio sul Testamento di Lenin in *Since Lenin Died*, uscito in Occidente nel 1925. Il Politbjuro chiese a Trockij non soltanto di ripudiare Eastman, ma anche di negare l'esistenza del Testamento. Gli furono dettate persino le condizioni; e Trockij firmò una dichiarazione secondo la quale «tutti i discorsi su un "testamento" che si presume eliminato o violato sono perfide invenzioni, dirette esclusivamente contro la reale volontà di Lenin e gli interessi del partito da lui fondato».

Subito prima del XIV congresso, nel dicembre 1925, Stalin si assicurò la defezione del segretario dell'organizzazione del partito di Mosca, Uglanov, fino ad allora fedele a Kamenev. Stalin e Molotov ebbero una serie di colloqui più o meno segreti con lui, che alla fine passò insieme alla sua delegazione dalla parte dello schieramento Stalin-Buharin.

Al congresso Kamenev diede una valutazione di Stalin significativa e sincera:

> Siamo contrari alla creazione della teoria di un leader; siamo contrari alla creazione di un leader. Siamo contrari al fatto che la Segreteria in pratica controlli allo stesso tempo la linea politica e l'organizzazione e che si ponga al di sopra dell'organo politico ... Non possiamo considerarlo normale, e riteniamo dannoso per il partito prolungare una situazione in cui la Segreteria controlla allo stesso tempo la politica e l'organizzazione, e di fatto decide in anticipo la linea operativa. Devo dire fino in fondo quello che ho da dire. Infatti l'ho dichiarato più di una volta personalmente al compagno Stalin, l'ho dichiarato più di una volta a un gruppo di delegati del partito. Lo ripeto ora al congresso: sono arrivato a persuadermi che il compagno Stalin non possa svolgere la funzione di unificare lo stato maggiore bolscevico.

Fu questo il «punto culminante del congresso» e Kamenev venne interrotto in diversi momenti dai «tumulti». Nel verbale stenografico alla sua ultima osservazione segue il commento: «Svariati oratori: "È falso! Frottole! E nient'altro!"». E dopo le proteste, ma più deboli, della delegazione di Leningrado, i delegati si alzarono acclamando il compagno Stalin: «Una tempesta di applausi: "Viva il compagno Stalin!". Acclamazioni forti e prolungate. Grida di urrà. Clamore...».

D'altra parte, lo stesso Stalin si pronunciò in favore della moderazione e della gestione collettiva, con espressioni che nelle edizioni successive delle sue *Opere* richiesero svariate correzioni. «Chiedete il sangue di Buharin?» disse. «Non vi daremo il suo sangue!» Ma i seguaci di Zinov'ev non stavano attaccando soltanto Buharin. Aggiunse: «Si doveva dirigere il partito senza Rykov, senza Kalinin, senza Tomskij, senza Molotov, senza Buharin ... Il partito non può essere diretto senza la collaborazione dei compagni che ho appena nominato».

Anche se la delegazione di Leningrado rimase saldamente schierata con il gruppo di Zinov'ev, fu battuta a grande maggioranza; Zinov'ev e Kamenev ne uscirono sconfitti.

Dopo il congresso Kamenev fu degradato a membro candidato del Politbjuro, mentre Kalinin e Vorošilov ne divennero membri effettivi. Anche se entrambi, e soprattutto Vorošilov, in linea generale erano stalinisti, all'interno del raggruppamento rappresentavano tutti e due la destra, e a questo punto Buharin li considerava propri alleati almeno quanto lo erano di Stalin.

Trockij mantenne il ruolo di spettatore. Infatti la nuova maggioranza lo considerava un modello. I delegati di Leningrado furono rimproverati per il loro accanito antitrockismo. Mikojan elogiò Trockij che, sconfitto, aveva accettato la disciplina di partito. Tomskij e Kalinin adottarono la stessa linea...

12

Nell'aprile 1926 cominciò il terzo round della contesa. Trockij non parlava con Zinov'ev e Kamenev dal 1923. Ora, in riunioni private con lui, dopo molte spiegazioni reciproche, i due si misero a criticare gli intrighi di Stalin. Scherzavano su di lui, imitavano il suo accento e ne mimavano i gesti, con discreto fastidio di Trockij che mancava di senso dell'umorismo. Più accettabile per lui era come descrivevano l'astuzia, l'implacabilità e la spietatezza di Stalin.

A quanto afferma Trockij, dicevano di essere convinti che a Stalin sarebbe piaciuto ucciderli tutti e tre, e che avevano nascosto in luogo sicuro delle dichiarazioni, nel caso si fosse verificata tale eventualità. All'epoca Trockij non li prese sul serio.

All'inizio dell'estate del 1926, trozkisti e zinovievisti costituirono l'«Opposizione unita». Buharin aveva tentato di convincere Trockij che Zinov'ev e Kamenev non erano la migliore speranza del partito. Trockij ne convenne, ma dichiarò che Stalin era anche peggio. Inoltre sottolineò che di fatto ormai gli stalinisti stavano effettuando agitazione antisemita nelle cellule di partito di Mosca contro di lui e i suoi due nuovi alleati.

In giugno Stalin attaccò apertamente il nuovo raggruppamento. Trockij e Zinov'ev nel Politbjuro, e Kamenev nella sua qualità di membro non votante, non godevano di alcun appoggio, se si fa eccezione per un pugno di membri del Comitato centrale, e qualche migliaio di singoli comunisti. Fecero del loro meglio, ma le loro riunioni venivano interrotte, i loro emissari molestati. Un famoso incontro durante il quale parlò lo zinovievista Laševič, che era ancora vicecommissario per la Guerra, fu tenuto in un bosco fuori Mosca.

L'opposizione era più debole di quanto lo fossero pochi anni prima le due fazioni da cui era costituita. Quando ingaggiò battaglia, aveva già perduto la sua unica roccaforte, l'organizzazione del partito di Leningrado. Nel gennaio e nel febbraio del 1926 c'era stata una massiccia offensiva cui avevano partecipato la metà dei membri del Politbjuro e altri inviati del Comitato centrale. Per mezzo di pressioni continue a tutti i livelli della locale organizzazione di partito, alla fine erano riusciti a spezzare la posizione di forza degli zinovievisti in città (che, come emerse, era alquanto precaria), e avevano fatto «eleggere» primo segretario Sergej Kirov, un tempo complice di Ordžonikidze nell'assoggettamento del Caucaso.

Nel luglio 1926 i tre intervennero ufficialmente nel dibattito al plenum del Comitato centrale. Zinov'ev fu immediatamente espulso dal Politbjuro.

Continuavano a organizzare e a fare appelli. Ma come disse in seguito uno dei loro dirigenti, Radek, avevano comunque sbagliato tutto nella scelta del campo di battaglia. Avevano pensato che la propaganda teorica avrebbe fornito loro il sostegno che invece ottenevano soltanto le scelte politiche più pratiche e popolari. Ma indipendentemente dalla loro tattica, erano condannati. In ottobre, minacciati di espulsione dal partito, si sottomisero e abiurarono la loro attività «faziosa» con l'intesa che non sarebbe stato chiesto loro nient'altro.

Tuttavia qualche settimana dopo, durante una «tempestosa» sessione del Politbjuro, a cui erano presenti molti membri del Comitato centrale, Stalin tornò sull'accordo e insistette che l'opposizione era una «deviazione socialdemocratica» e che non bastava una semplice accettazione della disciplina di partito, ma dovevano invece sconfessare le proprie opinioni. Trockij avvertì la maggioranza che nel lungo periodo questo avrebbe inevitabilmente provocato la fine del dissenso sincero nel partito, e poi la sua rovina. Quindi indicò Stalin e disse: «Il primo Segretario offre la sua candidatura alla carica di becchino della rivoluzione!». Stalin impallidì e si alzò in piedi. In un primo momento sembrava sul punto di perdere le staffe e dare una replica pungente che in seguito avrebbe potuto danneggiarlo. Poi evidentemente pensò proprio a questo, perché con uno sforzo manifesto riprese il controllo e uscì dalla stanza sbattendo la porta.

Il giorno dopo il Comitato centrale deliberò di espellere Trockij dal Politbjuro e destituire Kamenev dalla carica di membro candidato.

Poi si svolse il XV congresso del partito. Stalin attaccò gli oppositori con espressioni violente, richiamandosi alla loro storia personale e alla loro condotta politica e chiedendo che sconfessassero del tutto le proprie opinioni. Kamenev fece un discorso pacato, in cui tra l'altro (sbagliando, come risultò in seguito) disse: «Non viviamo nel Medioevo. Oggi non si possono montare processi alle streghe!».

Allora i membri dell'opposizione tirarono in ballo la critica mossa da Lenin a Stalin di essere eccessivamente rozzo; ma era troppo tardi per trarne qualche vantaggio. Stalin disponeva di una maggioranza schiacciante, e quindi ormai poteva scrollarsi di dosso quell'accusa. Ammise che sì, Lenin l'aveva detto davvero. E lesse il brano del Testamento sulla sua grossolanità e gli altri difetti. Sottolineò che la decisione di non pubblicarlo era stata unanime, e in sostanza affermò: «Sì, compagni, io sono rozzo verso quelli che mancano alla parola in modo altrettanto rozzo e proditorio, che spaccano e distruggono il partito». Non era questo, ovviamente, che gli rimproverava Lenin.

Poi Stalin ricordò loro che aveva offerto le dimissioni, ma che tutti i delegati, compresi Trockij, Zinov'ev e Kamenev, avevano votato affinché restasse Segretario generale. Non era nel suo carattere, aggiunse, sfuggire alle proprie responsabilità, e quindi era rimasto in servizio.

Buharin si accanì particolarmente contro il gruppo Trockij-Zinov'ev. Come disse Isaac Deutscher, «assalì l'opposizione con implacabile violenza, esultando della sua cattiva situazione, millantando, minacciando e sobillando i peggiori elementi del partito». Stalin urlò: «Ben fatto, Buharin. Ben fatto, ben fatto. Non discute con loro, li massacra!».

Gli aderenti all'opposizione, espulsi dal Politbjuro, ma ancora membri del partito e del suo Comitato centrale, anche se con la minaccia di perdere anche queste qualifiche, fecero una ritrattazione ufficiale e sconfessarono le proprie opinioni come richiesto da Stalin. L'episodio nel complesso fu istruttivo. Stalin aveva concordato una resa parziale, e dopo averla ottenuta, aveva giocato sporco insistendo con la richiesta di una resa ulteriore e più completa, in un momento in cui l'opposizione non aveva molte possibilità di tornare sulle posizioni originarie per trattare. Alcuni appartenenti all'opposizione in seguito attraversarono fasi in cui accettavano le garanzie proposte, per poi scoprire che erano senza valore, comprese, alla fine, le garanzie di aver salva la vita...

Per il momento, Zinov'ev e Kamenev speravano soltanto, almeno un pochino, che l'espulsione fosse temporanea, e che Stalin avrebbe di nuovo avuto bisogno di loro. La notte di Capodanno si presentarono inaspettatamente all'appartamento del capo con bottiglie di brandy e di champagne. E Stalin li trattò con estrema cordialità.

Nel 1927, trozkisti e zinovievisti fecero un ultimo sforzo. C'erano nuove questioni sulle quali non era stato chiesto di mantenere il silenzio; soprattutto l'andamento della rivoluzione cinese. Era stata gestita con la stessa commistione di ignoranza, arroganza e incompetenza usata in Germania qualche anno prima, anzi peggiore, perché con più insipienza, imperizia e precipitazione. Tutte le fazioni al Cremlino in qualche momento avevano gestito male la cosa, ma ovviamente quelli che avevano il potere erano colpevoli dell'ultima sconfitta, da cui derivò nell'aprile del 1927 la totale disfatta dei comunisti cinesi.

Allora Stalin portò Trockij e Zinov'ev davanti al Comitato centrale e alla Commissione centrale di controllo, proponendo di espellerli dal primo. Intanto smantellava l'opposizione assegnando i suoi dirigenti di secondo piano a cariche in provincia o alle ambasciate lontane. Quando Smil'ga partì per l'Estremo oriente sovietico fu salutato alla partenza da una sorta di manifestazione dell'opposizione.

L'opposizione preparò un programma per il successivo congresso del partito. Fu proibito. Allora lo pubblicarono illegalmente: tale azione fu descritta come un complotto, ed era davvero un'operazione clandestina a tutti gli effetti.

Le udienze contro Trockij e Zinov'ev ripresero senza la minima parvenza di legalità. La difesa di Trockij fu accolta da insulti, urla e lancio di calamai, libri e bicchieri. Solo Stalin parlò in modo controllato, anche se con un tono pieno di «odio gelido e volgare».

Il 7 novembre, decimo anniversario della rivoluzione, i membri dell'opposizione fecero un ultimo sforzo, aderendo ai gruppi di manifestazione ufficiali, ma con slogan propri. Furono attaccati dalla polizia, da «attivisti» e da altre persone mobilitate apposta. Poi Trockij e Zinov'ev furono espulsi dal partito, Kamenev e gli altri dal Comitato centrale.

Quindi gli zinovievisti si arresero, e furono ammessi al congresso per dichiararsi «in errore e antileninisti». Buharin disse loro: «Avete fatto bene a ripensarci, era l'ultima occasione, sta ormai calando la cortina di ferro della storia». Tuttavia per il momento non vennero reintegrati nel partito.

I trozkisti non vollero arrendersi, e all'inizio del 1928 furono deportati in Asia centrale e in Siberia; quanto a Trockij fu mandato ad Alma Ata, capitale del Kazakistan.

A metà del 1928, Stalin aveva ormai finito di distruggere politicamente tutte le fazioni di sinistra. Nel corso dei due anni successivi, con una diversa tattica – e in diverse circostanze politiche – avrebbe sconfitto uno dopo l'altro i suoi alleati di destra. Intanto, nell'agosto del 1928, Buharin andò a trovare Kamenev e Sokol'nikov.

Buharin era molto nervoso. Stalin, disse, aveva ormai ottenuto la maggioranza del Politbjuro: solo Tomskij, Rykov e lui stesso tenevano duro. La linea politica di Stalin avrebbe portato a uno «stato di polizia» e a «carestia e rovina»: «Riteniamo che la linea di Stalin sia fatale per la rivoluzione. Questa linea ci sta portando verso il baratro. I nostri dissensi con Stalin sono assai più seri di quelli che abbiamo avuto con voi».

Buharin espresse rammarico per il fatto che Zinov'ev e Kamenev non erano più nel Politbjuro. Paragonò Stalin a Gengis Khan, e disse: «Ci truciderà». La tattica di Stalin era di fare compromessi a parole: «È un intrigante senza scrupoli che subordina ogni cosa alla sua brama di potere»; «Stalin conosce solo la vendetta ... il pugnale nella schiena».

Ovviamente la polizia segreta venne a sapere quasi subito del suo abboccamento con Kamenev, benché lui avesse insistito sulla necessità di mantenerlo segreto. Buharin cercava disperatamente dei possibili alleati per la lotta futura; ma Kamenev si rendeva conto che l'unica possibilità rimasta ai seguaci di Zinov'ev era di sottomettersi agli attuali dirigenti di partito. Così la strana riunione non sortì alcun risultato politico. È interessante piuttosto per l'opinione espressa da Buharin su Stalin: e ancor di più perché se l'era formata soltanto allora. Durante tutte le macchinazioni degli ultimi cinque anni Stalin era riuscito di nuovo a nascondere le proprie reali caratteristiche agli uomini della destra. È di per sé un'impresa politica straordinaria, da cui trapelano componenti profonde della sua personalità.

Quanto a Buharin, possiamo considerarlo un altro anello della catena di uomini presunti intelligenti, a partire da Lenin per arrivare a Roosevelt, che non capirono la vera natura di Stalin fino a quando non fu troppo tardi.

IX
VERSO IL POTERE ASSOLUTO

1

Una cosa di cui a quel punto Buharin si rese conto era che Stalin aveva ottenuto la maggioranza al Politbjuro. Buharin aveva pensato che Vorošilov e Kalinin avrebbero appoggiato la destra, come molti dei loro discorsi facevano pensare. Ma lui stesso ebbe a dichiarare: «Stalin aveva su di loro una presa speciale, che non so spiegare. Ordžonikidze venne da me insultandolo con estrema violenza, ma al momento decisivo ci tradì». Buharin era stato battuto in furbizia, e lo sapeva. La situazione politica della destra era diventata disperata.

L'altra cosa ancora più importante da lui compresa è che Stalin non intendeva più perseguire la linea improntata alla gradualità della Nuova politica economica. Al contrario, progettava chiaramente di lanciare il partito in una lotta di classe rischiosa, in una politica di industrializzazione e collettivizzazione forzata, più azzardata persino dei progetti più radicali, che fino a quel momento erano stati respinti per il loro davvero eccessivo estremismo di sinistra.

I comunisti erano in quella che potremmo definire una *impasse* dottrinale, politica e psicologica. Come abbiamo detto, avevano conquistato il potere basandosi sulla teoria che la lotta di classe fosse la forza motrice della storia, e che la vittoria del proletariato avrebbe aperto la strada per l'abolizione delle classi e la realizzazione dell'utopia.

Avevano giustificato il fatto di governare in un paese con un proletariato sparuto ed esitante, palesemente impreparato dal punto di vista dottrinale e in tutti gli altri sensi a esercitare una dittatura, affermando che ben presto anche i paesi industriali dell'Occidente sarebbero diventati comunisti, e avrebbero fornito masse operaie a sufficienza per tutti. Quando questo non accadde, quando fu necessario ammettere che presumibilmente non sarebbe accaduto nell'immediato futuro, e che comunque avevano optato per il socialismo in un solo paese, dovettero affrontare situazioni spiacevoli.

In primo luogo, il loro tentativo di introdurre il «socialismo» con la forza era fallito. La politica nota come «comunismo di guerra» adottata dal 1918 al 1921 non era soltanto, come farebbe pensare la definizione, una reazione agli eventi nell'emergenza della guerra civile. Come in seguito Lenin affermò in diverse occasioni, era stata un tentativo di effettuare la transizione immediata al nuovo ordine. Era, ammise, «un tentativo di raggiungere direttamente il comunismo»: «In generale consideravamo possibile ... cominciare a edificare il socialismo senza transizione».

In un'analisi più articolata disse:

> Calcolavamo ... o presumevamo, senza avere calcolato a sufficienza, che sarebbe avvenuta una transizione immediata dalla vecchia economia russa alla produzione e alla distribuzione di stato, improntate a principi comunisti; e per quanto riguarda la scelta politica specifica della requisizione, facemmo l'errore di decidere di passare senza soluzione di continuità alla produzione e alla distribuzione comunista. Cercammo di ottenere una quantità sufficiente di cereali dai contadini per mezzo della *razverstka* [consegna obbligatoria di quote di grano], poi di spartirla tra le industrie, perché così avremmo ottenuto la produzione e la distribuzione comunista. Non affermerei che la vedevamo esattamente così, ma era questo lo spirito in cui ci muovevamo.

Al progetto dovettero rinunciare, e fecero appena in tempo, quando (come disse Trockij) «il contadino medio rispose con i cannoni delle navi» durante l'insurrezione di Kronštadt e a colpi di fucile nella vasta fascia delle insurrezioni contadine che, per usare l'espressione di un eminente storico sovietico, «accerchiò quasi completamente» la Russia centrale.

Che cosa dovevano fare dunque i comunisti? Si erano liberati dei proprietari terrieri e dei capitalisti, e anche se la NEP aveva permesso la comparsa di una serie di piccoli commercianti e simili, il fenomeno era facile da controllare. Ma nelle campagne i contadini, che costituivano la stragrande maggioranza della popolazione, rimanevano fermi sulle proprie posizioni. Nel 1917-1918 avevano ottenuto la terra dei possidenti, avevano debellato le espropriazioni bolsceviche, ed erano ben saldi nell'ostinato desiderio di lavorare la terra in aziende agricole proprie.

La gestione comunista del mondo rurale era stata rozza, ma anche perché era permeata di deliri ideologici che continuavano a persistere. I marxisti avevano sempre considerato i contadini una classe arretrata, e non vedevano l'ora di realizzare il programma agrario del manifesto comunista:

L'abolizione della proprietà terriera ... il miglioramento del terreno in generale, in conformità a un piano comune. L'istituzione di armate industriali destinate specificamente all'agricoltura. L'abbinamento dell'agricoltura con industrie manifatturiere; la graduale abolizione delle differenze tra città e campagna.

In Russia, soprattutto, la maggior parte dei progressisti riteneva che i contadini fossero un freno alla modernizzazione del paese, «gente non illuminata» con una mentalità medievale. Il loro ostinato rifiuto di accettare i progetti dell'intellighenzia urbana è considerato da tutta la letteratura rivoluzionaria russa un tremendo ostacolo per il cambiamento. Anche se alcuni marxisti, tra cui Lenin, capivano che bisognava trovare un modo per neutralizzare o ingannare in breve tempo quella fascia maggioritaria della popolazione, l'atteggiamento di buona parte dei testi progressisti è poco meno che di furia esasperata e di odio verso gli zoticoni ottusi. Stalin, il giovane provinciale più istruito e colto di quanto potrebbe sognare un ragazzo di campagna, ne offre una dimostrazione migliore di qualsiasi altra.

Secondo lo schema marxista delle classi, la massa dei contadini era costituita da «piccoloborghesi» proprietari di terreno proprio ma che non sfruttavano il lavoro altrui. Lenin articolò questo schema individuando tre gruppi distinti: i contadini poveri proprietari di pochissima terra o senza (insieme ai braccianti agricoli a tempo pieno, o «proletari di campagna»); i contadini medi, che secondo la definizione precedente costituivano la maggioranza della classe contadina; e i contadini ricchi o *kulaki*, che sfruttavano gli altri sul piano economico.

Durante il periodo sovietico, la tattica variava a seconda delle circostanze. Il partito si preoccupava di stabilire il suo controllo sui villaggi tramite i contadini poveri, di neutralizzare o convertire i contadini medi, e di guidare la guerra di classe rurale contro i *kulaki*. Ma l'idea che esistesse un contadino povero dotato di coscienza di classe, capace di svolgere nelle campagne un ruolo paragonabile a quello dei proletari nelle città era una chimera. I «proletari di campagna», considerati particolarmente affidabili, erano pochi, per lo più i fannulloni e gli ubriaconi locali, come deploravano spesso i comunisti dei villaggi.

In realtà lo schema nel complesso era completamente errato. Innanzitutto l'idea del *kulak* sfruttatore era sbagliata. Era davvero esistito un ceto contadino ricco, che di solito coltivava settanta o ottanta acri di terra e dava lavoro ad alcuni «proletari» di campagna. Non aveva mai suscitato, a giudicare dai pochi indizi, grande rancore negli altri contadini, e nel 1917 aveva superato incolume l'occupazione delle terre dei possidenti. Ma comunque i contadini ricchi erano stati eliminati tra il 1918 e il 1920, durante la prima campagna sferrata da Lenin per la lotta di classe nelle campagne.

A dire il vero negli anni Venti in campagna quasi non esisteva una differenziazione di classe vera e propria. Nemmeno le autorità riuscivano a definire i *kulaki* e i «contadini medi». Ovunque i contadini poveri ammiravano quelli più ricchi; talvolta dedicavano mezza giornata a lavorare per i loro vicini o cugini più benestanti, e i *kulaki* a loro volta li assistevano offrendo cereali e altre derrate nei periodi difficili.

Mentre in campagna aumentava il benessere, gli agricoltori efficienti che avevano cominciato dal nulla si arricchirono un po'. Soprattutto quelli che avevano prestato servizio nell'Armata rossa, i quali spesso già in partenza costituivano la parte più vivace della popolazione, erano venuti a sapere di sementi o tecniche più nuove, e quindi avevano maggiori possibilità di prosperare. In quel momento i comunisti dei villaggi – non che ce ne fossero molti – spesso erano i più accesi sostenitori della NEP, e quindi non avevano nulla contro i *kulaki*.

E per coloro ai quali la parola «*kulaki*» fa ancora venire in mente un ricco sfruttatore su larga scala, vale la pena di ricordare che nel 1927 i contadini più benestanti avevano due o tre mucche e non oltre dieci ettari di terreno coltivabile per una famiglia media di sette persone. Il reddito pro capite di tali contadini ricchi superava soltanto del 50-60 per cento quello dei contadini poverissimi.

Per tutta la durata della NEP all'interno del partito continuarono pressanti controversie sul come agire nei confronti dei *kulaki*, e come affrontare la minaccia al «socialismo» connaturata alla loro classe. Se si voleva una ripresa dell'economia, e una ripresa costante, bisognava pure incoraggiare gli agricoltori più efficienti. Buharin arrivò a dire ai contadini: «Arricchitevi». Un'esortazione, questa, che molti ritennero di un permissivismo esagerato; ma la linea politica che esprimeva, forse in modo troppo rozzo per i palati più sensibili del partito, fu portata avanti, pur tra contradditorie campagne di persecuzioni e soprusi nei confronti dei *kulaki*.

Quando fu avviata la NEP, in Occidente si diffuse l'opinione (condivisa da molti persino in Russia) che i bolscevichi, resisi conto del disastro a cui stavano portando le loro idee sociali ed economiche, avessero imparato la lezione e deciso di adottare, per il futuro, una politica ragionevole, senza più cercare di risolvere le cose con la forza e il terrore. Insomma, si sottovalutava la potenza di idee fortemente radicate, per quanto sbagliate.

Il semplicistico schema marxista, come emerse in seguito, conteneva molti errori. Anche se già ai tempi dei greci si era compresa l'importanza politica dei conflitti tra gruppi diversi dal punto di vista economico, l'idea che costituissero un fattore essenziale nella società non era dimostrata dalla storia passata, né sarebbe scaturita da quella futura. In secondo luogo, il ruolo divino del proletariato industriale come strumento di realizzazione eletto dalla storia era, a dir poco, tutto da dimostrare. Eppure i comunisti ci credevano e, come abbiamo visto, ancora alla fine degli anni Ottanta in un certo senso si consideravano i rappresentanti delle «masse operaie».

Ma il partito aveva la sua missione, non soltanto il suo mito. Doveva «edificare il socialismo». Se ci limitassimo a esaminare le forze sociali ed economiche attive all'epoca, perderemmo di vista la dinamica irrequieta del partito. I suoi membri, e ovviamente soprattutto Stalin, avevano un carattere non incline al compromesso ma alla lotta, non agli approcci ragionevoli ma allo scontro. In realtà erano ben lungi dall'essere pragmatici o realisti in economia. Nonostante il disastro totale provocato da un rigoroso rispetto della dottrina li avesse fatti rinsavire per un breve periodo, come era accaduto allo stesso Lenin, rimanevano inadatti ai compromessi.

Abbiamo già parlato dei preconcetti ideologici dei comunisti, incluso Stalin. Dobbiamo ancora analizzare due punti: innanzitutto, in che misura restavano fedeli a tali principi, con quanta intensità e determinazione perseguivano i loro obiettivi dottrinali; in secondo luogo la contraddizione particolarmente marcata tra le idee professate e la situazione concreta della società sovietica.

Ovviamente è impossibile dire quando e con quale commistione di motivi Stalin giunse alla conclusione che l'unico sistema sicuro per salvaguardare il proprio potere consistesse nello scagliare il partito in una nuova guerra civile contro il mondo contadino. Non possiamo nemmeno stabilire se la concepì consapevolmente in questo modo o in un altro simile. Forse credeva davvero che esistesse una classe ostile di *kulaki*, contrapposta a una maggioranza di contadini più o meno condiscendenti, e che la storia ne richiedesse la distruzione, per far accettare agli altri un nuovo regime agricolo.

Quanto meno, sappiamo per certo che in tutto il periodo successivo parlò come se lo credesse.

2

La lotta di cui Buharin aveva parlato con disperazione a Kamenev era insomma di natura diversa da quelle combattute tra Stalin e i suoi precedenti oppositori.

Comportava una divergenza su un'importante svolta della linea politico-sociale, che non era soltanto pragmatica, come la discussione sul socialismo in un solo paese; e nemmeno marginale come il contrasto riguardo alla Cina; né cavillosa come la disputa sulla rivoluzione permanente. Riguardava la rapida trasformazione di tutta l'Unione Sovietica in un nuovo tipo di ordine sociale, a prezzo di immense sofferenze e dell'insediamento di Stalin alla carica di governante supremo.

Tutti i dirigenti erano più o meno impegnati nella Nuova politica economica e nel risanamento dell'economia per mezzo di concessioni al mercato. E tutti volevano, come Lenin, che questo cessasse non appena possibile, per tornare a una linea politica «socialista». Ma sul quando e il come farlo avevano diverse opinioni, e inoltre nessuno di loro si era davvero chiarito le idee in proposito. Si trattava di un terreno molto scivoloso e tutto stava come sospeso nel vuoto.

Stalin era stato uno dei più fermi sostenitori della NEP, se non il più fervente in assoluto. Attaccava di continuo quelli della sinistra per la loro idea che il paese potesse essere portato al socialismo da un programma di industrializzazione forzata e da uno scontro con i contadini ricchi e medi, dicendo per esempio: «Per quanto riguarda i contadini, speriamo di realizzare la collettivizzazione a poco a poco, per mezzo di provvedimenti metodici di carattere economico, finanziario, culturale e politico». Inoltre espose questa tesi:

> La collettivizzazione sarà completa quando tutte le imprese contadine saranno trasformate su una nuova base tecnica di elettrificazione e meccanizzazione, quando la maggioranza dei lavoratori agricoli sarà organizzata in cooperative, e la maggioranza dei villaggi conterrà associazioni agricole di carattere collettivo.

Giunse ad affermare che al contadino si doveva «garantire la terra che coltiva ... persino per quarant'anni». Quanto alla propensione della sinistra per piani grandiosi di industrializzazione forzata, disse: «Ci rovineranno di sicuro» e «porteranno inevitabilmente a ... un forte aumento del prezzo dei prodotti agricoli, un crollo dei salari reali e una carestia prodotta artificialmente». Pochi uomini della sinistra si erano spinti avanti come sosteneva Stalin, ma certo i più auspicavano una linea politica meno rilassata di quella della NEP qual era interpretata fino a quel momento da Stalin e Buharin.

Il partito nel complesso, e soprattutto i vecchi militanti, anche quando sostenevano Stalin contro la sinistra manifestavano una certa riluttanza all'idea di accettare troppo a lungo il sistema di mercato e le fattorie individuali «piccoloborghesi» dei contadini. Infatti dopo tutto la ragion d'essere fondamentale del partito era l'eliminazione della proprietà privata dei mezzi di produzione, incluso il possesso della terra da parte dei contadini.

Tale contraddizione era profondamente radicata. Il partito voleva la ripresa economica ma ne detestava la conseguenza inevitabile: contadini e piccoli commercianti facoltosi. In effetti la ripresa era rallentata dalle continue angherie dei comunisti. Buharin lo spiegava così: «Il contadino ha paura a installare un tetto di ferro per tema di essere dichiarato *kulak*; se compra una macchina, lo fa in modo tale che i comunisti non se ne accorgano. La superiorità tecnica diventa cospirativa!».

Nel corso dei due anni successivi la linea politica cambiò radicalmente. Che cosa stava accadendo nella mente di Stalin? E nella mente dei dirigenti comunisti in generale?

Probabilmente ci è impossibile discernere nel pensiero di Stalin le motivazioni teoriche da quelle di potere. Ma dal suo punto di vista, pensando soltanto al potere, in che modo avrebbe tratto vantaggio dalla sua posizione di predominio nel partito, se non controllava totalmente il paese?

Eppure, se l'economia avesse continuato a crescere senza sbalzi, la gradualità avrebbe potuto rientrare nelle prospettive del partito e di Stalin stesso per più tempo di quanto resistette nella realtà. Ma l'economia non si sviluppa mai senza sbalzi. E i dirigenti, che comunque diffidavano del mercato, tendevano a cadere nel panico quando subiva sommovimenti del tutto normali.

Inoltre la élite del partito aveva scarsa preparazione in campo economico, il più delle volte quasi nessuna, come nel caso di Stalin. C'erano economisti esperti, spesso di origini non bolsceviche, e si ricorreva alla loro consulenza, anche se verso la fine del decennio ormai venivano sempre più spesso ignorati. Inoltre, le informazioni economiche accessibili al governo erano curiosamente imprecise. «Circa l'ottanta per cento dei nostri calcoli» aveva osservato Trockij «sono privi di fondamento»; e molti commenti simili venivano espressi da economisti e pianificatori.

Lo strumento principale di goffa intrusione nei processi di mercato era l'impiego di prezzi imposti nel programma di acquisto dei cereali. Alla fine del 1927, quando i prezzi fissati divennero troppo bassi, come scrisse un esperto di Stalin, «i *kulaki* hanno organizzato il sabotaggio dell'ammasso del grano ... hanno rifiutato di venderlo allo stato al prezzo stabilito dal governo sovietico».

Ne conseguì quella che venne considerata una crisi, anche se in realtà, come osservarono persino alcuni studiosi sovietici prima della *glasnost'*, il deficit quantitativo era molto esagerato, e facilmente rettificabile con un leggero aumento dei prezzi.

Il governo perse la testa e, per decisione unanime del Politbjuro, nel gennaio 1928 ordinò la requisizione dei cereali in modo da risolvere il deficit. Per Stalin si trattava di un problema globale di guerra contro il nemico *kulak*. A quanto pare era già arrivato alla conclusione che fosse assolutamente necessario procedere all'annientamento di questo fantomatico nemico di classe, non appena fosse stato possibile dal punto di vista politico. Intanto, nel 1928, andò in campagna per l'ultima volta in vita sua (se omettiamo i periodi trascorsi in dacia o in villa). Fece un viaggio molto pubblicizzato in Siberia, e insistette perché venissero applicati i più spietati provvedimenti di requisizione, come nel periodo del comunismo di guerra. La destra, che con notevole incoerenza si era schierata in favore della requisizione come misura di emergenza, protestò affermando che era stata attuata con sistemi illegali, e che in questo modo ci si era alienati le simpatie della classe contadina in quanto tale.

Ovviamente era vero. Ma dal punto di vista economico la politica delle requisizioni fu comunque disastrosa. In linea di principio si trattava solo di una misura di emergenza, e in generale il governo doveva affidarsi al mercato. Ma per i contadini era ormai impossibile contare sulla situazione vigente, poiché in qualsiasi momento potevano essere reintrodotte le requisizioni. E i comunisti ricordavano le requisizioni riuscite, senza riflettere sul fatto che era stato sequestrato grano prodotto grazie agli incentivi del mercato.

Stalin si poneva come scopo immediato di far accettare in un modo o nell'altro i suoi nuovi obiettivi ai vertici del partito, i suoi attivisti e gli organi le cui decisioni dipendevano da loro. In linea di principio questo non era così difficile. Come aveva detto lui stesso nel momento in cui più aveva sostenuto la NEP, il novanta per cento dei membri del partito era favorevole per istinto a un'azione violenta contro i *kulaki*.

Il grosso dei Vecchi bolscevichi di secondo piano aveva accettato il mercato e la libertà dei contadini come un compromesso necessario, per quanto temporaneo, sulla via del socialismo. Gli appartenenti alla sinistra si erano appellati a loro troppo presto, quando il partito e il paese erano ancora esausti. Inoltre la preoccupazione teorica della sinistra per la rivoluzione mondiale immediata sembrava mettere a rischio quanto era già stato conquistato.

Ma mentre l'economia si riprendeva, i membri del partito cominciarono a temere una restaurazione del capitalismo. La teoria della destra riguardo a una graduale collettivizzazione volontaria della terra appariva sempre più utopistica. Comunque solo con difficoltà e grazie a un attento studio dei tempi Stalin riuscì a sconfiggere la destra sul piano organizzativo, dopodiché nel corso del 1929 sfruttò la vittoria per accelerare gradualmente la sua nuova linea politica, coinvolgendo a poco a poco i suoi alleati meno entusiasti nei progetti di collettivizzazione forzata e di deportazione dei *kulaki*.

3

Quando Stalin divenne il capo effettivo dello stato sovietico e del movimento comunista internazionale, cominciò a emergere come personaggio pubblico. Mentre lottava per il potere, all'inizio era noto soltanto in una cerchia ristretta, e in seguito era stato considerato poco più di un punto intorno al quale si era raccolta la maggioranza rozza e decisa del partito. Anche se entrando in contatto con ambienti via via più vasti accresceva in misura sempre maggiore la sua influenza personale, Stalin rappresentava ancora in larga misura una bandiera o uno slogan, piuttosto che un leader unico. Per molti massimi dirigenti era un *primus inter pares* o quasi *pares*, e ovviamente lo era per la costituzione del partito. Quanto a lui, pur dichiarando di essere il portavoce dell'autentica linea di partito, si presentava come semplice successore ed esecutore testamentario di Lenin.

A quanto afferma Hruščev, probabilmente il novanta per cento dei partecipanti al Congresso del partito che lo ascoltarono nel 1956 sapevano o avevano sentito parlare «assai poco di Stalin prima del 1924». Solo nei cinque o sei anni successivi egli aveva costruito davvero la sua immagine di personaggio pubblico. Come abbiamo detto, questo progresso era dovuto in parte a un'attenta gestione degli apparati del partito, ma anche al suo modo di parlare, che creava una specie di rapporto con il grande pubblico. Il taciturno deputato al soviet del 1917, l'intrigante scorbutico dei primi anni Venti, aveva sviluppato per le esigenze della lotta politica un suo stile personale di demagogia. Continuavano a permanere gli incanti ritualistici del discorso pronunciato al funerale di Lenin. Ma cominciò ad accompagnarli con uno stile più populista.

Un osservatore a lui favorevole così descrive il suo stile nei discorsi pubblici:

> Non è decisamente quello che si chiamerebbe un grande oratore. Parla in modo esitante, per nulla brillante e piuttosto monotono, come se gli riuscisse difficile. Le sue argomentazioni si snodano lentamente: fanno appello al buon senso del popolo, che comprende le cose fino in fondo ma non in fretta. Ma soprattutto, Stalin è dotato di senso dell'umorismo, un senso dell'umorismo contadino, che secondo le circostanze può essere maligno, cameratesco, spesso crudele ... Quando Stalin parla con il suo sorriso furbesco, affabile, additando con l'indice, non crea una breccia tra sé e il suo pubblico come altri oratori; non si erge in modo autoritario sul podio mentre loro siedono sotto di lui, ma ben presto tra lui e i suoi ascoltatori si stabilisce un'alleanza, un'intimità. Loro, fatti della stessa pasta, sono sensibili alle argomentazioni, e ridono allegramente alle storielle più banali.

Anche se espressa in termini eccessivamente ammirati, la descrizione è abbastanza calzante.

4

All'inizio del 1928 Stalin intraprese la sua principale offensiva contro la destra. La serie di manovre che seguirono nei due anni successivi dimostra una tecnica molto diversa da quella che Stalin aveva usato contro i trozkisti e gli zinovievisti. Fino a quando Buharin, Rykov e Tomskij non furono completamente sconfitti, non vennero attaccati in pubblico, e in un primo tempo, pur senza mai allentare la pressione, Stalin arretrava e faceva concessioni verbali ogni volta che i membri della destra sembravano sul punto di scoppiare. Si trattò in questa fase di attacchi generali contro gli atteggiamenti «di favore verso i *kulaki*» riscontrabili in settori non meglio specificati del partito.

Nel giugno 1928 Buharin inviò una lettera a Stalin per protestare contro il modo in cui era diretto il partito, senza «una linea o un'opinione comune», con la conseguenza che stava diventando «ideologicamente disorganizzato». Stalin vide Buharin e gli disse: «Tu e io siamo degli Himalaya. Gli altri sono nullità». Quando Buharin riferì la frase a una riunione del Politbjuro, Stalin lo accusò con calore di aver inventato quella storia per alienargli le simpatie dell'organo direttivo.

Per il resto del 1928, Stalin accettò la maggior parte degli emendamenti proposti dalla destra ai documenti sulla linea politica, e contemporaneamente manovrò contro quello schieramento sul piano organizzativo. Ne attaccò i membri subalterni, parlò di quanti erano «restii a scontrarsi con i *kulaki*» e così via. Ma continuava a negare l'esistenza di una qualsivoglia frattura o deviazione nel Politbjuro.

Allora Buharin e Tomskij rassegnarono le dimissioni dal Politbjuro. A quanto pare Stalin le accolse «con le mani tremanti»; furono convinti a ritirarle.

Il partito nel complesso, e comunque le sue fasce intermedie, non erano ancora abbastanza pronti. Ma nell'inverno 1928-1929 Stalin, che aveva attaccato tanto le deviazioni di destra come quelle di sinistra, cominciò ad affermare che ormai la destra andava considerata il «pericolo principale».

Nel febbraio 1929 Buharin, insieme agli altri appartenenti alla destra, dovette affrontare l'accusa, vera questa volta, di aver avuto un colloquio segreto con Kamenev. La Commissione di controllo, pur censurandolo, rifiutò anche in quel caso le sue dimissioni e non gli comminò punizioni. Allora Stalin protestò per l'eccessiva mitezza di tali decisioni. Nell'aprile 1929, davanti al plenum del Comitato centrale, accusò i tre uomini di pericolose deviazioni e di mancanza di disciplina di partito. A quel punto il Comitato centrale finalmente destituì Buharin e Tomskij dalle loro cariche: la direzione della «Pravda» e la presidenza del Komintern nel caso di Buharin, la dirigenza dei sindacati nel caso di Tomskij. Consentì invece a Rykov di restare a capo del governo, chiese che tutti e tre mantenessero il loro posto nel Politbjuro e che la questione non venisse pubblicizzata, anche se Stalin aveva parlato del «comportamento proditorio» di Buharin.

Talvolta le vittorie che Stalin poi riportò sulla destra e sulla sinistra paiono quasi incompatibili sul piano intellettuale, o vengono ritenute semplici episodi nella lotta per il potere. Un'interpretazione sensata, nei suoi limiti, ma che non spiega una delle ragioni principali di quelle vittorie. A guidare gli attivisti favorevoli a Stalin negli scontri con la destra e con la sinistra fu la sensazione di dover lottare contro ostacoli enormi ma superabili, con cui i loro oppositori non osavano confrontarsi. I trozkisti, e in seguito tutta la sinistra, avevano dimostrato una debolezza fondamentale, la loro opposizione al socialismo in un solo paese. Avevano cioè sostenuto che sul piano teorico si trattava di un obiettivo superiore alle possibilità dei bolscevichi della Russia. Poi, nel 1929-1930, anche la destra aveva affermato che l'impresa titanica di distruggere il ceto contadino indipendente era superiore alle forze del partito. In entrambi i casi, per uomini come Kirov, c'era un clima di disfattismo, una mancanza di fiducia nella capacità del partito di superare qualsiasi ostacolo politico e sociale.

Mentre si muoveva contro la destra, Stalin continuava a colpire a sinistra. Nel febbraio 1929 (contro l'opposizione di Buharin, Rykov e Tomskij) Trockij, che aveva rifiutato di abiurare la sua attività politica, fu espulso dall'Unione Sovietica. Successivamente, in privato Stalin affermò che si era trattato di un errore. Di certo questo diede a Trockij la possibilità di sopravvivere per diversi anni ai suoi ex colleghi del Politbjuro dell'epoca di Lenin.

Ma nel frattempo lo spostamento generale a sinistra aveva cominciato ad attrarre la maggior parte dei bolscevichi più illustri che erano stati seguaci di Trockij. Prima Pjatakov e Krestinskij, poi persino il teorico della sinistra Preobraženskij e tutta una serie di altri quasi altrettanto noti, come Radek, fecero pace con Stalin e furono riammessi nel partito. Erano convinti, e in un certo senso con buone ragioni, che la loro opinione avesse trionfato sui buharinisti. Anche Zinov'ev e la maggior parte dei suoi seguaci furono riammessi al partito. Se si eccettuano Zinov'ev, Kamenev e Sokol'nikov, si trattava di uomini di scarsa rilevanza. Ma i Pjatakov e i Krestinskij erano piuttosto importanti per i dirigenti di secondo piano del partito. La base di Stalin divenne più solida che mai.

Intanto Stalin intraprendeva azioni che, viste in retrospettiva, prefiguravano gli eventi successivi.

Nell'autunno del 1928 affrontò un caso che è spesso considerato il segnale d'inizio dell'applicazione della pena capitale contro i deviazionisti del partito. Nel 1923 l'insigne comunista tataro Mir Said Sultan-Galiev, che aveva commesso un reato assai simile a quello di Mdivani e dei comunisti georgiani, propugnando l'idea di una repubblica Turcmena autonoma o sovrana negli Urali, era stato arrestato con l'assenso di Zinov'ev e di Kamenev. In seguito venne rilasciato, ma fu espulso dal partito. Nel 1928, accusato di trame illegali e progetti controrivoluzionari, fu nuovamente arrestato e condannato a morte. Questo episodio è sempre stato indicato come un punto di svolta nel modo di trattare i comunisti sviati. A quanto si dice, Kamenev affermò che per la prima volta Stalin aveva assaporato il sangue, o almeno il sangue comunista. Gli atti furono resi pubblici soltanto nel 1989: la sentenza era stata commutata in dieci anni di lavori forzati nei campi di Solovki. In seguito Sultan-Galiev fu rilasciato, poi riarrestato nel 1938; lo fucilarono solo nel gennaio 1940.

5

Nei primi mesi del 1928 Stalin avviò un'importante manovra per riattizzare i fuochi sopiti della «guerra di classe» tanto nelle città come nelle campagne.

Il capo della OGPU locale, E.G. Evdokimov, riferì di una vasta organizzazione per il sabotaggio composta da ingegneri veterani e localizzata nella città di Šahty e nel territorio limitrofo. Evdokimov, un criminale comune liberato di galera dalla rivoluzione, si era iscritto al partito e distinto nella guerra civile. Poi era diventato amico intimo di Stalin, aveva ricevuto molte decorazioni e per diversi anni di fila era andato in vacanza con lui. Stalin, pur senza averne l'autorità legale, diede carta bianca a Evdokimov e gli ingegneri furono arrestati. Il capo della OGPU, Menžinskij, si oppose, con l'appoggio di Rykov e Kujbyšev (naturalmente parte in causa, nella sua veste di presidente del Consiglio dell'Economia nazionale); tuttavia, lo stesso Rykov ammise che non dovevano preoccuparsi della giustizia nei confronti degli accusati, ma piuttosto dei vantaggi o svantaggi politici della questione...

Stalin replicò con un telegramma proveniente da Evdokimov, in cui si alludeva al fatto che a Mosca si sarebbe tentato di mettere a tacere la questione. Non furono prese decisioni, ma il processo andò avanti.

Stalin si poneva come obiettivo politico di screditare la linea sostenuta da Buharin, tesa a una collaborazione pacifica con specialisti esterni al partito, e di procurarsi le «prove» di un inasprimento della lotta di classe. Ne avrebbe ricavato una precisa lezione: «Abbiamo nemici interni. Abbiamo nemici esterni. Non dobbiamo assolutamente dimenticarlo, compagni, nemmeno per un minuto».

Il caso sfociò in un processo pubblico a Mosca. Il giudice che presiedeva, Andrej Vyšinskij, in seguito divenne uno dei complici più spregevoli di Stalin. All'epoca in cui i bolscevichi consolidavano il loro potere era menscevico, e aveva lavorato per il Governo provvisorio contro Lenin. Quindi era particolarmente vulnerabile. Ma Stalin lo aveva salvato e reclutato; nel 1907 erano stati compagni di prigionia nel carcere di Baku, e Stalin lo conosceva bene. Vale la pena di riportare nei dettagli il processo di Šahty, esemplare perché è rappresentativo di tutta una serie di successivi processi analoghi che ebbero basilare importanza nel regime di Stalin. Si resta stupiti quando si scoprono le cose che egli considerava plausibili, o quantomeno accettabili. (Quando ne ebbe occasione, promosse gli agenti della polizia segreta di Šahty che avevano fatto parte della squadra inquirente, assegnando loro posti chiave in tutto il paese.)

Il processo si aprì nell'enorme Sala delle colonne, nel pieno di una campagna di stampa che aveva come parola d'ordine «A morte i sabotatori!»; tra quanti chiedevano la pena di morte c'era il figlio dodicenne di uno degli accusati. Cinquanta russi e tre georgiani, tutti tecnici dell'industria carbonifera, furono accusati di sabotaggio e spionaggio. Dieci dei prigionieri resero una piena confessione, e altri sei confessioni parziali. Non furono prodotte altre prove. Si presentò subito un piccolo intoppo: uno dei prigionieri, «l'imputato Nekrasov», non era presente. Il suo avvocato spiegò che era impazzito. Le confessioni scritte furono lette in tribunale: compromettevano tutti i presenti, inclusi alcuni che non avevano confessato.

Allora Krylenko, il pubblico ministero, «chinando gli occhi e torcendo le labbra in un ghigno», pronunciò una dura invettiva contro gli ingegneri. Un imputato, Benbenko, cercò di ritirare la sua confessione. Era rimasto nelle mani della GPU per quasi un anno. «Capivo a malapena che cosa firmavo ... ero frastornato dalle minacce, e così ho firmato ... ho cercato di ritrattare prima del processo, ma...»

Krylenko gli lanciò un'occhiata, e poi chiese con calma: «Intende dire che ha subito intimidazioni, minacce?».

Benbenko esitò, poi rispose: «No».

Un altro imputato, Skorutto, si era dichiarato innocente sin dall'inizio. Una sera riferirono che stava troppo male per assistere all'udienza. La mattina dopo comparve, «un essere tremante e cinereo», e dichiarò che la sera prima aveva ammesso la propria colpevolezza e quella di altri. Dal pubblico si alzò il grido di una donna: «Kolja, tesoro, non mentire. Non farlo! Lo sai che sei innocente!». L'imputato scoppiò in lacrime e crollò su una sedia. Dopo una pausa di una decina di minuti fu ricondotto in aula e affermò che pur avendo confessato aveva ritrattato la confessione in mattinata. Krylenko partì all'attacco. Skorutto, sottoposto a pressanti insistenze, disse di non aver dormito per otto notti, e alla fine di aver mentito sui suoi amici come loro avevano mentito su di lui. Aveva sperato che la giuria avrebbe dimostrato maggiore clemenza se si fosse dichiarato colpevole. Ma non era colpevole. La mattina dopo, Skorutto riconfermò la confessione, e disse che era stato il grido della moglie a far vacillare la sua decisione di dichiararsi colpevole.

Un altro degli imputati non comparve, e fu data la notizia del suo suicidio.

Rabinovič, un ultrasettantenne, «nel confronto intellettuale riuscì quasi ad avere la meglio sullo spaventoso e da allora invincibile pubblico ministero Krylenko». Quando un altro testimone parlò della sua connivenza nel sabotaggio, Rabinovič si scagliò contro di lui e lo guardò furioso dicendo: «Ehi, perché menti? Chi ti ha detto di mentire?». Krylenko sembrava mortificato.

Un altro uomo anziano, Imineetov, replicò fermamente la propria innocenza fino all'ultimo. Affermò con baldanza che un giorno un altro Zola avrebbe scritto un nuovo *J'accuse* per riabilitare i loro nomi.

Un americano presente, Eugene Lyons, riflettendo su quegli sprazzi illuminanti, la follia, il suicidio, le ritrattazioni e le riconferme delle confessioni commentò: «L'impatto di quegli orrori appena intravisti ci lasciò esterrefatti ... Come si comportavano uomini del tipo di Krylenko, che sogghignava e ringhiava mentre il mondo stava a guardare, quando non c'erano testimoni né verbali pubblici?».

Furono pronunciate undici sentenze capitali, sei delle quali vennero commutate per la collaborazione degli imputati.

Anche se l'allestimento del pubblico processo non era stato un successo assoluto, Evdokimov e i suoi subordinati avevano costruito un modello pilota che doveva servire come base per i processi successivi, i quali costituirono una componente essenziale dello stalinismo. Ma è ancora più importante il fatto che era stata messa a punto una tecnica per Stalin. Quando la polizia segreta cominciava a indagare sulle accuse di reato, utilizzando metodi che nessuno negli ambienti politici poteva controllare in modo efficace, qualsiasi tentativo di opporsi a tali sistemi assumeva subito l'aspetto di una difesa dei criminali e di un'aggressione contro lo stato e i suoi organi investigativi. Non era una causa facile da difendere nemmeno per i membri del Politbjuro. E in seguito, quando gli oppositori erano nelle mani della NKVD, a Stalin bastava dire che le indagini non erano concluse, e che avrebbero potuto uscirne scagionati, rimandando così l'effettiva discussione; poi, dopo avere ottenuto le confessioni, era sufficiente dichiarare che le indagini avevano dimostrato la loro colpevolezza.

Intanto questo spettacolo orribile produsse come risultato politico un allargamento e approfondimento della propaganda contro il «nemico di classe». Nel corso degli anni successivi in tutti i settori furono eliminati gli «specialisti borghesi»: ingegneri, insegnanti, tutti coloro che si erano formati prima della rivoluzione, ma avevano poi accettato il nuovo regime ed erano al suo servizio.

Come logico, la conseguenza fu un crollo degli standard. Per esempio secondo i dati nel 1930 oltre la metà degli «ingegneri» in

Unione Sovietica non aveva una preparazione adeguata: solo l'11,4 per cento vantava un'istruzione superiore, e alcuni non avevano nemmeno frequentato dei corsi accelerati.

Anche questo dice molto su una caratteristica essenziale dello stalinismo e della mentalità di Stalin, già rilevata a proposito del suo atteggiamento verso gli «specialisti» militari durante la guerra civile. Evidentemente riteneva che fosse facile, lo sentiva per istinto, sostituire il personale specializzato con quadri freschi più fidati dal punto di vista politico. Le conseguenze furono sempre disastrose.

Il processo di Šahty inaugurò una tradizione che fu perpetuata. Tra novembre e dicembre del 1929 si svolse l'azione penale contro il cosiddetto «partito industriale», costituito soprattutto da alti funzionari del settore economico, accusati di aver sabotato l'economia sovietica su ordine del presidente della Francia Poincaré, di T.E. Lawrence e di altri. Nel marzo 1931 ci fu un processo contro i menscevichi: solo pochi degli accusati erano membri di tale partito, ma tra loro vi era un personaggio interessante, N.N. Suhanov. Era stato davvero un menscevico di primo piano (benché nel 1917 la moglie, bolscevica, avesse messo a disposizione a sua insaputa il loro appartamento per le riunioni del Comitato centrale bolscevico clandestino), ma era più noto per aver definito Stalin, nel 1917, una «macchia grigia». Allora lo incarcerarono soltanto, ma in seguito venne fucilato.

Come era accaduto per il «partito industriale», gli ex menscevichi furono accusati di aver sfruttato le proprie posizioni nel settore economico per fare opera di sabotaggio. Lo stesso accadde con l'infornata successiva, nel processo di Metro-Vickers, tenutosi nell'aprile del 1933 contro ingegneri britannici che lavoravano in Russia e numerosi loro conoscenti sovietici. Non fu certo un successo, poiché molti inglesi ritrattarono le confessioni e dichiararono in aula che tutta la faccenda era «un complotto basato sulle deposizioni di prigionieri terrorizzati».

Tali processi venivano sempre riportati come grandi avvenimenti pubblici; la stampa sovietica e tutto l'apparato di propaganda parlavano delle accuse come se fossero veritiere.

Come vedremo, per il regime sovietico i processi avevano due scopi: fornire dei capri espiatori per il fallimento dell'economia, e fomentare, anche se questo implicava il sacrificio di personale specializzato, l'odio di classe, l'odio di parte e la xenofobia. È chiaro che per Stalin tali sentimenti avevano la precedenza rispetto a considerazioni più materiali.

6

È difficile sapere con precisione che cosa in realtà pensasse Stalin sulle prospettive della collettivizzazione, tramite la quale i contadini non deportati come *kulaki* sarebbero stati espropriati del possesso della terra e del bestiame e assoggettati del tutto al controllo statale. Di certo non prevedeva il disastro economico verificatosi in seguito. A quanto pare era convinto che il passaggio al socialismo nelle campagne avrebbe davvero prodotto un enorme progresso. Questa idea si basava almeno in parte su un'altra caratteristica precipua dei bolscevichi, ma non soltanto loro: una visione quasi trascendente della macchina. Anche in Occidente nei primi tempi si era verificato in una certa misura un fenomeno simile, per esempio con la smania per la ferrovia.

In Russia, la macchina avrebbe trainato un paese arretrato in una nuova epoca. Era questa la visione di Lenin quando aveva detto che il socialismo era «i soviet più l'elettrificazione». Il trattore doveva essere lo strumento per trasformare i villaggi, anche questo lo aveva detto Lenin. L'arte, i manifesti murali, la narrativa, persino la poesia del periodo (e successiva) pullulano di visioni romantiche della meccanizzazione urbana e rurale.

Anche quando risultò evidente che non ci sarebbe stata alcuna disponibilità di trattori, Stalin affermò che bastava «consorziare i mezzi di produzione dei contadini» per ottenere, come già stava accadendo, «risultati nemmeno sognati dai nostri lavoratori manuali»: il suo commissario per l'Agricoltura esortò addirittura a «raddoppiare la produttività del cavallo e dell'aratro». (Alla fine il numero dei cavalli calò del 47 per cento, e la produttività del lavoro si ridusse drasticamente.) Il consumo di burro avrebbe presto eguagliato quello della Danimarca, le mucche da latte sarebbero aumentate di due volte e mezzo, la loro resa sarebbe triplicata o quadruplicata...

Anche Stalin approvava l'obiettivo della grande «industria agricola» collettiva, e si pronunciò in favore di «kolhoz giganti», dicendo: «Le obiezioni della "scienza" riguardo alla possibilità e all'opportunità di organizzare grandi industrie cerealicole di cinquanta o centomila ettari sono state fatte saltare e ridotte in cenere». In realtà alcuni anni dopo, quando uscirono le *Opere* di Stalin, tale dichiarazione venne attenuata: gli ettari erano diventati «quaranta o cinquantamila»; ma intanto Stalin arrivò a fare la seguente previsione: «Nel giro di circa tre anni il nostro paese diventerà uno dei granai più ricchi di tutto il mondo, se non il più ricco».

Talvolta in Occidente si afferma che le azioni intraprese da Stalin e dal partito, di cui era ormai capo incontrastato, avevano una logica, almeno nella chiave dei loro principi sociali. Ma fino a che punto tutto l'atteggiamento derivasse da un mito ideologico più vasto risulta evidente dal fenomeno principale che accompagnò lo sforzo per la collettivizzazione e la «rivoluzione culturale» contro gli specialisti ex borghesi. Parliamo della contemporanea offensiva contro la religione. La propaganda e l'azione antireligiosa erano state importanti strumenti per i bolscevichi nella conduzione della guerra civile, ma sotto la Nuova politica economica c'era stato un certo rilassamento.

A partire dal 1928, la campagna riprese. Il 22 maggio 1929 la Costituzione che aveva consentito la «libertà di propaganda religiosa e antireligiosa» fu rettificata, così da garantire «libertà di culto religioso e di propaganda antireligiosa». Nel 1929 il Comitato centrale tenne una conferenza speciale su questioni antireligiose.

Negli anni successivi vennero imprigionati moltissimi sacerdoti, chiuse moltissime chiese, distrutti monasteri e cattedrali, opere architettoniche antiche e insostituibili. Ma soprattutto, tutti gli altri orrori perpetrati nei villaggi furono accompagnati da un ateismo accanito e dogmatico. Non si può fare a meno di notare l'animosità personale di Stalin in questa campagna, anche se il suo atteggiamento era ampiamente condiviso da molti altri comunisti militanti.

7

Nel 1929 Stalin trascorse la parte migliore dell'estate e dell'autunno nel suo luogo di vacanze sul Mar Nero. Mentre egli da lontano controllava la situazione, l'ennesima crisi dei cereali fu sfruttata per intensificare ulteriormente la propaganda per la collettivizzazione di massa: ogni settimana le cifre prospettate aumentavano.

A quel punto la maggior parte degli economisti sovietici protestò perché il piano era irrealizzabile, sia nel settore industriale sia in quello agricolo. Furono allora attaccati come «ideologi borghesi e *kulaki*» e destituiti dalle loro funzioni; moltissimi di loro vennero fucilati uno o due anni dopo (e riabilitati negli anni Ottanta).

Stalin, insieme ai suoi più intimi sostenitori, proclamava che l'idea della collettivizzazione stava diventando ancora più popolare tra i «contadini medi», e arrivò a sostenere che essi entravano in massa volontariamente nei nuovi kolhoz. Forse in un certo senso ci credeva davvero. Ma anche ammesso che riuscisse a credere a tutto quello che voleva, si sbagliava, e ciò sarebbe emerso con chiarezza di lì a poco.

In novembre fu annunciata un'«avanzata decisiva» da realizzare nei quattro mesi e mezzo successivi. La destra fu di nuovo condannata, e Buharin venne espulso dal Politbjuro per aver «calunniato il partito con accuse demagogiche» e per aver «affermato che i contadini "medi" erano stati spinti a schierarsi con i *kulaki* dalle "misure straordinarie"».

Nel dicembre 1929 Stalin poté celebrare il suo cinquantesimo compleanno in mezzo a un'adulazione senza precedenti: era il primo grande apogeo del «culto». Le sue espressioni variavano, ma come minimo lui era *il* capo del partito, l'erede di Lenin.

Alla fine dell'anno Stalin annunciò il suo obiettivo: «la liquidazione dei *kulaki* come classe». Intanto i contadini restanti dovevano subire quasi tutti la collettivizzazione entro un anno.

Forse per la NEP sarebbe stato possibile durare più a lungo. Di certo, tenendo conto di tutte le altre esperienze, non appare molto probabile che i contadini avrebbero mai accettato di entrare volontariamente in aziende agricole collettive controllate dallo stato. Talvolta in Russia davano ottimi risultati gli accordi per la condivisione della manodopera disponibile e dei macchinari agricoli, gli accordi tradizionali nei villaggi per i lotti da lasciare a maggese e la terra in comune. Ma non fu mai pensabile che i contadini sarebbero stati disposti a lavorare in base a quanto disponeva un piano emanato dal partito e dai suoi emissari, e con l'obiettivo di realizzarlo.

Data la situazione, in realtà nei villaggi le persone su cui il partito poteva contare si riducevano da un lato ad alcuni inabili al lavoro o psicopatici, e dall'altro a qualche insegnante; questi ultimi spesso avevano un'istruzione sufficiente per accettare i dogmi del partito, ma non di più. Erano assistiti, o meglio guidati dagli appartenenti ai «venticinquemila», abitanti delle città inviati dal partito e quasi tutti completamente privi di cognizioni agricole, seppure ferrati nella propaganda e nel terrore.

Non sarebbe stato possibile imporre una linea politica siffatta senza un massiccio impiego della forza. Per giustificarlo ci voleva un «nemico», il *kulak*, che simboleggiava la classe dirigente dei villaggi. Ma allo stesso tempo, dal punto di vista economico, eliminarlo significava distruggere proprio gli elementi più produttivi.

Nel corso dei due anni successivi, nelle campagne fu sferrata una lotta spietata, che produsse milioni di vittime. Prima furono deportati i *kulaki*, gruppo ormai allargato in modo tale da comprendere dei «sotto-*kulaki*», cioè contadini troppo poveri per poter essere definiti tali in base a qualsiasi criterio. Uno dei più eminenti studiosi di agricoltura dell'Unione Sovietica ultimamente ha detto che oltre quindici milioni di esseri umani, uomini, donne e bambini furono strappati a forza dai luoghi d'origine. Circa due milioni (aggiunge) vennero trasferiti a progetti industriali, e gli altri semplicemente deportati nella regione artica, tra cui un milione di maschi adulti inviati nei campi di lavoro.

Stava sviluppandosi anche un altro elemento del sistema staliniano: i campi di lavoro forzato. I campi di concentramento esistevano già sin dagli albori del regime, ma su scala relativamente ridotta, poiché ancora alla fine degli anni Venti vi erano internate forse non più di trentamila persone. Ma nel 1928 Naftali Frenkel, ex milionario, originario della Turchia ma al momento recluso per scontare una condanna, scrisse a Stalin proponendogli un progetto per ovviare alla scarsa produttività del lavoro servile, che era stata osservata già da Marx e dalla maggior parte degli altri economisti. In breve, Frenkel propose di legare le razioni alimentari alla produttività. Negli ultimi tempi in Unione Sovietica è stata confermata l'esistenza della sua relazione, con l'ulteriore dettaglio che secondo Frenkel adottando il suo metodo un prigioniero sarebbe riuscito a lavorare per sei mesi, periodo dopo il quale poteva essere eliminato.

Comunque, Frenkel fu rilasciato, e gli vennero assegnate mansioni di responsabilità nel nuovo sistema. Il lavoro forzato, con un pesante tasso di mortalità, sarebbe diventato una componente essenziale dell'ordine staliniano.

La deportazione dei *kulaki* si svolse secondo modalità terrificanti. L'unico sistema per attuarla consistette nel fomentare un clima isterico di linciaggio all'interno del partito. Vasilij Grossman, il più insigne scrittore dell'Unione Sovietica ad aver lasciato dei resoconti sui campi di sterminio nazista (in cui perì sua madre) fa un preciso confronto:

> Minacciavano la gente con i fucili, come invasati, chiamando i bambini piccoli «bastardi *kulaki*», urlando «parassiti!» ... Si erano venduti all'idea che i cosiddetti *kulaki* fossero dei paria, degli intoccabili, dei parassiti. Non si sarebbero seduti a tavola con dei «parassiti»; il bambino *kulak* era ributtante, la ragazzina *kulak* era meno di una pulce. Consideravano i cosiddetti *kulaki* animali, porci, esseri disgustosi, ripugnanti: non avevano anima; puzzavano; avevano tutti malattie veneree; erano nemici del popolo e sfruttavano il lavoro degli altri ... E per loro non c'era pietà. Non erano esseri umani, era difficile concepire che cosa fossero: dei parassiti, era evidente.

E ancora:

A quell'epoca mi dicevo: «Non sono esseri umani, sono *kulaki*» ... E comunque chi ha inventato la parola «*kulak*»? Era davvero una definizione? Quante torture subirono! Per massacrarli era necessario proclamare che i *kulaki* non erano esseri umani. Proprio come i tedeschi proclamavano che gli ebrei non erano esseri umani. E così affermarono Lenin e Stalin, dichiararono che i *kulaki* non erano esseri umani.

I perseguitati furono gettati nelle foreste o nella tundra della regione artica, dove dovettero costruirsi delle capanne e procurarsi il cibo. Erano territori non ancora colonizzati, per il semplice motivo che erano oltremodo inospitali. Il tasso di mortalità era molto alto: già nei carri bestiame pieni zeppi o durante le marce forzate ne moriva il 15 o il 20 per cento, soprattutto lattanti e bambini.

E ora nella realtà dei villaggi emerse quanto fosse falsa la dichiarazione di Stalin secondo cui la collettivizzazione era stata approvata dal popolo. All'inizio del 1930, oltre quattordici milioni di famiglie contadine furono convogliate a forza nelle nuove aziende agricole. E piuttosto che lasciar cadere i loro bovini nelle mani dello stato, essi macellarono metà del bestiame esistente. Già a marzo era evidente il disastro avvenuto nelle campagne.

Fu in quel momento che Stalin fece la sua famosa dichiarazione, definendosi «stordito dal successo». La linea politica adottata era giusta, e aveva incontrato l'approvazione del popolo, ma alcuni comunisti avevano forzato la collettivizzazione contadina: era stato un errore, si doveva consentire ai contadini di lasciare i kolhoz. A quel punto, nonostante i molti ostacoli che venivano loro frapposti, nove milioni di famiglie se ne andarono. La politica di Stalin era allo sfascio. Ma gli uomini della destra, che avevano così dimostrato di avere ragione, non passarono all'opposizione, come sarebbe accaduto in qualsiasi altro sistema politico. Buharin aveva espresso alcune critiche in autunno, prima di essere destituito dal Politbjuro nel novembre 1929. Ma poi, assoggettandosi alla disciplina di partito, lui e altri avevano dichiarato con calore in pubblico di appoggiare la nuova linea. E la sconfitta di Stalin nelle campagne fu accompagnata dalla sua vittoria definitiva all'interno del Politbjuro. Alla fine dell'anno Trockij e Rykov ne erano ormai esclusi, e il secondo aveva perduto anche la presidenza del Consiglio dei commissari del popolo, che fu assunta da Molotov.

Nel 1930 e nel 1931, la massa dei contadini fu indotta da pressioni ancora più insistenti a rientrare nei kolhoz, mentre Stalin continuava a dichiarare che si trattava di un'adesione volontaria. In realtà questa enorme mistificazione può essere considerata cruciale nell'evoluzione del «regno della menzogna stalinista», che Pasternak considerava l'essenza del sistema.

Ormai il mondo rurale era al limite della sopravvivenza. Quasi senza incentivi a produrre, con poche bestie mal curate, i contadini non erano più una forza produttiva. Tuttavia, il raccolto esistente si trovava sotto il controllo degli organizzatori delle aziende agricole collettive insediati dal partito, ed era sorvegliato nei granai collettivi, di facile accesso per il governo. Fu disposto che le richieste del governo fossero soddisfatte prima che i contadini ottenessero la loro parte.

Intanto si diede grande impulso all'industria. Il ritmo di industrializzazione era massacrante, anche se in seguito gli economisti sovietici hanno chiarito che sotto la NEP si sarebbe potuto raggiungere un tasso almeno altrettanto alto di progresso reale; anzi si stava già raggiungendo quando la NEP fu abbandonata. I pronostici relativi al nuovo Piano quinquennale furono assai più ottimistici dei risultati reali. In una certa misura si riuscì a nascondere la discrepanza grazie a imprese titaniche e prestigiose come la diga del Dnepr, che sembrava dimostrare il conseguimento di un nuovo livello di industrializzazione. Le condizioni nelle città, e soprattutto nelle nuove aree di urbanizzazione come Magnitogorsk, erano miserande, anche se non si arrivava alla degradazione dei villaggi. Ormai si controllava la manodopera per mezzo di passaporti interni (che Lenin aveva indicato come uno dei simboli più deteriori dello zarismo) e di libretti di lavoro in cui venivano registrati gli episodi di indisciplina. Cambiare lavoro senza autorizzazione divenne illegale. Le pene comminate per i reati contro il nuovo ordine economico diventarono sempre più severe.

La campagna era in condizioni spaventose, non solo dal punto di vista economico, ma anche in senso intellettuale e morale. Era distrutta persino sul piano politico, in quanto non esistevano più i presupposti per un dialogo ragionevole che era stato possibile persino sotto Lenin e sino alla fine degli anni Venti.

Anche se ormai il Politbjuro era compattamente stalinista, lo spirito critico non si era estinto del tutto. Tra il 1930 e il 1932 vi furono numerose ribellioni minori tra i funzionari comunisti di secondo piano. Nel 1930 si dovette espellere dalla sua carica (ma non dal partito) un protetto di Stalin, Sergej Syrcov, appena promosso membro candidato al Politbjuro, per «aver creato senza alcuno scrupolo uno schieramento sinistra-destra» insieme al Vecchio bolscevico georgiano Lominadze e altri: essi avevano protestato per l'approccio «feudale» al mondo contadino, e avevano dichiarato che le nuove prestigiose conquiste in ambito industriale erano polvere negli occhi.

Assai più indicativo, soprattutto per quanto riguarda Stalin, è ciò che avvenne in un gruppo di livello inferiore. Rjutin, che un tempo era stato segretario del partito a Mosca, nel 1930 si mise nei guai a causa di un memorandum in cui sosteneva che la linea politica propugnata da Buharin era giusta, e che Trockij aveva ragione riguardo al clima intollerabile vigente all'interno del partito. Chiedeva che venisse sospesa la collettivizzazione, e che si tornasse a una politica industriale ragionevole; e rimproverava Buharin e i suoi colleghi perché avevano capitolato. Rjutin fu arrestato, ma lo rilasciarono in quanto non esistevano prove di alcuna intenzione criminale da parte sua; dopo una censura, venne addirittura riammesso nel partito. Ma nel 1932, insieme a un piccolo gruppo di iscritti rivolse un «appello» a tutti i membri del partito, attaccando il degrado delle campagne, la distruzione della pianificazione autentica, l'illegalità all'interno del partito e nel paese in generale, lo smantellamento dei movimenti d'opinione, l'annientamento delle arti, la trasformazione della stampa in «una mostruosa fabbrica di menzogne»; chiese la destituzione immediata di Stalin e della sua cricca, aggiungendo che non se ne sarebbero andati di propria volontà, e che quindi bisognava espellerli con la forza. (Ora in Unione Sovietica Rjutin è considerato un modello di resistenza a Stalin, in contrapposizione con l'arrendevolezza dimostrata da Buharin e dagli altri.)

Stalin trattò il «progetto Rjutin» come il simbolo di tutte le forme di opposizione al suo governo. Per il resto del decennio esso fu rappresentato ripetutamente come il massimo coagulo dei complotti e delle malefatte dell'opposizione. Quando Rjutin venne di nuovo incarcerato, Stalin si diede da fare di persona per ottenerne la condanna a morte.

Fu un momento cruciale, il primo scontro serio fra Stalin e la cerchia dei suoi intimi da un lato, e i membri del Politbjuro che lo avevano sostenuto per convinzione ma non erano pronti ad accettare l'uccisione di membri del partito dall'altro. Nel caso di Rjutin (e in altri meno importanti, tra cui quello dell'ex segretario di Stalin Nazaretjan), Kirov, insieme a Ordžonikidze, Kujbyšev, Kosior, Rudzutak e in apparenza Kalinin, costituirono una solida maggioranza contraria alla pena di morte. Rjutin fu condannato solo a dieci anni di detenzione. Pochi mesi dopo ci fu un altro caso, in cui erano coinvolti il Vecchio bolscevico A.P. Smirnov e altri che non erano mai stati sospettati di dissidenza. Stalin commentò: «Certo soltanto i nemici potrebbero dire che la destituzione di Stalin non avrebbe ripercussioni». Anche questa volta il suo tentativo di far fucilare i colpevoli fu bloccato dalla maggioranza del Politbjuro.

Ma anche se questi episodi meritano di essere citati, e certo indicano fino a che punto arrivasse il disgusto in alcuni ambienti di veterani, nel complesso l'influenza di Stalin sul partito e sul paese fu assai rafforzata dalle sue scelte politiche radicali e dalla situazione d'emergenza che ne conseguì. Con tali provvedimenti egli si era garantito il sostegno della stragrande maggioranza degli iscritti, anche se alcuni ritenevano che nel 1929 ci fosse stato un mutamento di posizione troppo brusco. Nelle crisi Stalin aveva due importanti punti a suo favore. Innanzitutto i militanti dogmatici si sentivano di nuovo nel pieno della lotta rivoluzionaria. Significativa in questo senso è un'osservazione di Kirov: «Quelli di destra sono favorevoli al socialismo, ma senza confusione, senza lotta». E la lotta, la lotta disperata era una convinzione profondamente radicata e uno stile di vita per i normali comunisti a nome dei quali parlava Kirov.

Per usare l'espressione di un funzionario, a quell'epoca la devozione per Stalin era «basata soprattutto sulla convinzione che non ci fosse nessuno in grado di prendere il suo posto, che qualsiasi cambio al vertice sarebbe stato estremamente pericoloso, e che il paese dovesse continuare a seguire la via intrapresa, perché fermarsi allora o tentare una ritirata avrebbe significato perdere tutto». Persino un trozkista arrivò a commentare: «Se non fosse per questo tizio ... ormai sarebbe andato tutto in malora. È lui che tiene insieme le cose...».

Ma le remore insorte all'interno dello stesso Politbjuro erano, almeno per come le vedeva Stalin, un intralcio al suo regime.

8

Per calcolare la produzione di cereali fu introdotto un nuovo sistema, quello del «raccolto biologico». Anziché calcolare la quantità di grano presente nei granai dopo la mietitura, si misurava quanto ce n'era nei campi. Nel 1953 Hruščev rivelò che questo aveva prodotto una sopravvalutazione di oltre il 40 per cento. Fu persino emanato un decreto che proibiva la raccolta di dati sul grano realmente trebbiato, «poiché distorcono il quadro reale del raccolto». L'introduzione di questo nuovo criterio ingannevole e falso nei processi economici produsse un risultato immediato. In realtà era il governo a decretare l'entità del raccolto, applicando il principio della produzione teorica massima alla massima area coltivabile. E poi poteva calcolare la propria quota su questa base, lasciando ai contadini la parte restante, esigua o inesistente.

Nel 1932 Stalin sferrò il colpo più letale, anche in questo caso contro i contadini, e soprattutto contro le popolazioni rurali dell'Ucraina e delle zone cerealicole adiacenti, che si erano opposte con maggior vigore alla campagna di collettivizzazione. Non volle ammettere che la produzione era calata, e basandosi su cifre completamente inventate pretese che gli fosse consegnata una quantità di cereali che superava il raccolto totale. Le sue disposizioni furono applicate in modo spietato e produssero la tragedia che sotto molti aspetti può essere considerata la più grave del secolo. Durante l'inverno morirono di fame almeno cinque milioni di persone, ma più probabilmente sette milioni. Un attivista impegnato nell'attuazione del programma in seguito scrisse:

> Qui ho visto le persone morire in solitudine a poco a poco, morire in modo orrendo. Una decisione presa nella lontana capitale, intorno ai tavoli delle conferenze e dei banchetti, li aveva intrappolati ciascuno a casa sua, a patire la fame. Ad alleviare l'orrore non c'era neanche la consolazione che fosse inevitabile.

Gli attivisti operavano perquisendo le case, scassinando i magazzini con i piedi di porco, appropriandosi di tutti i cereali rimasti. Le quantità sequestrate nel 1933 furono irrisorie, e non si riuscì mai a raggiungere la quota teorica da requisire, perché non c'era più grano.

Stalin stilò personalmente la famigerata legge del 7 agosto 1932 «Sulla salvaguardia della proprietà di Stato», indicando tutti i beni delle aziende agricole collettive in quanto tali: bestiame, grano in giacenza, produzione. Qualsiasi infrazione a tale legge andava punita con la pena capitale, o in presenza di circostanze attenuanti con almeno dieci anni di reclusione e la confisca delle proprietà. Decine di migliaia di persone furono giustiziate per reati come per esempio il «furto» di qualche pannocchia di granturco. Stalin ordinò personalmente che per tali reati non venisse concessa la grazia. Kaganovič, per esempio, condannò un giudice che aveva detto di non riuscire a imporsi di condannare a dieci anni di reclusione un contadino il quale aveva rubato quattro ruote da carro. In realtà sentenze del genere erano comuni anche per reati meno gravi, come il «furto di dieci cipolle», mentre «l'appropriazione» di dodici chili di grano, spigolati da una bambina di dieci anni, comportò per suo padre la pena di morte. Erano episodi piuttosto comuni.

Fu una lotta all'ultimo sangue contro la popolazione rurale, e insieme a essa contro gli ucraini. E quando Stalin ingaggiava una lotta all'ultimo sangue, in giro moriva sempre un sacco di gente.

La carestia fu il fulcro della mistificazione più sfacciata e di più ampia portata mai espressa dallo stalinismo fino ad allora. Mentre milioni di persone morivano di inedia, si negò del tutto l'esistenza di una carestia. Tale versione venne adottata non soltanto per il mondo esterno, ma persino in Unione Sovietica. Solo alcuni anni fa fu ammesso che c'era stata una carestia. E persino allora, almeno per un certo periodo fu attribuita alla siccità (anche se gli studi sovietici del settore non registrano siccità nel periodo considerato). Poi si riconobbe che era stata causata da disposizioni governative, ma con la precisazione che si era trattato di un errore, e non di un provvedimento mirato consapevolmente a diffondere la fame. La verità è emersa tra il 1988 e il 1990, e ora succede spesso di leggere relazioni di questo tenore:

> La carestia del 1932-1933 fu organizzata con premeditazione dalla classe dirigente di Stalin; fu scelta in quanto costituiva uno dei sistemi più efficaci per contrastare la popolazione rurale, che si opponeva all'imposizione forzata di «forme di cooperazione più avanzate» («Novyj mir», 9, 1989).

> Stalin organizzò questa carestia in modo del tutto consapevole e pianificato («Sovetskaja kul'tura», 1° ottobre 1988).

> L'ostilità per la popolazione rurale, la sfiducia verso di essa fu alla base della politica della carestia («Sobesednik», 49, novembre 1988).

E in «Literaturnaja Ukraina» (18 febbraio 1988) viene definita a chiare lettere una «carestia omicida».

Inoltre sembra indubbio che fu Stalin a decidere di negare del tutto l'esistenza della carestia. Molti dei quadri dirigenti in realtà si erano resi conto delle sue spaventose conseguenze. All'inizio del 1933, il segretario del Comitato provinciale di Har'kov riferì a Mosca che in Ucraina imperversava la carestia. Stalin rispose:

> Ci hanno detto che tu, compagno Terehov, sei un buon narratore; a quanto pare sei bravo a raccontare le favole, se hai inventato una fiaba del genere sulla carestia pensando di spaventarci; ma non funzionerà. Non sarebbe meglio che tu lasciassi la tua carica di segretario di Comitato provinciale e il Comitato centrale ucraino, e ti iscrivessi all'Unione degli scrittori? Così potrai scrivere le tue favole e prendere per il naso chi le legge.

Diventò semplicemente impossibile dire la verità. Persino nei villaggi affamati parlare della carestia diventò un reato, punibile con dieci anni di prigione, o talvolta con la pena di morte. Infatti, tutto il

La scuola parrocchiale di Gori:
Stalin è al centro nell'ultima fila.

Al Seminario di Tiflis.

La casa natale a Gori prima del restauro.

Stalin in esilio a Monastyrskoe con Spandarjan.

La casa di Kurejka che Stalin divideva con Sverdlov.

Un gruppo di bolscevichi esiliati, 1915: Kamenev, in piedi alla sinistra di Stalin, è stato cancellato nella foto sotto, pubblicata negli anni Trenta.

Sopra: Stalin in un registro della polizia zarista.
Sotto a sinistra: La prima moglie, Ekaterina Svanidze.
Sotto a destra: Nadežda Allilueva a tredici anni, quando Stalin la conobbe.

In senso orario dall'alto: Stalin nel 1911.
Stalin nel 1917.
Stalin nel 1918, membro del Soviet militare rivoluzionario del fronte sudoccidentale.
Stalin nel 1919

Lenin e Stalin
nel 1922.

La Krupskaja
e Lenin poco prima
della morte di lui.

Il gruppo dirigente di Stalin nel 1929. *Da sinistra a destra*: Ordžonikidze, Vorošilov, Kujbyšev, Stalin, Kalinin, Kaganovič, Kirov.

Il funerale di Kirov. Davanti, Vorošilov e Stalin; dietro, a sinistra Molotov, a destra Kalinin, mentrte trasportano al Muro del Cremlino l'urna contenente le ceneri di Kirov.

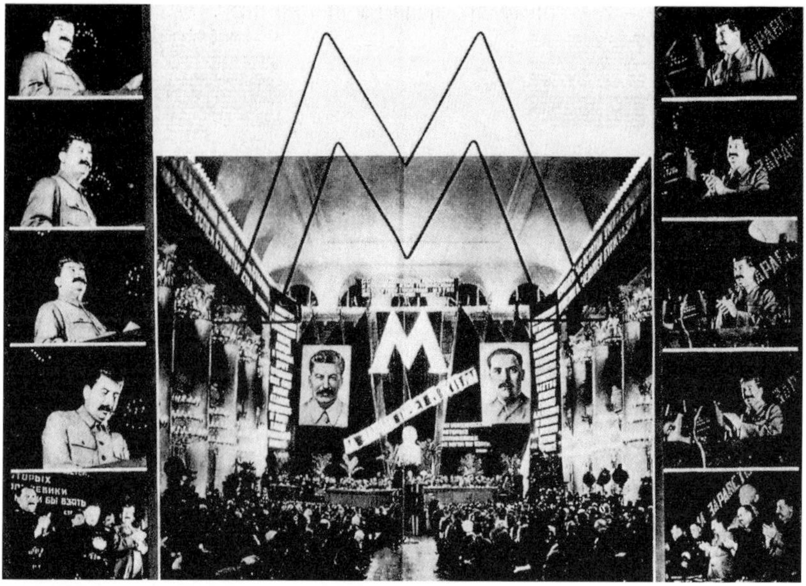

Inaugurazione della metropolitana di Mosca, 1935.

Stalin nella veste di amico dei banbini (in seguito avrebbe fucilato il padre della piccola ritratta in questa foto).

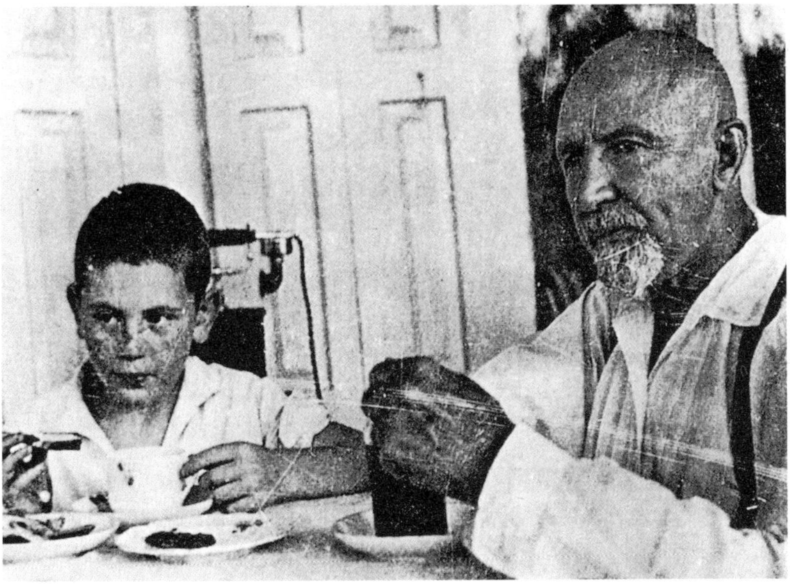

Vasilij Stalin
con Sergej Alliluev.

Svetlana Stalin
con Lavrentij Berija,
1934 circa.

Nadežda Allilueva, 1932

La tomba di Nadežda Allilueva.

IL POLITBJURO DI LENIN, 1919

Lenin,
morto nel 1924.

Trockij,
assassinato
nel 1940.

Kamenev,
fucilato nel 1936.

Zinov'ev,
fucilato nel 1936.

Buharin,
fucilato nel 1938.

Rykov,
fucilato nel 1938

Tomskij,
suicida nel 1936.

Stalin,
sopravvissuto.

Stalin con
Poskrebyšev.

Maggio 1933: con Ežov, Molotov e Vorošilov all'inaugurazione del canale tra il Mar Bianco e il Baltico

Stalin e Ribbentrop alla firma del patto nazisovietico.

La madre di Stalin in età avanzata.

Vasilij e Svetlana durante la guerra.

Il figlio Jakov, prigioniero di guerra dei tedeschi.

Teheran, 1943: Stalin mentre bacia la spada di Stalingrado, offertagli in dono da Winston Churchill.

Teheran, 1943: Roosevelt, Churchill e Stalin a pranzo.

Festeggiamenti per il settantesimo compleanno di Stalin.

Budapest, 1967: la mostra dedicata a Stalin.

Stalin giace accanto a Lenin nel mausoleo della Piazza rossa.

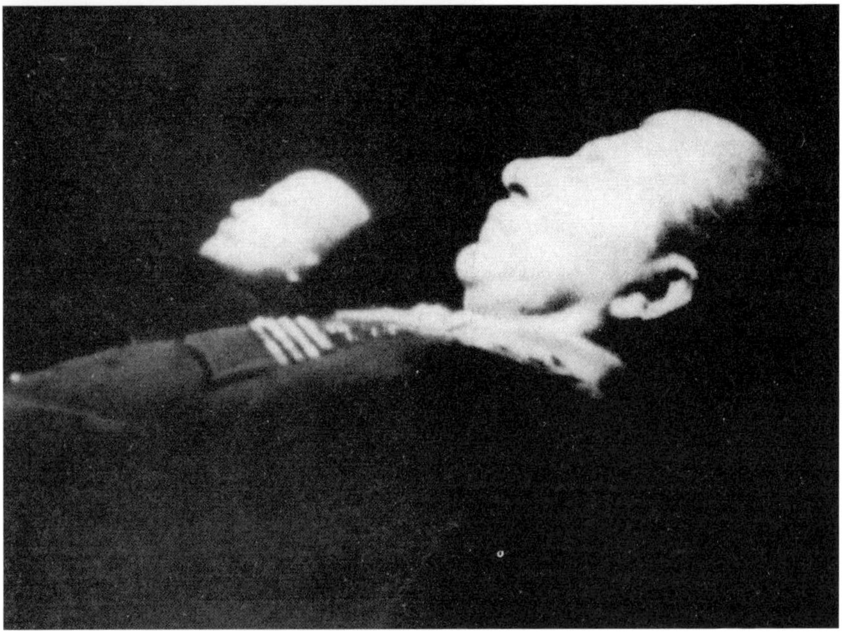

sistema staliniano e tutta la sua tecnica di governo dipendevano sempre più da menzogne di portata talmente vasta che possono essere giustamente definite senza precedenti: appaiono impossibili, impraticabili in base al comune modo di pensare. Sotto molti aspetti, alla base del regime di Stalin c'era uno stacco da tutto quello che era stato fatto, o soltanto immaginato, prima di allora. Anche la collettivizzazione forzata in apparenza era impossibile. Tuttavia Stalin la realizzò. In generale, sembra che non tenesse mai molto conto dei precedenti, o delle argomentazioni ragionevoli.

9

Talvolta ancora oggi si sente parlare dell'entusiasmo e di altri presunti pregi di coloro che attuarono, o persino diressero, l'offensiva di Stalin. È un'esperienza particolarmente sgradevole, nelle occasioni in cui a esprimere tali giudizi sono professori universitari occidentali, per i quali un qualsiasi attentato al loro diritto di proprietà, per non parlare di un attentato alla loro vita e alle loro libertà, rappresenta un atto di insopportabile mancanza di umanità.

Ancora negli anni Trenta i decani della sociologia occidentale, Sidney e Beatrice Webb, scrivevano che «circa un milione di famiglie» erano state cacciate dalle loro case, e commentavano: «Gli uomini che presero una decisione tanto grave in nome di ciò che consideravano il bene pubblico dovevano essere dotati di una fede incrollabile e di una forza titanica». Nel secolo scorso sono state prese spesso decisioni altrettanto gravi riguardo alla vita degli altri. È evidente che adottando i criteri degli Webb l'Olocausto nazista è pienamente giustificato.

Affrontando l'argomento dell'entusiasmo dei testimoni diretti si entra in un ambito interessante, non solo dal punto di vista etico, ma anche da quello probatorio. Di certo moltissime, o comunque molte persone avevano accettato l'etica dell'attivo dirigente locale protagonista di *Terre vergini* di Šolohov, un romanzo che riscosse grande successo nell'URSS staliniana: «Sì... Potresti allineare migliaia di vecchi, donne e bambini, e dirmi che vanno schiacciati nella polvere in nome della rivoluzione, e io li abbatterei tutti con la mitragliatrice». È questo lo spirito in cui decidevano, o comunque agivano, gli inviati del partito nei villaggi. O almeno di quelli che sopravvissero, perché esistono svariati rapporti su comunisti che si rifiutarono di eseguire gli spietati ordini provenienti dalla capitale, soprattutto contro i bambini. Secondo Buharin, che comunque non ne parlò mai in pubblico, tra le peggiori conseguenze dei quattro anni di lotta nelle campagne c'era il fatto che si fosse ancor più radicata l'idea del terrore come «un ordinario sistema di amministrazione» e «dell'obbedienza a qualsiasi ordine proveniente dall'alto come una grande virtù». Aveva compreso l'«autentica disumanizzazione» dell'apparato, cioè la sua crescente stalinizzazione.

Non si capisce perché l'«entusiasmo» in quanto tale andrebbe considerato una virtù più di quanto non lo sia nel caso della Gioventù hitleriana, nemmeno se chi lo afferma accetta il meccanismo di autoassoluzione della bassa forza stalinista. Certo è meno ripugnante quando viene citato a proposito dei giovani stalinisti inviati a costruire nuovi centri industriali come Magnitogorsk, anche se in questi casi la classe operaia (costituita in larga parte da contadini fuggiti dai villaggi) era trattata in modo vergognoso.

Ma rimane un'altra domanda. Fino a che punto dobbiamo credere a quanto comunemente si afferma, che l'entusiasmo, anche nella sua forma più rozza, fosse davvero contagioso?

In primo luogo bisogna dire che quasi tutti i contadini, i quali costituivano ancora la maggioranza della popolazione, aborrivano il sistema. E per l'intellighenzia, almeno in larga parte, non era molto vantaggioso un regime deciso a soffocare tutto quanto non rientrava in una specifica ortodossia di pensiero. Gli «operai» infine, che in teoria rappresentavano una classe privilegiata, facevano una vita infame, assai spesso in tuguri e baracche limitrofe ai nuovi altiforni.

Negli anni Venti il regime era stato accettato non perché suscitasse particolare entusiasmo, ma per lo sfinimento generale della popolazione, sommato alla nuova situazione di tolleranza in campo economico. Non c'è alcun motivo per ritenere che, quando la tolleranza venne a mancare, Stalin e il suo gruppo dirigente godessero di un qualche favore, se non quello di una popolazione disgregata, oppressa e costretta a mostrare entusiasmo da un apparato costituito da spie e prepotenti, con una componente piuttosto esigua di teorici anziani e un gruppo abbastanza nutrito di persone più giovani, indottrinate più o meno fino al livello in cui i loro padri avevano perso la fede, senza però riuscire, date le circostanze, a comunicarlo ai propri figli.

La lotta nelle campagne produsse la sua quota di eroi dello stalinismo, molto pubblicizzati. Spesso erano informatori, che in buona parte esistevano già fin dall'inizio del regime, ma che ora pullulavano e continuavano ad aumentare. Uno dei modelli più esaltati in tutto il periodo staliniano, anzi fino a un'epoca abbastanza recente, era un martire, oltre che un eroe: il quattordicenne Pavel («Pavlik») Morozov, della cui vicenda, e di come a essa reagì Stalin in privato, abbiamo parlato nel capitolo I di questo libro. Morozov non era stato il primo a denunciare i genitori. Il figlio di uno degli imputati di Šahty aveva smascherato con impeto suo padre, e si era cambiato il cognome in Šahtyn, anche se questo accadde dopo l'arresto di suo padre, e non ne fu la causa. In seguito ai figli degli imputati chiedevano sempre di denunciare e ripudiare i genitori durante riunioni pubbliche nelle loro scuole. Dopo Morozov, la stampa sovietica celebrò una lunga serie di giovani che avevano denunciato padri e madri e che vennero inseriti nel «Libro d'onore» dei pionieri. Questo è un punto fondamentale nella concezione staliniana dello stato.

Persino all'interno della casta dirigente, erano i bambini e gli studenti più abietti a controllare, manipolare e censurare gli altri. Questo produceva sì un clima di devozione, ma rancorosa, anche se a quanto pare, come accadeva in altre sfere, era diffusa la tipica convinzione russa secondo cui «se solo Stalin lo avesse saputo», le cose sarebbero andate diversamente: in altre parole l'idea che la colpa non fosse del regime in se stesso. È un atteggiamento che si riscontra addirittura tra i militanti inviati a sterminare la popolazione rurale. Molti di loro, diversi anni dopo, in Occidente scrissero che consideravano gli orrori imputabili a una cattiva gestione locale, pur restando convinti che nel complesso le cose andassero bene: si tratta di un effetto del controllo e della distorsione delle informazioni.

Non ci sono motivi per accettare un'opinione, diffusa ormai quasi esclusivamente in alcuni ambienti occidentali, secondo cui lo stalinismo avrebbe goduto di ampio, per non dire caloroso, consenso tra la popolazione. (Lo scrivo poco dopo la caduta del regime comunista della Germania orientale, che, a quanto affermavano simili scrittori, era abbastanza riuscito e comunque godeva di grande consenso nella massa della popolazione...)

Stalin pensava che il suo sistema e la sua persona fossero popolari? Probabilmente sapeva che la popolazione rurale odiava entrambi. Ma in realtà non abbiamo motivo di pensare che gli importasse un granché se i contadini o qualsiasi altro gruppo sociale erano felici e soddisfatti, o addirittura riconoscenti. O perlomeno, negli anni successivi si comportò sempre come se sapesse di essere soltanto accettato con estrema riluttanza da tutte le classi sociali, inclusi persino i vertici del partito. Il culto della personalità aveva un certo effetto sulla classe giovanile semincolta, ed era anche un consapevole richiamo all'adunata per gli attivisti del partito vittorioso. Ma forse è più importante per i suoi aspetti rituali e dogmatici: una cosa indispensabile da accettare con entusiasmo per poter integrarsi in un ambiente decoroso.

In un certo senso, ora Stalin esigeva un sostegno esteriore pressoché unanime del partito e della popolazione. Chiedeva inoltre di combattere senza sosta contro innumerevoli nemici i quali, se si fosse mostrato loro il minimo segno di tolleranza (a suo parere) avrebbero scosso il suo regime dalle fondamenta. Un atteggiamento questo che – psicologico o politico o con entrambe queste connotazioni – lo accompagnò per tutto l'esercizio del suo potere, e fu un fattore importante della lunga distorsione di tutto quanto avesse una parvenza di normalità in Unione Sovietica.

I memoriali di cui disponiamo, le interviste scritte o concesse anni dopo, dimostrano che davvero una certa quota della popolazione negli anni Trenta era fedele al partito, e personalmente a Stalin. In larga misura si trattava di intellettuali della «nuova classe», gli unici che furono davvero avvantaggiati dal regime. Sebbene alcuni stalinisti devoti perissero insieme agli altri, coloro che manifestavano una lievissima traccia di dissenso o di delusione perivano a milioni, per cui comunque il nostro campione è relativamente falsato.

Data l'esiguità delle prove, sorprende che si leggano ancora dichiarazioni fiduciose sulla grande diffusione dell'entusiasmo. Ma di certo sappiamo che esisteva una discreta fascia di entusiasti, o fanatici, i quali avevano accettato le menzogne e giustificato o ignorato il terrore dell'intero fenomeno staliniano e una fascia, negli anni Trenta sempre più numerosa, di persone devote personalmente a Stalin. Molte di esse erano legate al regime perché si erano rese complici del terrore e delle delazioni. Ma non dobbiamo trascurare l'influenza esercitata su tutta la popolazione dal costante martellamento propagandistico in favore della linea staliniana, e la completa assenza di qualsiasi altra espressione di idee o verità diverse. Come raccontano molti scrittori sovietici moderni, tale situazione provocava grande disorientamento sul piano psicologico. A quanto pare, la gente era mentalmente assordata dalla stridente vociferazione dello stato.

10

Stalin aveva saputo della carestia nelle sue primissime fasi, quando si sarebbe ancora potuto evitarla, da una fonte a lui vicina. Sua moglie Nadežda, annoiata dalla vita familiare, era stata autorizzata a seguire dei corsi di produzione tessile all'accademia industriale. Lì, da altri studenti che erano stati inviati in missione come attivisti nella raccolta dei cereali, apprese della terribile situazione dell'Ucraina, dei sequestri, dei bambini affamati, del cannibalismo. Lo riferì a Stalin e scoppiò un violento litigio. Gli studenti che dando informazioni a Nadežda speravano di arrivare a Stalin e di commuoverlo furono arrestati.

Pochissimo tempo dopo, l'8 novembre 1932, dopo i festeggiamenti per l'anniversario della rivoluzione, i Vorošilov diedero un pranzo al Cremlino.

Stalin fu insopportabilmente scortese con Nadežda. Esistono svariate versioni leggermente diverse dell'episodio, ma secondo la più mite le gridava «Ehi, tu!» ordinandole di bere. Secondo un'altra versione, le buttò addosso una sigaretta accesa, che le finì sul vestito. In ogni caso, Nadežda si alzò e se ne andò. La sua amica Polina, moglie di Molotov, la accompagnò a piedi fino al suo appartamento al Cremlino, e la lasciò ormai relativamente calma. Ma durante la notte Nadežda si sparò, lasciando un biglietto a Stalin il cui contenuto, sebbene sotto molti aspetti personale, era «parzialmente politico».

Verso la fine del 1989 a Mosca sono state pubblicate nuove informazioni su quella notte, contenute in una parte delle memorie di Hruščev fino ad allora censurata. Dopo la morte di Stalin, il capo della sua scorta Nikolaj Vlasik, da lungo tempo al suo servizio, fu interrogato sulla vicenda. Vlasik affermò che, dopo mangiato, a una certa ora Nadežda aveva telefonato chiedendo dove fosse Stalin. Non era tornato all'appartamento del Cremlino, si trovava invece nella dacia «vicina». Lei aveva chiesto con chi fosse, e l'ufficiale in servizio, a buon motivo definito da Vlasik uno stupido zuccone, le aveva risposto: «La moglie di Gusev». Erano sempre circolate delle voci su certe attività extraconiugali di Stalin. Molotov afferma che Nadežda era gelosa, per esempio, di una barbiera incaricata di rasarlo. Forse quell'ultimo incidente fu l'estrema umiliazione che la indusse al suicidio.

Quando Stalin tornò all'appartamento era profondamente scosso. Nadežda prima fu esposta nell'edificio limitrofo alla piazza Rossa che ora è un dipartimento dei grandi magazzini GUM. Quando Stalin andò a visitare il feretro lo videro fare un gesto di ripulsa, e gli sentirono dire: «Mi ha lasciato da nemica!». Fu l'unica occasione in cui gli videro gli occhi pieni di lacrime. Ma le sue frequenti visite alla tomba nel cimitero di Novodevič'e sono una leggenda.

Stalin imputò il suicidio almeno in parte al romanzo di Mihael Arlen, *Il cappello verde*, che Nadežda stava leggendo, e in cui si sprecano i suicidi compiuti da persone che conducono vite senza senso.

Ma anche se Arlen era di origine armena, Stalin non si pose in alcun modo la questione di un'eventuale ritorsione, e a quanto pare questo pensiero lo toccava in modo assai limitato. Più in generale, considerava il suicidio un ulteriore segnale e simbolo della presenza pervasiva del «nemico». Rappresentava anche un'enorme sconfitta personale. Aveva fallito in modo lampante e completo in un settore importante della sua vita, e a giudicare da alcune sue osservazioni di epoca posteriore si può dedurre che non riuscisse a farsene una ragione.

Da allora in poi, nella sua vita venne completamente a mancare persino quella parvenza di normalità che le conferiva la moglie. Lasciò la dacia di Zubalovo e si trasferì in pianta stabile nella dacia «vicina», a Kuncevo, a soli otto chilometri dal Cremlino. Da lì, nei vent'anni successivi, organizzò il terrore e la guerra, vivendo in un'atmosfera di serate per soli uomini, volgari e squallide.

X
IL TERRORE

1

L'anno 1933 segna un'epoca, non solo in quanto rappresenta il culmine della vittoria letale di Stalin sulle classi ostili e i membri esitanti del partito, ma anche perché è il momento in cui Hitler prese il potere in Germania, e tale avvenimento doveva rivestire un'importanza cruciale nel destino futuro del dittatore sovietico.

Dopo la morte di Lenin, i dirigenti erano stati assorbiti soprattutto dai problemi interni, a discapito della politica estera. Inoltre sapevano assai poco sugli affari esteri, poiché non ragionavano sulle vere popolazioni e sui veri paesi ma sugli stereotipi marxisti corrispondenti.

Tuttavia bisognava fare i conti con il mondo esterno. Fu necessario organizzare lo spiegamento del Komintern ed epurare i vertici dei partiti affiliati per liberarli dai rappresentanti delle svariate opposizioni che si susseguirono dopo la destituzione di Zinov'ev e poi di Buharin dalla dirigenza dell'organizzazione. E come abbiamo detto, si dovette spiegare la serie di sconfitte dei comunisti cinesi, prima quando avevano adottato la tattica del fronte unito e poi quando tentarono di fare appello alla forza, attribuendone la responsabilità a persone diverse da Stalin. Nel 1930 questi obiettivi erano stati raggiunti con buon esito.

Lo stile di manovra politica di Stalin aveva incontrato qualche resistenza. Nel maggio 1927, per esempio, alla sua presenza, il comitato esecutivo del Komintern aveva chiesto di condannare un documento di Trockij sulla questione cinese. Stavano per farlo, quando la delegazione italiana, costituita da Togliatti e Ignazio Silone, dichiarò di non aver potuto esaminare il documento. Nemmeno gli altri stranieri presenti lo avevano visto. Gli italiani allora obiettarono che Trockij era senz'altro in errore, ma che non si poteva chiedere loro di esprimere una condanna ufficiale su un testo di cui non avevano preso visione. Continuarono a rifiutare anche quando venne spiegato loro che il Politbjuro sovietico non considerava opportuno farlo circolare, e li si sottopose a pressioni durante la sospensione dei lavori. Allora Stalin, nel suo tipico stile, ritirò la mozione...

Comunque, a mano a mano che le delegazioni straniere si abituavano al nuovo tono, le obiezioni scemavano. All'inizio degli anni Trenta ormai la stalinizzazione del Komintern poteva considerarsi compiuta; anche se si sarebbero verificate ancora molte defezioni, Stalin aveva uno strumento formidabile per compiere interventi politici e propagandistici in Occidente e in tutto il mondo.

Il «socialismo in un solo paese» non aveva mai implicato l'abbandono della rivoluzione mondiale, e ai comunisti sovietici venivano spesso rammentati i suoi slogan. Non possiamo stabilire fino in fondo che cosa pensasse e che cosa provasse Stalin riguardo alla rivoluzione mondiale. Certo di tanto in tanto, in privato, derideva il Komintern. Nel dopoguerra i suoi rappresentanti asserivano il concetto che in Occidente una rivoluzione poteva riuscire solo in concomitanza con l'intervento armato sovietico, come nell'Europa orientale. Ma all'inizio degli anni Trenta non si poteva nemmeno pensare che i sovietici fossero in condizione di sostenere militarmente una simile impresa. Anche a causa della politica di Stalin, i comunisti tedeschi non erano mai apparsi una forza vincente, e nel 1933 la loro influenza reale fu annientata. Anche altrove, fino al 1936, i partiti comunisti rimasero piccole minoranze.

Era per tenersi su di morale, come quando si fischietta, che i comunisti di tutto il mondo parlavano ancora dell'obiettivo di creare una federazione mondiale di repubbliche sovietiche, come fece per esempio Georgi Dimitrov al processo per l'incendio del Reichstag? Un indizio fa pensare che Stalin nutrisse ancora, per quanto vagamente, le antiche speranze. Nel 1934 Karl Radek, allora suo ammiratore devoto, pubblicò un articolo in cui lo descriveva insieme ai più intimi collaboratori durante la manifestazione per il Primo maggio, mentre verso la sua calma figura salivano «fiotti d'amore e di fiducia, fiotti di consapevolezza che lì, sulla tomba di Lenin, erano raccolti i capi della futura rivoluzione mondiale vittoriosa».

Ma per il momento l'Unione Sovietica era ancora debole e vulnerabile. Una delle ragioni per cui nel 1932-1933 Stalin aveva avanzato richieste eccessive di cereali era il progetto di creare una «riserva strategica di grano», a cui fu in larga parte dovuta l'inadeguatezza del rifornimento di generi alimentari che si protrasse nel paese fino agli anni Ottanta. Per il momento era già decisamente irrazionale affamare milioni di potenziali reclute dell'esercito, e inimicarsi le altre.

Verso la fine degli anni Venti diverse volte si era temuta la guerra. Si presumeva che i francesi o altri occidentali fossero sul punto di aggredire l'Unione Sovietica. Nel 1927 Stalin riassunse l'ultima campagna di propaganda sovietica con un articolo tipico nel suo genere sulla «Pravda»: esisteva il pericolo concreto e immediato di un attacco imperialista. Il commissario del popolo per gli Affari esteri, Georgij Čičerin, sapeva che non c'era alcun indizio di preparativi di quel tipo, e aveva chiesto che cosa stesse succedendo. Un collega gli spiegò: «Sss... Lo sappiamo. Ma ci serve contro Trockij». La dichiarazione allarmistica aveva come scopo principale di costringere Trockij ad affermare che si sarebbe opposto alla linea voluta da Stalin persino in guerra, come nel 1914 Clemenceau si era opposto ai dirigenti francesi incapaci; in tal modo avrebbe offerto a Stalin su un vassoio d'argento l'opportunità di chiamarlo traditore. Invece, all'inizio degli anni Trenta, si percepiva un pericolo autentico, e questa volta proveniva dal Giappone. E in effetti i militaristi di Tokyo esaminavano la possibilità di attaccare la Siberia.

In precedenza l'URSS aveva davvero mandato truppe a combattere contro i «cinesi bianchi» per proteggere la ferrovia orientale cinese, all'epoca ancora gestita dalla Russia. Ma nel 1935 Stalin vendette ai giapponesi per una piccola somma la ferrovia in Manciuria, territorio che ormai si trovava sotto la loro occupazione. Si può senz'altro pensare che questo gesto avesse lo scopo di ridurre gli attriti e i pretesti per la guerra. (Ma verso la fine degli anni Trenta, i giapponesi effettuarono una serie di attacchi di prova sulla frontiera estremo orientale.)

Il Komintern era entrato ormai in quello che a volte viene definito il «terzo periodo», rappresentato dal controllo assoluto di Stalin. La politica adottata si basava sull'idea che, grazie al piano quinquennale e alla collettivizzazione, ben presto l'economia sovietica avrebbe conquistato una posizione di grande forza, mentre per il capitalismo stava arrivando la crisi fatale. La tattica prescelta partiva dal presupposto che il capitalismo potesse scegliere tra due ultime speranze, quasi egualmente deleterie: la socialdemocrazia e il fascismo. La prima avrebbe conteso al partito le simpatie della classe operaia, e quindi doveva costituire l'obiettivo prioritario da abbattere. Ancora nel 1933 Stalin scrisse personalmente appoggiando questa tesi.

La cosa diede risultati in apparenza bizzarri, come la collaborazione nazicomunista nel referendum prussiano del 1931 e nello sciopero dei trasporti del 1932. Di solito si imputa la vittoria di Hitler del 1933 alla politica generale imposta al Partito comunista tedesco, cioè all'ordine di non collaborare con i socialdemocratici o con chiunque altro contro i nazisti. Come afferma Ronald Hingley, non si può stabilire se i nazisti «nel 1933 avrebbero ottenuto il potere senza l'aiuto di Stalin. Certo sarebbe risultato loro più difficile». Nell'insieme il rapporto tra nazisti e comunisti, e l'aspetto che fa emergere della personalità politica (e non solo) di Stalin, è un fenomeno complesso, come si sarebbe rivelato in modo ancora più netto alcuni anni dopo.

Hitler divideva i suoi nemici tra i sostenitori del regime borghese, *Das System*, e i comunisti, che chiamava «nemici fuori dal sistema». Persino durante la guerra, elogiò l'economia pianificata di Stalin e la sua organizzazione politica, in confronto con l'Occidente afflitto dalla piaga della disoccupazione. E pur odiando il comunismo «ebraico», non odiava i comunisti. Lo dichiarò egli stesso: «Non faccio una colpa agli ometti di diventare comunisti ... Quando si pensa alla marmaglia borghese, persino oggi si vede rosso ... Trovo i nostri comunisti mille volte più congeniali di quanto affermi Stahremberg [il dirigente austriaco di destra]. Erano tipi gagliardi». Criticava Franco:

> In seguito, i rossi che avevamo ridotto a mal partito divennero i nostri migliori sostenitori. Quando la Falange imprigiona i suoi oppositori, commette un errore gravissimo. Forse che il mio partito, all'epoca di cui sto parlando, non era composto per il novanta per cento da elementi di sinistra? Avevo bisogno di uomini capaci di combattere. Non sapevo che farmene di quella sorta di pavidi teorici che ti bisbigliano all'orecchio progetti sovversivi.

In effetti, nel 1934 l'ambasciatore britannico a Berlino notò che nelle sfilate gli ex comunisti nelle riviste erano i più prestanti delle unità dell'SA.

In uno dei molti commenti di questo tipo, Hitler aveva affermato anche:

> Nel nostro movimento gli estremi si toccano: i comunisti dalla sinistra e ufficiali e studenti dalla destra. Queste due componenti sono sempre state le più attive, ed era una colpa gravissima che si contrapponessero l'una all'altra negli scontri di piazza. I comunisti erano gli idealisti del socialismo.

Quando i partiti totalitari alla fine assunsero la forma definitiva, diedero l'impressione di essere stati sempre e ufficialmente ostili l'uno all'altro. È opportuno invece ricordare che all'inizio della sua carriera Laval, importante collaborazionista francese, era uno dei pochi socialistiproleninisti e antinterventisti presenti in Francia nel periodo 1914-1918; che Jacques Doriot da dirigente del Partito comunista francese passò alla guida dell'organizzazione francese più favorevole ai nazisti e così via. E del resto Gramsci, per esempio, rimase uno dei più stretti collaboratori di Mussolini fino a quando quest'ultimo non entrò nella fase «difensista». A quanto si racconta, sia Lenin sia Trockij in privato espressero grande rammarico per il passaggio al fascismo di Mussolini, considerato da entrambi l'unico uomo che avrebbe potuto attuare una rivoluzione in Italia. Effettivamente quando nacque il fascismo quasi tutti i suoi dirigenti provenivano dalla sinistra. Ma la situazione aveva cominciato a cambiare molto in fretta. E tuttavia, anche nell'ultima fase fascista, la «repubblica di Salò» del 1943-1945, Mussolini creò un regime che in base ai comuni criteri era il più «radicale» di tutta l'Europa. Anche Hitler, come Mussolini, riteneva che la minaccia in quell'epoca fosse costituita dai «reazionari», ed entrambi avevano ragione. Dopo il tentato colpo di stato del 20 luglio 1944, le radio naziste sbraitavano contro «i porci di sangue blu».

Contrariamente a Mussolini, Hitler non proveniva dai vertici del socialismo di sinistra, ma dall'ambiente «radicale» più vasto e pseudointellettuale delle discussioni da caffè. Anzi, va sottolineato che le stesse radici ha il nazionalismo (nella sua versione moderna), e così l'eugenetica, che nonostante tutte le sue implicazioni razziali era di moda persino tra i socialisti della Fabian Society. Ma il punto centrale era proprio l'atteggiamento estremista «radicale», accompagnato dalla teorizzata necessità di annientare del tutto non soltanto l'ordine vigente, ma anche ogni suo principio morale, sociale, religioso.

In quest'ottica Hugh Seton-Watson nota che i nazisti di Hitler erano «fanatici con una religione surrogata», la quale non negava solo il cristianesimo ma anche la morale tradizionale in sé. Il tratto essenziale del nazismo era il «nichilismo morale», che rappresentava anche il fattore comune tra esso e il bolscevismo. Il che non esclude altre somiglianze, soprattutto il ruolo dell'ideologia e del partito.

Hitler aveva detto anche che i comunisti potevano essere convertiti senza difficoltà al nazismo, ma i socialdemocratici no. (Per una strana ironia del destino, Koch, per esempio, lo spaventoso Gauleiter ucraino di Hitler, era un ex comunista; è curioso pure il fatto che non fu condannato a morte, ma trascorse il resto della sua vita in una prigione comunista polacca relativamente sopportabile). L'opinione di Hitler è confermata dalla quantità di eminenti comunisti europei che diventarono fascisti o filofascisti negli anni Trenta, dall'italiano Bombacci a Doriot, il quale durante la Seconda guerra mondiale guidò persino una formazione francese filonazista sul fronte russo.

In *Vita e destino* il personaggio principale di Vasilij Grossman pensa tra sé: «A me una distinzione basata sull'origine sociale sembra legittima e naturale. Ma ovviamente i tedeschi considerano altrettanto morale una distinzione basata sulla nazionalità». E conclude: «Perciò noi condividiamo uno stesso principio». Ed è vero: a contare non sono le qualità individuali di un uomo, ma soltanto la sua «categoria». Quando Mostkovskoj, il personaggio comunista ortodosso, in un campo per prigionieri di guerra viene interrogato da Liss, l'intellettuale Obersturmbannführer delle SS, non ha argomenti da contrapporre alla tesi di quest'ultimo secondo la quale non esistano differenze sostanziali tra i due movimenti, e che qualunque dei due prevalga incorporerà l'essenza dell'altro. Liss in realtà non fa che ripetere quanto avevano già detto Goebbels e altri nazisti. E alla fine della guerra diversi fascisti invocavano la vittoria dei comunisti anziché degli Alleati, almeno per distruggere l'ordine capitalista corrotto.

D'altra parte, per i comunisti i socialisti moderati avevano sempre rappresentato il nemico di classe nella sua sembianza più insidiosa. Stalin non commetteva errori teorici nel definirli «socialfascisti», considerandoli soltanto uno stile alternativo del regime finanziario-capitalistico. Dopo tutto Lenin aveva fatto lo stesso dividendo la sinistra italiana che si batteva per impedire l'ascesa al potere di Mussolini. Ovviamente si poteva sostenere che Stalin (e Lenin prima di lui) aveva compiuto un errore di tattica, ma non c'era ragione di biasimarli per questioni di principio. Intanto Stalin poteva almeno trovare una certa soddisfazione, e un precedente per il futuro, nel fatto che i comunisti tedeschi avevano ottenuto milioni di voti seguendo pedissequamente gli ordini di Mosca.

Il trionfo nazista (e la distruzione del Partito comunista tedesco) per un certo periodo fu presentato come una vittoria dei comunisti, nel senso che il capitalismo era stato costretto a fare appello alla sua ultima risorsa, la forza bruta, e quindi le masse si sarebbero presto mobilitate per rovesciarlo. Questa opinione persistette fino al giugno del 1934, quando Hitler eliminò i suoi deviazionisti di sinistra durante la «Notte dei lunghi coltelli». Stalin fu molto colpito dalla vicenda, e ammise che il nazismo non era sul punto di crollare. In un recente studio sovietico è citata una frase detta da Stalin su Hitler quando seppe dell'epurazione dei dirigenti delle SA: «Avete sentito che cosa è accaduto in Germania? Che tipo in gamba, Hitler! Sa come trattare gli avversari politici».

Insomma, benché i seguaci di Hitler e quelli di Stalin ostentassero una violenta ostilità reciproca e dichiarassero di essere l'unica vera salvezza dagli orrori della controparte, si può di certo avvertire tra loro un sottofondo di mutua comprensione.

2

Stalin aveva conquistato il comando. Con un'offensiva devastante, aveva sottomesso la popolazione rurale e imposto il proprio sistema alle campagne. Aveva introdotto con la forza la sua brutale e sconsiderata politica industriale. Si sarebbe potuto pensare che, essendo ormai il vincitore e il capo riconosciuto, potesse allentare la tensione.

Ma non era nel suo carattere. Restava ancora qualcosa che secondo lui sfidava la sua supremazia. I suoi avversari dentro il partito si erano sottomessi, a eccezione di Trockij, che era stato espulso e non aveva alcun potere; ma erano ancora vivi, e per la maggior parte avevano ottenuto di essere riammessi al partito dove detenevano molte cariche di secondo o terzo piano. Gli alleati di Buharin si erano arresi addirittura prima che insorgesse il problema dell'espulsione, e anche loro occupavano cariche minori. Non era impossibile che una svolta degli eventi potesse riportare al centro della lotta per il potere almeno alcuni di questi personaggi intimamente ostili (come accadde in seguito in alcuni paesi comunisti con Deng, Gomułka e persino Dubček).

Nell'immediato c'era un'altra cosa poco soddisfacente: come abbiamo visto, Stalin per il momento non era riuscito a far accettare alla maggioranza, nel suo stesso Politbjuro stalinista, l'esecuzione capitale degli appartenenti a fazioni del partito che non gli avevano ceduto, almeno in modo ipocrita, e non lo avevano adulato, ma che avevano chiesto apertamente la sua destituzione.

Sembra quasi, e non soltanto a questo proposito, che in quel momento molti dirigenti avessero la sensazione di poter considerare ormai vinta la lotta di classe e raggiunto il socialismo, e che per loro il modo migliore di consolidare la vittoria fosse la riconciliazione all'interno del partito e tra il partito e il popolo. Si poteva attenuare (sembravano pensare) il distacco da tempo esistente tra il regime e la società, e il nuovo ordine sociale poteva assestarsi. Quanto al partito, gli ex oppositori, già reintegrati nel movimento cui (quali che fossero i loro errori) avevano reso tanti servizi, sarebbero stati un'utile risorsa per l'amministrazione.

Perciò nel febbraio 1934, quando affrontò il XVII congresso del partito, il «Congresso dei vincitori», Stalin si sentiva frustrato. Nel suo discorso programmatico parlò così delle questioni interne al partito:

> Al XV congresso era ancora necessario dimostrare che la linea del partito era corretta, e combattere contro certi gruppi antileninisti; e al XVI congresso abbiamo dovuto sferrare il colpo definitivo agli ultimi aderenti a tali gruppi. A questo congresso, invece, non c'è nulla da dimostrare, e, a quanto pare, nulla da combattere.

In effetti tutti i suoi avversari di un tempo parlarono, ammettendo di essere stati in errore, lodandolo in modo entusiastico e promettendo appoggio totale alla linea del partito: Zinov'ev e Kamenev; Buharin, Rykov e Tomskij; Pjatakov, Radek, Lominadze... Kamenev, nel tono tipico delle fazioni sconfitte, definì i seguaci di Rjutin «canaglia *kulak*» con cui era stata necessaria una confutazione «più tangibile» della mera discussione ideologica.

Ma dietro le quinte, la nuova resistenza, che si era già manifestata quando Stalin aveva tentato di far fucilare Rjutin e gli altri, stava cominciando a organizzarsi. Si trattava di stalinisti fedeli, alcuni dei quali erano stati esecutori spietati del terrore contro la popolazione rurale, ma che cercavano, se così si può dire, una normalizzazione dopo la crisi. Un gruppo di personaggi di primo piano giunse a pensare che Stalin, il quale li aveva condotti alla vittoria, fosse troppo bellicoso per gestire la nuova fase e dovesse occupare una carica di rappresentanza, cedendo la segreteria generale a Kirov.

Evidentemente nessuno pensava che Kirov fosse un dirigente politico nato: su questo tutti i commentatori (compreso Molotov in età avanzata) sono concordi. Anzi, al contrario: sarebbe stato il rappresentante ideale di una dirigenza collegiale, in cui nessuno pretendesse la supremazia.

A quanto pare molti personaggi di spicco – come Petrovskij, Ordžonikidze, Varejkis – approvavano questa idea. Šeboldaev, che era stato il principale agente di Stalin durante il terrore nel Kuban', andò da Kirov con la loro proposta. Kirov la respinse, perché un simile cambiamento avrebbe inevitabilmente messo in discussione tutta la politica del partito. Ma quando ne parlò a Stalin (già al corrente della faccenda), gli spiegò che in parte la colpa era sua: «Dopo tutto te lo abbiamo detto che non si potevano fare le cose con sistemi così drastici». E in tal modo Kirov finì nella lista sempre più lunga di dirigenti comunisti che non capivano Stalin... Alla votazione per il nuovo Comitato centrale almeno 166 delegati del congresso (su 1225) a quanto pare eliminarono il nome di Stalin dal ballottaggio per il nuovo Comitato centrale. Allora, a quanto riferiscono, Stalin cominciò a covare un sentimento di «vendetta contro i delegati e, come logico, contro Kirov personalmente».

Stalin appoggiò la candidatura di Kirov alla segreteria, ma cercò di persuaderlo a rinunciare all'attività a Leningrado, cioè alla sua base di potere, per trasferirsi a Mosca. Kirov rifiutò, e rimase sia segretario del Comitato centrale (di nome) sia segretario dell'organizzazione del partito di Leningrado. Intanto prevalse una certa distensione politica, esteriormente approvata da Stalin.

3

E ora arriviamo a uno degli atti più inverosimili di Stalin. Verso la metà del 1934 probabilmente giunse alla conclusione che esisteva un modo solo per evitare un rilassamento del regime e l'imposizione di limiti alla sua libertà d'azione: bisognava liberarsi di Kirov.

Quell'estate, Kirov fu invitato a Soči, dove Stalin gli ribadì la proposta di rinunciare a Leningrado e di trasferirsi a Mosca, ma ricevette di nuovo un rifiuto. Fece a Kirov un'altra richiesta importante: di intraprendere la stesura di una nuova opera storica sugli esordi del bolscevismo in Transcaucasia. I testi storici precedenti, persino quelli più recenti, scritti da uomini come Enukidze, amico di Stalin, gli attribuivano già un ruolo assai più importante di quello che aveva svolto in realtà. Ma lui chiedeva di svisare ancora di più la verità, desiderava essere rappresentato come «il Lenin del Caucaso». Kirov aveva lavorato per qualche anno a Vladikavkaz, sui pendii settentrionali delle montagne. E anche se non aveva partecipato agli avvenimenti dei primi anni trascorsi da Stalin in Georgia e Azerbaigian, aveva prestato la sua attività in quella zona tra i bolscevichi più importanti durante e dopo la guerra civile, ed era persino stato ambasciatore sovietico a Tiflis prima dell'invasione sovietica. Quindi il suo nome avrebbe conferito autorevolezza alla nuova versione.

Kirov declinò la proposta, spiegando che non era uno storico, e Stalin (l'anno dopo) dovette rivolgersi ad altri.

Tornati a Mosca, Stalin e Kirov ebbero vari motivi di scontro. Kirov era andato un po' a rilento con la collettivizzazione, e nella sua zona la percentuale dei contadini aderenti alle aziende agricole collettive era inferiore alle altre; Stalin dovette rinunciare all'idea che nella provincia di Leningrado la campagna fosse completata entro la fine del 1933, e consentire che venisse prolungata per il 1934.

I due ebbero anche uno scontro diretto, durante il quale si scambiarono parole adirate (di cui fu testimone Hruščev) perché Kirov distribuiva generi alimentari extra agli operai di Leningrado (allo scopo di aumentare la produttività, in una logica assai diversa da quella di Stalin).

In ogni caso, Kirov costituiva un ostacolo e creava un'atmosfera di ostilità a un'estensione del potere di Stalin. Tra l'altro era la stessa atmosfera che stava cominciando a prendere piede nel partito; invece, com'è logico, nel paese in generale era diffuso un profondo desiderio di tornare a un clima con una parvenza di normalità.

Stalin decise che Kirov doveva essere ucciso. Come scrisse in seguito Hruščev, in una parte delle sue memorie pubblicata solo nel 1989, Stalin evidentemente diede l'ordine soltanto a voce a Genrih Jagoda, capo dell'NKVD. Non esistono prove «documentarie» contro Stalin, anche se nel 1989 la procura sovietica ha rilasciato una dichiarazione affermando l'esistenza di «elementi oggettivi» riguardo alla responsabilità di Jagoda.

Chi scrive ha fornito un resoconto quanto più completo possibile della vicenda in *Stalin and the Kirov Murder*, a proposito del quale un recente articolo uscito a Mosca ha osservato che espone tutte le prove disponibili oggi. In breve, Kirov fu ucciso il 1° dicembre 1934 da un colpo d'arma da fuoco esploso dal sicario Leonid Nikolaev. In precedenza Nikolaev aveva tentato due volte di avvicinarsi a Kirov in modo sospetto, era stato fermato e nella sua valigetta avevano rinvenuto una rivoltella; ma poi era stato rilasciato. Il 1° dicembre, Nikolaev riuscì a introdursi con la sua rivoltella (e le munizioni provenienti dal circolo sportivo dell'NKVD locale) al terzo piano dell'Istituto Smol'nyj di Leningrado, dove Kirov lavorava. Aspettò alcune ore. All'arrivo di Kirov, la sua guardia del corpo personale, Borisov, fu trattenuta al portone d'ingresso, e quando l'assassino fece fuoco Kirov era senza protezione. Due giorni dopo Borisov venne ucciso nel retro di un furgone da due uomini dell'NKVD, mentre lo portavano a testimoniare per l'inchiesta sul crimine. I capi dell'NKVD di Leningrado furono condannati a lievi pene per «negligenza colpevole» dei loro doveri, e persino mentre erano detenuti in pratica svolsero mansioni di capi dell'amministrazione dei campi di concentramento. Comunque, tra il 1937 e il 1938 furono fucilati.

Il succo della storia è questo. E dato che non sono stati mai proposti moventi credibili per cui Jagoda poteva volere Kirov morto (o pensare di poter farla franca uccidendolo) appare abbastanza evidente che il mandante era Stalin.

Molti scrittori, me compreso, hanno parlato di questa operazione, perché anche per gli standard di Stalin è spaventosamente abietta, un assassinio, come dice Amleto,

> orribile come tutti gli altri,
> ma in questo caso più pazzo e snaturato.

Tutto considerato, però, non era peggio che costringere degli ex colleghi a confessare crimini immaginari per mezzo della tortura e di sistemi analoghi, e poi ucciderli.

Comunque è chiaro che ormai nella mente di Stalin Kirov era diventato un «nemico». E che in quella mente la distinzione tra un nemico personale e un «nemico del popolo» non esisteva più. Forse la scena che dobbiamo immaginarci è più o meno questa: Stalin informa Jagoda di aver ricevuto prove convincenti che Kirov è un agente nemico in incognito; ma data la situazione, dal punto di vista politico sarebbe dannoso rendere pubblica la notizia. E quindi viene affidata a Jagoda un'operazione oltremodo riservata, liquidare questo nemico. Agli altri uomini dell'NKVD coinvolti (si ritiene che fossero cinque o sei) probabilmente fu propinata una storia analoga.

Al funerale di Kirov, Stalin si chinò e baciò le guance del cadavere, il quale di certo gli era più utile da morto che da vivo. Infatti l'assassinio fu il punto di svolta nella scalata di Stalin al potere assoluto. Come ha affermato di recente uno scrittore sovietico, la bilancia della storia era in equilibrio, fino a quando «Stalin non gettò su un suo piatto la pistola fumante di Nikolaev».

Non appena seppe che Kirov era morto, Stalin partì per Leningrado con un seguito di uomini suoi, agenti dell'NKVD e magistrati inquirenti. Arrivato alla stazione di Leningrado, schiaffeggiò il capo dell'NKVD locale, poi partì in macchina per lo Smol'nyj. Lì interrogò personalmente Nikolaev e vari suoi conoscenti che erano stati coinvolti. Nikolaev spiegò a chiare lettere che sapeva di essere stato utilizzato dall'NKVD, e fu spinto fuori dalla stanza.

Nel frattempo Stalin aveva stilato un decreto di emergenza sul terrorismo. Tutti i terroristi dovevano essere processati il più in fretta possibile, e giustiziati senza possibilità di appello.

Oltre a chi teneva i contatti con Nikolaev e ai suoi conoscenti, Stalin elencò una serie di ex seguaci di Zinov'ev che non avevano niente a che vedere con la faccenda (e in seguito sono stati riabilitati) come appartenenti al «centro terrorista di Leningrado» e li fece arrestare; vennero poi tutti fucilati, compreso Nikolaev, alla fine di dicembre.

In conformità con il nuovo stile stalinista, vennero fucilati anche la moglie di Nikolaev, la sua ex moglie, la cognata e un fratello, mentre una sorella, un cugino, un'altra cognata e la madre sessantaquattrenne (una donna semianalfabeta che lavorava come inserviente al deposito tramviario di Leningrado) furono condannati a pene più lievi.

Intanto vennero arrestati Zinov'ev, Kamenev e molti dei loro più fedeli sostenitori. In gennaio subirono un processo a porte chiuse per l'accusa di avere almeno indirettamente ispirato l'omicidio; furono condannati a varie pene di reclusione, dieci anni per Zinov'ev, cinque per Kamenev. Da quel momento in poi, non uscirono più di prigione fino a quando vennero giustiziati.

4

Il mondo esterno aveva preso coscienza di Stalin con lentezza ancora maggiore che il suo paese. Pochi – pochissimi – stranieri si erano accorti con una certa tempestività che era un uomo da tenere d'occhio. Quando era membro del primo triumvirato si teneva ancora molto nell'ombra; e persino nel periodo di alleanza con Buharin, al di fuori degli ambienti bene informati attrasse l'attenzione solo gradualmente. Fu nel 1929, con la sua vittoria politica, che divenne un personaggio di fama anche internazionale. Certo aveva avuto dei contatti con rappresentanti stranieri del Komintern, e aveva ricevuto svariate «delegazioni operaie», con cui aveva conferito nella massima ufficialità, presentandosi come mero portavoce delle opinioni del partito.

Tuttavia all'inizio degli anni Trenta ebbe una serie di lunghe interviste con stranieri, in pratica le prime. In un certo senso possono essere considerate l'unica preparazione seria ai successivi incontri con Ribbentrop, Roosevelt e Churchill.

Uno dei primi a incontrare Stalin fu Eugene Lyons, il corrispondente della United Press, che per lungo tempo era stato entusiasta del comunismo, ma ormai lo guardava con disincanto: aveva assistito al processo di Šahty. In seguito fu tra gli antistalinisti americani più presenti e attivi.

Come tutti gli altri corrispondenti stranieri a Mosca, da molto tempo aveva presentato la richiesta di intervistare Stalin. Nel novembre 1930 fu chiamato all'improvviso dalla segretaria di quest'ultimo, che gli propose di passare al Cremlino. Si erano diffuse delle voci secondo cui Stalin era stato assassinato, e a parere di Lyons forse fu proprio per questa ragione che volle incontrare un occidentale con tutte le carte in regola. In ogni caso, ebbero una lunga intervista.

Stalin mise Lyons a suo agio, e rispose senza traccia di arroganza persino a domande piuttosto provocatorie. Era un dittatore? «Stalin sorrise. "No, non sono un dittatore. Chi usa questo termine non capisce il sistema sovietico"», e cose del genere. Permise a Lyons di utilizzare una macchina da scrivere con caratteri latini, collocata in un'altra stanza, per stilare l'intervista. Poi Lyons lesse quanto aveva scritto a Stalin, che diede qualche suggerimento secondario e vi annotò sopra, a uso del censore: «Più o meno corretto. I. Stalin».

Lyons, per quanto in seguito gli fosse diventato molto ostile sul piano politico, ammise sempre una simpatia personale: «Mi piace quell'uomo». Gli pareva di aver intravisto in lui «la semplicità»: «Mai una nota di falsità o di affettazione». A dire il vero dichiarò che un altro corrispondente americano il quale conobbe Stalin in seguito ne ebbe un'impressione «del tutto contrastante» con la sua, e molto più vicina alla immagine «pubblica» del segretario generale. Ma comunque Stalin si era dimostrato molto abile, dal punto di vista politico o tattico.

Un altro dei primi intervistatori, il giornalista tedesco Emil Ludwig, già menzionato in una diversa occasione, fu ricevuto nel dicembre 1931. In seguito, in un'opera in generale favorevole, disse di Stalin:

> I dialoghi serrati, fatti di domande e risposte brevi, eccitate, e interruzioni, non sono di suo gusto; preferisce mettere insieme lunghe frasi ponderate. Spesso dice cose che sembrano pronte per essere pubblicate, come se stesse dettando. Mentre parla cammina avanti e indietro, poi d'un tratto si avvicina con il dito puntato, continuando la sua esposizione didattica; oppure, mentre formula le sue frasi ponderate, traccia arabeschi e cifre su un foglio di carta con una matita rossa e blu.
>
> Stalin parla senza abbellimenti, e inoltre riesce a esprimere con semplicità pensieri complessi. Spesso la semplicità è quasi eccessiva, abituato com'è a formulare le sue idee in modo che siano comprensibili da Mosca a Vladivostok. Forse è privo di arguzia, ma senza alcun dubbio ha il senso dell'umorismo. E il suo umorismo può essere pericoloso. Di tanto in tanto fa una risata sommessa, fosca, maligna. Si muove con agio in molti campi, e cita estemporaneamente nomi, date e fatti con precisione.

Più in generale questo osservatore, sebbene in linea di massima pieno di ammirazione per Stalin, notò anche alcuni atteggiamenti che negli incontri successivi modificarono la sua prima impressione, anche se non moltissimo.

Stalin, per dirla subito, fa l'impressione di uno straniero: lascia freddi, non ha nulla che attragga. Non è cordiale, non è aperto, ma cauto, evasivo, generalmente tetro. Se ride, ride di un riso cupo e fosco, che viene dal basso, ed esprime più rancore che gioia. Di tutti gli uomini di stato del nostro tempo – e tanti ne ho visti – Stalin è il più chiuso. Tutto in lui è grave e lento: passo, gesto, discorso. Nulla esprime fiducia o affetto umano. Non credo che egli ami le masse; sembra non ami nessuno ...

Ma il lettore abbia sempre presente un figlio del popolo, senza pose, chiuso per natura, impacciato davanti agli estranei, di media statura, in cappotto militare grigio, dallo sguardo grigio e, di solito, sfuggente, che evita l'occhio dell'interlocutore, dalla fronte bassa, i capelli folti e neri appena brizzolati, le labbra abitualmente serrate, talvolta con una pipa in bocca. Inoltre il lettore immagini una voce non troppo alta, cupa e un imperturbabile modo di rispondere a tutte le domande: logico, solido, e tale che nessun'argomentazione scuote dalle sue concezioni ...

Quando parla, Stalin lascia cadere le sillabe come colpi di martello. Le sue risposte sono circostanziate, ma chiare: non quelle di un uomo che semplifica le cose per il suo ascoltatore, ma di un pensatore logico, la cui mente lavora lentamente senza eccitazione.*

Rispondendo alle domande di Ludwig, Stalin riuscì a conseguire il suo scopo in modo davvero ammirevole. Spiegò che da sola probabilmente la forza non sarebbe bastata a tenere i comunisti al potere, che l'unico motivo per cui non venivano rovesciati era la loro caratteristica di dire sempre la verità; disse di essere soltanto un continuatore dell'opera di Lenin e affermò che comunque tutte le decisioni venivano prese nel loro «Areopago», il Comitato centrale.

Negli anni successivi Stalin ricevette numerosi occidentali, spesso con enorme pubblicità (da parte loro). Le interviste dei giornalisti non erano nulla a confronto con l'accoglienza tributata da Stalin agli ospiti stranieri più illustri, come George Bernard Shaw, del cui comportamento in Unione Sovietica Ronald Hingley affermò a giusta ragione che poteva aspirare a essere definito «l'episodio più frivolo documentato nella storia». Shaw, che ammirava molto anche Mussolini, si bevve tutto quello che i sovietici gli dissero. Di Stalin dichiarò: «In lui c'è una strana commistione del papa e del feldmaresciallo: se fosse riuscito a nascondere che ci trovava enormemente comici avremmo potuto immaginare che fosse un militare figlio illegittimo di un cardinale, con maniere impeccabili».

* Emil Ludwig, *Stalin*, trad. cit., pp. 11-14.

Il «noi» si riferiva a Shaw e Lady Astor, la prima donna (americana) ad avere un seggio nella Camera dei comuni, la strenua fustigatrice dell'uso di alcolici e dei bordelli patrocinati dall'esercito britannico in Estremo Oriente. La signora, un po' meno influenzabile di Shaw, chiese a Stalin se avrebbe continuato ancora per molto ad assassinare la gente. Quando l'interprete ebbe tradotto con riluttanza la domanda, Stalin rispose impassibile che sarebbe andato avanti «finché era necessario», aggiungendo che «prima di un pieno consolidamento dello stato comunista era necessaria la morte violenta di un grande numero di persone». Forse colpita da tanta franchezza, Lady Astor per prima cosa fece una predica a Stalin sui difetti dei metodi pedagogici sovietici (un'altra sua fissazione), e poi partecipò alla pagliacciata mettendosi in ginocchio, nella convinzione che fosse l'usanza tradizionale russa, per patrocinare la causa della moglie e dei figli di un professore emigrato, i quali si trovavano ancora in Unione Sovietica. (Il risultato, a quanto pare, fu che la povera famiglia venne arrestata.)

Di certo tutte queste esperienze servirono a Stalin per affermare che le classi colte occidentali erano credulone e irresponsabili. In seguito vi furono svariati intervistatori dello stesso tipo, ma si arrivò a toccare il fondo con lo scrittore tedesco Lion Feuchtwanger, il cui libro *Mosca 1937* su Stalin e l'URSS merita davvero di essere letto, e anzi ristampato, per la sua commovente idiozia.

Ma la conquista più brillante di Stalin fu H.G. Wells, arrivato a Mosca nel 1934 pieno di ostilità verso il comunismo e la persona di Stalin, che considerava un despota, «una specie di Barbablù». Dopo l'intervista, però, cambiò completamente idea. Ammise che Stalin non lo guardava in faccia, ma fissava il vuoto alle sue spalle, aggiungendo però che lo faceva «non in modo evasivo»; disse poi che gli aveva chiesto il permesso di fumare la pipa, uno dei tanti espedienti con cui aveva trasformato l'ostilità dell'interlocutore in sincera ammirazione.

> Non ho mai incontrato un uomo più candido, giusto e onesto, ed è a queste qualità, non a qualcosa di occulto e sinistro, che deve il suo straordinario e incontrastato ascendente in Russia. Prima di vederlo pensavo che potesse essere arrivato dov'era perché gli uomini avevano paura di lui, ma ho capito invece che deve la sua posizione al fatto che nessuno ha paura e tutti si fidano di lui.

Se tante persone non riuscirono a comprendere la vera personalità di Stalin è anche perché non conoscevano la saggia affermazione di Lenin secondo la quale non esistono «sincerometri» di alcun genere. Si ha motivo di supporre che fu proprio tale incomprensione a incoraggiare Stalin a proseguire nelle enormi falsificazioni così essenziali per il suo regime e i suoi successori.

In occasioni più ufficiali Stalin non si sentiva del tutto a suo agio. Ivy Litvinov, vedova dell'ex commissario del popolo per gli Affari esteri, una volta mi ha raccontato il suo primo incontro con Stalin all'inizio degli anni Trenta. Durante un ricevimento, gli fu presentata la moglie di un ministro finlandese, ma stava invece per stringere la mano a Madame Litvinov, e quando si voltò nella direzione giusta sembrava molto imbarazzato e confuso per il proprio errore. Tuttavia tali situazioni, e tali cantonate, si verificavano di rado (e non gli nuocevano affatto). Nel complesso Stalin aveva imparato a trattare gli stranieri.

E ovviamente, persino degli stranieri importanti che non conoscevano Stalin di persona si lasciavano ingannare sul sistema in generale, e sulla realtà che esisteva dietro le quinte. Ne ho trattato abbastanza diffusamente nei miei libri *Il Grande Terrore* e in *The Harvest of Sorrow*; qui citerò soltanto un aneddoto che riguarda direttamente Stalin. Julian Huxley, zoologo britannico e personaggio famoso, in *A Scientist among the Soviets* raccontava con entusiasmo che in Unione Sovietica era normale per «i personaggi altolocati» aiutare a scaricare i vagoni ferroviari, aggiungendo, senza commenti: «Dicono che Stalin stesso a volte scenda ai binari merci di Mosca per dare una mano».

5

Ovviamente quando Stalin spiegava a Ludwig e ad altri che il terrore non esisteva e che gli unici ad aver paura appartenevano a un esiguo gruppo di *kulaki* (e anche loro non temevano tanto lo stato quanto piuttosto i contadini più poveri), quando Stalin raccontava ai suoi visitatori stranieri questa grande menzogna spudorata, in realtà essa rientrava perfettamente nel quadro della propaganda diffusa al tempo sia per i russi sia per gli stranieri. Una volta un prigioniero spiegò così quanto fosse importante all'interno del paese nascondere la verità anche riguardo alla carestia:

> Non capite l'importanza della propaganda rivoluzionaria. Se si fosse discusso apertamente della vera situazione della carestia, nel 1931 e nel 1932 non saremmo sopravvissuti. Quando una cosa è proclamata a chiare lettere ha un effetto elettrizzante. Le insurrezioni contadine ci avrebbero spazzati via. I primi tentativi di creare un ordine sociale socialista sarebbero stati travolti dall'ondata della controrivoluzione.

Già da alcuni anni Stalin mentiva su eventi meno importanti. Come abbiamo visto, nel 1924 aveva spiegato ai delegati che lui faceva parte del «centro» al comando della rivoluzione d'Ottobre, Trockij invece no. Si è già detto che tale «centro» fu del tutto privo di rilievo, anzi non si riunì mai. Inoltre, nel 1918 Stalin stesso aveva pienamente ammesso il ruolo decisivo svolto da Trockij. Ma era solo l'inizio. Come abbiamo visto, il processo di Šahty e altri erano stati farse assolute; e a questo punto si aggiunsero nuove mistificazioni di immensa portata in cui Stalin intervenne personalmente.

Uno dei progetti «titanici» del Piano quinquennale era il canale tra il Mar Baltico e il Mar Bianco. Cominciato nel 1930, fu costruito interamente dall'OGPU con il lavoro forzato. La manodopera impiegata a quanto sembra raggiunse un massimo di circa trecentomila persone, per la maggioranza *kulaki* sostituiti in continuazione, che scavavano la terra e la roccia in condizioni spaventose: si valuta che vi siano stati circa duecentomila morti. Il canale risultò inutilizzabile nella pratica, solo le chiatte riuscivano a percorrere una via d'acqua che nelle previsioni avrebbe dovuto collegare la flotta del Baltico e quella settentrionale.

Fu ultimato, se si può dire che fu mai ultimato, nel maggio 1933. In luglio Stalin visitò di persona il canale, insieme a Kirov, Jagoda, Vorošilov e altri, e ne percorse una breve tratta in barca. Fu l'occasione per dare corpo a una diffusa immagine pubblica del progetto come trionfo non solo industriale ma anche morale, poiché il sistema penale sovietico si era dimostrato umano e orientato alla riabilitazione. Furono citati molti prigionieri che esprimevano la loro gioia per essere stati salvati e trasformati in cittadini onesti. Diversi scrittori, tra cui Gor'kij, furono davvero tratti in inganno.

In realtà Stalin era impegnato in una campagna per sfruttare Gor'kij a beneficio del mito staliniano. Dopo averlo fatto tornare dall'«Italia fascista» dove l'anziano socialista avrebbe preferito vivere, cercò di indurlo a scrivere la sua biografia: sarebbe stato senza dubbio un colpo grosso. Ma Gor'kij, per quanto facile da ingannare, non lo era fino a quel punto, anche se Stalin era andato a trovarlo e aveva definito un mediocre poema della sua adolescenza «più potente del *Faust* di Goethe».

Nemmeno cambiando il nome di Nižnij Novgorod in Gor'kij riuscì a convincerlo. In parte il contrasto fu dovuto al fatto che Gor'kij era sempre stato in rapporti cordiali con Kamenev. Alla metà del 1934 in pratica lo scrittore viveva agli arresti domiciliari, con un segretario nominato dall'NKVD, Krjučkov, che selezionava e spesso mandava via i visitatori. Insomma, anche se Stalin di tanto in tanto gli faceva arrivare qualche allusione alla biografia, non ne venne fuori niente.

La goffa adulazione di cui Stalin circondava Gor'kij sembra indicare una volta di più il suo intenso desiderio di legittimazione che si riscontra, in diverse forme, nel corso di tutta la sua esistenza. Ma potrebbe rivelare anche un'altra sua caratteristica: il rispetto, addirittura un timore reverenziale per la letteratura. È significativo che in quasi tutte le molte lettere di rimprovero inviate agli scrittori usasse un tono assai diverso da quello dei suoi interventi in altri campi. Spesso celava la propria opinione dietro all'espressione «molti compagni ritengono» e sosteneva di parlare soltanto da dilettante. Non che si potesse contare sulla coerenza e la costanza di un simile atteggiamento: Stalin in seguito liquidò numerosi scrittori. Anche lui, del resto, aveva scritto poesie (alla fine del decennio permise che se ne parlasse in termini elogiativi, e successivamente consentì che una citazione di quattro suoi versi fosse pubblicata a Tiflis in russo, anche se personalmente non alluse mai alla cosa); e se fece giustiziare dei poeti – tra cui uno dei due più illustri della Georgia, Tician Tabidze (l'altro, Pavel Jašvili, si sparò) – si trattava di persone che avevano commesso un grave reato, avevano detto la verità sulla storia del bolscevismo georgiano. D'altra parte, quando seppe di una nuova traduzione in russo del *Cavaliere dalla pelle di leopardo* di Rustaveli, fece rilasciare dalla prigione il traduttore, Šalva Nutsubidze, ed esaminò il testo insieme a lui, decretando infine che venisse pubblicato.

Quanto ai poeti russi, è strano, ma nessuno dei più illustri venne condannato a morte. Gumilev era stato fucilato prima che Stalin ascendesse al potere. Blok era morto di fame. Majakovskij ed Esenin, poi Marina Cvetaeva, si suicidarono. Pasternak e Anna Ahmatova furono messi a tacere, ma sopravvissero. Zabolockij fu inviato in un campo di lavoro, e sopravvisse. Osip Mandel'štam, pure inviato in un campo, vi morì di fame e di freddo.

Questo accadrà alcuni anni dopo. Invece Mandel'štam e Pasternak entrarono nella vita di Stalin proprio in quel momento, in modo davvero straordinario. Mandel'štam (racconta la vedova) era giunto alla conclusione che il regime si prefiggeva come scopo la totale eliminazione dell'indipendenza di pensiero. Quindi ebbe l'estrema imprudenza di scrivere una breve poesia in cui attaccava Stalin.

Viviamo, senza neanche l'odore del paese,
a dieci passi di distanza non si sentono le voci,

e ovunque ci sia spazio per un mezzo discorso
salta sempre fuori il montanaro del Cremlino.

Le sue dita dure sono grasse come vermi,
le sue parole esatte come fili a piombo.

Ammiccano nel riso i suoi baffetti da scarafaggio,
brillano i suoi stivali.

Ha intorno una marmaglia di ducetti dagli esili colli
e si diletta dei servigi di mezzi uomini.

Chi miagola, chi stride, chi guaisce
se lui solo apre bocca o alza il dito.

Forgia un decreto dopo l'altro come ferri di cavallo
e a chi lo dà nell'inguine, a chi fra gli occhi, sulla fronte o sul muso.

Ogni morte è una fragola per la bocca
di lui, osseta dalle larghe spalle.*

Mandel'štam la recitò a una mezza dozzina di amici, uno dei quali lo denunciò. Jagoda, che a quanto dicono ne rimase colpito al punto da impararla a memoria, informò Stalin.

Stalin aveva risparmiato (per il momento) lo scrittore Boris Pil'njak grazie all'intercessione di Gor'kij, quando aveva scritto *Storia della luna che non si spense,* un testo oltremodo virulento sulla morte di Frunze. Ma era accaduto dieci anni prima. Nel 1934, in pratica nulla poteva impedirgli di distruggere Mandel'štam.

Invece, telefonò a Pasternak per chiedergli la sua opinione sul talento del poeta. Quando era stato dato l'annuncio della morte di Nadežda Allilueva, l'Unione degli scrittori aveva inviato il rituale messaggio di condoglianze; Pasternak invece gli aveva fatto avere una strana lettera, in cui diceva: «La sera precedente, per la prima volta mi sono ritrovato a pensare intensamente a Stalin dal punto di vista di un artista. La mattina ho letto la notizia. Ero scosso proprio come se fossi stato presente, come se avessi vissuto tutto in prima persona, visto tutto».

Secondo alcuni studiosi Pasternak sopravvisse per tutto il periodo grazie a questa lettera, e all'effetto, quasi superstizioso, che forse ebbe su Stalin. Ma quella telefonata fu il loro unico contatto diretto. Lo scrittore, invece di rispondere alla domanda di Stalin su Mandel'štam, cercò di parlare della vita e della morte. Stalin lo inter-

* In Nadežda Mandel'štam, *Le mie memorie,* trad. it. di Serena Vitale, Milano, Garzanti, 1972, p. 226.

ruppe osservando che si era aspettato una difesa adeguata del suo collega Mandel'štam.

Vari personaggi intercedettero per Mandel'štam tramite Buharin ed Enukidze, sostenendo a ragione che il poeta era un eccentrico non impegnato in politica. Forse fu per questo che venne condannato soltanto a tre anni di esilio nella piccola città di provincia di Čerdyn'. Lì tentò il suicidio, e sua moglie si rivolse alle autorità che lo autorizzarono a trasferirsi a Voronež, una città più amena. Quasi di certo Stalin non aveva gradito il poema assai ostile di Mandel'štam. Ma forse evitò, almeno per il momento, provvedimenti più severi anche perché sperava, come nel caso di Gor'kij, che Mandel'štam scrivesse una poesia positiva su di lui. E davvero Mandel'štam, ormai comprensibilmente terrorizzato, la scrisse. Non riuscì bene e non fu mai pubblicata.

L'appello presentato dagli amici di Mandel'štam a Enukidze riveste un certo interesse. A quell'epoca il vecchio compagno di Stalin sembrava ancora godere dei suoi favori. Si recava di continuo nella dacia di Stalin, e manteneva la sua alta posizione. Ma aveva già irritato il suo capo per svariati motivi. In precedenza, parlando di lui al suo vecchio amico Serebrjakov, con cui aveva mantenuto buoni rapporti nonostante quest'ultimo fosse un personaggio di spicco della vecchia opposizione di sinistra, aveva osservato: «Che cosa vuole di più? Sto facendo tutto quello che mi ha chiesto, ma non gli basta. Vuole farmi ammettere che è un genio».

Enukidze aveva continuato a intercedere non soltanto per i poeti, cosa che al limite Stalin avrebbe anche potuto tollerare, ma anche per svariati membri espulsi dal partito. Tuttavia la sua colpa più grave era di aver scritto la storia del bolscevismo nel Caucaso prima della rivoluzione. In esso attribuiva a Stalin un ruolo che era assai più rilevante di quello comprovato dai fatti, ma che ormai era insufficiente. In questo campo, come in tutti gli altri, l'appetito di Stalin continuava ad aumentare.

6

Il canale del Mar Bianco, che tanto inorgogliva Gor'kij, è un esempio di alcuni errori del piano di industrializzazione di Stalin. Esso era incentrato soprattutto sui progetti di largo respiro, che dal punto di vista economico non erano migliori di molti altri meno ambiziosi, ma riuscivano assai più utili nella propaganda. Alcuni, come il canale, avrebbero comportato la perdita degli investimenti; altri, come la diga sul Dnepr', probabilmente avevano assorbito una parte troppo ingente del prodotto nazionale; ma l'eco destata era vastissima.

Come abbiamo detto, per l'opposizione interna al partito questi progetti enormi erano soltanto polvere negli occhi. E sarebbe stata preferibile una gestione più equilibrata. Ma Stalin, che non aveva una conoscenza approfondita dell'economia, preferiva di gran lunga la linea dell'entusiasmo e della coercizione a quella degli incentivi, e credeva molto nella validità complessiva del suo irrealistico piano. Tra l'altro, gli slogan martellanti che chiamavano tutte le fabbriche a «superare» gli obiettivi previsti erano insensati persino nell'ottica del piano: infatti dove mai avrebbero potuto procurarsi la materia prima necessaria, se non sottraendola a un altro settore che ne aveva bisogno? C'erano forti tensioni, e un po' com'era accaduto durante la lotta nelle campagne, venne instaurato un clima da tempo di guerra, in cui Stalin e i suoi soci potevano esigere la disciplina e dichiarare ogni fallimento frutto del sabotaggio e del tradimento. Questo può essere considerato l'elemento centrale della politica di edificazione stalinista.

I risultati in ambito industriale non furono negativi come in agricoltura. Ma vennero diffuse dichiarazioni decisamente esagerate, tanto in patria come nella propaganda sovietica all'estero. In effetti è straordinaria la profonda penetrazione del mito negli ambienti occidentali, considerando che la maggior parte delle cifre allora vantate in realtà erano false. Secondo le valutazioni fatte oggi in Unione Sovietica per gli anni Trenta, la produzione tra il 1929 e il 1941 non quintuplicò come affermato allora, ma aumentò del cinquanta per cento: circa lo stesso sviluppo della Germania. Inoltre, come abbiamo sottolineato, si favoriva il perseguimento di obiettivi industriali prestigiosi a scapito di quelli remunerativi.

Eppure, alcune delle imprese più pubblicizzate e patrocinate personalmente da Stalin, nel complesso ebbero successo. Tra le altre vi fu la metropolitana di Mosca, simbolo della trasformazione della capitale. Costruita in larga parte utilizzando il lavoro dei prigionieri, tra cui anche il generale repubblicano spagnolo «El Campesino», era e rimane un'opera eccellente. Ovviamente la metropolitana di Mosca non era unica al mondo. Ricordo alla fine degli anni Trenta un russo il quale non voleva credere che la metropolitana londinese avesse aperto la prima linea tra il 1860 e il 1870; ma come affermava una canzone riportata in uno spettacolo musicale newyorkese di sinistra dell'epoca, una differenza c'era:

Metropolitana sotterranea di Mosca!
Metropolitana!
Costruita a vantaggio dei lavoratori,
Non a vantaggio dei padroni!

Più in generale, l'Unione Sovietica stava edificando un'industria, rappresentata da grandissime imprese, e la stava edificando su principi socialisti. La Russia era davvero arretrata, ma sotto Stalin raggiunse e superò i vecchi paesi capitalisti in un arco di tempo relativamente breve. In Unione Sovietica qualsiasi cosa andasse bene era considerata una realizzazione meravigliosa, e qualsiasi cosa andasse male un meraviglioso sacrificio.

L'industria somigliava a quella capitalista solo per le sue attrezzature materiali (e persino in quell'ambito i nuovi impianti erano più grandiosi). Ma il progresso meccanico era stato conseguito con metodi sociali superiori, con una pianificazione scientifica sostenuta da un enorme entusiasmo popolare. Molto era stato fatto per l'addestramento, considerato unico nel suo genere, dei contadini del tutto inesperti che venivano trasferiti nelle nuove industrie per svolgere lavoro non specializzato, come ovviamente era avvenuto in tutte le precedenti rivoluzioni industriali.

In realtà a quanto pare questi ex contadini erano tutt'altro che entusiasti. Ma come abbiamo detto, il piano invece suscitava una fervida risposta. I quadri del partito ora avevano un compito rivoluzionario, una grande impresa. Una nutrita schiera di giovani attivisti, addestrati a diffondere la nuova linea del partito, si «batteva sul fronte industriale». Lo slancio, per quanto in parte artificioso, in una certa misura era sincero e veniva diretto soprattutto a far accettare Stalin e le sue decisioni. Lo si considerava al servizio della modernità e della macchina – anche se comunque sempre coadiuvato dal lavoro coatto – in tutte le nuove imprese, da Magnitogorsk alla metropolitana di Mosca.

L'altro contributo, anch'esso assai tipico, dato da Stalin alla modernizzazione di Mosca fu la distruzione di innumerevoli cattedrali, chiese e monasteri; delle porte e della cappella Iverskaja sulla piazza Rossa (per facilitare le «manifestazioni»); dei vecchi quartieri di Mosca, Kitajgorod e Ohotnyj Rjad; e soprattutto della cattedrale di Cristo salvatore, fra il Cremlino e la Moscova, un «monumento delle nazioni», «orgoglio della Russia», come la definisce il più recente biografo russo di Stalin, distrutta «per ragioni ateistiche e architettoniche» allo scopo di sostituirla con un palazzo dei Soviet.

La decisione fu presa nell'estate del 1931, nell'ambito di un programma «per la ricostruzione di Mosca». L'architetto capo di Stalin, B. Jofan, spiegò i progetti: «Nel 1931 la cattedrale di Cristo salvatore si ergeva ancora su un'ampia piazza accanto alla Moscova. Enorme e massiccia, scintillante con le sue guglie dorate, che ricordavano i dolci e il samovar ... un tempio dei possidenti e dei mercanti. La rivoluzione proletaria si contrapporrà arditamente a questa struttura architettonica pesante, simbolo del potere e del gusto dei governanti della vecchia Mosca». Quando in dicembre Stalin sentì le esplosioni provocate dalla squadra addetta alla demolizione, chiese al suo segretario Poskrebyšev: «Che cos'è questo cannoneggiamento?». E quando gli venne ricordata la decisione, si calmò.

Il palazzo dei Soviet che doveva sostituirla sarebbe stato alto quattrocento metri, con in cima una statua di Lenin in alluminio che dietro proposta di Stalin si sarebbe innalzata per altri cento metri. Allora sarebbe stato l'edificio più alto del mondo. La sua sala principale avrebbe avuto ventunmila posti a sedere. Ma poi risultò che il terreno non poteva reggere una struttura simile, e ora in quella zona c'è una piscina pubblica.

Anche se tali problemi, e l'interruzione dovuta alla guerra, impedirono per un certo periodo di edificare una «nuova» Mosca, l'idea non scomparve. Hruščev, allora Primo segretario del comitato cittadino, nel 1937 lo spiegò al Comitato centrale: «Ricostruendo Mosca, non dobbiamo avere paura di abbattere un albero, o qualche chiesetta, o questa o quella cattedrale».

7

Com'era cambiato Stalin, se era cambiato, alla metà del 1937? È possibile fare una valutazione preliminare?

Mentre negli anni Venti dirigeva spesso il dibattito e negli anni Trenta interveniva di frequente al Politbjuro e in altre riunioni ristrette, ora Stalin assumeva di rado il ruolo di presidente, e più spesso stava seduto in disparte fumando la pipa. Di solito lasciava parlare prima gli altri e poi «con voce bassa, ma forte e sicura» riassumeva e dettava le risoluzioni.

Non che si tratti di un atteggiamento infrequente o poco diffuso. Una volta un diplomatico britannico mi ha riferito la formula tramandata per decenni da candidati di successo per ottenere alti punteggi ai seminari del «fine settimana» che erano parte integrante della procedura per entrare al ministero degli Esteri: innanzitutto comprare una pipa, in secondo luogo stare seduti per tutto il seminario fumando, e verso la fine «riassumere» con una esposizione «equilibrata» delle argomentazioni. Dunque non è necessaria l'astuzia orientale (e il fatto che Stalin fumasse sempre pipe britanniche, di marca Dunhill, è soltanto una coincidenza).

Secondo un ex funzionario sovietico, in quelle occasioni nel volto di Stalin erano vivi soltanto gli occhi, che seguivano i minimi movimenti e le espressioni degli altri oratori: «Sorride abbastanza spesso, ma è un sorriso stereotipato, un sorriso morto...». Per la sezione del partito che aveva votato per lui, Stalin rappresentava davvero, almeno in larga misura, uno stereotipo, l'espressione o l'incarnazione di idee semplici, di un semplice impulso verso l'utopia sociale che costituiva la loro principale motivazione. È ormai possibile leggere il diario del Vecchio bolscevico Fedor Raskol'nikov, che disertò nel 1939 quando era ambasciatore sovietico in Bulgaria, e per molti decenni si era mosso ai vertici del partito. In esso troviamo una lunga e ponderata descrizione di Stalin in quel periodo. Come logico Raskol'nikov addita come «tratto psicologico fondamentale» di Stalin «la straordinaria, sovrumana forza di volontà» con cui riuscì a «soffocare», a «distruggere» non soltanto il «fiacco e debole» Kalinin, ma «anche persone caparbie come Kaganovič». E prosegue:

> È un fazioso limitato, e segue uno schema preconcetto. Ha la stessa propensione allo schematismo di Buharin, con la differenza che Buharin era un uomo ferrato sul piano teoretico. Stalin cerca di far entrare a forza la vita in una griglia preconfezionata. Più la vita cerca di non lasciarsi infilare nel letto angusto di Procuste, più lui la stritola e la maciulla, tagliandone dei lembi. Conosce le leggi della logica formale, e le sue conclusioni conseguono logicamente dalle premesse. Ma non ha mai brillato sul piano intellettuale ... Ha un'istruzione limitata ... come tutti gli pseudointellettuali che hanno raccattato qua e là brandelli di sapere, Stalin odia la vera intellighenzia.

Quanto alla sua tattica, una volta Stalin aveva detto a Raskol'nikov: «Finché il potere è nelle mie mani, io sono un gradualista». Ma l'osservazione più interessante di Raskol'nikov è questa:

> Gli manca il realismo posseduto da Lenin, e in misura inferiore da Rykov. Non è lungimirante. Quando compie qualche passo, non è capace di valutarne le conseguenze. È un uomo *post factum*. Non prevede gli avvenimenti e non ne dirige il flusso spontaneo, ma si trascina nella loro scia, nuota con la corrente. A Stalin manca l'elasticità di un uomo di stato.

Insomma, nella vera sostanza, per il momento Stalin aveva dimostrato di avere un cervello per nulla straordinario. Alcune caratteristiche, però, erano ben sviluppate. Aveva palesemente un'ambizione insaziabile, una straordinaria forza di volontà, e tutti affermano che quando maturò fino a essere all'altezza del potere conseguito, aveva il talento o dono di trascinare gli altri, una caratteristica che si riscontra sotto diversi aspetti in molti capi carismatici di tutte le epoche e tutti i regimi.

Come scrisse Trockij:

> Circostanze storiche straordinarie premiarono la sua ambizione, con un impeto sorprendente persino per lui. In un certo senso era sempre coerente: a parte tutte le altre considerazioni, sfruttava ogni situazione concreta per consolidare la sua posizione a spese dei suoi compagni, passo dopo passo, pietra dopo pietra, con pazienza, senza passione, ma anche senza pietà! È in questa costante tessitura di intrighi, nel cauto dosaggio di verità e menzogne dispensate con parsimonia, nel ritmo organico delle sue mistificazioni che emerge soprattutto la personalità umana di Stalin.

Una delle sue caratteristiche preminenti era una memoria fenomenale, almeno nelle questioni che lo interessavano di più. E ricordava con precisione i dati in molti campi. Scambiò tuttavia tale dote, come spesso accade ai profani, per la facoltà di comprendere in tutti i settori almeno gli elementi essenziali, e di valutarli con cognizione di causa. Prendeva perciò decisioni non soltanto riguardo alle questioni economiche, campo nel quale aveva qualche competenza, ma anche su problemi fondamentali, per esempio della biologia, che conosceva al massimo come un giornalista non specializzato chiamato a scrivere un articolo, o un avvocato cui fosse stato chiesto di «documentarsi» per un paio di settimane su qualche problema tecnico.

Questo atteggiamento, da cui derivarono enormi assurdità, forse era basato almeno in parte sull'idea comunista che fosse stato scoperto un dogma superiore a ogni altra conoscenza, e che il ruolo della direzione politica, e in generale le considerazioni di carattere politico, si trovassero su un piano più elevato e più vasto di tutte le componenti della vita e della società, il che autorizzava i responsabili a prendere le decisioni finali. Questo consentì a Stalin di decimare, e decimare è dire poco, i suoi ingegneri, i suoi fisici e così via. Quando il laboratorio di fisica di Har'kov, uno dei migliori in Europa, fu rovinato a causa dell'arresto di quasi tutti i migliori specialisti, uno dei capi dipartimento commentò: «Ci vogliono cinque anni per fare un ingegnere, e con tutto ciò il governo incontra molte difficoltà a procurarsi ingegneri adeguati per le sue nuove fabbriche. Ma per un fisico capace ci vuole una preparazione di dieci-quindici anni».

Tuttavia il settore di fondamentale importanza in cui Stalin si dimostrò più incapace di valutare la necessità di specialisti fu la scienza militare. Come abbiamo visto, in questo ambito riteneva di aver dimostrato egli stesso grande talento, nonostante la sua totale mancanza di preparazione. La conseguenza naturale fu che smantellò i quadri militari, andando molto vicino alla disfatta nel 1941-1942.

8

Per superare il punto morto e progredire nella realizzazione e nel consolidamento dell'autocrazia assoluta, Stalin aveva avuto bisogno di destituire Kirov. Ma c'erano ancora degli ostacoli, e per superarli furono necessarie pressioni e manovre. Per tutto il 1935 sembrò che Stalin conseguisse soltanto progressi limitati o parziali. Si svolsero numerosi processi a porte chiuse; si sgombrò il campo dai vecchi dirigenti del Centro democratico e dell'Opposizione operaia, che comunque furono soltanto incarcerati; Enukidze venne trasferito all'improvviso nel Caucaso, in apparenza per ricoprire un'alta carica, ma in realtà per svolgere un lavoro di scarsa importanza in una stazione termale, e in giugno fu espulso dal Comitato centrale per «dissolutezza personale e politica». La sua storia bolscevica del Caucaso fu soppiantata da un'altra, scritta da Lavrentij Berija, il nuovo segretario del Partito transcaucasico (anche se in realtà a comporla era stato un suo assistente di nome Begija, che di lì a poco venne fucilato). In essa Stalin era raffigurato come «il Lenin del Caucaso» e tale rimase la versione ufficiale fino alla morte di Stalin.

Intanto l'associazione dei Vecchi bolscevichi e quella degli ex prigionieri politici vennero liquidate, e si fece capire ai membri del Politbjuro che l'eventuale compilazione di libri di memorie da parte loro non sarebbe stata accolta con favore. Il Politbjuro era ormai diventato docilissimo. L'alleato di Kirov in questioni come il caso Rjutin, Valerjan Kujbyšev, era morto all'improvviso, molto probabilmente (anche se non se ne ha la certezza) per cause naturali.

L'accusa mossa a Enukidze, almeno la parte che all'epoca non fu resa pubblica, era di aver mancato ai doveri di controllo nella sua veste di segretario del Comitato esecutivo centrale dei soviet, consentendo a ex aristocratici di lavorare al Cremlino. In effetti, com'è abbastanza logico, nei musei e nelle biblioteche del Cremlino erano impiegate persone colte, provenienti da una classe sociale prerivoluzionaria.

Nel 1935, in pratica senza pubblicità, fu quindi allestito un nuovo processo farsa, il cosiddetto «Affare del Cremlino». Per molti anni circolarono varie voci sulla vicenda, tra cui quella (ora confermata) della fucilazione di due uomini. Non si sa ancora con precisione quali fossero le accuse. A quanto si bisbigliava ai vertici del partito, negli anni Trenta una ragazza di origini aristocratiche impiegata in una biblioteca del Cremlino aveva tentato di uccidere Stalin, cospargendo di veleno un libro che lui doveva prendere in prestito. Dato che tutti gli accusati oggi sono stati riabilitati, è evidente che non vi fu alcun attentato; ma forse la mente sospettosa di Stalin aveva pensato che qualcuna di quelle povere donne fosse, o potesse essere, l'espressione attiva dei milioni di persone desiderose di vederlo morto.

La faccenda aveva un altro risvolto utile per Stalin. Alla biblioteca del Cremlino lavorava la ex cognata di Kamenev, Nina Rozenfel'd. Quindi non fu difficile incriminare Kamenev stesso e cinque suoi parenti, tra cui la ex moglie. Venne arrestato anche il figlio di Trockij, Sergej Sedov, che non c'entrava affatto, se non per essere nipote della moglie di Kamenev.

Dopo un processo segreto Kamenev si buscò dieci anni, mentre nove inservienti, un usciere, un telefonista, diciotto bibliotecari (per la maggior parte donne) e svariati altri funzionari del Cremlino con le mogli e i parenti, centodieci persone in tutto, furono mandati in prigione o in esilio.

Si trattò in buona parte di una faccenda personale di Stalin, in cui furono coinvolti individui che lui incontrava ogni giorno. Ma possiamo vedere il suo zampino anche in molti decreti, nomine e altre questioni del 1935. L'epurazione di Enukidze non fu l'unica. Anche Gor'kij, per la prima volta dal 1918, aveva ricevuto pesanti critiche dalla «Pravda». Pure Nadežda Krupskaja subì delle pressioni. Si racconta che durante la carestia del 1933 partecipò a una riunione del Politbjuro: Stalin la ricevette con cortesia, ma in pratica le disse di pensare agli affari suoi. Nel 1935 a quanto pare la Krupskaja si schierò con l'associazione dei Vecchi bolscevichi e altri pronunciandosi contro la pena di morte per Kamenev. Fu allora, sembra, che Stalin le disse di adeguarsi alla linea, altrimenti il partito avrebbe conferito a un'altra il titolo di vedova di Lenin: secondo quanto riferiscono, aggiunse che il partito poteva «fare qualsiasi cosa». Questa storia arrivò in Occidente poco dopo, e naturalmente fu messa in dubbio. Ma Hruščev la conferma nelle sue memorie. Stalin, racconta, ventilò più volte l'idea in sua presenza: pare che come nuova vedova fosse stata proposta Elena Stasova. Per quanto la cosa possa apparire incredibile ai non comunisti, non sarebbe stata affatto irrealizzabile. In quel periodo stavano riscrivendo a tutto spiano la storia, e nel caso specifico sarebbe bastato dichiarare che il divorzio e il nuovo matrimonio erano stati tenuti segreti per desiderio di Lenin, ma vista l'attività della Krupskaja contro il partito, il Comitato centrale riteneva ormai necessario svelare la verità.

Di certo si vede la mano di Stalin in un decreto del 7 aprile 1935, con cui tutte le pene, compresa la sentenza capitale, venivano estese ai bambini di dodici anni. Esso fece una pessima pubblicità all'URSS in Occidente: i comunisti francesi furono costretti ad affermare che sotto il socialismo si maturava talmente in fretta da poter essere considerati cittadini responsabili già a dodici anni.

Ma si sarebbe potuto approvare il decreto senza renderlo pubblico. Evidentemente invece doveva servire come forte deterrente per gli oppositori con figli, come Kamenev e Zinov'ev. L'annuncio pubblico era un segnale che lo stato faceva sul serio. Il decreto, che fu applicato in molte occasioni, mette in chiaro risalto la ferocia di Stalin, e contribuisce anche a dimostrare la differenza tra quello che diceva e la realtà. Nell'agosto 1936 egli negò recisamente in pubblico che sotto il regime sovietico i figli dovessero rispondere per le colpe dei genitori; ma qualche settimana dopo, i parenti di Zinov'ev e di altri furono arrestati a dozzine, e molti finirono fucilati. È solo uno dei molti casi in cui le dichiarazioni di Stalin erano assai diverse dalle sue azioni concrete. È deplorevole dover riscontrare che ancora oggi per alcuni professori universitari di storia i suoi discorsi menzogneri andrebbero considerati indicazioni politiche autentiche.

Si stava mettendo a punto la macchina del terrore: Jagoda, Vyšinskij ed Ežov controllavano rispettivamente la polizia segreta, la procura e l'apparato del partito.

Questo libro non è la sede adatta per tracciare tutta la storia del grande terrore del 1936-1938, che è un fattore cruciale e fondamentale dello stalinismo, tramite il quale furono spazzate via una volta per tutte non solo l'opposizione, ma anche qualsiasi traccia di libera espressione del pensiero.

Forse sarebbe il caso di non limitarsi a considerare questa serie spaventosa di avvenimenti un'espressione generale della volontà di Stalin, ma anche di prendere in esame il ruolo che egli svolse nelle scelte quotidiane. Alcuni biografi hanno ipotizzato che avesse dato soltanto l'idea di massima, e che fossero Ežov e altri a occuparsi dei particolari. Alcuni documenti pubblicati di recente in Unione Sovietica dimostrano invece che si interessava anche dei minimi dettagli nei grandi processi-farsa svolti pubblicamente in quel periodo.

Nel 1936 vi fu il primo di questi processi contro suoi ex avversari, con Zinov'ev, Kamenev, Ivan Smirnov e altri sul banco degli imputati. Nei mesi precedenti Stalin aveva ordinato personalmente di sventare una grande cospirazione. Fece promettere a Zinov'ev e agli altri che in caso di confessione avrebbero avuto salva la vita. Compilò la lista degli accusati, operando numerosi cambiamenti all'ultimo momento. E fu lui a ordinare di eseguire le sentenze capitali.

Negli ultimi tre mesi del 1936, adempiendo un ordine inviato da Soči, dove Stalin trascorreva come di consueto delle lunghe vacanze, Jagoda sostituì Ežov alla guida dell'NKVD, che secondo Stalin era in ritardo di quattro anni sul programma di eliminazione dei nemici. Furono arrestati Pjatakov, Radek e gli altri protagonisti del grande processo successivo. Tomskij si suicidò. Invece Buharin e Rykov, ancora membri candidati del Comitato centrale, vennero temporaneamente allontanati. Durante l'autunno Stalin giocò con Buharin come il gatto col topo. Alla «manifestazione» del 7 novembre, diciannovesimo anniversario della rivoluzione, in una delle tribune secondarie un soldato si avvicinò a Buharin, il quale credette che stessero per arrestarlo; invece Stalin lo invitò a raggiungerlo sulla tribuna principale. In seguito alcuni ufficiali dell'NKVD andarono a perquisire il suo appartamento. «Per caso» Stalin telefonò, e quando lo seppe ordinò agli uomini dell'NKVD di andarsene subito.

Nel dicembre 1936 il Comitato centrale, in riunione plenaria, ascoltò una serie di violenti attacchi mossi da Ežov e altri contro Buharin e i suoi cospiratori della destra. Stalin intervenne proponendo di rimandare la questione fino al plenum successivo.

Nelle settimane seguenti Buharin e Rykov furono convocati per un «confronto» con coloro che avevano già confessato, come Pjatakov, in presenza di Stalin e del Politbjuro.

Intanto, sotto un fuoco di fila di discorsi pubblici e di lettere segrete del Comitato centrale alle varie istanze del partito, il cui autore era lo stesso Stalin, il paese fu spazzato da un'ondata isterica di «vigilanza» e di delazione. A Kiev, l'inviato di Stalin, Pavel Postyšev, cercò di bloccare gli eccessi peggiori, ma Stalin, con l'aiuto di una delatrice locale che si chiamava Nikolaenko, cominciò a destabilizzarlo. La Nikolaenko era un esempio tipico dei peggiori pazzi cacciatori di nemici del popolo. Quando Hruščev diventò primo segretario dell'Ucraina andò a denunciargli molte altre persone, tra cui Korotčenko, il nuovo vice di Hruščev. Questi disse a Stalin che secondo lui si sbagliava. Stalin si arrabbiò, disse che era «un errore» non fidarsi di una persona come lei e aggiunse: «Il dieci per cento di verità è già una verità, e richiede provvedimenti risolutivi da parte nostra; se ci comportiamo diversamente la pagheremo». La Nikolaenko alla fine accusò anche Hruščev di essere un cospiratore nazionalista ucraino, e Stalin finalmente ammise che era svitata. Hruščev racconta che sarebbe dovuto risultare evidente sin dall'inizio. (Un'altra delatrice di Stalin, la Mišakova, per causa della quale furono fucilati Kosarev e i capi del Komsomol, risultava pure in modo palese «psicologicamente disturbata», secondo l'espressione di Hruščev.) Ma ormai la Nikolaenko aveva diverse migliaia di morti sulla coscienza, anche se da tempo la gente faceva di tutto per evitare di incontrarla perché il semplice fatto di conoscerla comportava il pericolo di essere arrestati.

«Sulla coscienza»? Per quanto abietto fosse il suo comportamento, Hruščev sottintende un giudizio di «colpevole ma insana di mente». E che dire della coscienza di Stalin? È vero che la Nikolaenko accentuava il clima di terrore nel partito e nella vita pubblica di Kiev, ma le cose andavano più o meno nello stesso modo in tutto il paese. Hruščev non ebbe l'impressione che Stalin fosse insano di mente, non nel senso della Nikolaenko. In effetti era (per riprendere l'espressione usata sempre da Hruščev in un'altra occasione) «diffidente in modo morboso». Ma l'idea di dover prendere provvedimenti perché si crede alla decima parte di un'accusa è, quanto meno in apparenza, abbastanza diversa dalla totale convinzione che l'accusa sia vera. Probabilmente Stalin riteneva che la Nikolaenko, per quanto le sue specifiche asserzioni fossero false (e di certo non supportate da prove), fosse dotata di una particolare sensibilità a segnali altrimenti impercettibili di slealtà interiore. È come se Stalin nutrisse un rispetto quasi superstizioso per quello che considerava una specie di istinto primitivo.

E davvero in alcuni ambienti del partito esisteva tale concezione. Lo stesso Vyšinskij spiegava ai suoi pubblici ministeri più giovani che le prove erano meno importanti del «fiuto politico». Viene riferito che in molte occasioni (nel caso citato, una riunione accademica) gli accusatori dicevano: «Quando parla l'istinto di classe, le prove sono inutili».

In un certo senso Stalin, Vyšinskij e gli altri avevano ragione. Quando non è possibile manifestare in alcun modo il dissenso, e ci si può opporre solo con i pensieri, tali pensieri, dissimulati bene ma non del tutto, possono trapelare dalle espressioni del viso o dai toni della voce. Più il terrore è intenso, più i segnali diventano esili.

È interessante anche il ragionamento fatto da Stalin per scagionare Hruščev: date le sue origini russe, era poco plausibile come cospiratore nazionalista ucraino. Ma in quell'epoca le inverosimiglianze abbondavano (e non sarebbe stato difficile condannarlo per qualche altro tipo di accusa). Quello che Hruščev riuscì a fare, sia allora sia in seguito, fu di mostrare a Stalin una *parvenza* di innocenza, molto più importante dell'innocenza stessa. A quanto pare ci riuscì seguendo la tradizione dei suoi antenati contadini russi, mostrandosi sempre del tutto ingenuo e sincero quando si trovava di fronte alla *vlast'*, il potere arbitrario e quindi imprevedibile, quali che fossero i suoi sentimenti. Anzi, talvolta, come racconta lui stesso, recitava consapevolmente la parte del santo folle. Stalin che conosceva poco o nulla di questa Russia più antica, a quanto sembra prendeva per buono il suo modo di comportarsi anche nei momenti di peggiore diffidenza.

9

Alla fine di gennaio 1937 si svolse il processo a Pjatakov. Di nuovo Stalin compilò la lista degli accusati (e anche questa volta apportò dei cambiamenti all'ultimo minuto). Fu sempre lui a insistere perché Pjatakov fosse accusato anche di aver preso un aereo da Berlino a Oslo per incontrare Trockij e ricevere i suoi ordini su operazioni di terrorismo, sabotaggio, spionaggio e così via. I norvegesi diramarono subito una dichiarazione secondo la quale nel mese in questione all'aeroporto di Oslo non era atterrato nessun velivolo, creando qualche preoccupazione.

Inoltre, a Ordžonikidze era stato promesso che Pjatakov non sarebbe stato fucilato. Come Postyšev, Ordžonikidze aveva cominciato a opporsi agli eccessi dell'epurazione; ed era membro effettivo del Politbjuro. Aveva già denunciato un errore al processo di Zinov'ev, riguardo a una presunta riunione di cospiratori tenutasi in un albergo di Copenaghen distrutto quasi vent'anni prima. Nel dicembre 1936 non aveva partecipato all'offensiva contro Buharin. Stalin stava già muovendosi contro di lui e aveva fatto arrestare suo fratello. E in gennaio e febbraio tra i due scoppiarono molti violenti litigi. All'inizio dissero a Ordžonikidze che in realtà Pjatakov non era stato fucilato, ma non fu possibile sostenere a lungo tale versione. Ed era previsto che verso la fine di febbraio Ordžonikidze pronunciasse la relazione sull'economia al Comitato centrale, in occasione di quello che sarebbe diventato famoso come il «plenum di febbraio-marzo». Stalin restituì la bozza del suo discorso tutta scarabocchiata con commenti volgari. Ordžonikidze progettava di creare scompiglio al plenum, sperando nel sostegno di Postyšev, e forse di Čubar e Kalinin. Tuttavia, dopo un altro acceso litigio con Stalin, fu trovato morto a causa di una ferita da arma da fuoco il 18 febbraio, la vigilia del giorno di inizio del plenum. Venne annunciato che era morto per un attacco cardiaco: oggi in generale si parla di un suicidio, anche se alcuni studi sovietici ventilano l'ipotesi, o addirittura affermano, che l'omicidio sia altrettanto probabile. Se si trattò davvero di suicidio, fu poco diverso da un omicidio, qualcosa tipo «sparati, oppure...».

Il plenum fu rimandato di qualche giorno. Quando aprì i lavori, innanzitutto condannò Buharin che aveva intrapreso uno sciopero della fame. Stalin garantì a Buharin che non lo avrebbero espulso, e lui rinunciò allo sciopero della fame (anzi, se ne scusò). Poi l'assemblea prese in esame il «caso di Buharin e Rykov». Vorošilov, Molotov, Ežov e altri impedirono loro di parlare a forza di grida. Alla commissione incaricata di esaminare il loro caso furono presentate tre proposte: da Ežov, di fucilarli, da Postyšev di arrestarli senza fucilarli, e da Stalin quella più moderata, che venne accolta dalla commissione, di arrestarli e aspettare il risultato delle indagini. Dissero a Buharin che in prigione avrebbe potuto dimostrare la propria innocenza. Una cosa più facile a dirsi che a farsi, visti i nuovi sistemi usati negli interrogatori sotto il regime staliniano.

Nel frattempo Postyšev davanti all'assemblea plenaria aveva criticato l'epurazione, ed era stato tacitato da una brusca interruzione di Stalin.

Nei mesi successivi Stalin mirò ad altri bersagli. Prima furono arrestati Jagoda e la sua squadra di dirigenti dell'NKVD. Seguirono quindi i colpi all'esercito, con l'arresto di eminenti generali, tra cui il maresciallo Tuhačevskij che all'epoca dell'invasione della Polonia era lo spauracchio di Stalin. Gli ufficiali all'inizio si dichiararono innocenti, poi sotto tortura confessarono (sul verbale dell'interrogatorio di Tuhačevskij ci sono macchie di sangue identificabili con gli strumenti delle indagini legali). Tutti i documenti furono inviati a Stalin, che vedeva Ežov quasi ogni giorno e «partecipò direttamente alla fabbricazione delle accuse», come è stato recentemente affermato su un periodico del Comitato centrale.

Dopo gli arresti, ma prima del «processo», Stalin riunì il Soviet militare supremo e fece un discorso malevolo sugli ufficiali arrestati, e molti altri che presto li avrebbero seguiti. Subito prima del «processo» incontrò Ul'rich, presidente del Collegio militare della Corte suprema, e Vyšinskij, per impartire disposizioni. Tuhačevskij e gli altri (ai quali era stata promessa la vita) naturalmente vennero fucilati. Stalin chiese come si erano comportati i membri militari della giuria, e quando gli dissero che nessuno, a parte un suo vecchio amico, il maresciallo Budennyj, aveva mostrato alcun entusiasmo, li insultò. Sull'appello di Jakir che la sua famiglia fosse risparmiata scrisse «carogna e prostituta».

In un recente studio sovietico sulle conseguenze dell'epurazione nell'esercito si rileva che per completare l'istruzione militare di un alto ufficiale dello stato maggiore ci vogliono come minimo dieci o dodici anni, e per quella di un comandante d'armata vent'anni; «E furono annientati quasi tutti. Persino l'addestramento di Žukov, all'inizio della guerra, non era nemmeno paragonabile a quello di Tuhačevskij o Egorov».

Stalin non pretendeva soltanto la remissività, ma anche la complicità. Nei primi mesi del 1938 stilò una circolare per le forze armate dicendo che andavano epurati non soltanto i «nemici» ma anche i «reticenti», coloro i quali non denunciavano debitamente il nemico. In questo atteggiamento (che non si limitava affatto all'esercito) Stalin non differiva da despoti precedenti. Gibbon critica un editto dell'imperatore Arcadio che decretava: «La conoscenza di cattive intenzioni, a meno che non sia rivelata all'istante, diventa altrettanto criminale delle intenzioni stesse; gli uomini avventati che presumano di sollecitare la grazia per i traditori saranno anch'essi bollati dall'infamia pubblica e perpetua». Si pretendeva soprattutto l'entusiasmo. Durante la riunione di giugno del Soviet militare supremo, M.M. Landau, editore del quotidiano dell'esercito, disse: «Ci preme in modo vitale di realizzare nel più breve tempo possibile la direttiva impartita dal compagno Stalin al plenum di febbraio, ripristinare il significato della parola stampata bolscevica». Stalin replicò: «Debole, debole»; e Landau fu arrestato.

Soltanto nel 1938, a marzo, si svolse il terzo grande processo pubblico, quello di Buharin, Rykov, Krestinskij, Jagoda e altri. Stalin in realtà seguì parte delle udienze da una nicchia dove a un certo punto per un gioco di luce fu visto chiaramente. All'ultimo momento aveva aggiunto alle imputazioni di terrorismo, spionaggio e così via l'accusa a Buharin di aver progettato di assassinare Lenin, una calunnia particolarmente meschina.

Quando cominciò il processo, Krestinskij ritrattò la sua confessione. Stalin disse a quelli che lo avevano interrogato: «Con quella schifezza avete lavorato male» e nel corso della notte ripresero a lavorarsi Krestinskij. Il quale il giorno dopo confessò come volevano.

Proprio alla fine del processo accadde un episodio curioso. Il Vecchio bolscevico Rozengol'c, per il quale da altri indizi pare che Stalin nutrisse un odio particolare, fu richiamato e interrogato a proposito di una formula magica infilatagli in tasca da sua moglie, una donna religiosa, e rinvenuta al momento dell'arresto. Vyšinskij la lesse ad alta voce con tono di scherno; erano versetti dei salmi 68 e 91:

> Sorga Dio, i suoi nemici si disperdano,
> e fuggano davanti a lui quelli che lo odiano.
> Come si disperde il fumo, tu li disperdi;
> come fonde la cera di fronte al fuoco,
> periscano gli empi davanti a Dio. ...
> [LXVIII, 1-4]
>
> Tu che abiti al riparo dell'Altissimo
> e dimori all'ombra dell'Onnipotente,
> di' al Signore: «Mio rifugio e mia fortezza,
> mio Dio, in cui confido».
> Egli ti libererà dal laccio del cacciatore,.
> dalla peste che distrugge.
> Ti coprirà con le sue penne
> sotto le sue ali troverai rifugio ...
> non temerai i terrori della notte
> né la freccia che vola di giorno,
> la peste che vaga nelle tenebre,
> lo sterminio che devasta a mezzogiorno. [XCI, 1-6]

Non si può fare a meno di credere che questo episodio fosse un'idea di Stalin. E getta luce sui suoi sentimenti. Come ultimo atto di una lunga serie di confessioni di crimini spaventosi significa poco o nulla. Ma ha molto senso come dimostrazione del potere dello stato contrapposto all'impotenza di Dio. Inoltre viene da pensare che lo stesso Stalin, il quale certo ricordava bene i salmi (e il cui stile era ieratico, addirittura salmodico) volesse dare una dimostrazione personale e politica, magari anche rassicurarsi, sebbene in un modo un po' artificioso ed esagerato.

È evidente che questi spettacoli spaventosi erano pianificati e diretti personalmente da Stalin. Gli servirono innanzitutto per eliminare fisicamente tutti i dirigenti politici passati e potenziali; in secondo luogo per accentuare il clima di terrore nel partito e nel paese; e infine per imputare agli accusati tutto quello che non funzionava in ambito economico, politico eccetera. (Per esempio, la scarsità di derrate e materiali era dovuta al sabotaggio. E ormai si dichiarò giustamente che era stato Jagoda ad assassinare Kirov, aggiungendo però che il mandante era Enukidze, non Stalin.)

Il 20 dicembre 1937 fu annunciato che durante un processo a porte chiuse svoltosi il 16 dicembre Enukidze aveva confessato ed era stato fucilato. Oggi sappiamo che lui e gli altri accusati erano stati giustiziati durante l'autunno a diverse riprese, e che quando si svolse il loro processo erano già morti. Non si conosce il motivo per cui Stalin scelse di mentire in questo caso specifico. Forse per dimostrare che «il partito può tutto».

Come indica la sorte di Enukidze, i processi pubblici più importanti erano solo la punta dell'iceberg del terrore. Nel corso degli anni Stalin ricevette 383 elenchi di nomi, divisi in «generici», «militari», «NKVD» e «mogli di nemici del popolo», e li firmò per approvare le esecuzioni, con la controfirma di Molotov. È emerso che nel 1937-1938 su tali elenchi comparvero circa quarantamila nomi (e in tutto il periodo staliniano 230 mila). In una sola giornata, il 12 dicembre 1937, Stalin e Molotov ratificarono 3167 condanne a morte, e poi se ne andarono al cinema.

A quale punto una vittima diventava abbastanza importante per rientrare negli elenchi di Stalin si può desumere abbastanza chiaramente da una sua osservazione di qualche anno prima:

> Se pensiamo ai gruppi del vertice, ci sono circa tre-quattromila dirigenti di primo piano, che io definirei il corpo di generali del nostro partito. Poi ci sono circa trenta-quarantamila dirigenti di medio livello, che sono il corpo ufficiali del nostro partito. Quindi ci sono circa cento-centocinquantamila quadri di comando del partito di livello inferiore che sono, per così dire, i sottufficiali del nostro partito.

Si può presumere che almeno mille e più persone di massimo livello gli fossero note grazie alla sua «memoria fenomenale» per tali cose, e le altre grazie al suo schedario (o quello di Malenkov) da cui poteva desumere le connessioni, e quindi le affiliazioni sospette. Come minimo, Stalin prese in esame i casi di tutti i membri del Comitato centrale, del Comando supremo e dei segretari provinciali passati e presenti. Quando era direttamente interessato, si faceva mandare rapporti sull'andamento delle esecuzioni, e talvolta li commentava. C'è un aneddoto ben noto che circolava nell'NKVD su una festa per alti funzionari di polizia avvenuta verso la fine del 1936. Dopo aver bevuto parecchio, K.V. Pauker, che essendo capo del dipartimento operativo dell'NKVD aveva presenziato all'esecuzione di Zinov'ev, rappresentò la scena in versione comica. Recitando egli stesso la parte di Zinov'ev, fu trascinato dentro da altri due ufficiali. Stava appeso alle loro braccia e gemeva: «La prego, compagno, per amor di Dio, chiami Iosif Vissarionovič». Stalin rise di cuore, e quando Pauker rifece la scena, aggiungendo di sua iniziativa «Ascolta, Israele, il nostro Dio è l'unico Dio», Stalin rideva al punto che dovette fare segno a Pauker di smettere.

Di certo Stalin non aveva la sensazione che la morte meritasse rispetto. (E nemmeno che chiudesse i conti aperti. Per esempio, diverse persone caddero in disgrazia postuma, come il comandante d'armata S.M. Kamenev, senza alcuna parentela con il politico). Anzi, evidentemente Stalin considerava la disperazione e l'orrore parte integrante della punizione meritata dai suoi oppositori.

Intanto, la maggior parte dei suoi seguaci finiva nei sotterranei delle esecuzioni senza un processo pubblico, talvolta senza alcun processo. Ad alcuni, come Krylenko, Stalin telefonava proprio il giorno prima dell'arresto per rassicurarli che tutto sarebbe andato bene, anche se forse lo faceva non per un piacere perverso, ma per evitarne il suicidio. A tutti i suoi alleati di un tempo nel Politbjuro, Rudzutak, Čubar, Postyšev, Kosior ed Eihe, furono estorte confessioni con la tortura, e in più Eihe fu torturato in modo barbaro *dopo* il processo, subito prima dell'esecuzione. Una volta la Krupskaja, che insieme a Pjatnickij aveva fatto un ultimo tentativo contro l'NKVD al plenum di giugno del 1937, fu condotta davanti al Politbjuro per ascoltare un «testimone» contro Pjatnickij. A un altro «confronto» Stalin, per demoralizzare Petrovskij, fece sì che Ežov conducesse Kosior. Questi, cui si rivolgevano solo chiamandolo «prigioniero Kosior», confessò in modo meccanico di essere una spia polacca. Quando Petrovskij cercò di indurlo a dire che era innocente fu destituito. Stalin si rivolse a Petrovskij e gli gridò che, avendo fatto parte della Duma zarista, non doveva sperare di essere risparmiato. Ma in realtà ebbe salva la vita, come tutti gli altri membri bolscevichi della Duma, e questo fatto, come ho già affermato altrove, è un'ulteriore dimostrazione del rispetto nutrito da Stalin per la legittimazione, sebbene indiretta, un rispetto derivante dalle sue insicurezze.

Ma in tutto questo periodo il personaggio pubblico di Stalin, pieno di benevolenza, era in netto contrasto con la sua attività di giustiziere spietato e carico d'odio. Per esempio esiste una sua fotografia famosa, ristampata più volte, che lo ritrae mentre tiene tra le braccia la figlioletta di un comunista mongolo buriato, Ardan Markizov. Fu persino riprodotta in una scultura, e continuò a circolare anche dopo che Stalin ebbe fatto fucilare il padre della piccola.

Stalin indulgeva raramente nel capriccio tipico dei despoti di concedere di punto in bianco la grazia. Ma talvolta, almeno fino a un certo momento, lo faceva. Hruščev racconta di un addetto commerciale sovietico in Sud America che con una persona del luogo aveva parlato della vita in Unione Sovietica, anche se il suo discorso verteva soprattutto sull'equitazione. Il suo interlocutore, che come poi risultò era un giornalista, pubblicò questo materiale inoffensivo. Il russo, rimandato in patria, fu convocato al Politbjuro e parve condannato. Ma Stalin disse: «Be', ha dimostrato eccessiva fiducia ed è caduto vittima di delinquenti, pirati»; e aggiunse: «Il caso è chiuso. In futuro sia più prudente». L'episodio colpì Hruščev e gli piacque molto. Esistono parecchie storie analoghe.

Un altro caso (accaduto però nel marzo 1936, quando, secondo lo storico che lo racconta, forse Stalin non era ancora «maturato») è quello di A.S. Kuklin, membro del Comitato centrale e seguace di Zinov'ev, che stava scontando una condanna a dieci anni di prigione. Quando spiegarono a Stalin che Kuklin, gravemente ammalato, era in punto di morte, questi ne concesse il rilascio immediato. (Al contrario alcuni mesi dopo Jurij Gaven, in una situazione analoga, fu trasportato fuori in barella per essere fucilato.)

Esistono molte storie dello stesso tipo. Ma quella in cui si vede con maggior chiarezza che era dovuta a un capriccio fu, nel 1940, la liberazione improvvisa da un campo di lavoro del comunista georgiano S.I. Kavtaradze, che venne accompagnato direttamente dalla prigione alla presenza di Stalin, e dopo un'amichevole conversazione fu nominato all'istante commissario del popolo per gli Affari esteri; alla fine del colloquio, con tono più tetro, Stalin aggiunse: «Comunque progettavi di uccidermi». Che cosa può rivelare l'episodio riguardo a Stalin? Che sapeva dell'innocenza di Kavtaradze e fece l'ultima osservazione solo per giustificare come era stato trattato? O che era ancora convinto della colpevolezza di Kavtaradze e voleva mostrare persino a se stesso quanto fosse grande la sua misericordia?

Comunque, in linea di massima, per tutto il periodo del terrore di Ežov, Stalin ebbe il ruolo di ideatore e regista di tutto quell'immenso bagno di sangue. Quasi tutti i suoi interventi dietro le quinte di cui si è a conoscenza sono spaventosi. Al plenum di giugno del 1937 ordinò all'NKVD di smettere di «coccolare» i prigionieri. Quando non riuscirono a far confessare il Vecchio bolscevico Beloborodov, Stalin scrisse: «Possibile che non si riesca a far parlare questo gentiluomo delle sue infami azioni? Dove crede di essere, in prigione o in albergo?». E soprattutto, abbiamo il famoso telegramma riservato del gennaio 1939 sulla tortura, quando, dopo la caduta di Ežov, alcuni funzionari speravano in una maggiore umanità. Vale la pena di citarlo integralmente, poiché contiene tutti gli elementi dello stile personale di Stalin e del suo modo di pensare o almeno di condurre un ragionamento:

Il Comitato centrale del partito spiega che l'applicazione di metodi di pressione fisica nella pratica dell'NKVD è ammessa dal 1937, in conformità con l'autorizzazione del Comitato centrale del partito ... È noto che tutti i servizi segreti borghesi utilizzano sistemi di pressione fisica contro i rappresentanti del proletariato socialista e che li utilizzano nella loro forma più scandalosa. Sorge la questione del perché i servizi segreti socialisti dovrebbero essere più umani contro i folli agenti della borghesia, contro i nemici mortali della classe operaia e dei lavoratori delle aziende agricole collettive. Il Comitato centrale del partito ritiene che la pressione fisica dovrebbe ancora essere usata obbligatoriamente in quanto metodo giustificabile e adeguato, da applicare in via eccezionale a noti e ostinati nemici del popolo.

10

Il terrore del 1936-1938 fu un'aggressione micidiale, quasi unica nella storia per dimensioni, sferrata da un governo contro il suo popolo, e le accuse contestate a milioni di vittime erano quasi senza eccezione completamente false. Stalin ordinò, ispirò e organizzò di persona l'operazione. Secondo quanto afferma un recente articolo sovietico, tutte le settimane riceveva rapporti non solo sulla produzione di acciaio e le cifre relative al raccolto, ma anche sul numero delle vittime eliminate. Certo esaminava e firmava personalmente solo le sentenze capitali delle persone di massimo livello. Ma il massacro non veniva lasciato alle autorità locali. Capitava che Ežov, per telegramma e con visite personali, ordinasse l'esecuzione di dieci o trentamila nemici del popolo, e non è immaginabile che lo facesse senza un ordine di Stalin. Nel corso degli anni, tutta l'attenzione politica del paese e del partito si focalizzò sui nemici del popolo, e in particolare sui grandi processi pubblici che all'epoca costituivano il tema più importante in assoluto per l'indottrinamento e la propaganda sovietica.

Quanti di noi non hanno mai dovuto affrontare situazioni del genere talvolta dimenticano la pressione oltremodo intensa esercitata dal terrore non soltanto sulle vittime, ma sull'intera popolazione. Milioni di persone vivevano un anno dopo l'altro in un clima folle di delazione e di isterismo. Come oggi spiegano gli scrittori sovietici, l'intera psicologia della gente subì distorsioni innaturali e inumane di tale livello che a tutt'oggi la guarigione non è completa.

Quel sistema generalizzato di minacce e premi, quantomeno il premio della sopravvivenza, condizionò la mente di milioni di persone inducendola a una sottomissione quasi pavloviana alle richieste dello stato, e non di rado a un'accettazione piena di sollievo dei falsi entusiasmi ufficiali. Le menti più indipendenti erano ridotte alla disperazione e all'apatia. Sono fattori psicologici che compaiono di norma in condizioni di vita del tutto anormali.

E date le pressioni spaventose, non è eccezionale la reazione psicologica di alcune delle vittime vere e proprie e delle vittime politiche, che si affezionarono a Stalin, l'unico punto di riferimento, proprio come gli ostaggi dei terroristi talvolta sviluppano una dipendenza emotiva dai loro sequestratori.

Inoltre Stalin riuscì come al solito a farla franca, ottenendo, nella maggior parte dei casi, di non apparire responsabile di fronte all'opinione pubblica. Persino le persone colte ritenevano che la colpa fosse dei suoi subordinati. Il regista teatrale Mejerhol'd disse: «A Stalin lo tengono nascosto». Una notte in cui nevicava, Pasternak, incontrando Il'ja Erenburg in vicolo Lavruševskij, sollevò le braccia verso il cielo scuro ed esclamò: «Ah, se qualcuno lo facesse presente a Stalin!». A chi altri rivolgersi?

Pur senza avere una particolare sensibilità politica, Pasternak e Mejerhol'd erano oltremodo intelligenti. Insomma, era una situazione in cui persone che aborrivano il terrore e il dilagare di una delazione abietta, non ne imputavano però la colpa a Stalin. Questo dà la misura della sua capacità di proiettare, almeno sotto certi aspetti, un'immagine di benevolenza.

In ambienti meno intellettuali si potevano riscontrare atteggiamenti analoghi. Robert C. Tucker dice che un russo gli raccontò come molti anni prima, all'inizio del 1935, aveva pianto di gratitudine quando Stalin aveva abolito il razionamento del pane! In un periodo in cui mancava qualsiasi informazione su chi fossero i veri responsabili delle cose, si poteva passarla liscia in molte occasioni.

In generale (se omettiamo le miriadi di persone cui l'arresto proprio o dei familiari aveva tolto tutte le illusioni) i superstiti hanno dato versioni assai diverse di quello che pensavano all'epoca. Una parte dei giovani indottrinati, e non si dice quelli che erano semplicemente beneficiari e complici del regime, continuava a credere nel comunismo e nella persona di Stalin. Molti altri partecipavano, seppure con riluttanza, a una vita in cui non esisteva altro pensiero pubblico, e si adeguavano con molte tensioni psicologiche a quanto richiedeva la situazione. Sembrava che davvero in linea di massima Stalin fosse riuscito ad atomizzare la società.

Il terrore era mirato contro l'intera popolazione, e come risulta dalle fosse comuni che oggi vengono rinvenute in tutto il paese si trattò dell'esecuzione di oltre un milione di vittime; altri milioni furono mandati a morire nei campi di lavoro della zona artica. Ma esso imperversava anche dentro il partito: metà degli iscritti furono arrestati, e oltre un milione di essi morirono giustiziati o nei lager. Perì il settanta per cento dei membri dello stesso Comitato centrale.

Non si sa con precisione quando Stalin decise di far cessare il superterrore e tornare a quelli che in confronto erano normali livelli di repressione. Alla metà del 1938 la maggior parte dei membri del Comitato centrale eletto nel 1934 e dei generali erano stati uccisi o si trovavano in prigione pronti per essere giustiziati. Anche a livelli leggermente più bassi il terrore era ormai arrivato al limite. Per esempio, nel sistema ferroviario bielorusso era evidente che ulteriori arresti avrebbero provocato il blocco totale. Le grandi fabbriche avevano perso quasi tutti i loro ingegneri qualificati. L'economia stava andando a rotoli. La popolazione era inferiore di sedici o diciassette milioni a quanto previsto dal piano. Nelle repubbliche sovietiche le NKVD avevano l'ordine di fucilare decine di migliaia di persone solo allo scopo di mantenere alto il terrore.

Nell'autunno del 1938 Stalin istituì una commissione di indagine sull'NKVD, che – come le era stato senz'altro richiesto – presentò dei rapporti sfavorevoli: in dicembre Ežov fu sostituito da Berija, e nei mesi successivi molti suoi uomini vennero fucilati. Mantenne però almeno una delle sue molte cariche: quella di commissario del popolo ai Trasporti per via d'acqua. E nel febbraio 1939 comparve in tribuna alle celebrazioni per l'anniversario di Lenin. Al Consiglio degli anziani che si riunì ufficiosamente in marzo, prima del XVIII congresso del partito, per decidere il nuovo Comitato centrale, era presente come membro effettivo. Quando la presidenza propose il suo nome, all'inizio non vi furono obiezioni, anzi gli oratori sottolinearono che aveva servito con fedeltà, finché Stalin, fumando la pipa, dall'angolo in cui era seduto andò al tavolo della presidenza e apostrofò Ežov:

«Allora! Che cosa pensa di se stesso? È all'altezza della carica di membro del Comitato centrale?»

Ežov diventò pallido e con la voce rotta rispose di aver dedicato tutta la sua esistenza al partito e a Stalin, di amare Stalin più della sua vita e di non sapere quali errori avesse commesso per provocare una simile domanda.

«Davvero?» chiese Stalin con tono ironico. «E chi era Frinovskij? Lo conosceva?»

«Sì, certo che lo conoscevo» rispose Ežov. «Frinovskij era il mio vice. Lui...»

Stalin interruppe Ežov, chiedendogli chi fossero Šapiro e la Ryžova (segretaria di Ežov), Fedorov e altri ancora.

«Iosif Vissarionovič! Lei sa che fui io, io stesso, a scoprire la loro cospirazione! Venni da lei e glielo riferii...»

Stalin non lo lasciò proseguire. «Sì, sì, sì! Quando ha intuito che stava per essere preso, è venuto di corsa. Ma che cosa è accaduto prima? Stava organizzando una cospirazione? Voleva uccidere Stalin? Gli alti ufficiali dell'NKVD stanno complottando, ma lei non sarebbe implicato. Pensa che io non veda nulla? Non si ricorda chi ha mandato a una certa data come scorta a Stalin? Chi? Con le rivoltelle? Con le rivoltelle vicino a Stalin? Perché? Per uccidere Stalin? E se non me ne fossi accorto? Che cosa sarebbe accaduto?»

Stalin continuò accusando Ežov di lavorare in modo troppo frenetico, arrestando molte persone innocenti e coprendone altre.

«Allora? Avanti, fuori di qui! Non so, compagni, è possibile tenerlo come membro del Comitato centrale? Ne dubito. Ovviamente pensateci... Vedete un po' voi. Ma io ne dubito!»

E quella fu la fine di Ežov. Arrestato alcuni giorni dopo, fu fucilato il 4 febbraio 1940.

11

Stalin chiamava gli scrittori «ingegneri dell'anima umana», un'espressione completamente priva di senso che in seguito fu molto citata in certi ambienti per la sua saggezza e profondità. Il disagio che provava per la loro importanza forse era dovuto al ricordo dell'influenza esercitata su di lui in gioventù da Rustaveli, Ščedrin e altri. Anzi, secondo lui, costituivano una fonte di potere, almeno sulla mente. Se davvero si fosse comportato in modo conseguente, Stalin avrebbe eliminato i grandi scrittori del passato russo come Tolstoj, Turgenev, Čehov, Dostoevskij e gli altri che, ciascuno in modo diverso, ponevano il lettore sovietico di fronte a valori fondamentalmente sovversivi della fede comunista ortodossa. (Secondo qualcuno, fu proprio questa letteratura che nel lungo periodo provocò più di qualsiasi altra cosa il fallimento del tentativo di creare una moralità nuova e più rozza.) Eppure Stalin non riuscì a ricavare dai suoi brocchi una letteratura migliore, una creatività sovietica superiore, e lo sapeva. Aleksej Tolstoj, nipote di Lev, era palesemente mediocre con il suo realismo socialista subtolstoiano. Stalin tendeva a preferire Šolohov, i cui primi libri erano piuttosto eterodossi; o Bulgakov, del tutto alieno dall'ortodossia; o l'eccentrico Erenburg.

Certamente, per controllare nella pratica il mondo della cultura Stalin poteva contare su una fascia di intellettuali più bigotti e fanatici di lui. A suo tempo Čehov aveva così commentato i suoi rapporti con gli editori di sinistra di allora, già molto intolleranti:

> Sotto la bandiera della cultura, dell'arte e della libertà di pensiero perseguitata, un giorno la Russia sarà governata da tali rospi e coccodrilli come non se ne conobbero nemmeno in Spagna sotto l'Inquisizione. Sì, aspettate soltanto. La ristrettezza mentale, le enormi pretese, l'eccessiva presunzione, la totale assenza di qualsiasi coscienza letteraria o sociale: tutte queste cose produrranno effetto ... creeranno un'atmosfera così soffocante che qualsiasi persona onesta ne sarà nauseata.

Ai buoni letterati venivano inflitte continue umiliazioni: costrinsero Mandel'štam a scrivere una poesia su Stalin, Pil'njak dovette prendere Ežov come coautore per un romanzo... Quando Isaak Babel' ebbe il coraggio di affermare che in quel momento era necessario l'«eroismo del silenzio» fu sottoposto a critiche feroci. In tutte le riunioni di scrittori, su tutte le riviste letterarie, era bersaglio di violente accuse. Sottomettersi e umiliarsi di solito serviva soltanto a ottenere un rinvio. La grande maggioranza dei membri dell'Unione degli scrittori finì fucilata o nei campi di lavoro.

Ci sono dozzine di interventi che dimostrano quanto premesse a Stalin questo ambito della cultura. Presenziò a una rappresentazione dell'opera di Šostakovič *Una Lady Macbeth del distretto di Mcensk* e la condannò; fece rimproverare severamente Marietta Šaginjan dal Comitato centrale per il romanzo *Un biglietto per la storia* (sebbene solo per aver rappresentato male Lenin); al principale storico sovietico, Evgenij Tarle, disse personalmente che cosa scrivere su Talleyrand e Napoleone, minacciandolo altrimenti di farlo condannare a un altro periodo di esilio (era appena stato amnistiato).

Come abbiamo visto nel caso del corso accelerato di marxismo fatto con Sten, Stalin nutriva un interesse personale per la correttezza ideologica della storia e della filosofia. Il «fronte filosofico» fu oggetto di decreti speciali, in base ai quali furono denunciati Sten e i suoi colleghi (poi in larga parte fucilati). Mentre ascoltava le complesse esposizioni di Sten (rese ancora più indigeribili dalla sua «voce monotona»), Stalin gli chiedeva di continuo che cosa significasse una certa lezione di Hegel, o Fichte, o Kant, «dal punto di vista della lotta di classe». Significava soltanto una cosa: che Stalin, incapace di comprendere appieno questi argomenti, con la collaborazione di imbrattacarte delatori di terz'ordine come Mitin, dichiarò qual era la verità. In particolare affermò che era «non soltanto possibile ma indispensabile» mettere in rapporto tutte le dissertazioni teoriche con le deviazioni politiche all'interno del partito.

In proposito vale la pena di osservare che Stalin leggeva regolarmente degli estratti di tutti e nove i principali periodici dell'emigrazione, e che nella sua biblioteca teneva libri di molti autori emigrati, compreso Trockij. Anzi si può presumere che quando a uno degli imputati al processo di Pjatakov fu chiesto che cosa pensasse di *La mia vita* di Trockij, nella sua risposta ci fosse lo zampino di Stalin: «Ho detto che dal punto di vista letterario, come giornalista, scriveva bene, ma non mi è piaciuto per gli innumerevoli "io" presenti nel libro». Comunque, è vero che Stalin era molto parco di «io»; ora più che mai, quando parlava di se stesso diceva «il compagno Stalin». Ripeteva spesso: «È impossibile ingannare il compagno Stalin».

In questo periodo, assistiamo anche alla comparsa di un altro fenomeno intellettuale profondamente sintomatico dello stalinismo e del pensiero di Stalin stesso. Nel mondo della scienza, i bolscevichi avevano favorito a lungo le teorie stravaganti e dai risultati miracolosi. Lenin stesso più di una volta aveva messo in guardia contro i toccasana dei dottori bolscevichi («Davvero, nel novantanove per cento dei casi i compagni dottori sono degli asini»). E dopo la sua morte, nelle alte sfere si lasciarono attrarre da molte teorie mediche «alternative».

Negli anni Trenta l'assurda teoria linguistica di N. Marr, convinto che tutte le parole derivassero dai suoni «roš», «sal», «ber» e «jon», ottenne la ratifica ufficiale, e i suoi oppositori sparirono giustiziati o nei campi di lavoro, anche se nel 1950 Stalin la abbandonò.

Tale atteggiamento raggiunse il limite estremo in biologia. Il ciarlatano Trofim Lysenko devastò il settore, anche se riuscì a ottenerne il pieno controllo soltanto dopo la guerra, con la sua cosiddetta teoria marxista dell'ereditarietà dei caratteri acquisiti. Senza dubbio questa concezione interessava profondamente Stalin e lo aveva convinto. Talvolta si afferma che Lysenko aveva ottenuto qualche successo concreto, che possedeva una specie di pollice verde e che fu questo a convincere Stalin della veridicità delle sue teorie. Ma Stalin non era un pragmatico di livello così basso da accettare una teoria per ragioni tanto superficiali. Era evidente, e lo divenne sempre di più, che credeva davvero nelle tesi di Lysenko.

Questo attaccamento a idee eccentriche aumentò ulteriormente negli anni Quaranta e Cinquanta. E la questione non riguardava soltanto Stalin. Nella tensione dell'economia di stile staliniano, i funzionari di tutti i livelli cercavano qualche sistema rapido, non ortodosso secondo i criteri borghesi, con cui risolvere le difficoltà, o fare risparmi determinanti. L'applicazione era sempre accompagnata da grande pubblicità, fino a quando non falliva, e poi non se ne sentiva più parlare.

Viene la tentazione di considerare tutta la faccenda, e la mania personale di Stalin per queste cose, come parte integrante della mentalità rivoluzionaria. Il marxismo prometteva una soluzione veloce e universale per tutti i problemi della storia. Si può supporre che una mente disposta ad accettarlo fosse pronta per intuizioni definitive in tutti gli altri ambiti del pensiero.

12

Intanto il culto di Stalin raggiunse nuove vette, o nuovi abissi. Nel 1938, con la pubblicazione del *Breve corso di storia del «Partito comunista (bolscevico) dell'URSS»* che divenne il Vangelo del pieno stalinismo, la revisione della storia fu estesa a tutto il passato bolscevico e sovietico.

Il *Breve corso* ebbe una tiratura di oltre quaranta milioni di copie in tutto il mondo, e diventò il depositario della verità per l'intero movimento comunista internazionale, «un'enciclopedia di conoscenze fondamentali nel campo del marxismo-leninismo» e così via. Si trattava di una falsificazione spaventosa e di vasta portata, in cui tutti gli oppositori (e i non bolscevichi) erano raffigurati come agenti dell'imperialismo, e risultava che Stalin aveva diretto il movimento bolscevico clandestino, organizzato la rivoluzione, sventato il tradimento, fatto prosperare l'agricoltura e in generale era il capo del proletariato mondiale e il suo migliore marxista.

Era stato scritto da una commissione del Comitato centrale. Secondo la versione originaria era stato redatto da tale commissione «sotto la guida del compagno Stalin e grazie alla sua più attiva partecipazione personale». In seguito si affermò che era stato «scritto dal compagno Stalin e approvato da una commissione del Comitato centrale». Quando il direttore del Museo della rivoluzione chiese il manoscritto del *Breve corso,* Stalin rispose di averlo bruciato.

In questo guazzabuglio, che divenne la chiave di volta di tutto un sistema di mistificazioni, imposto alle menti di un'intera generazione, troviamo un breve capitolo di teoria marxista, la cui paternità a quanto pare va davvero attribuita a Stalin. Pur essendo schematico nella forma e ieratico nel tono, costituisce un utile compendio (come il veterano György Lukács, oltremodo cavilloso, ammise nel suo periodo poststaliniano). Nel suo contesto va considerato senza dubbio una dichiarazione di fede che giustifica il resto del libro.

Il *Breve corso* assurse al ruolo di testo centrale dello stalinismo, ma in realtà la sua funzione era quella di asserire una teoria e presunti fatti, con un tono relativamente contenuto. Parlando più in generale, è impossibile evocare solo con citazioni ed esempi quanto fossero diffuse le manifestazioni di simpatia isteriche e ossequiose che accompagnavano sempre di più qualsiasi allusione a Stalin.

«Esponente principe del genio della rivoluzione proletaria», «ispiratore e organizzatore della vittoria del socialismo», «genio supremo dell'umanità», «comandante proletario di grande esperienza», «teorico di genio e fautore della edificazione delle aziende agricole collettive», «capo geniale dei lavoratori di tutto il mondo» (citazioni tratte da un solo discorso, seppure pronunciato da un segretario locale particolarmente servile). Le conseguenze pratiche in ambito politico di tutto questo erano (per citare Roj Medvedev) «illusioni, autosuggestione, incapacità di pensare in modo critico, intolleranza verso i dissidenti e fanatismo». Vedendo o sentendo parlare Stalin, molti affermavano e scrivevano di essere svenuti o andati in estasi.

Gli intellettuali diedero il loro contributo. Poco dopo, ovviamente, Aleksej Tolstoj scriveva cose tipo «Tu, sole splendente delle nazioni, / sole intramontabile dei nostri giorni, / e più del sole, perché hai la scienza». Lo scrittore proletario Aleksandr Avdeenko, dopo avere subito una censura perché, in un discorso all'Unione degli scrittori, non aveva elogiato Stalin nel modo opportuno, la volta successiva si sentì in dovere di dichiarare: «Quando avrò un figlio, quando imparerà a parlare, la sua prima parola sarà "Stalin"», prefigurando una promessa analoga fatta nella *Fattoria degli animali* di Orwell a proposito di un maialino.

La mistificazione e l'esaltazione non fiorivano solo nella parola scritta e parlata, ma anche nelle arti visive. In una serie innumerevole di film veniva proposta una versione romanzata del ruolo svolto da Stalin prima, durante e dopo la rivoluzione; nei dipinti era rappresentato mentre capeggiava uno sciopero o consigliava un Lenin compiacente. In quasi tutti gli uffici o le officine, e in molte case private, c'erano ritratti idealizzati del Capo appesi in bella vista, come in precedenza si usava fare con le icone, anche se in modo meno ostentato. Un recente articolo sovietico descrive un cittadino illuso del periodo che stampa baci su un'immagine di questo tipo in un parco pubblico. Nelle parate aeree e nelle manifestazioni di piazza, aerei da combattimento e atleti si disponevano in modo da formare il nome di Stalin.

Talvolta l'esito era assurdo e altrettanto spaventoso. Durante una riunione provinciale, quando venne citato il nome di Stalin vi fu un'ovazione, e nessuno osava sedersi per primo. Quando finalmente un uomo anziano che non ce la faceva più a stare in piedi si mise a sedere, presero nota del suo nome, e il giorno dopo lo arrestarono. Quando fu registrato su quattro dischi un discorso di Stalin, la seconda facciata del quarto fu dedicata esclusivamente agli applausi...

Chissà se Stalin credeva a tutta questa adulazione (e se sì, in che senso). Ecco la spiegazione di sua figlia: «Avvertiva l'ipocrisia degli "omaggi" di questo tipo? Penso di sì, perché era straordinariamente sensibile all'ipocrisia e impossibile da ingannare». Un diplomatico sovietico, veterano dell'esercito, scrisse: «Chi pensa che Stalin creda a queste lodi o se le beva per il desiderio egocentrico di lasciarsi ingannare si sbaglia di grosso. Stalin non ne è ingannato, ma le considera utili al suo potere».

Ma la mente umana è quello che è, e a quanto sembra, ci credeva e non ci credeva allo stesso tempo, o forse a seconda del suo umore.

In pubblico, fino a un certo punto, Stalin riuscì a rendere plausibili entrambe le cose. Aveva detto a Feuchtwanger che l'adulazione lo disgustava, ma date le circostanze la considerava scusabile. Offrì svariati esempi della sua «modestia bolscevica» (come la definì Mehlis al plenum di febbraio-marzo), tanto al popolo sovietico come agli stranieri. In privato invece impedì la pubblicazione di un libro intitolato *Storie dell'infanzia di Stalin*, poiché, oltre a essere «infarcito di errori concreti» induceva al «culto delle personalità dei dirigenti»: ma forse in quell'occasione si trattava di errori davvero marchiani. Impedì pure a Malenkov e Poskrebyšev di sponsorizzare una traduzione russa dei suoi poemi giovanili; anche in questo caso, può darsi che non volesse esporsi alle critiche. Ha una connotazione leggermente diversa la proposta, presentata da Ežov al Politbjuro nei primi mesi del 1938 «dietro suggerimento degli operai», di ribattezzare Mosca Stalinodar. Stalin espresse parere contrario.

Ma quando il giornalista americano Louis Fischer, in generale favorevole al regime sovietico, scrisse in un articolo che Stalin avrebbe potuto e dovuto limitare il culto, in privato reagì ringhiando: «Quel porco!». In linea di massima, si può concludere che le sue critiche sporadiche e prive di effetti al culto della personalità fossero una manovra per aggiungere alla sua panoplia di virtù anche la modestia. Comunque sia, in tutto il paese la coscienza fu debitamente sommersa da un oceano di adulazione.

13

Quando lo sventurato periodo dei primi anni Trenta diventò un po' meno sventurato, poiché alla carestia vera e propria si sostituì la malnutrizione, il terrore subì un allentamento arrivando a livelli relativamente tollerabili, e i flagelli coi rinforzi metallici utilizzati per punire la popolazione furono rimpiazzati da semplici fruste, fu diffusa una parola d'ordine che poco dopo era visibile ovunque: «La vita è diventata migliore, compagni, la vita è diventata più gioiosa. Stalin». Un artista fu condannato a cinque anni di prigione per aver aggiunto una *u* su un cartellone che la riportava, mutandone il senso in «La vita è diventata migliore, compagni, la vita è diventata più gioiosa *per* Stalin».

A quanto pare non era un'affermazione veritiera. Dopo la morte di Nadežda, la vita privata e sociale di Stalin era diventata sempre più tetra e ristretta. Hruščev ipotizza con convinzione che una cosiddetta «governante» di Svetlana, «giovane e bellissima», in realtà fosse stata scelta per altri motivi. E la viaggiatrice britannica Rosita Forbes, che andò a trovare Stalin, parla della presenza di una donna, in apparenza sua moglie. Una donna assunta alla dacia come cameriera, Valentina Istomina, vi si insediò come padrona di casa: non partecipava mai alle conversazioni, ma vi rimase fino alla morte di Stalin, quando fu più o meno riconosciuta come la sua vedova.

Ormai lui viveva soprattutto nella dacia «vicina», a Kuncevo, anche se di tanto in tanto pernottava nell'appartamento situato sotto il suo ufficio al Cremlino. I suoi ritmi di vita e di lavoro diventarono più eccentrici. Di solito si alzava verso mezzogiorno, andava in ufficio e lavorava fino alle sei o alle sette, quindi pranzava con i suoi amici, in un clima sempre più greve di trivialità e di scherzi squallidi, poi spesso vedeva un film.

Com'è naturale, Stalin era sempre sotto stretta sorveglianza. Una delle principali mansioni del dipartimento operativo dell'NKVD, diretto da K.V. Pauker fino alla sua morte, avvenuta nel 1937, consisteva nel garantire la sicurezza degli alti funzionari. Per certi spostamenti di Stalin potevano essere assegnate al servizio di sorveglianza molte migliaia di agenti. Il vero e proprio capo del servizio di scorta di Stalin (già dal periodo della guerra civile) agli ordini di Pauker era Nikolaj Vlasik. La figlia di Stalin lo definisce «incredibilmente stupido, incolto e rozzo», anche se negli anni successivi si ingerì in questioni artistiche e di altro genere che esulavano decisamente dalla sua comprensione. Chiunque andasse a trovare Stalin doveva superare il controllo di sicurezza di Vlasik.

Alla dacia, e talvolta nel suo appartamento, Stalin di tanto in tanto intratteneva ancora i suoi amici più intimi e i suoi parenti; quelli acquisiti, anche dopo la morte di Nadežda, continuarono per qualche tempo a tenersi in contatto. Ma Stalin era sempre più convinto che la moglie fosse passata al nemico, e solo molto piiù tardi cominciò a parlarne alla figlia in termini migliori.

Mantenne un rapporto affettuoso soltanto con Svetlana, anche se di tanto in tanto perdeva le staffe e la insultava (la violenza era «essenzialmente verbale»). Per esempio, si infuriava quando la ragazzina che aveva solo dieci anni indossava abiti che gli parevano troppo corti, e poco dopo golfini attillati.

In generale era ancora un padre amorevole. Talvolta facevano un gioco piuttosto tetro, in cui Svetlana impersonava la «padrona di casa» e lui il «segretario numero 1»: lei gli dava direttive scritte e lui annotava «obbedisco» controfirmando con il suo nome o con «paparino». Agli occhi dei visitatori occasionali come Hruščev, verso l'inizio degli anni Trenta Stalin si comportava in modo «molto umano», rideva e scherzava. Ma soltanto un gruppo molto ristretto di amici e parenti lo frequentava regolarmente a casa. Buharin ne aveva fatto parte per un certo periodo; Avel Enukidze, suo vecchio compagno dei tempi del Caucaso, era stato un ospite assiduo. Tra gli invitati c'era pure il capo della polizia di Mosca, Stanislav Redens, marito della sorella di Nadežda, Anna, e talvolta Kirov.

A poco a poco tali rapporti più o meno personali si erano esauriti. Buharin, con cui Stalin aveva l'abitudine di fare la lotta per gioco, aveva smesso di fargli visita, e poco dopo come abbiamo visto era morto, al pari di Kirov, Redens ed Enukidze.

Nel 1938 la cerchia politica di Stalin, assai meno intima di prima, comprendeva i personaggi destinati a sopravvivere sino alla fine del suo dominio, anche se negli ultimi tempi alcuni corsero un brutto rischio. Il gruppo più ristretto comprendeva ora Molotov, Kaganovič, Andreev, Vorošilov, Mikojan, Hruščev, Kalinin, Ždanov, Berija e Malenkov. Nel corso del tempo vi ascesero e poi scomparvero uomini più giovani, ma negli anni Quaranta e all'inizio dei Cinquanta questo nocciolo duro di stalinisti rimase immutato. È un fatto in netto contrasto con le vicissitudini degli anni Venti e Trenta, e in un certo senso segna la stabilizzazione dello stalinismo come sistema.

Nel mio libro *Il grande terrore* ho affermato che Stalin appariva piuttosto restio a far fucilare le donne, almeno le Vecchie bolsceviche, se non quando erano «mogli di nemici del popolo». E in effetti la percentuale delle sopravvissute fu molto alta. Persino la Fotieva, segretaria di Lenin che era rimasta molto implicata nelle sue ultime manovre contro Stalin, sopravvisse. Altrettanto vale per Elena Stasova, che ebbe in quegli avvenimenti una partecipazione quasi altrettanto diretta, e per diverse altre, tra cui R.S. Zemljačka, che aveva fatto parte del Comitato centrale prima della rivoluzione. Aleksandra Kollontaj, un tempo stella dell'Opposizione operaia, rimase come ambasciatrice in Svezia molto a lungo dopo che altri tredici capi della fazione erano stati incarcerati (nel 1935) e poi fucilati. Nessuna delle due donne che nel 1934 erano membri effettivi del Comitato centrale fu giustiziata: K.I. Nikolaeva (per giunta ex seguace di Zinov'ev) e Nadežda Krupskaja. Certo la Krupskaja era un caso a parte, e fu denunciata da Ežov (di sicuro su iniziativa di Stalin) nel 1938, durante una riunione della Commissione centrale di controllo. Ežov la accusò di essere complice di Trockij e di aver affrettato la morte di Lenin, aggiungendo che «solo il rispetto per la memoria di Lenin» gli impediva di «consegnarla a Vyšinskij e Ul'rih, come aveva fatto con altri traditori». La Krupskaja svenne, e dovettero portarla in clinica. Morì alla fine di febbraio del 1939, a settant'anni appena, poco prima del XIII congresso del partito. È sempre circolata la voce che fosse stata strangolata.

Sappiamo da poco che l'unica donna allora membro candidato del Comitato centrale, A.S. Kalygina, in realtà venne fucilata, e quindi risparmiare la vita alle donne non era una regola, quanto piuttosto una tendenza. Nessuna delle «testimoni» coimputate nei processi di Mosca all'epoca fu condannata a morte, a differenza di tutti gli uomini, anche se una di loro, l'ex «comunista di sinistra» Jakovleva, condannata alla prigione, a quanto pare fu fucilata nel 1941, come tutti gli imputati superstiti ancora in carcere. L'altra, la Safanova, ex moglie di Ivan Smirnov, sopravvisse. (Più tardi, nel 1952, tutti gli imputati dell'«Affare di Crimea» furono condannati a morte, a eccezione dell'unica donna, l'accademica Štern.)

Possiamo affermare con assoluta certezza che in tutte queste occasioni fu Stalin a decidere. L'unico caso noto in cui Stalin cancellò un nome da una lista di condannati fu quello di una donna, Lili Brik, anche se il motivo addotto fu che si trattava della « vedova [di fatto] di Majakovskij». Invece una volta Molotov di propria iniziativa commutò la condanna al carcere di una donna in una sentenza capitale, e a quanto pare non vennero impartiti contrordini.

L'NKVD torturò e fucilò molte donne, è evidente. Ma ai vertici si può pensare che permanesse una vaga parvenza di ritegno, forse uno sprazzo dell'antica cavalleria caucasica.

Per quanto riguarda i suoi parenti e affini, per un certo periodo Pavel Alliluev, fratello di Nadežda, continuò a frequentarlo. Ma, come disse a un amico, cominciava a sentirsi sempre più estraniato, e nel 1937, quando morì all'improvviso, Stalin non firmò nemmeno il necrologio. Stanislav Redens (lo «zio Stan» di Svetlana) non resistette molto di più: nel 1938 fu destituito dalla carica di capo della NKVD di Mosca e deportato nel Kazakistan, dove poco dopo lo fucilarono. Sua moglie Anna, cognata di Stalin, chiese la grazia, ma Stalin le spiegò che i suoi accusatori sapevano quello che facevano. In seguito, quando Anna non voleva credere che lo avessero giustiziato, Stalin in persona le assicurò che la sentenza era stata eseguita davvero. Anna perse più o meno la ragione.

Insomma, la vita continuava – quando continuava – in un clima sempre più spaventoso.

14

La fine del periodo di Ežov coincise con decisioni cruciali in ambito di politica estera che nell'agosto 1939 produssero il clamoroso patto nazi-sovietico.

Già nell'ottobre 1933 Stalin aveva avviato contatti segreti con il regime di Hitler. A quanto pare all'inizio non considerava la Germania nazista un problema di primo piano; ma poi evidentemente cambiò opinione. Stalin comunque non rinunciò mai alla possibilità di stringere un accordo con la Germania. Anche l'anticomunismo fanatico di Hitler, che sembrava un ostacolo decisivo, risultò poi non insuperabile. Quando, nell'agosto 1935, un rappresentante del dipartimento Esteri dell'NKVD nel suo rapporto a Stalin diede una valutazione pessimistica su quel progetto, si accorse che aveva prodotto scarsi effetti.

A quel punto Stalin dettò in ambito di politica estera, e nel Komintern, una linea basata sull'idea di formare una salda coalizione antinazista, in modo da detenere una posizione di forza qualora avesse ritenuto opportuno aprire i negoziati. Il Komintern rinunciò alla sua posizione contro il «social-fascismo» in favore dei «fronti uniti», che divennero poi «fronti popolari» con un ulteriore spostamento verso destra. In ambito diplomatico, Maksim Litvinov, commissario del popolo per gli Affari esteri, continuava a proporre alleanze contro i nazisti. In quel periodo, una volta Stalin circondò le spalle di Litvinov con un braccio, e gli disse che a suo parere ora potevano considerarsi d'accordo. «Non per molto» rispose Litvinov.

E in effetti questo orientamento durò soltanto tre anni. Sebbene Stalin continuasse a cercare contatti con i tedeschi tramite i suoi uomini dell'ambasciata sovietica a Berlino, ormai la linea ufficiale era l'alleanza con l'Occidente. In quel periodo vi furono molti discorsi e recise dichiarazioni sovietiche per condannare l'espansionismo nazista, soprattutto verso oriente, prefigurato in *Mein Kampf* e mai ritrattato. Stalin stesso parlò del problema, con apprensione ma in tono pacato. Al XVII congresso del partito, nel 1934, Stalin lanciò il primo di molti *ballon d'essai*. Osservò: «Ovviamente siamo tutt'altro che entusiasti del regime fascista in Germania. Ma il fascismo non c'entra, non fosse altro perché il fascismo in Italia, per esempio, non ha impedito all'URSS di stabilire ottimi rapporti con quel paese».

Ma persino nei discorsi di Molotov contro le tendenze pericolose in Germania, di solito c'erano clausole-scappatoia prontamente leggibili a Berlino. Nel gennaio 1936, dopo una forte critica riguardo alla minaccia tedesca, Molotov disse al Comitato esecutivo centrale che «accanto» alla implacabile politica antisovietica di Berlino, il governo tedesco aveva proposto un credito di duecento milioni di marchi, accettato dal governo sovietico, e che erano già in corso le trattative per ottenerne altri. In marzo rilasciò un'intervista a «Le Temps» dicendo:

> In certi settori del pubblico sovietico esiste la propensione verso un atteggiamento di totale inconciliabilità con gli attuali governanti della Germania, dovuta soprattutto ai continui discorsi ostili dei dirigenti tedeschi contro l'Unione Sovietica. Ma secondo l'orientamento prevalente, da cui è determinata la politica del governo sovietico, è possibile migliorare i rapporti sovietico-tedeschi.

Era il periodo in cui la Renania veniva di nuovo militarizzata, senza alcuna reazione da parte della Francia.

Durante l'estate cominciò la guerra civile spagnola. Stalin si lasciò coinvolgere al punto da inviare equipaggiamento che comprendeva anche 648 velivoli e 407 carri armati. Combatterono in Spagna tremila «volontari» dell'esercito sovietico, e il Komintern organizzò i quarantaduemila volontari autentici della Brigata internazionale capeggiati dal sedicente canadese «Kleber», in realtà M.Z. Štern, comandante di corpo d'armata dell'Armata rossa. In quel periodo i comunisti spagnoli erano fortemente motivati a impadronirsi del governo repubblicano, soprattutto perché i dirigenti effettivi si opponevano alla richiesta strettamente personale di Stalin di sopprimere del tutto (anziché parzialmente) il POUM (Partito operaio di unificazione marxista), ritenuto trozkista, nella cui milizia prestava servizio George Orwell. Nella prima metà del 1937 fu questo l'obiettivo prioritario dell'ambasciatore sovietico, dei rappresentati dell'NKVD e della politica sovietica in generale. Quanto allo sforzo bellico, Stalin cessò di interessarsene quando divenne chiaro che la causa del Fronte popolare non avrebbe vinto, e sulla stampa sovietica, come racconta Il'ja Erenburg, la lunghezza e l'intensità degli articoli si attenuarono.

All'epoca del caso Pjatakov, quando gli imputati erano stati accusati di aver complottato con i nazisti tramite Trockij, gli inviati di Stalin avevano ribadito più volte ai tedeschi che l'accusa non andava presa sul serio, anche se questo fatto non fu mai ammesso ufficialmente né in patria né fuori, sebbene ovviamente i tedeschi sapessero come stavano le cose. E l'ultimo giorno del processo, un inviato personale di Stalin (e suo ex compagno di scuola) David Kandelaki, parlando a nome di Stalin e Molotov su un testo convenuto, assicurò a Schacht che l'Unione Sovietica non aveva intenzioni antitedesche ed era pronta in qualsiasi momento ad aprire negoziati politici.

Nel 1938, intanto, le offensive politiche di Hitler proseguirono. L'Austria cadde. Poi, in autunno, con l'accordo di Monaco la Germania si annetté i territori germanofoni della Cecoslovacchia, per invadere infine, nel marzo 1939, il resto del paese.

Allora le potenze occidentali, ingannate a Monaco, decisero di resistere, e offrirono garanzie a quella che era ovviamente la successiva vittima predestinata di Hitler, la Polonia, la quale avrebbe certo opposto resistenza militare.

Stalin si trovava di fronte alternative diametralmente opposte: un'alleanza con la Francia e la Gran Bretagna per bloccare Hitler, o un accordo con la Germania. Per il momento, mantenne aperte entrambe le possibilità. Ma come afferma Robert C. Tucker «la diplomazia staliniana della sicurezza collettiva era il tentativo calcolato di creare una coalizione in Europa. Cercava davvero di formare un forte raggruppamento militare antitedesco basato sulla Francia e la Gran Bretagna. Ma *non era una coalizione cui voleva che l'Unione Sovietica partecipasse quando si fosse giunti alla guerra*».

Nel suo rapporto al XVIII congresso del partito Stalin disse che le potenze occidentali avevano abbandonato la sicurezza collettiva, e che la politica sovietica non avrebbe lasciato «trascinare il paese nei conflitti di guerrafondai abituati a farsi tirare le castagne fuori dal fuoco dagli altri». Hitler e la dirigenza di Berlino capirono l'antifona, e interpretarono correttamente anche la destituzione di Litvinov seguita dalla nomina di Molotov, il 3 maggio, al commissariato degli Esteri.

Nei giorni successivi, Hitler decise di attaccare la Polonia, anche se questo significava entrare in guerra con la Gran Bretagna e la Francia, e alla fine del mese i tedeschi si risolsero ad aprire trattative serie con Mosca. A quel punto anche gli Alleati occidentali cominciarono a sondare i russi. Churchill condivideva la convinzione dello Stato maggiore britannico e della maggioranza del governo che l'unico modo per dissuadere o sconfiggere Hitler fosse un'alleanza totale e incondizionata di Francia, Gran Bretagna e Unione Sovietica. Nonostante la riluttanza di Chamberlain, fu deciso di discutere un trattato di sicurezza. La Francia e la Gran Bretagna sono state criticate a ragione perché inviarono delegazioni di livello relativamente basso, che arrivarono con comodo per nave l'11 agosto e opposero riserve di tutti i generi alla libertà di azione sovietica negli stati baltici, e perché condussero le trattative con eccessiva lentezza (anche se riguardo a quest'ultima critica, furono i sovietici a non volere più di una riunione al giorno per discutere le questioni militari).

Un trattato del genere poteva essere concluso solo al prezzo (poi pagato comunque) di consentire l'effettivo dominio sovietico in Polonia e negli stati baltici. E non si poteva avere la certezza che fermasse Hitler. In ogni caso, Stalin avrebbe dovuto affrontare almeno l'eventualità di una guerra imminente, in cui i francesi sarebbero rimasti immobili dietro la linea Maginot; invece, un accordo con la Germania avrebbe garantito la pace, almeno per un certo periodo, e la possibilità di espandere indisturbati il territorio sovietico. Quindi non è affatto ovvio che Stalin avrebbe preferito l'Occidente anche se gli avesse offerto le migliori condizioni. E per la verità gli occidentali erano trattenuti da molte considerazioni, alcune delle quali di grande peso.

In primo luogo non si fidavano dei sovietici, e ovviamente risultò che avevano ragione quando dovettero verificare l'osservanza di accordi successivi, come i trattati di pace di Potsdam e dei Balcani. Poi non credevano che in quella fase l'Armata rossa fosse in grado di «sostenere un'offensiva efficace», come disse Chamberlain; alcuni mesi dopo, la disfatta finlandese dimostrò che non avevano torto. In terzo luogo, pensavano erroneamente (come Stalin) che l'esercito francese si sarebbe dimostrato all'altezza dei tedeschi, almeno sul piano difensivo. Ma soprattutto, almeno in Gran Bretagna, la pubblica opinione era stata mobilitata contro Hitler per l'invasione dei territori cechi, e l'occupazione degli stati baltici da parte di Stalin non aveva giustificazioni più elevate (anche se forse se ne poteva escogitare qualcuna). Inoltre, la Polonia rimaneva un problema. Com'è abbastanza logico, non si poteva dare per scontato che i polacchi avrebbero accettato le truppe russe sul loro territorio, e comunque l'invasione avrebbe creato degli attriti.

Peggio ancora, l'Occidente offriva una prospettiva di sicurezza collettiva il cui effetto deterrente su Hitler non era affatto certo, oppure, in alternativa, l'intervento sovietico in una guerra incerta. Hitler invece offriva ampi territori, la pace e l'opportunità che la Germania e i paesi occidentali si logorassero in un conflitto lungo ed equilibrato, in cui l'Unione Sovietica poteva diventare il *tertium gaudens*.

Una volta che i tedeschi avessero deciso di accordarsi con l'URSS, sarebbero rimaste scarsissime possibilità concrete di un'alleanza di qualsiasi genere tra sovietici e occidentali. I negoziati con inglesi e francesi stavano sfumando in un fiasco: tutti i punti dovevano essere riferiti personalmente a Stalin, mentre i suoi portavoce, come Ždanov, erano incaricati di sollevare dubbi sulle intenzioni degli occidentali. Alla fine di luglio nei colloqui diplomatici tenuti a Berlino fra addetti commerciali sovietici e tedeschi si era stabilito che i nazisti avrebbero accolto le richieste dell'URSS riguardanti l'Europa orientale. Il 18 agosto l'inizio della guerra in Polonia progettata da Hitler era ormai questione di giorni. I tedeschi insistevano che Ribbentrop fosse ricevuto a Mosca entro il 23 agosto.

Stalin accettò. Arrivò Ribbentrop. Il patto fu firmato e reso pubblico quella sera, anche se non si fece riferimento ai verbali segreti sulla divisione del bottino. Stalin giudicò troppo amichevole la prima versione del comunicato stilata da Ribbentrop: dato che i due paesi si erano «gettati fango addosso» per anni, spiegò, era opportuno usare un tono un po' più sostenuto. Disse anche a Ribbentrop che i britannici avrebbero combattuto con «tenacia e astuzia», quindi a quanto pare pensava che dopo tutto l'Inghilterra e la Francia avrebbero onorato gli impegni assunti con la Polonia. Stalin assicurò a Ribbentrop sul suo onore che l'Unione Sovietica avrebbe osservato il patto con lealtà. Aggiunse persino, per quanto in modo non molto convincente, che se la Germania fosse stata messa in ginocchio avrebbe mandato cento divisioni sul Reno ad aiutarla. E durante il ricevimento seguito ai brevi negoziati si alzò, e propose un brindisi: «So quanto il popolo tedesco ami il Führer. Perciò vorrei bere alla sua salute».

XI

CON HITLER

1

Indipendentemente dalla convinzione di Stalin o Hitler che gli Alleati occidentali avrebbero onorato il loro impegno con la Polonia, la straordinaria velocità del blitz tedesco fu una sorpresa per Mosca, come per Londra e Parigi. Hitler aveva dimostrato di avere una macchina militare di prim'ordine. Ma la Francia e la Gran Bretagna, per quanto senza dirette conseguenze in questa fase, erano ormai in guerra con la Germania.

Il 9 settembre Molotov telefonò per congratularsi con i tedeschi della presa di Varsavia. Il 10 settembre Stalin cominciò una mobilitazione parziale e il 17 attaccò la Polonia. Intanto l'esercito polacco era in una situazione disperata, e Stalin cercò di dare l'impressione che il suo intervento fosse dovuto soltanto alla previsione della caduta dello stato polacco. Evidentemente temeva che Francia e Gran Bretagna potessero considerare colpevole anche lui dell'attacco alla loro alleata. Non riuscì a ottenere dai tedeschi il consenso a un proclama ufficiale in cui si dichiarava che i soldati russi entravano in Polonia soltanto come liberatori. Ma a Parigi e a Londra l'unica reazione significativa fu il sollievo per il fatto che Hitler non aveva occupato l'intero paese.

Stalin non si era certo fatto un'idea candida e ingenua del patto o delle intenzioni dei tedeschi. Di fronte al Politbjuro (la maggior parte dei cui membri non era mai stata consultata) disse: «Hitler vuole imbrogliarci, ma penso che lo abbiamo battuto». Cominciava a manifestare, o perlomeno a rivelare, l'estrema diffidenza che caratterizzò anche i suoi rapporti con gli alleati successivi.

Proprio il giorno in cui l'Armata rossa si mise in moto, espose all'ambasciatore della Germania «alcuni dubbi» nutriti da parte sovietica sulle reali intenzioni del comando supremo tedesco di osservare il patto e ritirarsi sulla linea stabilita nel protocollo segreto. Aggiunse persino che forse qualcuno a Berlino sospettava l'URSS di voler sostenere i polacchi sconfitti contro la Germania. Alcuni giorni dopo Molotov disse all'ambasciatore che Stalin era rimasto «sbalordito» per l'«evidente violazione» del patto da parte dei tedeschi. Tali sospetti erano comunque privi di fondamento. Hitler intendeva (per il momento) attenersi al patto nei minimi particolari, e non cavillare, o lottare, per questioni territoriali. I timori di Stalin, o il suo modo di esprimerli, paiono davvero infondati.

Qualche giorno dopo Stalin incontrò di nuovo l'ambasciatore tedesco, e suggerì una modifica al protocollo segreto. In origine l'URSS doveva ricevere una larga parte della Polonia etnica: la regione di Lublino e una parte della regione di Varsavia, mentre i tedeschi (alla fine) si sarebbero annessi la Lituania. Stalin suggerì uno scambio.

Tale proposta è stata interpretata come una correzione della linea strategica. Ma a quanto pare era dovuta soprattutto a considerazioni politiche. È essenziale rilevare che i tre stati baltici costituivano, se così si può dire, un solo boccone, e dividerli probabilmente avrebbe creato competizione tra i due occupanti. Ancora più importante è la linea che venne adottata ufficialmente in Unione Sovietica, ove si dichiarò l'intenzione di conquistare solo i territori della Polonia abitati da ucraini e bielorussi, i quali in generale non erano stati considerati parte della Polonia dai partecipanti alle trattative di pace dopo la Prima guerra mondiale.

Una simile posizione si poteva difendere con argomenti ragionevoli di fronte all'opinione pubblica occidentale, mentre ciò non sarebbe stato possibile per l'annessione diretta di territori inoppugnabilmente polacchi. In questo modo si riduceva alquanto il rischio di concrete ostilità immediate o successive da parte degli occidentali. E poi Stalin come avrebbe agito con il territorio polacco abitato da polacchi? In linea di principio, molto probabilmente gli avrebbe conferito lo status di «autonomia» nell'accezione sovietica del termine. Ma una «Repubblica polacca» pattugliata dai pochi comunisti locali sopravvissuti all'epurazione staliniana avrebbe costituito una provocazione per gli occupanti tedeschi dall'altra parte della Vistola.

È strano che in precedenza Stalin non avesse riflettuto su questi due punti. Ma il patto era stato firmato in tutta fretta, e non dobbiamo dimenticare che si trattava della prima autentica immersione di Stalin in una questione grave e immediata di politica estera.

Il 27-28 settembre Ribbentrop fece una scappata a Mosca per gli ulteriori negoziati proposti, e dopo ore di discussione su svariati punti, le parti concordarono che la Germania avrebbe tenuto tutta la Polonia etnica, e la Lituania sarebbe andata all'URSS. Stalin chiese espressamente che i tedeschi non costituissero stati polacchi subalterni di alcun tipo sul loro territorio. Disse anche a Ribbentrop che intendeva sistemare subito la faccenda degli stati baltici, e che si aspettava sostegno dai tedeschi.

La nuova spartizione del bottino, ovviamente, fu registrata solo in un altro protocollo segreto. La parte pubblica fu celebrata in un trattato in cui non si parlava più soltanto di «non aggressione» ma anche di «amicizia». Era accompagnato da una dichiarazione congiunta secondo cui, dopo la caduta dello stato polacco, non c'era più alcuna ragione per proseguire la guerra, ma un eventuale fallimento degli sforzi fatti dalla Germania e dall'Unione Sovietica per garantire su questa base la pace generale avrebbe dimostrato che «Inghilterra e Francia [erano] responsabili per la continuazione del conflitto»; e in quel caso la Germania e l'URSS si sarebbero consultate riguardo ai «provvedimenti necessari». Stalin in persona ne compose il testo, in modo tale che Hitler lo trovò migliore dell'originale tedesco.

Ai festeggiamenti che seguirono, si fece in modo di mettere pienamente a loro agio Ribbentrop e i suoi colleghi: era come essere in «una cerchia di vecchi camerati del partito nazionalsocialista», riferì un delegato nazista. Quanto a Stalin come persona, i tedeschi furono particolarmente colpiti dal suo «fascino».

2

Ora l'Unione Sovietica forniva alla Germania grandi quantità di materie prime: olio, grano, cotone, manganese, cromo. Stalin verificava i minimi particolari, trattando personalmente di questioni abbastanza marginali con piccoli funzionari tedeschi, e riservandosi sempre la decisione finale riguardo all'opportunità di sospendere l'embargo su merci particolarmente richieste dai nazisti. I tedeschi godevano di buone condizioni di credito, ed erano tenuti a pagare soltanto sei mesi dopo la consegna. Inoltre spesso pagavano anche più tardi e con equipaggiamenti bellici obsolescenti od obsoleti. E quando i tedeschi si lamentavano per i ritardi e altre questioni, o talvolta arrivavano a liquidare brutalmente «le opinioni di Herr Stalin come irrealizzabili nella pratica e contrarie all'accordo», Stalin replicava, a quanto sostiene Adam Ulam, «con docilità». In realtà l'Unione Sovietica svolgeva anche un ruolo di intermediazione nel mercato mondiale, per consentire alla Germania di evadere il blocco britannico. In una cupa satira contro il «non interventismo» britannico nella guerra civile spagnola, lo scrittore comunista inglese Edgell Rickword aveva sostenuto: «Le miniere di Euzkadi forniscono il metallo/ che nutre i cani da guerra nazisti»; ma ora non ritenne necessario scrivere: «I pozzi di Baku forniscono il petrolio/Per portare le bombe sul suolo britannico...».

Stalin sperava soprattutto che la collaborazione della Germania gli avrebbe consentito di formare una flotta da combattimento. Anche in questo caso si trattava di una questione della quale Stalin sapeva poco, ma su cui aveva opinioni precise. La marina sovietica era stata epurata, con otto grandi ammiragli su nove fucilati nel 1937-1938; il sopravvissuto, Galler, li avrebbe seguiti dopo la Seconda guerra mondiale. Tra l'altro erano stati accusati di opporsi alla creazione di una grande flotta di superficie, e la loro destituzione era stata acclamata in quanto doveva rendere possibile l'organizzazione di «una forza d'attacco della massima potenza». Stalin in persona aveva ordinato che venisse «punito severamente» chiunque si opponesse agli incrociatori pesanti, ma i nuovi ammiragli erano ancora dubbiosi, specialmente riguardo all'utilità delle supercorazzate nelle basse acque del Baltico. Stalin si alzò dalla sua poltrona, riempì la pipa con il tabacco di due sigarette, e disse: «Raccoglieremo il denaro centesimo per centesimo e le costruiremo», misurando ogni parola e fissando con ostinazione i dubbiosi.

Era un capriccio, e tra l'altro estremamente costoso. Stalin voleva dai nazisti più di quanto ottenne, ma ricevette almeno lo scafo non finito dell'incrociatore pesante *Lutzow* e altro equipaggiamento navale. In diverse occasioni partecipò personalmente alle conferenze tedesco-sovietiche su questi argomenti, ancora nel febbraio 1940; furono i suoi ultimi contatti diretti con il corpo ufficiali nazista, a parte gli incontri con l'ambasciatore tedesco.

A tali colloqui, i tedeschi furono colpiti dalla sua conoscenza dei particolari tecnici (e dalle sue vivaci proteste per i ritardi, delle quali poi si scusava). Ma considerarsi uno stratega navale fu una delle forme più gravi della sua presunzione di saper padroneggiare qualsiasi argomento. Negli anni successivi la flotta sovietica avrebbe svolto un ruolo oltremodo marginale.

Intanto Stalin dimostrò ai tedeschi disponibilità assai maggiore di quanto fosse necessario su problemi navali e di altro genere. La «base nord» per i sottomarini navali fu insediata in un'insenatura nei pressi di Murmansk, con depositi di carburante e navi officina. (In realtà non divenne mai operativa: i due sottomarini che stavano raggiungendola furono affondati dalla marina inglese, e dopo l'invasione della Norvegia da parte dei tedeschi diventò inutile.) Inoltre i sovietici scortarono lungo la rotta del mare del Nord la nave corsara nazista *Komet*, che arrecò gravi danni ai vascelli degli Alleati nel Pacifico.

Un atto più clamoroso di Stalin fu di disporre il rimpatrio in Germania di diverse centinaia di comunisti tedeschi che si erano rifugiati in Unione Sovietica per motivi politici. Furono consegnati sul ponte di Brest-Litovsk, mentre gli ufficiali della Gestapo e dell'NKVD controllavano insieme gli elenchi. Per la maggior parte finirono direttamente nei campi di concentramento nazisti.

Non appena il patto fu firmato, tutta la vasta macchina della propaganda sovietica invertì direzione. Stalin disse a Mehlis, capo della Direzione politica dell'esercito, che la stampa militare doveva smettere di irritare i tedeschi e di scrivere sul «fascismo». Gli altri mezzi di comunicazione si adeguarono. Già il 6 settembre l'ambasciatore tedesco poté riferire non soltanto che il tono di tutta la stampa era completamente cambiato, ma che i libri antinazisti erano scomparsi dai negozi. I film antihitleriani come *Il professor Mamlok* furono ritirati. (Due sedicenni, un ragazzo e una ragazza, che ingenuamente lo richiesero per proiettarlo a scuola, furono inviati ai campi di lavoro.)

Berija emanò un ordine con cui proibiva agli uomini dell'NKVD di insultare i prigionieri con il termine «fascisti». Un diplomatico sovietico si prese una condanna a cinque anni per aver usato la parola in senso offensivo. Inoltre Stalin sembrava aver previsto una specie di convergenza del nazismo, in realtà abbastanza logica, verso la posizione comunista. Un articolo sovietico del recente passato, apparso su uno dei giornali più autorevoli del partito, riferisce le sue osservazioni durante un pranzo seguito alla parata del 7 novembre 1939:

> Disse che in Germania i nazionalisti piccoloborghesi erano capaci di una svolta improvvisa, che erano flessibili e non legati alle tradizioni capitaliste, contrariamente ai dirigenti borghesi come Chamberlain eccetera. I.V. Stalin aggiunse che era necessario abbandonare la routine e non fissarsi sulle regole stabilite, accorgersi delle cose nuove prodotte dal cambiamento della situazione. Per questo motivo è stato ipotizzato che I.V. Stalin prevedesse una evoluzione degli atteggiamenti correnti dei nazisti.

In quel momento divenne chiaro quanto fosse efficace il controllo staliniano del Komintern. I partiti comunisti accettarono ovunque il patto, con rare e temporanee eccezioni. Si diede la priorità agli interessi dell'Unione Sovietica, nell'interpretazione datane da Stalin. L'inversione della linea politica talvolta si manifestò tra le edizioni del mattino e quelle della sera (come accadde nell'organo del Partito comunista palestinese), con un senso della disciplina che può definirsi masochistico. All'inizio, i comunisti stranieri per la maggior parte fecero propria la versione secondo cui la pace era stata salvata da un ardito colpo di mano di Stalin. Com'è ovvio si dovette abbandonarla nel giro di pochi giorni, quando scoppiò la guerra. Per un breve periodo alcuni comunisti rimasero disorientati. Il Partito comunista della Gran Bretagna all'inizio appoggiò sia il patto nazi-sovietico sia la guerra contro i nazisti. Qualche settimana dopo, gli ex dirigenti Harry Pollitt e John Campbell dovettero ammettere che si era trattato di un errore, mentre fu dato a intendere, negli interessi del partito, che il comunista più famoso della Gran Bretagna, il parlamentare Willie Gallagher, il quale in realtà li aveva sostenuti aderendo alla loro linea antinazista, si fosse espresso contro. I comunisti, in Gran Bretagna e ovunque, alla fine accettarono la tesi che si trattava di una guerra imperialistica, in cui non aveva senso scegliere tra i due schieramenti, con la postilla che il principale ostacolo alla pace era rappresentato dai governi inglese e francese.

Il cambiamento di alleanze avvenuto tra il settembre del 1939 e il giugno del 1941 fu notevole. Un comunista tedesco esiliato in Svezia rimase un po' interdetto quando un compagno irruppe durante una riunione di comitato gridando con eccitazione: «Abbiamo conquistato Parigi!».

In Gran Bretagna, dopo la caduta della Francia, i comunisti lanciarono una «campagna di pace» basata su una nuova organizzazione al fronte chiamata Convenzione del popolo, e appoggiata da personaggi come l'avvocato D.N. Pritt, membro del parlamento e favorevole ai sovietici, e l'attore Michael Redgrave. Fu annunciata la pubblicazione di un libro scritto dal più autorevole teorico del partito, Palme Dutt, con il titolo *Per una pace del popolo;* in realtà quando i nazisti invasero la Russia non era ancora uscito, e fu sostituito da un'opera altrettanto persuasiva dello stesso autore, che incitava a proseguire la guerra con tenacia.

A un mio amico americano nel giugno 1941 capitò di incontrare a Washington Square un paio di illustri comunisti newyorkesi suoi conoscenti, e chiese loro che cosa avrebbero pensato se Hitler avesse attaccato la Russia. Risposero accalorati che quell'idea era una tipica provocazione imperialista occidentale. Allora mostrò loro la prima edizione del «New York Times» con la notizia dell'attacco. L'apparato internazionale di Stalin cambiò di nuovo linea nel giro di una notte, ma questa volta con sollievo.

3

Subito dopo l'accordo con la Germania del 28 settembre 1939, Stalin avviò personalmente i negoziati con la Lituania, la Lettonia e l'Estonia, e pur rassicurando quei paesi con ulteriori trattati che la loro sovranità sarebbe stata rispettata li costrinse ad accettare l'insediamento di guarnigioni sovietiche.

In ottobre Stalin prese contatti anche con i finlandesi. Mentre i rapporti con gli stati baltici erano stati bruschi e minacciosi, con la Finlandia in un primo momento egli adottò una tattica di estrema cortesia. Da una parte chiese soltanto che la frontiera finlandese fosse spostata a maggiore distanza da Leningrado, e affermò di essere disposto a compensare con territori sovietici più a nord. I finlandesi erano abbastanza favorevoli a concludere quest'accordo; ma l'altra idea di Stalin, nel suo ruolo di stratega navale, fu di chiedere una base ad Hango, più a ovest, da cui a suo parere l'artiglieria sovietica avrebbe potuto difendere gli accessi al Golfo di Finlandia, congiuntamente alle nuove basi sovietiche della costa estone (anche se nel 1941, quando avvenne l'invasione tedesca, le batterie sovietiche installate sulla costa finlandese si dimostrarono pressoché inutili).

Dopo quasi due mesi di trattative, i finlandesi non cedevano ancora, e il 30 novembre Stalin attaccò il paese, insediando nel villaggio di Terijoki, subito oltre la frontiera, un nuovo governo della Repubblica democratica della Finlandia, capeggiato da Otto Kuusinen un suo tirapiedi del Komintern (la cui moglie si trovava in un campo di lavoro). La nuova repubblica doveva includere tutta la Finlandia, oltre ai territori sovietici della Carelia.

Non è chiaro se Stalin avesse sempre voluto la guerra, o se si sentisse in dovere di realizzare le sue fantasie navali per il Golfo, dove aveva ottenuto i suoi primi trionfi, allora del tutto indiscussi (e del tutto navali) assaltando fortezze dal mare. Ma ora evidentemente intendeva conquistare l'intera Finlandia. Le truppe sovietiche furono istruite sul comportamento da adottare una volta raggiunta la frontiera svedese. È chiaro che Stalin si aspettava di ottenere un successo analogo a quello dei tedeschi in Polonia. Anche se alcuni ufficiali avvertirono che l'offensiva avrebbe potuto presentare delle difficoltà, prevalse l'opinione che tutto sarebbe finito in dieci o dodici giorni.

Risultò, com'è ovvio, che si trattava di un grave errore di calcolo.

Le prestazioni dell'Armata rossa furono pessime: subì rovinose sconfitte sui fronti secondari a nord, e i suoi tentativi di invadere l'istmo della Carelia furono respinti per mesi.

Non fu solo la debolezza militare di Stalin a emergere. La lunga lotta diede tempo agli occidentali di maturare la simpatia per i finlandesi, e restando fermo il fronte occidentale, cominciò a diffondersi l'idea che si doveva prestare aiuto militare alla Finlandia, e addirittura invadere il Caucaso. I tedeschi, secondo le relazioni diplomatiche sovietiche, stavano lavorando per provocare una «rottura definitiva tra Mosca e l'Occidente»; lo stesso Stalin in privato disse che il protrarsi dei fallimenti dell'Armata rossa contro un nemico debole aveva favorito l'opposizione antisovietica. Si profilava di nuovo all'orizzonte, almeno come eventualità, il pericolo paventato da Stalin nel caso della Polonia, quello cioè di restare prematuramente coinvolti in un conflitto di vasta portata. I finlandesi giocarono le loro carte con perizia, e quando l'Armata rossa, grazie alla superiorità numerica, riuscì ad avere il sopravvento, strapparono condizioni non molto peggiori di quelle proposte in novembre. L'idea della «Repubblica democratica» fu lasciata tacitamente cadere. (I territori persi così dai finlandesi furono riconquistati nel giro di qualche settimana nel 1941 quando, non fosse stato per la Guerra d'inverno, la Finlandia sarebbe potuta rimanere neutrale).

A quel punto iniziò l'attacco tedesco in Occidente. In dicembre Hitler aveva mandato gli auguri di compleanno a Stalin, e questi gli aveva risposto con un messaggio in cui si dichiarava fiducioso nell'amicizia sovietico-tedesca che, sottolineò, era stata «sigillata con il sangue», il sangue polacco. Nell'aprile 1940 fu Stalin a congratularsi con Hitler, per il suo successo in Danimarca e in Norvegia. Il 10 maggio, quando i tedeschi informarono Molotov di avere invaso l'Olanda e il Belgio, questi dichiarò che i sovietici comprendevano l'esigenza della Germania di proteggersi, e auspicò un suo successo.

Per Stalin la caduta della Francia fu un disastro grave quasi come per l'Occidente. Anche lui aveva fatto male i conti. Ormai non c'era più in tutto il continente un esercito capace di controbilanciare Hitler. Tra quest'ultimo e la supremazia aerea sull'Inghilterra meridionale, per non dire un'invasione con buone possibilità di successo, si frapponevano soltanto gli spossati squadroni da combattimento della RAF. Ma anche se la Gran Bretagna fosse riuscita a resistere, non aveva forze di terra a sufficienza per lanciare una seria offensiva in Europa.

Stalin maledisse i francesi e i britannici. Ormai non gli rimaneva altra scelta che sfruttare l'accordo con Hitler. Quando la Francia cadde, intraprese le ultime azioni nei territori riservatigli in base al patto: gli stati baltici subirono l'annessione, la Romania fu costretta a cedere la Bessarabia e la Bucovina occidentale, con il consenso della Germania.

Si trattava di conquiste assai meno consistenti della espansione nazista in Occidente, proprio come la guerra finlandese era stata meno imponente della guerra nazista in Polonia.

4

Nel frattempo Stalin aveva avuto l'occasione di versare altro sangue polacco. Nell'aprile 1940 avvenne uno dei misfatti che misero nella più netta evidenza la sua disinvolta spietatezza: il massacro di circa quindicimila ufficiali polacchi e di altra nazionalità, prigionieri di guerra della campagna del 1939, perpetrato a Katyn e altrove. Tale azione riuscì ad avvelenare i rapporti internazionali e a inquinare la verità più di ogni altra operazione del genere compiuta dai sovietici. Soltanto nel 1990 Mosca ha ammesso che il crimine fu perpetrato da Stalin e non dai nazisti, come aveva sostenuto per quasi mezzo secolo. Un recente studio sovietico mette in rapporto la strage con una riunione di ufficiali della Gestapo e dell'NKVD tenutasi a Zakopane, nella Polonia occupata dalla Germania, per concertare l'azione contro il nazionalismo polacco. Di recente la stampa sovietica ha pubblicato alcune foto di ufficiali della Gestapo e dell'NKVD che vanno a fare un giretto in slitta fra una sessione e l'altra.

A quanto pare la strage fu effettuata con l'intenzione di eliminare nel modo più radicale possibile i dirigenti nazionali del movimento per l'indipendenza polacca. Sui polacchi, Stalin aveva un'opinione con alcune peculiarità. Più di una volta spiegò ai corrispondenti americani che le classi economiche americane non erano differenziate in modo altrettanto rigido di quelle europee, poiché in America non esisteva il retaggio di una precedente «aristocrazia terriera» o feudale. Quest'idea di Stalin comportava la convinzione che in Polonia e in Ungheria il principio nazionale fosse particolarmente radicato perché, contrariamente ad altri paesi dell'Europa orientale, vi esisteva una piccola nobiltà indipendente consolidata da tempo. Forse la «decapitazione» della Polonia per mezzo del massacro del 1940 fu basata proprio su questa convinzione. Come vedremo, in seguito gli avrebbe procurato molti guai.

5

Durante l'estate, Stalin ottenne un'altra vittoria. Il 20 agosto 1940 Trockij, dopo svariati approcci e tentativi, venne assassinato con una piccozza da ghiaccio da R. Mercader, un agente dell'NKVD, nella sua casa in Messico.

Per diversi anni Trockij era stato oggetto di una caccia spietata. In Francia e in Spagna erano stati rapiti e uccisi diversi trozkisti. Nel precedente attentato in Messico, il pittore comunista David Siqueiros e una banda di venti pistoleri avevano crivellato la casa di Trockij con i mitragliatori e lanciato bombe incendiarie e dinamite, senza riuscire a ucciderlo. Era stato più semplice affidare l'attentato a un uomo solo, che lo stava preparando già da tempo, nel caso che Siqueiros fallisse.

Tutta l'operazione era stata progettata alla Lubjanka, dove gli uffici con gli archivi e i centri operativi sul caso Trockij occupavano tre piani. Il principale aiutante di Berija nel progetto era Pavel Sudoplatov, del servizio estero dell'NKVD; alle sue dipendenze c'era Gaik Ovakimjan, allora «residente» sotto copertura dell'NKVD al consolato generale sovietico a New York, che organizzò l'operazione per avvicinarsi a Trockij tramite un agente di New York. L'espertissimo Naum («Leonid») Ejtingon era l'agente in Messico. Nel 1945 diventarono generali tutti e tre. (Sudoplatov ed Ejtingon furono arrestati come seguaci di Berija nel 1953, ma in seguito vennero rilasciati; Sudoplatov nel '91 era ancora vivo e abitava a Mosca.)

Ramon Mercader, l'assassino, fu descritto dalla propaganda stalinista come un trozkista dissidente che aveva agito da solo. Venne arrestato e scontò la sua condanna in una prigione messicana, negando qualsiasi coinvolgimento sovietico. Sua madre, una collega molto stretta di Ejtingon, fuggì e ricevette l'ordine di Lenin a nome di Mercader. (Quando questi fu rilasciato e andò a Mosca, negli anni Sessanta, il premio fu confermato, ma gli ordinarono di non indossare l'onorificenza in pubblico.)

La teoria staliniana della dolce vendetta aveva finalmente eliminato l'ultimo dei suoi colleghi e rivali del Politbjuro. È chiaro che, contrariamente a Hitler, Trockij era un nemico per cui non c'era redenzione. Di certo si trattò di un momento di puro piacere per Stalin, che prima aveva espulso il suo rivale dal Politbjuro, poi dal partito, dal paese, e ora dalla vita stessa.

6

Mentre Stalin aveva buone ragioni per evitare o rimandare i guai con la Germania, per Hitler valevano le considerazioni opposte. Il suo controspionaggio militare considerava l'Armata rossa un'avversaria formidabile, la cui dirigenza era carente a tutti i livelli, ma poteva ricostituirsi nel giro di qualche anno. Dal punto di vista dei tedeschi questo significava che un eventuale attacco contro la Russia andava attuato il più presto possibile. In pratica Hitler lo aveva già deciso nel luglio del 1940. Nel frattempo, fu fatto un ultimo sforzo diplomatico: Ribbentrop scrisse a Stalin, invitando Molotov a Berlino per una discussione generale sui rapporti sovietico-tedeschi. Molotov arrivò in novembre ed ebbe molti colloqui con Hitler. Gli ordini di Stalin lasciavano a Molotov poco margine di manovra, ed egli cercò ostinatamente di ottenere una spiegazione per la presenza delle truppe tedesche in Finlandia e Romania. Hitler, com'è abbastanza logico, fu evasivo, ma fece intravedere ai sovietici la prospettiva di una condivisione dei possedimenti asiatici dell'impero britannico «in via di smobilitazione».

Ai russi, secondo quanto fu riferito a Hitler dai suoi agenti, premeva scoprire «quali militari» si opponessero alla politica conciliatoria di Ribbentrop, e in generale «quali personaggi tedeschi fossero contrari alla collaborazione con la Russia». Stalin, da cui di certo provenivano le direttive, era convinto (e a quanto pare ci credette per un breve periodo anche dopo lo scoppio della guerra tedesco-sovietica) che il patto fosse messo in pericolo soltanto da alcuni tedeschi con inclinazioni militariste, e per implicita conseguenza non da Hitler. Evidentemente Stalin riteneva che i tedeschi più prudenti avrebbero considerato eccessivi i rischi di una guerra contro la Russia. A quanto pare l'offerta di alcune parti dell'impero britannico confermò a Molotov, e forse anche a Stalin, l'ipotesi che la Germania volesse intrappolare l'Unione Sovietica in una guerra con la Gran Bretagna, un'analisi abbastanza sensata.

Tuttavia, quando Molotov tornò a riferire l'offerta tedesca, Stalin comunicò a Berlino di aderire al Patto tripartito con la Germania, l'Italia e il Giappone, e di accettare l'espansione «in direzione del Golfo Persico». Pose però come condizione che all'Unione Sovietica fossero assegnate anche delle basi militari in Bulgaria e sugli stretti, e che le truppe tedesche si ritirassero dalla Finlandia. Ma ormai l'accordo non interessava più a Hitler nemmeno quanto bastava a esaminare le mozioni. La proposta fu lasciata in sospeso. L'8 dicembre

Hitler firmò l'ordine ufficiale di invasione dell'Unione Sovietica, l'operazione Barbarossa, che doveva essere pronta a iniziare entro il 15 maggio 1941.

Ma quelle discussioni in novembre forse produssero una curiosa conseguenza. Hitler a un certo punto suggerì che l'unico modo per appianare le difficoltà fosse una riunione «ai massimi livelli». Secondo quanto afferma un diplomatico sovietico presente ai colloqui di Berlino e al rapporto che ne venne fatto a Stalin, su quest'ultimo l'idea di un summit, come si dice oggi, aveva prodotto una forte ed evidente impressione, inducendolo nei mesi successivi a dar chiari segni di sperare nell'organizzazione di un colloquio del genere, perché in quel contesto forse sarebbe riuscito a chiarire le cose con Hitler. Il diplomatico ritiene che se nei mesi successivi Stalin non comprese bene la situazione, lo si dovette in buona parte a questo episodio.

7

La guerra finlandese aveva portato almeno un vantaggio all'Unione Sovietica: Stalin si era ormai reso conto che l'Armata rossa non era in grado di combattere una guerra importante. L'esercito però, che nel giugno 1941 era tutt'altro che in condizioni ottimali, senza il parziale ripensamento e la ristrutturazione seguiti alla disfatta finlandese sarebbe stato in condizioni ancora peggiori.

Il 4 maggio 1940 Vorošilov fu sostituito alla carica di commissario della Guerra da Timošenko; e ufficiali competenti, come Žukov e Mereckov, occuparono alte cariche, sebbene anche a molti incompetenti che durante la guerra civile avevano fatto parte del corteggio di Stalin, come il maresciallo Kulik, fossero assegnati compiti importanti. Il doppio sistema di comando dei commissari politici fu abbandonato nell'agosto 1940, e in settembre l'agente di Stalin, Mehlis, fu rimosso dalla direzione politica dell'esercito, anche se rimase disponibile a provocare disastri nella guerra tedesco-sovietica.

Inoltre Stalin non cessava di perseguitare l'esercito. Nei primi mesi del 1941 Mereckov, il capo di stato maggiore, fece un rapporto assai carente al Soviet militare supremo, e poco dopo fu sostituito da Žukov. In giugno Mereckov venne arrestato con l'accusa di essere una spia britannica, insieme al commissario per l'Industria della difesa Vannikov, che aveva suscitato risentimento opponendosi alla decisione di Stalin di far installare sui carri armati sovietici un cannone di cui questi si ricordava con ammirazione dai tempi della guerra civile, ma del tutto inadatto allo scopo.

Altri ufficiali di grado superiore rimasero implicati. Il giovane comandante in capo dell'aviazione militare, Ryčagov, dopo aver subito delle critiche per una serie di incidenti in cui erano rimasti coinvolti gli aerei, perse le staffe e dichiarò che se era accaduto dipendeva dal fatto di avere in dotazione non aeroplani, ma bare volanti. Stalin replicò: «Non avrebbe dovuto dirlo» e poi ripeté la frase concludendo in modo brusco la riunione. Ryčagov fu arrestato la notte stessa, e in prigione lo raggiunsero i suoi due predecessori al comando dell'aviazione, i generali Loktionov e Smuškevič (che con lo pseudonimo «Douglas» era stato l'asso aereo sovietico durante la guerra di Spagna), oltre al generale G.M. Štern, che nel 1938 aveva capeggiato la guerra vittoriosa contro i giapponesi, e a svariati comandanti dell'aviazione e dell'artiglieria. Mereckov e Vannikov in seguito furono rilasciati e riutilizzati. Gli altri finirono fucilati.

Nella prima metà del 1941 Stalin, quali che fossero i suoi motivi e le sue convinzioni, sprofondò in una specie di torpore, interrotto da slanci irrazionali. L'episodio più impressionante si verificò nell'aprile 1941. Il governo iugoslavo di allora, favorevole all'Asse, fu abbattuto da un colpo di stato militare. Stalin firmò immediatamente un trattato di amicizia con l'amministrazione antitedesca, e anzi si fece fotografare tutto sorridente insieme all'ambasciatore iugoslavo. Nel giro di una settimana i tedeschi invasero la Iugoslavia e il nuovo governo fuggì in esilio a Londra. Stalin revocò in tutta fretta il riconoscimento diplomatico accordato in precedenza.

Il golpe iugoslavo ebbe un effetto imprevisto. L'attacco sferrato in quel paese e poi in Grecia posticipò l'operazione Barbarossa dalla metà di maggio alla metà di giugno: un cambiamento di programma che, come emerse in seguito, ebbe effetti probabilmente cruciali sull'esito dell'offensiva.

Stalin riprese, se così si può dire, una politica di completo *appeasement*. In aprile, mentre si congedava dal ministro degli Esteri giapponese alla stazione, dopo aver firmato un trattato di non aggressione, abbracciò calorosamente l'ambasciatore tedesco e all'attaché militare disse: «Rimarremo vostri amici in tutti i casi».

Accadde intanto un episodio abbastanza bizzarro, tale da suscitare sospetti persino in persone meno inclini di Stalin alla diffidenza. L'11 maggio 1941 Rudolf Hess, uno dei più intimi camerati di Hitler, fuggì in Inghilterra.

A quanto pare Hess, un visionario fuori del comune anche per quell'epoca incline alle idee strampalate, agiva di propria iniziativa, convinto che se avesse potuto discutere le cose con un nobiluomo inglese che si riteneva non avverso ai tedeschi, il governo britannico si sarebbe affrettato a trattare le condizioni di pace. Stalin era certo, com'è comprensibile dal suo punto di vista, che in realtà Hess fosse stato inviato con questo piano proprio da Hitler, e che i britannici e i tedeschi potessero benissimo allearsi contro l'Unione Sovietica. Gli ci volle parecchio tempo, anche in seguito, negli anni dell'alleanza sovietica con gli inglesi, per smettere almeno in parte di credere che questi avessero preso in seria considerazione la proposta, come lui avrebbe sicuramente fatto nella loro situazione.

Intanto si stavano accumulando le prove di una concentrazione di truppe tedesche in Polonia. Stalin scrisse di persona a Hitler manifestandogli le sue preoccupazioni, e Hitler rispose, sempre con una lettera personale, che le truppe stavano riposando fuori dalla portata dei bombardamenti britannici, dandogli la sua parola che intendeva rispettare il patto. Stalin non intraprese alcuna azione, a parte quella di farsi nominare presidente del Consiglio dei commissari del popolo il 6 maggio 1941, dopo quasi vent'anni durante i quali non aveva occupato alcuna carica nel governo. Secondo Ulam, sebbene in apparenza si trattasse di un accentramento del potere, forse questa mossa può essere interpretata anche come un segnale ai tedeschi che Molotov, considerato meno favorevole nei loro confronti, aveva perso la sua importante posizione. E certo la si può considerare anche preliminare a un summit.

Nei mesi precedenti Stalin aveva confidato ai suoi generali che esisteva l'eventualità di una guerra con la Germania. Ma in maggio e giugno, quando affluivano da tutte le fonti notizie sui piani di attacco dei tedeschi, Stalin dichiarò che si trattava di una provocazione britannica. I capi del suo controspionaggio militare vengono spesso accusati di avergli nascosto la verità. In realtà le informazioni sui progetti di offensiva dei tedeschi gli furono sempre fornite, pur con l'ammissione, dettata proprio dal suo atteggiamento, che poteva anche trattarsi di notizie false. Il capo del dipartimento Esteri dell'NKVD, Fitin, in un rapporto gli fece avere gli stessi dati, provenienti da agenti dei servizi segreti sovietici a Berlino. Stalin rispose soltanto che non si fidava di alcuna fonte tedesca, a parte il futuro presidente della Germania orientale, Wilhelm Pieck. Alla vigilia dell'invasione Berija ordinò che alcuni di tali agenti, tornati a Mosca, fossero «schiacciati nella polvere» nei campi di lavoro, perché erano colpevoli di «disinformazione sistematica» e «complici dei provocatori internazionali»; inoltre scrisse a Stalin, chiedendogli che l'ambasciatore sovietico e l'attaché militare a Berlino fossero puniti per l'invio di rapporti simili. Berija concludeva: «Io e i miei, Iosif Vissarionovič, ricordiamo con fermezza la sua saggia valutazione: Hitler non intende attaccarci nel 1941».

Ma la valutazione di Stalin era sbagliata; e d'altra parte, il suo sistema di governo non consentiva di esprimere consigli alternativi. I suoi colleghi si inchinavano alla sua saggezza superiore, o comunque dovevano fingere di farlo. Al Cremlino non esisteva più da tempo nemmeno il minimo indispensabile di libertà di discussione. E intanto i membri del Politbjuro avevano cominciato a prendersi le vacanze estive.

Ormai era impossibile per Stalin non accettare il semplice fatto che i tedeschi stavano concentrando le truppe sulla sua frontiera, ed effettuavano di continuo voli di ricognizione sul territorio sovietico, ma a quanto sembra egli sperava che si trattasse soltanto di una minaccia, di un modo per strappargli delle concessioni, ed era disposto a farne su larga scala. Probabilmente pensava anche che una contromobilitazione sarebbe servita soltanto ad anticipare la crisi.

Quindi il 16 giugno la Tass fece una dichiarazione, stilata certo da Stalin stesso, in cui si affermava che le autorità di Mosca avevano autorizzato l'annuncio secondo il quale le voci su una guerra erano palesemente assurde, poiché i movimenti di truppe tedesche erano dovuti a «ragioni del tutto estranee ai rapporti sovietico-tedeschi»; si concludeva dicendo: «Secondo le informazioni in possesso dell'Unione Sovietica, sia la Germania sia l'Unione Sovietica stanno assolvendo alla lettera le condizioni del patto di non aggressione sovietico-tedesco».

Persino la sera del 21 giugno, a poche ore dallo scoppio della guerra, Stalin disse a Žukov che la questione poteva «ancora essere sistemata con mezzi pacifici», e borbottò, come se parlasse tra sé: «Penso che Hitler stia cercando di provocarci. Certo non ha deciso di entrare in guerra, no?». Quando giunse l'attacco, Stalin per un po' continuò a ribadire che poteva trattarsi di azioni «provocatorie» di generali tedeschi insubordinati. Il suo primo pensiero fu di mettersi in contatto con l'ambasciatore tedesco. Ma questi presentò a Molotov la dichiarazione di guerra ufficiale, e Molotov riuscì solo a chiedergli: «Che cosa abbiamo fatto per meritarlo?». Stalin reagì alla notizia con un lungo silenzio, rotto da Žukov che chiedeva ordini di battaglia. Stalin allora comandò all'esercito di sgominare gli invasori in territorio sovietico, ma di non inseguirli, implicando dunque ancora che la guerra totale poteva essere evitata. Questo modo di ragionare ha qualcosa di piuttosto peculiare: per la precisione, il fatto di riprendere, dopo la protratta esitazione di fronte alla minaccia, un tema sostenuto da tempo dalla propaganda sovietica, e cioè che l'Armata rossa, la migliore e più socialista del mondo, poteva «respingere splendidamente» qualsiasi invasore.

La realtà fu piuttosto diversa dall'idea implicita nell'ordine di Stalin. I tedeschi sgominarono immediatamente le difese sul confine, e poco dopo erano già penetrati a fondo in territorio sovietico.

XII
LA GUERRA

1

In quel momento la posizione di Stalin era minacciata da un grave e imminente pericolo, come vent'anni prima, all'epoca degli ictus di Lenin. E anche questa volta egli reagì in modo avventato, addirittura irrazionale.

Certo stava affrontando una crisi difficilissima di cui era in larga parte responsabile. Facendo i suoi calcoli aveva compiuto errori madornali.

I nazisti erano riusciti a concentrare la maggior parte delle loro truppe per attaccarlo. La Gran Bretagna resisteva ancora, è vero. Gli aeroplani britannici bombardavano le industrie della Germania; dozzine di divisioni tedesche e buona parte della Luftwaffe dovevano essere trattenute in Occidente per qualsiasi evenienza, lo sforzo produttivo della Germania si concentrava in larga misura sulla flotta sottomarina, e così via. Ma il grosso delle forze di terra tedesche stava attaccando l'Unione Sovietica.

È vero che sul piano numerico i tedeschi non godevano di un grande vantaggio, e che in realtà disponevano di meno carri armati e aerei dei loro avversari. Ma l'esercito di Stalin era ormai immensamente inferiore a quello nemico. Verso la fine del 1940 non un solo comandante di reggimento aveva completato il normale corso di studi all'accademia Frunze. E oltre a esserci una spaventosa carenza di ufficiali esperti a tutti i livelli, a causa dell'epurazione dell'esercito compiuta da Stalin, proprio tale epurazione e la conseguente «vigilanza» avevano spaventato i comandanti rimasti e distrutto il loro spirito di iniziativa. I metodi tattici che avevano rimpiazzato quelli, assai più moderni, di Tuhačevskij si basavano sul lento spostamento di masse e carri armati vincolati alla fanteria.

Già tutto questo era abbastanza grave. Ma impedendo la mobilitazione, Stalin aveva sottratto al suo esercito distrutto e impacciato la migliore opportunità di difendersi in modo efficace. A quanto pare era stato condizionato dall'idea che nel 1914 l'ultimatum dei tedeschi e la guerra fossero stati una conseguenza della mobilitazione della Russia. Qualche tempo prima, i suoi consulenti militari gli avevano suggerito una mobilitazione parziale, e dopo l'attacco tedesco contro la Iugoslavia la situazione nei Balcani avrebbe fornito all'Unione Sovietica una scusa ragionevole per farlo.

Ma la mobilitazione non avvenne, e per giunta anche gli ordini più banali, come quello di tenersi pronti a combattere, raggiunsero buona parte delle truppe soltanto dopo l'inizio della guerra, per il semplice motivo che Stalin continuava a ripetere di evitare le «provocazioni». Nell'ultimo decennio dell'Ottocento von Schlieffen aveva scritto che non era più possibile sferrare un attacco a sorpresa contro la Russia. Ora Halder dichiarò: «Evidentemente la sorpresa è riuscita su tutto il fronte». Per di più, l'Unione Sovietica non aveva un concreto piano di guerra.

Inoltre la disposizione delle truppe era sbagliata nella sostanza. L'autunno precedente, lo stato maggiore aveva dichiarato che in caso di attacco Hitler avrebbe concentrato l'impatto soprattutto su Mosca. Invece secondo Stalin probabilmente Hitler si sarebbe posto come primo obiettivo la conquista dell'Ucraina, per ragioni economiche; e fu su questa base che si decise come schierare l'esercito sovietico. Per di più, sebbene da tempo Stalin insistesse sulla necessità di un immenso sforzo militare-industriale, mancavano elementi fondamentali dell'equipaggiamento. Come rilevò in seguito Hruščev, in pratica sin dall'inizio del 1941 nell'esercito sovietico si riscontravano carenze nel sistema di rifornimento analoghe a quelle tanto criticate che si erano verificate dopo un paio d'anni di combattimenti nell'esercito zarista durante la Prima guerra mondiale. Persino i fucili e le mitragliatrici erano insufficienti.

Stalin rimase oltremodo turbato per il corso catastrofico degli eventi, e fu Molotov a dover annunciare per radio alla popolazione che era scoppiata la guerra. Fece un discorso in cui promise la rapida sconfitta dei nazisti, e difese il patto, sostenendo che grazie ad esso ormai per l'opinione pubblica mondiale i tedeschi erano degli aggressori...

La prima reazione di Stalin, dopo l'immediato fallimento del suo tentativo di far credere che Hitler non avesse autorizzato l'invasione, fu di emanare un nuovo ordine alle forze militari sovietiche: dovevano sconfiggere gli invasori e portare la guerra in Polonia e in

Germania. Fu data disposizione di conquistare Tilsit e Lublino. Se la linea politica adottata contro la Germania non aveva avuto successo, ora Stalin intendeva recuperare per mezzo dell'esercito, che evidentemente considerava ancora in condizione di sbaragliare gli invasori. L'unico risultato furono alcuni contrattacchi, circoscritti e infruttuosi. In realtà il fronte era crollato.

Qualche giorno dopo la verità venne a galla: lo informarono che i tedeschi si trovavano ormai nelle vicinanze di Minsk. Quando alla fine si rese conto di come stavano le cose, Stalin, a quanto afferma il suo più recente biografo sovietico, «cadde nella prostrazione, cessò di interessarsi a qualsiasi cosa, perse l'iniziativa». Si ritirò nella dacia di Kuncevo, e per molti giorni abbandonò la sua «postazione».

Hruščev fu il primo a raccontare di questa defezione. In seguito sono stati espressi dubbi sulla sua versione, perché alcuni libri di memorie militari pubblicati in epoca brežneviana, quando venne restaurato il mito di Stalin, affermano che in quel momento egli dava ordini razionali: ma studi sovietici più completi e più recenti hanno dimostrato che nei manoscritti dei memoriali tali dichiarazioni non ci sono, e furono semplicemente inserite dalle autorità per ragioni di ottimismo storico. La biografia sovietica più completa di Stalin tra le ultime uscite (quella del generale Dmitrij Volkogonov) contiene una cronaca esauriente e circostanziata di quei giorni perduti, che sono esaminati da svariati punti di vista anche in altre pubblicazioni sovietiche recenti.

Nel frattempo furono emanati ordini firmati da diverse persone, mentre generali e politici, privati della guida dal centro, cercavano di fare fronte alla situazione. Non che in quel momento le disposizioni provenienti da Mosca significassero molto per le divisioni intrappolate o decimate a ovest.

Così Stalin, che durante la guerra civile si era vantato della propria capacità di fare fronte alle emergenze assai meglio della maggior parte dei dirigenti, doveva ora affrontare il fallimento della linea politica in cui aveva investito gran parte del suo prestigio personale, e di conseguenza vedeva i risultati disastrosi della mancanza di tempestività con cui si era mosso l'esercito. La parola «shock» è ripetuta spesso negli studi sovietici più recenti, ed è chiaro che sul piano psicologico Stalin non era in grado di affrontare la situazione ed era in uno stato assai peggiore di quanto gli fosse mai accaduto.

In qualsiasi altro paese, un dirigente responsabile di fiaschi e disastri simili avrebbe perso il potere. Ma Stalin era stato talmente meticoloso che non restava più in vita alcun dirigente affidabile in condizione di sostituirlo. Coloro che in quel momento cercavano di gestire la situazione senza di lui erano da tempo poco più che burattini. Inoltre, se anche uno o molti di loro avessero pensato di intraprendere qualche altra azione, Berija e il suo apparato erano onnipresenti, e per Berija non c'erano candidati alternativi.

Il 29 giugno un personaggio di secondo piano, Nikolaj Voznesenskij, propose a Molotov di andare tutti a trovare Stalin. Quando arrivarono a Kuncevo, Stalin rimase seduto in un angolo accanto alla finestra e chiese: «Perché siete venuti?». Mikojan fu colpito dalla strana domanda: era Stalin che avrebbe dovuto riunirli in consiglio. Più strano ancora era l'«atteggiamento inconsueto» di Stalin, che sembrava quasi aspettarsi di venire destituito o addirittura arrestato.

Gli proposero invece di istituire un Consiglio supremo della difesa sotto la sua presidenza, allo scopo di coordinare gli sforzi del paese. Stalin rispose soltanto: «Va bene».

A quel punto la sua «paralisi» (come la chiama Molotov) scomparve, ed egli riprese il controllo, pur restando di umore tetro. Fu alla prima riunione del Politbjuro dopo la sua assenza che pronunciò la famosa frase: «Tutto quello che Lenin ha creato lo abbiamo perduto». (O, secondo una versione sovietica più recente: «Lenin ci ha lasciato una grande eredità, e noi, i suoi eredi, ce la siamo fottuta»). Il 3 luglio finalmente diffuse per radio un importante appello pubblico, usando toni molto in contrasto con il suo stile precedente: «Fratelli e sorelle! Mi rivolgo a voi, amici miei...». Questo discorso, racconta Ivan Majskij, non ebbe successo, poiché Stalin lo pronunciò con «voce monotona e inespressiva», e per di più «interrompendosi spesso e respirando pesantemente»: diede l'impressione di «avere esaurito le forze». Comunque, concluse con un vibrante appello a unirsi per l'immancabile vittoria.

Uno dei fenomeni più strani notati dagli osservatori stranieri a Mosca, il giorno in cui venne annunciato lo scoppio della guerra, fu che tra la gente non si riscontrarono manifestazioni di patriottismo, tipiche di occasioni simili, come se ne erano viste spesso anche in Russia, per esempio nel 1914. Avevano detto loro che la guerra era impossibile. Per quasi due anni la stampa aveva parlato dei nazisti in termini positivi. E comunque, dopo anni di terrore staliniano, sul piano psicologico il paese era esausto. L'umore cambiò soltanto quando il comportamento dei nazisti nei territori occupati fece emergere appieno la loro brutalità, e quando si giunse a considerare il conflitto una guerra patriottica di liberazione.

In realtà la situazione appariva disperata proprio a causa dell'«appello» che Stalin era stato costretto a rivolgere alla cittadinanza fino a quel momento maltrattata. Ma il discorso provocò anche la nascita di un'ondata di sincera solidarietà. È vero che Stalin aveva chiesto di stringersi «intorno al partito», ma nei mesi successivi il tema comunista fu accantonato in favore del patriottismo. Come Stalin disse all'inviato statunitense Averell Harriman alcuni mesi dopo, i russi stavano combattendo «per la patria, non per noi».

Intanto, per risolvere la situazione dell'esercito Stalin applicava i suoi metodi consueti. Di solito si afferma che il comandante del fronte occidentale, il generale di corpo d'armata D.G. Pavlov, non era all'altezza della sua posizione. Quattro anni prima, in Spagna, era un ufficiale dei carristi, e si era conquistato la simpatia di Stalin concordando sull'efficacia, dimostrata in quell'occasione, della tattica da lui scelta nell'impiego dei carri armati. Ora, insieme al suo corpo ufficiali, divenne il capro espiatorio del disastro. Fu arrestato all'inizio di luglio su ordine di un insignificante emissario di Stalin, Mehlis (che in seguito fu responsabile di un disastro meno giustificabile, per il quale tuttavia gli tolsero soltanto un grado). Il 22 luglio Pavlov, il suo capo di stato maggiore, il suo comandante del genio e il comandante della Quarta armata furono accusati di cospirazione antisovietica intesa a minare l'esercito, e condannati a morte. Stalin ratificò le condanne, ma disse a Ul'rich, presidente del «tribunale», di eliminare tutte le «scemenze sulle cospirazioni». Insomma, l'innovazione notevole fu che i quattro generali vennero fucilati soltanto per negligenza criminale, anche se in realtà in base agli stessi criteri il loro reato era palesemente meno grave di quello di Stalin. Almeno altri quindici generali furono arrestati in quella circostanza, anche se in molti casi non se ne conosce la sorte.

Così Stalin riprese completamente in pugno la situazione. Poteva sembrare che le peggiori sconfitte fossero superate. Ormai l'esercito era stato mobilitato, e si poteva prevedere un rallentamento dei tedeschi. Ma in realtà le disfatte peggiori del 1941 dovevano ancora arrivare.

Lo stile di comando di Stalin era caratterizzato dal tono oltremodo rude e perentorio, tanto nei rapporti diretti come nei telegrammi, fatta eccezione per un suo intimo consigliere, il maresciallo Šapošnikov, un ex colonnello zarista che era l'unico sopravvissuto tra quelli nominati in origine da Stalin nel 1935 al comando dell'esercito: a lui Stalin si rivolgeva sempre con cortesia chiamandolo «Boris Mihajlovič», e non alzava mai la voce nemmeno quando si trovavano in disaccordo;

Šapošnikov era l'unico cui fosse consentito di fumare nell'ufficio di Stalin. Con Žukov, che sarebbe diventato il suo generale combattente più importante, era spesso rude; ma talvolta, soprattutto nelle crisi gravi, questi riusciva a spuntarla.

Tutti i generali di Stalin erano impressionati dalla sua memoria straordinaria. Il maresciallo Vasilevskij afferma che per l'intera durata della guerra tenne a mente i nomi di «tutti i comandanti dei fronti e delle armate, oltre un centinaio, e anche di alcuni dei comandanti di corpo d'armata e di divisione». Per la verità aveva già dimostrato in precedenza questo talento riguardo alla nomenklatura suprema dell'apparato di partito; ora se ne serviva per intervenire di frequente, spesso nei momenti meno opportuni, sostituendosi ai comandanti nel bel mezzo di una battaglia. Conosceva a menadito anche moltissimi dati sull'ubicazione e la disponibilità di unità, per quanto piccole, e sull'approvvigionamento di materiale bellico. Anche questo spesso lo induceva a interventi futili.

Ma la sua rinata convinzione di essere un esperto in campo militare all'inizio si manifestò soprattutto con le direttive di tenere posizioni indifendibili o di effettuare contrattacchi impossibili, e culminò nel rifiuto di autorizzare l'evacuazione di Kiev nonostante le insistenze dei comandanti al fronte. All'inizio di settembre fu proprio questo a causare la peggiore disfatta di tutta la guerra, e la perdita di mezzo milione di prigionieri.

2

Nei confronti di questi e di altri tre milioni e rotti di prigionieri che stavano cadendo in mani tedesche Stalin tenne un comportamento tutto particolare. Quando i tedeschi si rivolsero ai sovietici tramite la Svezia, per trattare l'osservanza della convenzione di Ginevra riguardo ai prigionieri di guerra, Stalin rifiutò. Quindi i soldati sovietici in mano ai tedeschi si trovarono privi di qualsiasi protezione anche teorica. Milioni di essi morirono in cattività, per la malnutrizione o i maltrattamenti subiti. Si sarebbero comportati meglio i tedeschi se Stalin avesse aderito alla convenzione (cui l'URSS non aveva preso parte)? A giudicare dal trattamento che riservarono agli altri «sottouomini slavi» prigionieri di guerra (come i polacchi, persino quelli arresisi dopo l'insurrezione di Varsavia) la risposta sembra essere positiva. (Come si comportasse Stalin con i prigionieri catturati dall'Armata rossa era già stato dimostrato, a Katyn e altrove. I prigionieri tedeschi catturati dai sovietici negli anni seguenti per la maggior parte furono inviati ai campi di lavoro forzato.)

Quanto ai soldati sovietici caduti in mani tedesche, Stalin si limitò a decretare che erano traditori. L'ordine numero 270 del 16 agosto 1941 annunciava che gli ufficiali e gli attivisti caduti in prigionia dovevano essere considerati «perfidi disertori» e le loro famiglie dovevano essere «sottoposte ad arresto», mentre le famiglie dei soldati semplici in condizioni analoghe andavano «private dell'assistenza statale», cioè delle razioni alimentari. Mehlis, emanando la direttiva «Chiunque sia stato catturato è un traditore della Patria», aggiunse che avrebbero tutti dovuto suicidarsi pur di non farsi prendere vivi. Di conseguenza, i sopravvissuti che tornavano dopo la guerra furono quasi tutti condannati ai campi di lavoro. Per Stalin la cattura di certi generali divenne una questione personale. I tenenti generali Kačalov e Ponedelin, comandanti rispettivamente della XVIII e della XII armata, sconfitti nell'agosto 1941, nell'ottobre dello stesso anno vennero condannati a morte per collaborazionismo. In realtà Kačalov era rimasto ucciso nella sua postazione di comando, centrata in pieno da una granata; i suoi familiari furono trattati come parenti di un nemico del popolo fino al 1956. Ponedelin era stato catturato privo di sensi e durante la prigionia si comportò con valore. Condannato a morte, al suo ritorno gli vennero comminati soltanto cinque anni di lavori forzati; ma nel 1950 subì un nuovo processo e lo fucilarono.

Si sospettava persino dei soldati che non erano stati affatto catturati, ma erano sfuggiti ai tedeschi o erano riusciti a rompere un accerchiamento. Stalin approvò il progetto di Berija di istituire quindici campi speciali per passarli al setaccio.

Fra i milioni di prigionieri che i tedeschi stavano catturando su diversi fronti ci fu il figlio di Stalin, il tenente Jakov Džugašvili.

I nazisti cercarono di scambiarlo, ma Stalin disse semplicemente di non avere figli di nome Jakov. Tuttavia ordinò che si indagasse sulla sua resa, e la moglie, Julija Mel'ster, venne arrestata e tenuta in prigione per due anni, anche se in seguito la rilasciarono.

Jakov, che rimase un comunista ortodosso e resistette ai tedeschi durante gli interrogatori, fu mandato in diversi campi di prigionia per ufficiali. Infine, il 14 aprile 1943 si lanciò di corsa contro la recinzione di filo spinato per farsi uccidere, e fu abbattuto da una guardia.

Un altro parente di Stalin non sopravvisse alla guerra: suo cognato Aleksandr Svanidze, zio di Jakov, che si trovava in prigione da molti anni. Nell'agosto 1942, il commissario del popolo per la Sicurezza di stato V.N. Merkulov gli disse, su ordine di Stalin, che se avesse confessato non sarebbe stato fucilato. Rispose di essere innocente, e di non avere nulla da confessare. Venne fucilato, e Stalin commentò con i membri del Politbjuro: «Be', che uomo orgoglioso si è rivelato Aleša! Non me lo aspettavo». A quanto pare era accusato di essere stato «messo alle calcagna» di Stalin dal controspionaggio tedesco, presumibilmente nel primo decennio del secolo, quando avevano cominciato a frequentarsi.

Intanto, le dimensioni e i poteri dell'apparato di sicurezza dell'esercito, destinato poco dopo a diventare noto come Smerš, erano stati ampliati così da garantire la fedeltà delle truppe combattenti. Il procuratore generale dell'URSS succeduto a Vyšinskij, V.M. Bočkov, fu incaricato di dirigere le operazioni sul fronte nordoccidentale, mentre il commissario dell'NKVD bielorussa Canava fu destinato allo stesso compito sul fronte occidentale. I «tribunali militari» operavano senza sosta.

3

Non è fra gli obiettivi di questo libro trattare i numerosissimi eventi dei quattro anni di guerra sovietico-tedesca, descrivere nei dettagli lo sfondo buio e tremendo sul quale si stagliava ora Stalin. Ma ogni nuova fase faceva emergere qualcosa della sua personalità.

La situazione militare dell'Unione Sovietica rimase disperata per tutto l'autunno del 1941. E comunque, per quanto Stalin potesse essere ben informato, la sua scelta dei comandanti non era sempre azzeccata. Anzi, all'inizio fu disastrosa. Chiamò a dirigere i tre fronti ora organizzati contro i tedeschi Vorošilov, Timošenko e Budennyj, tutti dei tempi di Caricyn. Timošenko era competente, gli altri due in pratica degli incapaci. Altre cariche militari importanti erano ricoperte da personaggi del vecchio entourage di Stalin, tra cui il mediocre Tjulenev e il grottesco Kulik. E Mehlis, che aveva la direzione politica dell'esercito, era talmente cocciuto e disinformato che in pratica vanificava l'attività dei comandanti sul campo. Nel frattempo, trecento ufficiali esperti si trovavano in prigione a Mosca, mentre i reggimenti al fronte erano guidati da tenenti.

Infatti in quel momento a Stalin premeva soprattutto di eliminare gli ultimi residui di presunta opposizione, politica o militare. Il 5 settembre firmò un elenco di centosettanta persone destinate all'esecuzione capitale. I sopravvissuti dei grandi processi degli anni Trenta, Rakovskij e gli altri, tra cui la famosa dirigente socialista rivoluzionaria Marija Spiridonova, subirono un nuovo processo e vennero fucilati. In ottobre i generali Ryčagov, Loktionov, Štern e Smuškevič vennero fucilati senza processo, insieme a una dozzina di altri, tra cui due ex membri del Comitato centrale, uno dei quali, Gološčekin, ne aveva fatto parte prima della rivoluzione. Tale sistema fu adottato su larga scala in tutti i settori, a titolo preventivo contro i potenziali provocatori.

4

L'inizio della guerra tedesco-sovietica ebbe una importante conseguenza: Stalin, che dal 1939 aveva scarsi contatti con gli stranieri, se si eccettuano le due visite di Ribbentrop, divenne un personaggio di primo piano nei negoziati internazionali.

In questo periodo esercitava pressioni continue sui leader occidentali, spingendo al limite le sue richieste, e pur non ottenendo tutto, strappò loro molto più di quanto meritasse la situazione oggettiva. Era quasi sempre ben preparato sui punti in discussione.

Ma non lo favoriva tanto la sua capacità di trattare quanto la debolezza dei britannici e degli americani, e va detto che nel complesso egli seppe sfruttare tale debolezza ottenendo un discreto vantaggio. I leader degli Alleati si dimostrarono vulnerabili da molti punti di vista. In generale, Roosevelt riteneva di potersi fidare di Stalin, mentre Churchill, non certo altrettanto ingenuo, era comunque incline ad accogliere le sue richieste per motivi sentimentali o cavallereschi. I russi stavano reggendo l'impatto dei combattimenti, e Churchill sentiva l'obbligo morale di sostenerli in qualsiasi modo possibile.

Nel ministero degli Esteri britannico, è vero, esisteva un gruppo influente che in linea di massima nutriva simpatie per i russi, condivise in buona parte anche dal ministro degli Esteri Anthony Eden, seppure altri fossero di diversa opinione. Nel dipartimento di Stato americano le cose andavano anche peggio, poiché con un colpo di mano interno i ben informati esperti sovietici della sua sezione orientale erano stati trasferiti alle dipendenze della sezione europea, disinformata e filostalinista; si tentò addirittura di distruggere gli archivi della divisione orientale. Altri rappresentanti britannici e americani, come Lord Beaverbrook e Harry Hopkins, condividevano l'ignoranza e l'euforia generale. I militari alleati britannici e americani, che dovevano occuparsi del lato pratico della collaborazione con i sovietici, avrebbero preferito di gran lunga una politica di maggiore fermezza; e ben presto furono stanchi del proprio ruolo che imponeva di fornire assistenza su larga scala e riceverne in cambio insulti continui perché non ne offrivano di più.

Il 18 luglio Stalin scrisse a Churchill chiedendogli di istituire dei fronti contro Hitler nella regione artica e in Francia. Ecco quanto sosteneva:

> Un fronte nella Francia settentrionale potrebbe non soltanto stornare delle forze hitleriane dall'Oriente, ma allo stesso tempo renderebbe impossibile per Hitler invadere la Gran Bretagna. La creazione del fronte suddetto verrebbe accolta con favore dall'esercito britannico e da tutta la popolazione dell'Inghilterra meridionale.

Questo straordinario appello a presunti sentimenti popolari in Inghilterra è un'estensione delle frequenti allusioni di Stalin a quello che il popolo sovietico voleva, o per il cui mancato ottenimento sarebbe rimasto deluso. Come nei riferimenti al popolo sovietico, anche in questa occasione Stalin imputava i suoi desideri e le sue preoccupazioni a presunti sentimenti «popolari», e per di più nel caso specifico alludeva a un popolo straniero a nome del quale aveva ancora meno titoli per parlare.

La pretesa che le poche forze britanniche non ancora impegnate in teatri di combattimento invadessero vaste zone della Francia (presidiata da quaranta divisioni tedesche), e poi, in settembre, la richiesta a Churchill di inviare venticinque o trenta divisioni a combattere sul fronte russo, dimostra quanto poco Stalin comprendesse la situazione della Gran Bretagna. Churchill ne fu allarmato, perché riteneva che Stalin si basasse «su criteri del tutto irreali»; era «quasi incredibile che nonostante la consulenza dei suoi esperti militari il capo del governo russo potesse essersi convinto di tali assurdità».

Gli Stati Uniti, naturalmente, non erano ancora entrati in guerra, e non vi entrarono fino al bombardamento di Pearl Harbor, avvenuto in dicembre. Ma Roosevelt era già disposto ad aiutare l'URSS, come aiutava la Gran Bretagna, fornendole equipaggiamento. Alla fine di luglio arrivò a Mosca l'inviato personale di Roosevelt, Harry Hopkins, che in seguito chiese a un esperto del dipartimento di Stato se apparteneva alla «cricca antisovietica».

Stalin gli parlò francamente della situazione disastrosa e chiese ventimila cannoni antiaerei, una grande quantità di laminato d'alluminio per la produzione di aerei, mitragliatrici e fucili. Scrisse persino l'elenco su un foglio e lo consegnò a Hopkins: è l'unico documento del loro incontro. Chiese anche a Hopkins di riferire a Roosevelt che avrebbe gradito l'arrivo di un esercito americano sul fronte sovietico. Hopkins rispose che se l'America fosse entrata in guerra sarebbe stato improbabile l'invio di truppe in Russia, ma che avrebbe comunicato la richiesta.

Inoltre Stalin parlò con amarezza della rottura del patto nazi-sovietico da parte dei tedeschi. Disse: «Tra le nazioni deve esistere un minimo criterio di moralità». I tedeschi non avevano rispettato tale criterio. Stalin spiegò in tutta serietà all'americano: «Le nazioni devono adempiere gli obblighi imposti loro da un trattato, altrimenti la società internazionale non riuscirà a sopravvivere». Certo egli stesso aveva infranto numerosi trattati con tutti i suoi vicini europei. E con il dominio imposto alla Georgia, suo paese natale, contravveniva a un patto solenne...

A quanto pare Hopkins rimase colpito dalle sue riflessioni moraleggianti e dalla sua efficienza. Comunque fu dovuto almeno in parte alla sua influenza, una volta tornato a Washington, l'atteggiamento di Roosevelt nei confronti di Stalin. William Bullitt, l'ex ambasciatore americano a Mosca, disse a Roosevelt che i sovietici erano imperialisti per natura, e che in cambio del materiale e del piano affitti e prestiti gli Stati Uniti avrebbero dovuto chiedere precise garanzie ufficiali contro l'espansione sovietica in Europa e in Asia. Roosevelt rispose che non metteva in dubbio la logica del ragionamento di Bullitt, ma aggiunse: «Ho la sensazione che Stalin non sia un uomo di questo genere. Harry [Hopkins] dice che non lo è ... Penso che se gli do tutto quello che posso e non gli chiedo nulla in cambio ... non cercherà di compiere alcuna annessione, e lavorerà con me per un mondo di democrazia e di pace». Quando Bullitt ribadì la sua opinione Roosevelt commentò: «La responsabilità è mia, non sua ... intendo fidarmi della mia sensazione».

L'analisi di Roosevelt, se può essere chiamata così, probabilmente rappresenta uno degli errori più marchiani mai compiuti da un leader politico. Le impressioni soggettive di Hopkins, del tutto ignaro della situazione, e la «sensazione» di Roosevelt ebbero il sopravvento sui precedenti di Stalin e sul cumulo di informazioni sull'Unione Sovietica disponibili tra gli esperti del ministero degli Esteri statunitense. Stalin aveva ottenuto una vittoria importante, almeno in parte dovuta al trattamento riservato a Hopkins.

Verso la fine di settembre, arrivò a Mosca una missione angloamericana incaricata dei rifornimenti, guidata da Lord Beaverbrook e Averell Harriman, che ebbe tre incontri con Stalin. Beaverbrook, quasi a dimostrare che i britannici potevano essere più somari di qualsiasi Hopkins, esordì chiedendo all'ambasciatore britannico, Sir Stafford Cripps, di andarsene, e Harriman ritenne di non avere altra scelta che di invitare l'ambasciatore americano Steinhardt a fare lo stesso. A quanto pare il motivo addotto da Beaverbrook era la necessità di ricominciare «da capo» per ovviare alla «mancanza di fiducia reciproca».

Il primo incontro fu cordiale. Stalin diede di nuovo un resoconto realistico dei combattimenti e chiese carri armati, cannoni anticarro, bombardieri di medie dimensioni, piastra blindata, caccia e ricognitori aerei, filo spinato. Harriman gli spiegò che Roosevelt era preoccupato per la libertà religiosa in Unione Sovietica, ma Stalin non parve recepire; in seguito Molotov chiese ad Harriman se Roosevelt, essendo un uomo intelligente, era davvero religioso come sembrava, o se dipendeva tutto da obiettivi politici... Stalin avrebbe presto allentato le pressioni contro la pratica del culto, e persino ricevuto il metropolita Sergij; si arrivò a una specie di concordato, e si pregò per Stalin. A quanto si può capire, il motivo era lo stesso dei sempre più frequenti appelli di Stalin alla tradizione nazionale russa: approfittare di tutta la solidarietà disponibile contro i nazisti. Ma forse contribuì anche il desiderio di compiacere Roosevelt.

Il secondo incontro fu assai diverso. Stalin apparve scortese, e si lamentò perché gli americani gli avevano offerto solo mille tonnellate di piastra blindata, pur producendone milioni. Harriman, che era assai ben informato sull'industria dell'acciaio, gli spiegò i problemi tecnici. Poi gli comunicò l'offerta americana di cinquemila jeep. Stalin ne chiese di più, e quando Harriman rispose che avrebbe potuto ottenere delle auto blindate, Stalin rispose di non volerne.

Harriman descrisse la serata come «un percorso piuttosto accidentato». Ma il giorno dopo Stalin era tutto un sorriso. Si dimostrò particolarmente entusiasta per la lista consegnatagli da Beaverbook in cui erano enumerati gli articoli destinatigli da Londra, senz'altro perché si aspettava che la base industriale britannica, sottoposta a forti pressioni, non potesse offrire tali aiuti, o forse che gli inglesi, amareggiati dal ricordo delle forniture massicce da lui mandate a Hitler fino al 22 giugno per la guerra contro la Gran Bretagna, sarebbero stati inclini alla spilorceria.

Quanto agli aiuti americani, quella sera a pranzo Stalin brindò al presidente, colui che «forniva più aiuti a nome di un paese non belligerante di quanti ne avessero concessi nella storia molti paesi alleati». Vennero pronunciati altri trenta brindisi. Beaverbrook notò che Stalin chiamava sempre Leningrado Pietroburgo, ma per altri aspetti dimostrò meno spirito di osservazione. Dall'alto della sua posizione prestigiosa di ministro della Produzione aerea e di proprietario di quotidiani a larga diffusione, riferì in Gran Bretagna che Stalin gli aveva fatto l'impressione di un «uomo gentile». Negli anni successivi esercitò la sua influenza nelle campagne filosovietiche (e antipolacche). Il capo della Missione militare britannica, il generale Ismay, si fece un'opinione di Stalin diversa da quella di Beaverbrook:

> Si muoveva in modo furtivo, come una bestia feroce in cerca di preda, e i suoi occhi erano vivaci e pieni di astuzia. Non guardava mai una persona in faccia. Ma aveva grande dignità e una personalità dominante. Quando entrò nella stanza tutti i russi si immobilizzarono in silenzio, e lo sguardo braccato negli occhi dei generali rivelava con fin troppa chiarezza la paura costante in cui vivevano. Era disgustoso vedere uomini coraggiosi ridotti a un servilismo tanto abietto.

La guerra, fece notare Stalin ad Harriman, sarebbe stata decisa dai motori a combustione, e il paese che ne aveva di più avrebbe vinto. A questo riguardo non poteva lamentarsi molto (anche se si lamentava di continuo): come hanno confermato di recente alcune fonti sovietiche, gli occidentali fornirono all'Unione Sovietica oltre quattordicimila aerei. E mentre l'artiglieria e i carri armati dell'esercito erano in grandissima parte sovietici (anche se a volte la piastra blindata proveniva dall'America), i mezzi di trasporto, compresi i traini per i cannoni, erano per lo più americani: Studebaker, Dodge, Chevrolet, jeep, semicingolati. Senza di essi, e Stalin se ne rendeva conto, la vittoria sarebbe stata incerta o impossibile. Oggi gli scrittori sovietici affermano francamente che senza le forniture occidentali l'esercito sovietico non avrebbe mai potuto combattere una guerra vittoriosa.

5

Tra la fine di settembre e l'inizio di ottobre si verificarono altri disastri sulle vie d'accesso a Mosca da ovest, dove per un certo periodo il fronte era apparso stabile. Stalin era di nuovo molto scosso. In uno straordinario accesso di collera, telefonò al comandante del nuovo fronte, Ivan Konev, e disse: «Il compagno Stalin non è un traditore, è un uomo d'onore. Il suo unico errore è stato di fidarsi troppo dei generali di cavalleria, ma sta facendo di tutto per rimediare a quanto è successo».

I «generali di cavalleria», Budennyj e Vorošilov, effettivamente furono destituiti. L'ordine di destituzione di Vorošilov è stato pubblicato di recente: fu accusato di incompetenza nella guerra finlandese, e di «gravi errori» commessi in seguito come comandante in capo del fronte nordoccidentale, impegnato nella difesa di Leningrado. Alcuni di questi errori emanavano un forte sentore degli atteggiamenti difesi all'epoca da Stalin riguardo alla guerra civile. Vorošilov aveva ordinato che la scelta dei comandanti di unità della guardia nazionale dovesse avvenire per elezione e non per nomina, e aveva perso tempo con i «battaglioni operai» equipaggiati con armi leggere, trascurando l'artiglieria. Stalin, che in giugno aveva personalmente ordinato attacchi di cavalleria contro i nazisti, stava imparando la realtà della guerra moderna.

Alla metà di ottobre i tedeschi erano ormai alle porte di Mosca.

Secondo una ricerca fu a questo punto (anche se altri fanno risalire la cosa all'inizio dell'estate) che Stalin ordinò a Berija di prendere contatti con i nazisti tramite l'ambasciatore bulgaro a Mosca, Stamenov, il quale, pare, fu condotto a un incontro con Stalin e Molotov. Con parole definite da Molotov perentorie come quelle di Lenin a Brest-Litovsk, Stalin offrì a Hitler gli stati baltici, l'Ucraina occidentale e la Bielorussia, la Bessarabia e «altri territori» in cambio della pace.

I tedeschi, che in quel momento avevano tutte le speranze di ottenere assai di più con le proprie forze, difficilmente potevano prendere sul serio la proposta, interessante soprattutto perché riflette il pessimismo di Stalin rispetto agli esiti militari. Va considerata anche nella prospettiva delle denunce sovietiche, frequenti sia durante la guerra sia dopo, di presunte trattative segrete degli Alleati occidentali con Hitler. (L'atlante storico dell'URSS in uso dopo la guerra nelle scuole superiori menzionava le potenze occidentali soltanto in relazione alla carta generale della guerra fino al 1943, con la didascalia «Violazioni degli impegni con gli alleati compiute dagli angloamericani». Ci sono anche due sottotitoli: «Avanzata delle truppe angloamericane in teatri di guerra di secondo piano e privi di importanza» e «Berna, luogo dei negoziati segreti tra i rappresentati degli USA e della Germania fascista».)

Il 16 ottobre avvenne quello che Andrej Saharov chiama «il famigerato panico di Mosca». Saharov descrive ciò cui assistette:

> Mentre gli uffici uno dopo l'altro bruciavano i loro archivi, nuvole di fuliggine turbinavano lungo le strade intasate di camion, carri e persone a piedi che portavano via arredi domestici, bagagli e figli piccoli ... trovammo il segretario del partito alla sua scrivania; quando chiedemmo se potevamo renderci utili in qualche modo, ci rivolse uno sguardo allucinato ed esclamò: «Ciascuno per sé!».

Era appena stato reso pubblico il decreto di evacuazione di Mosca, emanato in segreto il giorno prima. Il governo doveva trasferirsi immediatamente a Kujbyšev: «Il compagno Stalin sarà evacuato domani o in seguito, a seconda delle circostanze». Sperava ancora nell'arrivo di divisioni fresche dalla Siberia. L'NKVD aveva minato e disseminato di ordigni esplosivi la sua dacia di Kuncevo contro gli invasori tedeschi. Quando i funzionari governativi arrivarono a Kujbyšev, cominciarono a requisire di prepotenza tutti gli articoli di lusso disponibili, cacciando gli abitanti dai loro appartamenti e così via; Stalin, essendone venuto a conoscenza, parlò con calore di «quella casta maledetta». Molotov andò a Kujbyšev per controllare.

A quel punto lo stesso Stalin progettò di partire il 18 ottobre. Erano pronti un treno e alcuni aerei. Ma dopo aver riflettuto prese una decisione diversa. Žukov gli assicurava che Mosca poteva essere difesa. Intanto l'attacco dei tedeschi contro la città non si era concretizzato; i nemici stavano raggruppandosi per accerchiarla da nord e da sud. Stalin a quanto pare ritenne che abbandonare Mosca avrebbe rappresentato una grave sconfitta morale.

È vero che nel 1914, quando Parigi era in pericolo, il governo francese si era trasferito per alcuni mesi dalla capitale a Bordeaux, senza con questo influire sugli esiti del conflitto. Ma la situazione era diversa: Joffre aveva voluto che il suo governo fosse fuori portata in modo da poter combattere senza doversi guardare le spalle. Nel caso di Mosca, invece, Stalin rappresentava contemporaneamente l'esercito in generale e l'impegno politico. La sua partenza avrebbe prodotto un effetto simbolico enorme. E anche ammessa l'ipotesi di poter ingaggiare battaglia per Mosca, avrebbe depresso il morale di tutti; e sarebbe stata un'impresa assai azzardata.

Stalin decise di restare. Inoltre ordinò di svolgere come di consueto la parata del 7 novembre: per fortuna il cielo era abbastanza nuvoloso da impedire attacchi dei bombardieri nazisti. Più tardi pronunciò un discorso energico ed efficace nella stazione della metropolitana Kirovskaja, diventata un immenso rifugio antiaereo.

In una fase cruciale della lunga battaglia, per un momento Stalin perse la testa, anche se soltanto a proposito di una questione secondaria. Ricevuta la notizia che un villaggio chiamato Dedovsk, ad appena venticinque chilometri circa da Mosca, era caduto, ordinò a Žukov di andare a riconquistarlo di persona. Žukov però scoprì che non era caduto Dedovsk, bensì un altro villaggio con un nome simile, Dedovo, ma più distante. Stalin non volle ascoltare, e quindi il 1° dicembre Žukov e altri due ufficiali superiori dovettero lasciare il quartier generale e organizzare un attacco con una compagnia di fanteria e due carri armati per riconquistare Dedovo.

I nazisti stavano sferrando l'offensiva finale contro Mosca. Le condizioni del tempo erano spaventose; e dato che su entrambi gli schieramenti le truppe combattenti erano ormai molto più deboli di quelle disponibili un paio di mesi prima, Žukov ottenne la vittoria promessa.

Stalin quindi si convinse di potere ormai sgominare le forze tedesche. Nel corso dell'inverno 1941-1942, sempre contro il parere di Žukov e altri, che gli consigliavano di approfittare di quel momento per riorganizzarsi, Stalin insistette per una controffensiva, che produsse profonde penetrazioni in diversi punti, ma anche ingenti sconfitte. Tuttavia, nonostante le pesanti perdite, essa non riuscì a far vacillare seriamente la posizione tedesca.

6

Nel dicembre 1941 Anthony Eden, ministro degli Esteri britannico, andò a Mosca e incontrò Stalin. Aveva avuto un colloquio con lui nel 1935. Stalin all'epoca lo aveva impressionato «sin dall'inizio»:

> Riusciva a imporre la sua personalità senza sforzo e senza esagerazione. Aveva per natura delle buone maniere, forse grazie al suo retaggio georgiano. Pur sapendo che era un uomo senza pietà, provai rispetto per le sue qualità mentali, e persino una simpatia di cui non sono mai riuscito a spiegare fino in fondo le ragioni.

In quell'occasione Stalin aveva ribadito a Eden la formulazione di Molotov: «Il governo sovietico non desidera interferire in nessun modo negli affari interni dell'impero britannico». Con sorpresa di Eden, Stalin aveva alluso alle ditte tedesche autorizzate ad accettare contratti per la produzione di armi sovietiche; probabilmente si tratta di uno dei primi casi in cui la Gran Bretagna e i suoi alleati erano stati volutamente messi in competizione con la Germania, con una tattica che nel lungo periodo produsse risultati davvero straordinari.

Fu almeno in larga parte grazie a Eden, con il suo carattere politico così stravagante ed egocentrico, se Stalin si placò. Durante quella riunione nel dicembre 1941 Stalin chiese che la Gran Bretagna riconoscesse l'annessione all'Unione Sovietica degli stati baltici e dei territori sottratti alla Finlandia e alla Romania, alludendo in modo più indiretto alle frontiere con la Polonia, anche se poi fece un commento sorprendente: «Per noi è questo il punto più importante».

Onde rendere la proposta più accettabile per la Gran Bretagna, Stalin suggerì un accordo che dimostra ancora una volta la sua totale ignoranza dei comportamenti occidentali. In cambio delle concessioni rivendicate dai sovietici in Europa orientale, la Gran Bretagna avrebbe ricevuto delle basi militari navali sulla costa francese, come Boulogne e Dunkerque, e le condizioni di alleanza con la Gran Bretagna del Belgio e dell'Olanda le avrebbero garantito delle basi anche in tali paesi; questa offerta venne ribadita in seguito alla Gran Bretagna tramite l'ambasciatore sovietico a Londra, e quindi chiaramente non era soltanto un ghiribizzo passeggero di Stalin. I dettagli relativi agli accordi sulle frontiere sarebbero stati redatti in un protocollo segreto, mentre il trattato pubblico anglo-sovietico avrebbe considerato solo questioni generali molto elevate. Stalin disse inoltre che nel 1942 intendeva dichiarare guerra al Giappone.

Eden non aveva alcuna autorità per discutere le pretese territoriali sovietiche, anzi, Churchill aveva annunciato da tempo che la Gran Bretagna non avrebbe riconosciuto nessuna modifica territoriale avvenuta durante la guerra. Eppure al suo ritorno dichiarò: «Se non accettiamo tali rivendicazioni non riusciremo a eliminare i sospetti, le diffidenze del signor Stalin nei nostri confronti e nei confronti degli americani. Certo appare difficile conciliare simili pretese con le prime tre clausole della Carta Atlantica...», insomma, con tutti gli obiettivi bellici dell'Occidente!

In realtà Stalin aveva raggirato Eden, il quale da allora continuò a insistere che se non fossero state accettate le pretese dell'URSS la collaborazione con i sovietici si sarebbe «limitata a questioni su cui loro richiedono il nostro aiuto e quello degli Stati Uniti». E anche se in effetti Stalin comunque pose dei limiti, lo scopo era solo quello di obbligare l'Occidente a concedergli a titolo gratuito e senza ricompensa quanto voleva, anche se era inammissibile dal punto di vista morale e politico. Il feldmaresciallo Alan Brooke, capo di stato maggiore britannico, spiegò: «[I russi] ci disprezzano e non sanno che farsene di noi, se non per quello che riescono a spillarci»; secondo lui questo atteggiamento era il risultato della tattica di Eden.

All'inizio Churchill si infuriò per questo palese ricatto. Oltre a non muovere un dito per aiutare la Gran Bretagna in quella difficile situazione, i russi ne avevano anzi aggravato i problemi. «Stanno lottando per la sopravvivenza, e non ci hanno mai dedicato neanche un pensiero. Noi invece stiamo facendo del nostro meglio per aiutarli perché ammiriamo il modo in cui difendono il loro paese e perché sono schierati contro Hitler.»

Ma nel lungo periodo prevalse ampiamente l'opinione di Eden. Secondo lui la spiegazione era questa: «Il nostro rifiuto di soddisfare le richieste di Stalin può segnare la fine di qualsiasi prospettiva di collaborazione futura e può indurre Stalin a riprendere il perseguimento di obiettivi puramente egoistici». Stalin certo non aveva fatto nulla di diverso che perseguire quel tipo di obiettivi, e non cambiò atteggiamento nemmeno in seguito: stava combattendo contro i tedeschi, ma non per aiutare o compiacere l'Occidente. Inoltre Eden, al contrario di Roosevelt, non poteva invocare a sua discolpa l'ignoranza dei fatti, se non vogliamo accettare l'ipotesi che Stalin possedesse il dono di accecare totalmente le persone con qualche metodo psicologico finora sconosciuto.

A quel punto Stalin mandò in Occidente Molotov, ma gli inglesi non vollero ancora accettare le frontiere Molotov-Ribbentrop. Anche se in un primo momento l'inviato perorò con ostinazione questo punto, alla fine Stalin telegrafò dicendo che poteva lasciar perdere, poiché prima o poi il problema delle frontiere sarebbe stato «risolto con la forza».

Quindi il 26 maggio 1942 fu firmato un trattato anglo-sovietico in cui non si faceva riferimento alla questione delle frontiere. Poi Molotov riuscì chissà come a ottenere dagli americani un comunicato suicida congiunto sulla necessità improrogabile di creare «un secondo fronte in Europa nel 1942». Gli inglesi, che in quel momento avrebbero dovuto fornire la maggior parte delle truppe, gli dissero: «Non possiamo fare promesse a riguardo». Ma il danno ormai era fatto.

Da allora in poi, l'impegno dell'Occidente ad aprire un secondo fronte in Europa divenne un punto ribadito in continuazione a ogni incontro di Stalin con gli Alleati e nella propaganda di tutti i partiti comunisti in Occidente. Anche se in realtà i leader dei paesi occidentali non erano disposti a mandare prematuramente i loro eserciti verso la rovina sicura ignorando i consigli dei propri generali, comunque nei confronti di Stalin si sentivano in una posizione di debolezza.

In un'ottica politica realistica era tutta un'assurdità. Senza dubbio agli Alleati premeva che l'Unione Sovietica non fosse sconfitta da Hitler. Ma a Stalin premeva ancora di più! La sua capacità di trarre vantaggio da una situazione in cui era lui a trovarsi nella posizione più svantaggiosa dimostra in modo significativo quanto fosse abile a negoziare e a sfruttare la debolezza dei suoi alleati. Almeno in questo senso doveva ormai avere compreso quanto fosse meglio accordarsi con l'Occidente che con la più cinica Germania nazista, anche se sua figlia racconta che persino dopo la guerra ripeteva spesso: «Insieme ai tedeschi saremmo stati invincibili».

Nell'agosto 1942 Churchill e Harriman arrivarono a Mosca. Durante il primo incontro con Stalin, Churchill fu costretto a comunicargli che per quell'anno non sarebbe stato aperto un secondo fronte. Stalin replicò: «Questo equivale a dire che i leader inglesi e americani disattendono la promessa fattaci in primavera». Churchill espose le ovvie obiezioni. Stalin ribatté che senza rischi non si poteva vincere una guerra. Perché gli inglesi avevano così paura dei tedeschi? Churchill si dominò, e spiegò il piano degli Alleati per l'invasione dell'Africa settentrionale. Stalin si dimostrò interessato e divenne comprensivo. Ma la mattina dopo Churchill vide Molotov e gli disse che Stalin non sarebbe dovuto «essere così sgarbato» nei confronti suoi, venuto da tanto lontano per aiutarlo, e del suo partito.

Comunque alla riunione successiva Stalin fu di nuovo sgarbato, e fece osservazioni del tipo: «Quando intendete cominciare a combattere?». Accusò ancora Churchill di aver mancato ai suoi impegni non invadendo la Francia. A quel punto Churchill balzò in piedi e batté il pugno sul tavolo, confutando le accuse e affermando di avere attraversato tutta l'Europa, sebbene fosse pieno di guai, nella speranza di stringere la mano a persone amiche, e di essere amaramente deluso che le cose non fossero andate così. Stalin, senza aspettare la traduzione, fece un largo sorriso e disse di non capire che cosa stava dicendo, ma di apprezzare «il vigore di Churchill».

La cena di quella sera, durante la quale molti dirigenti sovietici mostrarono l'effetto dell'alcol, fu tutt'altro che un successo. Stalin fece un brindisi molto strano ai funzionari dei servizi di sicurezza, affermando che non potevano rispondere. Il capitano Duncan, attaché navale americano, replicò però con una certa arguzia. Stalin ne fu così affascinato che gli si avvicinò, toccò il suo bicchiere con il proprio, lo prese a braccetto e chiacchierò un po' insieme a lui. Si tratta di una strana scenetta (ripresa in *Venti di guerra*, ma spesso ritenuta immaginaria dagli spettatori).

Churchill, che non era ancora tornato di umore cordiale, alla fine diede la buona notte, ed era quasi alla porta quando Stalin lo raggiunse, gli si affiancò e percorse con lui le sale del Cremlino quasi «trottandogli» accanto, contrariamente alla sua abitudine di camminare lentamente.

La mattina ebbero una riunione conclusiva e poi andarono nell'appartamento privato di Stalin per bere qualcosa. Nel complesso l'ultima riunione ebbe buon esito, fino al momento in cui Stalin di nuovo non riuscì a trattenersi, e chiese se la Royal Navy non aveva senso dell'onore, riferendosi al mancato arrivo di un convoglio britannico a Murmansk: tali convogli portavano rifornimenti gratuiti ai russi con grave rischio e pesanti perdite (e fino a una località non lontana dal punto in cui Stalin aveva dato ai nazisti una base per i sottomarini).

In effetti la nuova fase della battaglia dell'Atlantico stava mettendo sotto pressione le forze navali, oberate anche dalle nuove operazioni nel Mediterraneo, e Churchill dovette prendere le decisioni necessarie, con o senza il beneplacito di Stalin.

In una lettera particolarmente brusca di Stalin si potevano leggere brani di questo tenore:

> Sarebbe inammissibile consentire che i rifornimenti degli eserciti sovietici dipendessero dalla valutazione arbitraria dei britannici. Non si può non considerare questo approccio alla questione un rifiuto del governo britannico di adempiere gli impegni assunti, unito a una specie di minaccia all'Unione Sovietica.

Churchill fece restituire questa lettera all'ambasciatore sovietico in quanto inaccettabile. La cooperazione navale degli Alleati provocò altri problemi. Il personale della marina britannica addetto ai convogli di stanza a Murmansk fu oggetto di insulti da parte delle autorità sovietiche. Stalin l'aveva accusato di non obbedire alle leggi sovietiche. Allora Churchill dimostrò di essere pronto a bloccare i convogli se la Royal Navy non veniva trattata nel modo adeguato. Come sempre quando resisteva a Stalin, la spuntò.

La marina statunitense dovette digerire un diniego assai più dannoso sul piano concreto, anche se (fortunatamente) quando la guerra stava per finire. I russi si erano impossessati della base sottomarina sperimentale tedesca di Gdynia, e rifiutarono l'accesso agli esperti americani che quindi non poterono scoprire i sistemi per proteggere i loro convogli dalla flotta sottomarina, ancora molto pericolosa. Il capo della missione militare statunitense a Mosca voleva sospendere l'invio dei convogli americani diretti a Murmansk fino a che i russi non avessero concesso l'autorizzazione, ma gli fu impedito per tema del «rischio di dispiacere all'Unione Sovietica».

La tattica adottata da Stalin di comportarsi con una scortesia punteggiata di cordialità, talvolta era controproducente. Ma in generale la sua strategia era sensata. Come osserva von Clausewitz, si può rimediare a una cattiva tattica con una buona strategia. E anche se Churchill era quantomeno contrariato dall'atteggiamento aggressivo di Stalin, soggiaceva ancora alla sensazione che Stalin avesse un motivo autentico per lamentarsi, poiché l'Unione Sovietica stava reggendo l'impatto della guerra.

7

Nel maggio 1942 Stalin ordinò un'importante offensiva in Ucraina. Come era accaduto nella battaglia di Kiev l'anno precedente, non volle assolutamente ascoltare le obiezioni dei comandanti sul campo. Fu un disastro. Le truppe attaccanti vennero accerchiate, e Stalin proibì di nuovo la ritirata, per cui un'altra enorme mandata di soldati sovietici finì nei campi di prigionia tedeschi. Inoltre, quella breccia nel fronte consentì la grande offensiva dei nazisti che cominciarono ad avanzare verso il Volga e il Caucaso.

Mentre i tedeschi premevano, nell'agosto del 1942 Stalin emanò un ordine a proprio nome, disponendo che fosse letto a tutte le unità, compagnia per compagnia, anche se non venne pubblicato integralmente fino a molto tempo dopo. In esso spiegava la verità sulle conquiste tedesche. Diceva che Rostov e Novočerkassk erano state abbandonate «senza che fosse opposta una vera resistenza e senza disposizioni da Mosca», e proseguiva:

> La popolazione del nostro paese che guarda all'Armata rossa con amore e rispetto comincia a esserne delusa, a perdere la fiducia nell'Armata rossa, e molti deprecano che essa sacrifichi i nostri agli oppressori tedeschi mentre fugge verso est. Alcune persone sconsiderate al fronte si consolano disquisendo sul fatto che possiamo continuare a ritirarci verso est perché abbiamo grande abbondanza di territori, di terra, una numerosa popolazione e quindi avremo sempre molto grano; questa gente con le sue ciance cerca di giustificare il proprio comportamento vergognoso. Ma tali chiacchiere sono palesemente false, menzognere e vantaggiose soltanto per i nostri nemici.
>
> Dopo la perdita dell'Ucraina, della Bielorussia, dei territori baltici, del Donbass e di altre regioni abbiamo assai meno territori, meno popolazione, meno grano e metallo, meno fabbriche e industrie. Abbiamo perso più di settanta milioni di persone, oltre quattrocento milioni di chili di grano all'anno e oltre dieci milioni di tonnellate di metallo all'anno. Non siamo più superiori ai tedeschi né per quanto riguarda le risorse umane né per quanto riguarda le riserve di grano. Ritirarci ulteriormente significherebbe la nostra rovina e la rovina della nostra madre patria. Quindi è il momento di cessare la ritirata. Nemmeno un passo indietro! Oggi deve essere questo il nostro obiettivo supremo.

Proseguiva dicendo che il grande difetto era la mancanza di disciplina: «Quelli che diffondono il panico, i codardi, devono essere fucilati sul posto»; persino i comandanti che dimostravano «instabilità» dovevano essere rimessi in riga e inviati ai battaglioni disciplinari speciali (ne esistevano da uno a tre per fronte) per essere utilizzati «nelle postazioni più pericolose».

Stalin aveva di nuovo sbagliato i calcoli. Il piano di attacco tedesco era caduto nelle mani del controspionaggio sovietico ma lui aveva preferito altre fonti, che diffondevano una falsa versione dei nazisti secondo cui l'obiettivo dell'offensiva estiva era Mosca. Ma ora Stalin si rese conto che il nuovo attacco di Hitler era pericoloso quasi quanto quello sferrato l'anno precedente, quando i nazisti avevano raggiunto la prima stazione della metropolitana di Mosca.

Infatti durante l'autunno la tenace difesa della testa di ponte di Stalingrado aveva impedito ai tedeschi di coprire in modo efficace il loro fianco settentrionale. Questa volta il contrattacco fu progettato dal comando supremo sovietico, e anche se Stalin si ingerì timidamente riguardo ad alcuni dettagli, in novembre i generali riuscirono a tagliare fuori i tedeschi a Stalingrado, in una battaglia da cui il nemico non riuscì più a riprendersi, anche se la guerra durò altri due anni.

Secondo Žukov, soltanto allora Stalin cominciò davvero a capire qualcosa sulle questioni militari. Ma insisteva ancora su azioni che, pur senza essere disastrose, comportavano perdite inutili. A Stalingrado i tedeschi, comunque condannati alla disfatta, subirono attacchi continui fino a febbraio, quando si arresero. Il margine di vantaggio dei russi era esiguo, e intanto delle truppe necessarie sul fronte principale erano impegnate su quello che era ormai un teatro di combattimenti secondario. Il resto delle forze tedesche nel sud si ritirò attraverso l'Ucraina. Stalin insistette di nuovo per una decisione tempestiva, ma i tedeschi contrattaccarono e riconquistarono Har'kov, e le truppe si riassestarono per la campagna estiva del 1943 e la grande battaglia di Kursk.

Dal punto di vista militare Stalin in quel momento era al suo meglio. Accettò le conclusioni degli esperti del controspionaggio. Pur essendo come sempre incline a una controffensiva più imponente del necessario, approvò la decisione dei militari di mantenere una posizione rigorosamente difensiva. Il risultato fu una grande vittoria seguita dal successo dell'attacco sovietico alla fine dell'estate.

Fu nell'agosto del 1943 che Stalin fece la sua unica visita programmata al fronte. Durante la guerra civile era stato sotto il fuoco almeno una volta, quando il suo treno era stato attaccato dai cosacchi. E di recente a Mosca c'erano state incursioni aeree, seppure non significative secondo gli standard londinesi; in ogni caso, com'è logico, disponeva di un rifugio antiaereo sicuro e ben equipaggiato. Per l'attuale visita al fronte furono prese misure di sicurezza almeno di eguale portata.

Il maresciallo Voronov fu convocato dalla sua postazione, vicina al fronte, per un colloquio urgente al suo quartier generale nelle retrovie. All'arrivo trovò Stalin. La casetta in cui si trovava il quartier generale, che Voronov aveva reso quanto più comoda possibile, ora aveva un aspetto assai più da prima linea. L'arredamento era stato sostituito da semplici sedie di legno, un tavolo e un telefono da campo. Essa divenne lo sfondo per una fotografia del «compagno Stalin che ascolta un rapporto in una postazione di comando di prima linea». (In un'immagine che ebbe diffusione ancora maggiore Stalin guardava con un binocolo da campo quella che si presumeva essere una postazione tedesca: ma la fotografia non sembra presa d'estate, e potrebbe essere stata scattata in precedenza, quando, secondo certe voci, fece un'altra visita nella zona del fronte.)

8

Intanto i tedeschi avevano scoperto le fosse comuni di Katyn.

Nei giorni delle grandi sconfitte sovietiche, durante la prima fase della guerra tedesco-sovietica, Stalin aveva riallacciato i rapporti con il governo polacco, che allora si trovava a Londra. Egli ebbe di persona tre lunghi colloqui con i rappresentanti polacchi, prima con l'ambasciatore, il professor Kot; poi, oltre che con Kot, col generale Sikorski, primo ministro polacco, e il generale Anders; e per finire con il solo generale Anders.

Tutte le volte i colloqui erano stati di carattere generale: per esempio Stalin aveva chiesto a Kot che cosa ne era stato della bellissima comunista polacca Vera Kosztrewa. Kot rispose che era stata fucilata durante le epurazioni sovietiche. Stalin disse: «*Kak žalko!* [che peccato!]». Sulla maggior parte dei punti sollevati Stalin era molto disponibile, fumava e canticchiava come suo solito.

Per un certo periodo era sembrato che i polacchi non sarebbero riusciti a ottenere niente da Stalin, ma tanto per cominciare questi era a dir poco in una posizione di debolezza dal punto di vista militare e diplomatico. Per ottenere aiuto doveva esercitare ed esercitava pesanti pressioni sugli Alleati occidentali, ma non poteva aspettarsi una risposta favorevole da parte loro se dimostrava ostilità verso un governo che aveva combattuto al loro fianco per due anni. In secondo luogo non disponeva di comunisti polacchi, perché li aveva fucilati tutti tra il 1937 e il 1938. Come emerse in seguito, aveva bisogno di tempo per creare un organico per quanto minimamente adeguato.

A quanto pare Stalin sperava di rimandare la disamina della questione polacca propriamente detta fino al momento in cui non si fosse sentito abbastanza forte per affrontarla. Nel frattempo progettava di creare una forza polacca che combattesse sul fronte sovietico. Il problema di quello che si sarebbe dovuto fare in caso di vittoria dei sovietici per il momento poteva essere accantonato, ma qualora si fosse presentato, senza dubbio la forza polacca avrebbe ricevuto un trattamento identico a quello riservato in seguito al suo esercito nazionale.

Evidentemente Stalin sperava che alla luce della necessità prioritaria di contrastare Hitler, i polacchi che ora si impegnava a liberare avrebbero perdonato il trattamento subito in passato dall'Unione Sovietica. Quando il generale Anders gli disse di essere stato trattato male nella prigione dell'NKVD di Leopoli, e ancora peggio alla Lubjanka, ma che comunque la prigione era prigione, Stalin si limitò a rispondere che non ci si poteva fare nulla poiché in quel momento le cose andavano così. Ma i polacchi, come logico, erano preoccupati soprattutto perché tra i loro militari liberati non comparivano i quindicimila prigionieri circa che erano stati internati nei campi di Kozel'sk, Starobel'sk e Ostaškov, in particolare la maggior parte degli ufficiali catturati dai russi nel 1939. Kot aveva avuto svariati colloqui incentrati su questo problema con Vyšinskij e Molotov. Entrambi avevano affermato che gli ufficiali, se non erano fuggiti, sarebbero stati ritrovati e liberati.

I polacchi erano oltremodo turbati a riguardo. Ma il generale Sikorski spiegò al suo governo: «Li troveremo... Signori, non penserete mica che il governo sovietico li abbia semplicemente assassinati? Assurdo! Non ha senso!». Ma si sbagliava.

Con Sikorski e i suoi colleghi Stalin si limitò a negare di sapere alcunché riguardo ai quindicimila polacchi scomparsi. Le sue ipotesi su quanto poteva essere accaduto – magari erano fuggiti in Manciuria, o si trovavano in campi i cui direttori non avevano ricevuto gli ordini o avevano disobbedito – non erano plausibili. Inoltre, quando Stalin telefonò all'NKVD e chiese della liberazione dei polacchi, dopo avere ascoltato per un po' disse: «L'ambasciatore polacco, qui accanto a me, sostiene che non sono stati liberati tutti»; e dopo aver ricevuto un'altra lunga risposta posò la cornetta e cambiò argomento.

Nel marzo 1941 Stalin ricevette di nuovo il generale Anders, che gli fece rapporto sulla situazione dell'esercito polacco in via di formazione, e risollevò il problema degli ufficiali scomparsi. Stalin disse di aver dato disposizioni per la loro liberazione. Aggiunse: «Non so dove siano. Perché dovrei desiderare di trattenerli? Può darsi che si trovino in campi occupati dai tedeschi e risultino dispersi». I polacchi replicarono che non poteva essere accaduto senza che loro ne avessero notizia. Allora Stalin, come la volta precedente, cambiò argomento.

Consentendo ad Anders di formare il suo esercito e poi di portarlo fuori dall'Unione Sovietica, Stalin ebbe come risultato una grande diffusione all'estero di informazioni sugli orrori dei campi di lavoro e di sentimenti antisovietici. I polacchi erano stati trattati con incredibile brutalità persino secondo gli standard dei Gulag, e avevano sofferto un tasso di mortalità assai alto. L'accentuata malevolenza di Stalin verso i polacchi forse era dovuta al fatto che non si erano lasciati sconfiggere a Leopoli nel 1920. Quel periodo per lui particolarmente difficoltoso tra il 1941 e il 1943 fu l'unico in cui ebbe qualche remora riguardo al suo modo di affrontare le questioni della Polonia.

Nel 1943, quando i tedeschi annunciarono la scoperta delle fosse comuni, una commissione medica internazionale (di cui facevano parte anche paesi neutrali) riferì che i decessi erano avvenuti nell'aprile del 1940, opinione confermata in via confidenziale dagli ufficiali prigionieri di guerra occidentali condotti sul luogo, e dai rappresentanti degli attivisti del movimento clandestino polacco. Stalin non poté fare altro che ricorrere a un'altra menzogna: i polacchi erano stati uccisi dai tedeschi dopo l'invasione. Con il governo della Polonia ruppe i rapporti. E gli Alleati, nell'interesse dello sforzo bellico, ignorarono i fatti o li smentirono.

Le ripercussioni della strage di Katyn furono gravi e durevoli, e solo adesso, mentre scrivo, a cinquant'anni di distanza, in Unione Sovietica sta emergendo la verità. L'episodio rivela con estrema chiarezza lo scarso rispetto di Stalin per la vita umana e la verità, per non parlare della legge internazionale. Non sappiamo precisamente quali fossero le sue condizioni mentali nel marzo 1940, quando decise le esecuzioni. In generale, probabilmente pensò: «Potrebbero procurare dei guai in futuro, perciò fuciliamoli». Ma in un certo senso l'eccidio dimostra anche la scarsa lungimiranza osservata da Raskol'nikov.

9

All'inizio del 1943 Stalin decise di intraprendere un'offensiva contro coloro con cui si era battuto molto più a lungo che con i tedeschi: i suoi propri concittadini. In questo caso Stalin si concentrò contro le etnie minori del Caucaso e della Crimea che a suo parere avevano accolto con favore i tedeschi, o non avevano opposto loro resistenza. Quindi bisognava deportarle in massa.

Già nel 1941 Stalin aveva deportato i sovietici di origine tedesca e soppresso la Repubblica socialista sovietica autonoma dei tedeschi del Volga che costituiva il loro centro più vasto. Ora era la volta dei calmucchi, dei ceceni, degli ingusci, dei circassi, dei balcari e dei tatari di Crimea. Dopo aver accuratamente progettato l'operazione tra la fine del 1943 e il 1944, queste popolazioni furono circondate, caricate su Studebaker ottenuti con la legge affitti e prestiti, stipate sui treni e inviate in svariate zone dell'Asia centrale e della Siberia. Le loro repubbliche e province autonome furono abolite.

Se includiamo i tedeschi, residenti nel Volga e non, in totale i deportati furono dunque oltre due milioni. Circa un terzo di essi morì o durante il trasporto o durante i primi mesi nel deserto o nella tundra, negli «insediamenti speciali» dell'NKVD. A Stalin spiaceva soltanto di non essere riuscito a mandare via anche gli ucraini, ma erano troppi.

La concentrazione di forze necessaria per queste operazioni senza dubbio influì sulle azioni militari al fronte. In primo luogo, per ciascuna deportazione, nelle zone di residenza delle minoranze venivano raccolte per settimane molte unità dell'NKVD utilizzabili e spesso utilizzate al fronte, oltre a diverse migliaia di agenti di sicurezza propriamente detti. (Ogni azione veniva preparata con cura ed esposta nel corso di riunioni ufficiali convocate per altre ragioni in tutti i villaggi e le città.) In secondo luogo, per trasferire simili masse di gente occorrevano moltissimi mezzi di trasporto. Solo per la deportazione dei ceceni e degli ingusci, nella prima fase furono utilizzati seimila camion, e nel complesso furono sottratti per oltre un mese al trasporto delle truppe e dei rifornimenti 15.200 vagoni ferroviari.

Probabilmente fu avanzata l'idea che le deportazioni si potessero rimandare fino al 1945. Ma Stalin non si lasciava influenzare da considerazioni di questo genere, e infatti alcune centinaia di migliaia di robusti uomini dell'NKVD trascorsero la guerra sorvegliando i prigionieri nei campi di lavoro.

Quanto al suo atteggiamento nei confronti delle minoranze nazionali, Stalin riuscì a trovare nei testi marxisti una serie di riferimenti ad alcune etnie definite «reazionarie» e alla necessità di contrapporsi ai loro «movimenti nazionalisti». Ma la logica di queste deportazioni in blocco, e la scomparsa delle relative minoranze dall'elenco delle nazioni sovietiche, travalicò i limiti previsti.

10

In quegli anni Stalin aveva poco tempo, e i margini della sua vita privata domestica si ridussero sempre di più. Vedeva poco Svetlana, anche se una volta la mandò a chiamare perché incontrasse Winston Churchill. Tuttavia nel corso dell'inverno 1942-1943 la figlia gli creò dei problemi.

Suo fratello Vasilij era diventato un ubriacone semianalfabeta, «uno scolaretto tremendamente viziato buttato nel mondo». I suoi risultati alla scuola di volo di Kučinskij erano stati mediocri, ma si era diplomato a pieni voti e al momento era colonnello dell'aviazione (con prospettive di fare ancora carriera). Non che Stalin lo raccomandasse. Il problema era piuttosto che nessuno di coloro sotto i quali Vasilij prestava servizio osava astenersi dal suggerire per lui delle promozioni. Ai vertici, dove erano più consapevoli dei desideri di Stalin, questa regola non si applicava. Una volta, sul fronte di Stalingrado Vasilij subì in pubblico una brusca lavata di capo da suo padre. Stalin si occupava poco di lui, ed evidentemente in un primo tempo aveva pensato che venisse promosso perché se lo meritava.

Vasilij organizzava feste per i suoi protetti dell'intellighenzia moscovita. Durante una di esse, Svetlana conobbe Aleksej Kapler, uno sceneggiatore. Ebbero una storia d'amore, anche se si incontrarono soltanto per poche ore nel giro di alcuni mesi. Ben presto il vice di Vlasik, Rumjancev, avvertì Kapler che doveva smettere di vedere Svetlana. Lui rifiutò, e quindi fu arrestato e condannato a cinque anni nei campi di lavoro. Stalin si recò nella stanza di Svetlana. Gridando per la rabbia, chiese di vedere le lettere di Kapler. «So tutto!» aggiunse. «Ho tutte le vostre conversazioni telefoniche proprio qui!»; e si batté sulla tasca. «Va bene! Dammele! Il tuo Kapler è una spia inglese. È agli arresti!»

Svetlana gli consegnò tutte le lettere, le fotografie e una sceneggiatura, dichiarando: «Ma io lo amo!»; «"Amore!" gridò mio padre, con un odio talmente intenso che riesco con fatica a evocarlo». E per la prima volta le diede due schiaffi. Gridò alla governante: «Com'è caduta in basso!... La guerra imperversa, e lei pensa soltanto a scopare!».

Quella sera Stalin la mandò a chiamare. Stava strappando le lettere e le fotografie di Kapler e buttandole nel cestino della carta. «Uno scrittore!» esclamò. «E nemmeno capace di scrivere in un russo decente! Non è riuscita neanche a trovarsi un russo!» Kapler era ebreo, ed era questo, a quanto pare, a bruciargli di più.

Kapler scontò i suoi cinque anni, ma al ritorno fece un salto a Mosca da dove era stato bandito. E quindi si buscò altri cinque anni. In occasione di una di queste condanne, Berija gli spiegò che doveva essergli grato, perché gli aveva fatto un favore: infatti secondo i criteri dell'NKVD una condanna a cinque anni non era quasi nemmeno una condanna.

Dopo questo incidente, tra Stalin e sua figlia per un certo periodo regnò la freddezza, e il loro rapporto non tornò mai quello di prima.

Nel frattempo la vita privata di Stalin era ormai diventata una barbara routine che si concludeva verso la mezzanotte con tetre cene per soli uomini. Milovan Gilas, rappresentante dei comunisti iugoslavi, che si recò in visita da Stalin per la prima volta nella primavera del 1944, descrive i pasti pesanti e i tetri brindisi di quelle lugubri serate, anche se nel complesso Stalin beveva con moderazione.

Aveva sciolto il Komintern nel 1943, a quanto pare perché riteneva che consentendogli di continuare a esistere avrebbe rischiato di irritare Roosevelt, o almeno fornire ad altri americani uno strumento contro di lui. Ma continuava a trattare i comunisti stranieri (ora tutti stalinisti) in modo più «cordiale» di quello riservato durante tali riunioni ai suoi nuovi alleati, Churchill e Roosevelt.

11

Al dipartimento di Stato, al ministero degli Affari esteri e tra i militari americani e britannici c'era chi continuava a insistere che non bisognava cedere alle prepotenze e alle lusinghe di Stalin. Si trattava di una minoranza che combatteva un'ardua battaglia. Ma su un punto restava difficile ottenere l'appagamento di Stalin, il suo abietto appagamento ufficiale. La Gran Bretagna era andata a combattere per proteggere la Polonia. Gli Stati Uniti si erano schierati in favore dell'autodeterminazione.

Comunque negli ambienti più influenti del ministero degli Esteri si considerava un errore offendere i russi «nelle loro vicissitudini». Questa sensibilità umanitaria non si applicava invece ai polacchi, che stavano vivendo vicissitudini almeno di uguale portata. L'ipocrisia selettiva delle lobby filostaliniste di Londra e Washington è ancora più ripugnante della loro stupidità politica.

Le rivelazioni su Katyn avevano reso quasi impossibile contentare tanto Stalin come la Polonia. Nel nome di quello che ritenevano l'interesse della vittoria, gli Alleati occidentali insistettero con i polacchi perché mantenessero il silenzio, anzi in Gran Bretagna i commenti antisovietici della stampa furono sottoposti a censura. A Washington i veri rapporti di un ufficiale statunitense su Katyn scomparvero semplicemente dagli archivi. Nel frattempo Stalin aveva formato un proprio gruppo di polacchi stalinisti e substalinisti, destinati a costituire il nocciolo duro del suo regime collaborazionista a Varsavia.

Nell'autunno del 1943 a Mosca si svolse una conferenza dei ministri degli Esteri. Anche questa volta l'argomento della Polonia venne evitato. Stalin aveva scritto a Roosevelt e a Churchill usando toni aspri riguardo alla decisione di invadere in quella fase l'Italia anziché la Francia. Li aveva accusati «di ritirare» il previsto sostegno e di dimostrare «scarsa considerazione per gli interessi sovietici». Ora fece il prepotente con Eden, e parlando con il segretario di stato americano Cordell Hull lanciò pesanti allusioni a una pace separata tedesco-sovietica.

Forse diceva sul serio, o almeno sfruttava questo strumento per ricattare l'Occidente e ottenere altre concessioni. Quanto ai suoi rapporti con i tedeschi, non si sa ancora nulla di preciso sui contatti tra Mosca e Berlino dopo il tentativo di avvicinamento avvenuto nel 1941 tramite l'ambasciatore bulgaro. A quanto pare, verso la fine del 1941 e poi alcuni mesi dopo, a Stoccolma ci furono sporadici contatti ufficiosi, e questo fa riflettere sulle opportunità offerte ai dirigenti comunisti stranieri. Inoltre in alcuni articoli sovietici si affermava che la Germania non sarebbe stata invasa o disarmata, e avrebbe potuto conservare alcuni dei territori occupati tra il 1938 e il 1939; persino Stalin fece un'allusione al riguardo nel suo discorso del 6 novembre 1942, quando dichiarò che i sovietici *non* si ponevano come obiettivo di «distruggere tutte le forze militari organizzate in Germania». Non è ancora facile analizzare le opinioni di Stalin su tali eventualità. Nel 1942-1943 l'Unione Sovietica era esausta, e i tedeschi avevano ancora la possibilità di vincere. C'era senz'altro un motivo pragmatico per una pace separata, e ora negli ambienti politici più ristretti dei paesi occidentali girava voce che venisse presa in considerazione.

Ma come nel 1941, il problema era che lo schieramento vincente non aveva il minimo interesse a sviluppare tale idea. E nemmeno si sa con precisione che cosa Stalin fosse disposto a trattare con Hitler. Secondo uno studioso, sondava il terreno nell'intento di prendere accordi con un regime posthitleriano, costituito da militari, o dai nazisti più filosovietici. (Nel 1944 lo stesso Hitler, replicando a un'osservazione di Goebbels, secondo il quale forse sarebbe stato costretto a trovare un accordo con l'Occidente o con Stalin, disse che nell'alternativa avrebbe preferito trattare con Stalin, ma senza la speranza di ottenere risultati positivi.) Il timore spesso manifestato da Stalin che l'Occidente potesse concludere un accordo con la Germania si basava su un ragionamento abbastanza sensato: infatti lui stesso, se le circostanze lo avessero richiesto, si sarebbe comportato così. Tale opinione rientrava in modo affatto ovvio nella sua diffidenza complessiva verso i leader occidentali. In seguito, parlando degli inglesi e in particolare di Churchill, spiegò agli iugoslavi: «La cosa che amano di più è di ingannare i loro alleati... Churchill è il genere d'uomo che, se non ci stai attento, ti ruberà un copeco dalla tasca. Sì, ti ruberà un copeco dalla tasca! Dio mio, ti ruberà un copeco dalla tasca! E Roosevelt? Roosevelt è di un'altra pasta. Allunga la mano solo per monete più grosse».

Fu nel novembre del 1943, in occasione della conferenza di Teheran, che Stalin finalmente incontrò gli altri due appartenenti insieme a lui al gruppo dei Tre grandi, Churchill e Roosevelt. Era la prima volta che vedeva Roosevelt, e non si riesce a capire perché lo avesse definito un borseggiatore, e un borseggiatore abile. Stalin ottenne subito quello che voleva, convincendo il presidente statunitense a restare nel settore sovietico. Nei primi colloqui, in assenza di Churchill, Roosevelt descrisse uno scenario mondiale postbellico in cui si sarebbero dovuti liquidare gli imperi della Francia e della Gran Bretagna. Quindi l'impero di Stalin non era minacciato.

Roosevelt si era fatto l'idea che Stalin fosse «malleabile»: intendeva dire che parlandogli si poteva indurlo a cambiare parere. Era un'opinione del tutto sbagliata: come afferma Ronald Hingley «l'unica caratteristica costante di tutta la carriera dell'elusivo Stalin è, se si può usare il termine colloquiale scelto dal presidente, di essere poco malleabile». Roosevelt lasciò la conferenza con la sensazione di averla avuta vinta su Stalin. Si chiese se gli studi per diventare prete lo avessero «cambiato in qualche modo», e commentò: «Non sarà forse proprio questo il motivo per cui sentiamo nel suo carattere qualcosa di congeniale?».

Quando erano tutti e tre insieme, la tattica di Roosevelt per conquistare Stalin consisteva nel fare comunella con lui per canzonare Churchill. Come disse egli stesso in seguito, quando cominciava a punzecchiare Churchill «sul suo essere così inglese, su John Bull, sui suoi sigari, sulle sue abitudini», Stalin si divertiva: «Da allora i nostri rapporti diventarono personali ... parlavamo come uomini e come fratelli». Questa consuetudine assunse una brutta piega durante un pranzo all'ambasciata britannica, quando Stalin propose che dopo la guerra venissero fucilati cinquantamila ufficiali tedeschi.

Churchill, inorridito, disse: «Preferirei essere portato fuori in giardino in questo preciso momento ed essere fucilato io stesso che infangare l'onore mio e del mio paese con una tale infamia». Roosevelt, forse nel tentativo di sdrammatizzare la situazione, disse con tono scherzoso che avrebbero potuto ridurre la cifra a quarantanovemila, e suo figlio Elliott Roosevelt dichiarò di essere d'accordo con Stalin, e di poter affermare la stessa cosa a nome dell'esercito statunitense. Churchill si alzò e se ne andò in camera sua. Stalin e Molotov lo seguirono, e Stalin gli spiegò che stava solo scherzando. Churchill non ne era convinto. In effetti non si riesce a capire in che senso potesse essersi trattato soltanto di un'allegra facezia. Sembra abbastanza evidente che Stalin, il quale aveva fatto fucilare quasi altrettanti ufficiali suoi, e un numero proporzionale di ufficiali polacchi, considerasse la sua proposta perfettamente ragionevole.

Quanto ai risultati ottenuti a Teheran, le potenze occidentali in effetti accettarono le frontiere indicate da Stalin. Come disse Ismay, Stalin ottenne «esattamente quello che voleva», mentre in cambio gli Stati Uniti e la Gran Bretagna strapparono soltanto qualche vaga promessa.

12

Nel dicembre 1944, quando de Gaulle si recò a Mosca in rappresentanza della nuova Francia, lo fece allo scopo di firmare un nuovo trattato franco-sovietico. Stalin provò con molta insistenza a porre la condizione che de Gaulle riconoscesse come governo della Polonia il comitato di Lublino patrocinato dai sovietici. De Gaulle considerava disonorevole la proposta, e si limitò a rifiutarla. Fu colpito da Stalin, che gli parve un astuto dittatore, un maestro dell'inganno pieno di ambizione e di una «cocente» passione politica. Al pranzo che seguì Stalin propose trenta brindisi, soprattutto ai suoi generali. Hruščev riferisce che «finì completamente ubriaco». Comunque, era di un umore che secondo i suoi standard può essere considerato scherzoso. Durante un brindisi per il generale al vettovagliamento, disse: «Buon per lui che ha fatto del suo meglio, altrimenti sarebbe finito impiccato», quindi chiese una mitragliatrice per abbattere i diplomatici. Nello stesso tono, minacciò di mandare in Siberia il suo interprete perché «sapeva troppo». Disse a de Gaulle di sperare che non avrebbe messo in prigione il dirigente comunista francese Maurice Thorez, o «almeno non subito». De Gaulle osservò che gli ospiti sovietici non parevano particolarmente allegri.

Nei mesi successivi i paesi occidentali speravano ancora di trovare il modo per mantenere l'indipendenza polacca. Mentre si approssimava il *D-day*, Cordell Hull riassunse così le opinioni occidentali: non potevano «permettersi di schierarsi sulla questione polacca al punto da alienarsi la Russia nel momento cruciale». La situazione aveva raggiunto una fase in cui prendere posizione per i sovietici contro i polacchi non voleva più dire «schierarsi».

Stalin gestì la questione polacca abbinando menzogne e brutalità, cioè nel suo stile consueto. Gli aderenti al governo polacco di Londra, ovvero la stragrande maggioranza della popolazione, avevano le loro truppe e organizzazioni clandestine dichiaratamente antisovietiche. Al piccolo comitato staliniano di Lublino vennero conferiti pieni poteri. L'insurrezione di Varsavia fu debellata dai tedeschi dopo oltre due mesi di combattimenti, proprio sotto gli occhi dell'Armata rossa; Stalin rifiutò di collaborare, e consentì solo con ritardo agli aerei americani addetti al lancio di armi con base in Italia di fare rifornimento negli aeroporti militari sovietici.

Nell'ottobre 1944, quando Churchill andò a Mosca, Stalin gli disse che lui e Molotov volevano mantenere una posizione moderata riguardo alla Polonia, ma gli altri membri del Politbjuro, favorevoli alla linea dura, lo incalzavano. Non si riuscì ad approdare a nulla, ma Churchill fu compiaciuto quando Stalin approvò l'idea che i principali criminali di guerra nazisti andassero processati prima dell'esecuzione.

Secondo alcuni nel febbraio 1945, quando i Tre grandi si incontrarono di nuovo a Jalta, Stalin riuscì a realizzare i suoi obiettivi anche perché nella delegazione americana era presente una spia sovietica, Alger Hiss, vicedirettore dell'ufficio per gli Affari politici speciali. Ma com'è noto, gli occidentali avevano già avviato il processo che in pratica permise infine a Stalin di entrare in Europa orientale.

Quanto alla Polonia, il comitato di Lublino fu riconosciuto come base di un futuro governo, ma vennero promesse libere elezioni, come accadde pure nei paesi balcanici appena liberati, e di lì a poco nuovamente assoggettati. Jalta si concluse su una nota euforica, con discorsi calorosi di Stalin, e Roosevelt si convinse che come minimo ci sarebbero stati rapporti pacifici «per più tempo di quando si possa anche lontanamente immaginare».

Ma dopo la sua conclusione Stalin ricadde, anzi proseguì, nel suo stile consueto. Offese profondamente gli americani rifiutando loro l'autorizzazione a inviare degli ufficiali in Polonia a prendersi cura dei loro prigionieri di guerra liberati dall'avanzata sovietica. A quanto pare desiderava soltanto fare quanto era in suo potere affinché in Polonia ci fossero quanti meno osservatori possibile. Infatti aveva fatto arrestare i dirigenti dell'esercito clandestino polacco mentre avevano l'immunità per presunti negoziati (e dopo mesi di interrogatori li sottopose a un «processo» pubblico a Mosca).

Ben presto fece infuriare Roosevelt lanciando agli occidentali un fuoco di fila di accuse per la presunta apertura di negoziati segreti con la Germania, allo scopo di danneggiare l'URSS. Dopo un aspro colloquio, il presidente morente cominciò a comprendere il carattere di Stalin, e scrisse a Churchill: «Dobbiamo dimostrarci fermi».

Quando Roosevelt aveva sostenuto che, in cambio dell'aiuto incondizionato da parte degli Alleati, Stalin avrebbe contribuito a edificare un mondo pacifico e democratico, contava con ottimismo, come disse lui stesso, sul senso di *noblesse oblige* del dirigente sovietico. Ora, pochi giorni prima di morire, in privato disse: «Non possiamo stringere accordi con Stalin. Ha infranto tutte le promesse che ha fatto a Jalta».

Roosevelt si sbagliava, nel senso che Stalin ne avrebbe infranto molte altre ancora.

13

Mentre le armate sovietiche avanzavano, a poco a poco Stalin recuperò la fiducia nelle proprie capacità militari e cominciò di nuovo a ordinare offensive prima che fossero state adeguatamente preparate. Battendosi contro un avversario abile e tenace, questo produsse come risultato un numero eccessivo di perdite, mentre per ovviare ai difetti della strategia si continuava a mandare al fronte altri soldati. Il fenomeno raggiunse il culmine nella fase conclusiva della guerra, l'assalto a Berlino, dove le perdite furono ingentissime.

Quando le truppe sovietiche irruppero in Germania ci fu un'ondata di violenze e saccheggi – descritti in modo estremamente vivido nel poema di Solženicyn *Notti prussiane* – che furono senz'altro incoraggiati da Stalin. Non solo gli ordini del comando supremo e gli articoli sulla stampa esortavano a dimostrare la massima spietatezza, ma Stalin giustificava calorosamente anche gli stupri, forse aderendo a una concezione primitiva dei diritti di un soldato. Del resto, non venivano perpetrati soltanto sulle donne tedesche. Quando Gilas tornò a Mosca con una delegazione comunista iugoslava, si lamentò con Stalin perché le truppe sovietiche agivano nello stesso modo anche in Iugoslavia. Gilas chiese poi agli amici dell'Unione Sovietica di spiegare come mai le truppe britanniche si comportavano molto meglio.

Ovviamente Stalin si infuriò. Come poteva Gilas paragonare l'esercito sovietico con i britannici imperialisti? Stalin sostenne con foga questo trito argomento. Ma aggiunse che un soldato, dopo centinaia di chilometri di fuoco e morte, aveva il diritto di «spassarsela con una donna o prendersi qualcosina». Aggiunse che una volta era intervenuto nel processo di un maggiore dell'Armata rossa condannato a morte per atti analoghi, poiché l'Unione Sovietica aveva più bisogno di vittorie che di verginità.

Tuttavia, nel caso della Germania, a quanto pare Stalin mandò una strana direttiva riguardo a un civile. Quando Berija lo informò che la vedova dell'imperatore Guglielmo II viveva nella Prussia orientale, ordinò che venisse protetta.

Oggi i critici militari dell'URSS denunciano il fatto che in guerra i sovietici subirono perdite tanto più ingenti dei tedeschi: secondo diversi storici, esse furono da quattro a otto volte superiori. Ma Stalin ormai aveva vinto. E qualche tempo dopo, di se stesso scrisse:

> L'avanzata scienza militare sovietica ha ricevuto ulteriore impulso grazie al compagno Stalin. Il compagno Stalin ha elaborato la teoria dei fattori sempre operanti che decidono le sorti delle guerre, della difesa attiva e le leggi della controffensiva e dell'offensiva, della cooperazione di tutti i servizi e di tutte le armi nella tecnica bellica moderna, del ruolo dell'impiego massiccio di carri armati e forze aeree nella guerra moderna, e del primato dell'artiglieria in quanto servizio armato più formidabile. Nelle varie fasi della guerra il genio di Stalin ha trovato le soluzioni corrette che tenevano conto di tutti gli aspetti della situazione: la maestria militare di Stalin si è manifestata sia nella difesa sia nell'attacco. Il genio del compagno Stalin gli ha consentito di indovinare i piani del nemico e di sventarli. Le battaglie in cui il compagno Stalin ha diretto le forze armate sovietiche sono brillanti esempi di competenza militare operativa.

Il suo ego, e il senso della propria superiorità in ambito militare, si basavano sulla realtà concreta di avere vinto la guerra. Che però si sarebbe potuta vincere più facilmente, se non fosse stato per gli errori che aveva commesso prima e durante i combattimenti. L'Unione Sovietica, travagliata da una crisi in larga parte causata personalmente da lui, era stata più volte sul punto di crollare. Ma quando tutto era ormai detto e fatto, per un periodo lungo e difficile fu Stalin a tenere insieme il paese soltanto in virtù della sua forza di volontà.

Durante le ultime fasi della guerra, continuava a rimproverare con grande aggressività i comandanti dei fronti, che nel frattempo avevano al loro attivo un brillante curriculum di battaglie, accusandoli di essere troppo codardi per attaccare, e di altro ancora, sempre con un linguaggio oltremodo volgare e offensivo. Secondo lui era la cosa giusta da fare. Come abbiamo visto, talvolta si rivolgeva nello stesso modo ai dirigenti occidentali suoi alleati. Gli veniva naturale.

14

Nel luglio 1945 Stalin arrivò alla conferenza di Potsdam, l'ultimo summit anglo-americano-sovietico. Aveva progettato di andarvi in aereo, ma all'ultimo minuto prese un treno: erano emersi i particolari del complotto contro Hitler, compreso il tentativo di far saltare in aria il suo aeroplano.

A Potsdam, mentre faceva «concessioni», avanzando e poi abbandonando rivendicazioni assurde su territori in quel momento in mano agli Alleati o a paesi neutrali – la Libia, Tangeri, una base negli Stretti turchi o ad Alessandropoli, una parte delle industrie della Ruhr – in realtà Stalin consolidava la propria posizione in Europa orientale.

Churchill lo trovava ancora «amabile». Ma a metà conferenza fu sostituito nella carica di primo ministro da Clement Attlee. Il nuovo presidente americano, Harry Truman, completava il terzetto.

Stalin era di umore trionfante, e a buon motivo. Ma fu allora che cominciò a manifestarsi una repentina crisi di rigetto da parte dei suoi colleghi occidentali. Truman lo trovò imponente, cordiale, educato e disponibile ad ascoltare opinioni espresse con franchezza. Ma decise subito che bisognava impedire all'Unione Sovietica di occupare una parte del Giappone. Stalin ribadì la richiesta in seguito, quando il Giappone era sotto il controllo degli americani, e di nuovo se la vide respingere, al che obiettò: «Io e i miei colleghi non ci aspettavamo una risposta simile da lei».

Anche Attlee disse di Stalin: «Era palesemente l'uomo che poteva prendere decisioni, e avrebbe creato delle difficoltà ... Non mi illudevo che fosse disponibile a collaborare o ben disposto nei nostri confronti».

Durante la conferenza, in Nevada fu fatta esplodere con successo la prima bomba atomica. Truman comunicò a Stalin in termini generali che aveva un nuovo ordigno molto potente. Stalin, pienamente informato del progetto da Klaus Fuchs e altre spie sovietiche (come è stato confermato di recente con dovizia di particolari sulla stampa sovietica), espresse solo la speranza che sarebbe stato usato contro il Giappone.

Per quasi quattro anni gli Alleati avevano improntato le loro azioni, in generale, su principi erronei. È vero che non avevano ceduto a Stalin su tutto, e su certi punti alla fine ammisero di aver opposto una certa resistenza.

Forse non sarebbero riusciti a impedire che Stalin instaurasse in Polonia un regime comunista, ma non ottennero alcun vantaggio aiutandolo a nascondere che aveva mancato al suo impegno, quando aveva indotto il capo del vero governo polacco Mikołajczyk a ritornare in Polonia per la nomina incerta e breve alla carica di vice primo ministro di un regime dominato dai comunisti.

Stalin aveva vinto tutti i round. Come in passato, ci era riuscito ingegnandosi a essere «amabile». Per sollecitare le concessioni dell'Occidente, giocava la carta delle titaniche battaglie sostenute dalla Russia. In realtà ci insisteva troppo, ma di solito l'Occidente lo perdonava. A proposito dei grandi processi della fine degli anni Trenta, Stalin aveva detto all'NKVD che l'Occidente li avrebbe «digeriti». Ora, basandosi sullo stesso principio, escogitava altri inganni e di nuovo trovò persone facili da ingannare.

Ma nonostante tutta la scaltrezza con cui aveva sfruttato il suo vantaggio psicologico dopo Potsdam, giunse il momento in cui tale risorsa si esaurì. Non aveva capito che c'erano dei limiti. Litvinov in seguito disse a un altro diplomatico sovietico che Stalin avrebbe potuto ottenere un successo totale con i paesi occidentali se avessero avuto come leader «una sorta di scià o di sceicchi», ma da un certo punto di vista era inevitabile che prima o poi si rivoltassero contro di lui.

15

Dopo la sconfitta del Giappone, Stalin si prese quanto gli era stato promesso tempo prima: Teheran, la parte meridionale dell'isola di Sahalin, le isole Curili, Port Arthur e Dairen, questi ultimi due di legittima proprietà della Cina sua alleata. In questo modo aveva riconquistato esattamente i possedimenti persi dagli zar. Nel discorso sulla vittoria disse che la gente della sua generazione ricordava la guerra russo-giapponese del 1904-1905, e aveva aspettato per quarant'anni di poter vendicare la sconfitta russa.

Come vedremo, quel momento segnò una trasformazione straordinaria. Nel 1905, i bolscevichi si erano opposti senza condizioni alla guerra, si erano battuti perché la Russia fosse sconfitta e quando questo era avvenuto lo avevano accolto con gioia. Il Vecchio bolscevico ora al potere, al contrario, stava proclamandosi in modo aperto e ostentato erede dell'impero zarista.

XIII
IL DOPOGUERRA: LA GUERRA FREDDA

1

Dopo il suicidio di Hitler, per molto tempo Stalin credette, o finse di credere, che in realtà il dittatore tedesco fosse fuggito in aereo, probabilmente ad Amburgo, e da lì con un sottomarino avesse raggiunto il Giappone o l'Argentina, sebbene le indagini effettuate dai tedeschi a Berlino avessero fornito prove inconfutabili dell'accaduto.

Ma Hitler era davvero morto, e il nazismo con lui. Le bandiere di battaglia con la svastica furono portate in corteo sulla Piazza rossa e gettate con disonore davanti alla tomba di Lenin. E dopo la vittoria sul Giappone, tutti coloro contro i quali Stalin aveva schierato le truppe sovietiche erano ormai definitivamente sconfitti. Nel mondo regnava la pace.

In teoria, Stalin avrebbe potuto optare per la riconciliazione civile in patria, un accordo con l'Occidente, il riconoscimento di coalizioni comuniste-democratiche in Europa orientale, e (qualche tempo dopo) la collaborazione al piano Marshall, oltre a un programma di risanamento economico. Ma le tensioni della guerra non gli avevano addolcito il carattere. E in effetti Hruščev afferma: «Secondo me fu durante la guerra che Stalin cominciò ad avere qualche rotella fuori posto».

La lunga lotta contro un fantomatico nemico interno e l'autentico nemico esterno lo aveva stremato. A sessantacinque anni era visibilmente invecchiato. Poco dopo la fine delle ostilità subì un lieve ictus, che lo costrinse a trascorrere più di tre mesi (dal 9 ottobre al 17 dicembre 1945) a riposare e a riprendersi nella sua dacia di Soči, sul Mar Nero.

Se Stalin era esausto, lo stesso valeva per l'intero paese. Come afferma Pasternak, in un certo senso per molti la guerra, con i suoi tangibili orrori, era arrivata come «un presagio di liberazione, una tempesta purificatrice», rispetto alle sofferenze insensate inflitte a sangue freddo degli anni Trenta. Per la Russia si era trattato della «Grande guerra patriottica», come viene ufficialmente chiamata la Prima guerra mondiale; il romanziere sovietico Vasilij Grossman, il quale vi aveva combattuto, comprese che molti ritenevano di aver combattuto non soltanto contro i nazisti, ma anche per una Russia migliore, senza terrore e senza Gulag.

Con la vittoria si diffuse la sensazione che lo sforzo titanico, l'enorme sacrificio di vite umane, non potesse essere stato vano. Per usare l'espressione di Pasternak «tanti sacrifici non possono sfociare nel nulla» e «c'era nell'aria un presagio di libertà». Andrej Saharov rammenta l'umore che regnava nel paese: «Noi tutti credevamo, o almeno speravamo, che il mondo del dopoguerra sarebbe stato decoroso e umano. Come avrebbe potuto essere altrimenti?». Afferma che la guerra aveva resuscitato «l'orgoglio e la dignità» della nazione. Ma la speranza della pace sociale e politica in Russia e di una comunità internazionale disposta alla collaborazione era illusoria. Alla fine, dice Saharov, «mentre si dissipava l'illusione, anche il paese si disintegrava in singoli atomi e svaniva».

A Soči Stalin, per così dire, si rimise in forze. Anche se in una certa misura teneva ritmi meno serrati, era sempre ossessionato dagli odi e dai sospetti di un tempo, dalla visione di nemici ovunque. L'umore del paese, le aspirazioni a una vita più libera e più piena, per lui non costituivano un'indicazione per la politica futura, ma una sfida intollerabile al suo potere e ai suoi principi.

Una volta tornato a Mosca, non si adoperò soltanto per restaurare il suo regime, ma anche per consolidarlo. Sotto certi aspetti divenne addirittura più brutale. Nei campi di lavoro affluì una fiumana di nuovi prigionieri. Chi dopo aver scontato la condanna veniva rilasciato, era riarrestato subito dopo. Il massimo della pena fu innalzato da dieci a venticinque anni. Venne inaugurata una nuova categoria di campi di lavoro a regime duro, dove i prigionieri scontavano la condanna incatenati e senza coperte. Fu proibito alle popolazioni esiliate, ma anche a moltissimi singoli individui al confino, di rientrare nei luoghi d'origine, pena una condanna a venticinque anni. Nei laboratori della polizia segreta proseguivano le ricerche sui veleni, le droghe che condizionano la mente, le armi micidiali. Importanti prigionieri venivano torturati con ferri roventi in treni speciali che giravano intorno a Mosca.

2

L'economia era in condizioni disperate. L'agricoltura era stata gravemente compromessa, e la carestia imperversava in Ucraina e altrove. Quando Kosygin riferì sull'incidenza della distrofia nelle aree interessate, Stalin andò in collera, e per qualche tempo lo chiamò con ironia il «fratello distrofico».

Non gli importava nulla della sorte della gente comune. Sappiamo (non soltanto da Hruščev ma anche dal ministro delle Finanze Zverev) che sollecitava un aumento delle tasse alla popolazione rurale già indigente. In molte recenti ricerche sovietiche si sottolinea che in realtà stava ancora cercando di rovinare l'agricoltura per aiutare l'industria, anche se a dire il vero gli investimenti industriali ne trassero scarsi benefici e tutta la popolazione era a corto di cibo. Continuò comunque a commettere errori e a dimostrarsi disastrosamente ignorante sulle questioni economiche e sulle conseguenze dell'imposizione forzata delle norme. Ma come affermò in seguito Hruščev, Stalin aveva il potere di far vivere la gente a livelli inferiori a quelli minimi.

Come abbiamo detto, per ovviare alla situazione sarebbe stato ragionevole rinunciare, seppure temporaneamente, allo scontro con l'Occidente, così da ottenerne l'aiuto. Era possibile, come dimostra l'offerta americana di estendere il piano Marshall all'URSS. In realtà subito dopo la guerra, mentre imperversava la carestia, Stalin accettò gli ingenti aiuti della United Nations Relief Administration; mentre poi, nel lungo periodo, dovendo scegliere tra la miseria autarchica e la cooperazione economica e politica, optò per la prima.

Ma i principali problemi interni non erano (almeno secondo Stalin) di carattere economico. Da un certo punto di vista la guerra aveva indebolito il dominio esercitato da lui e dal partito. Come afferma lo scrittore Konstantin Simonov, che in quel frangente ebbe svariati colloqui con Stalin, in una certa misura gli esiti del conflitto erano dipesi dalla capacità di sfruttare le qualità individuali di ogni soldato, «le sue potenzialità, il suo buonsenso, la sua intelligenza, il suo coraggio». Invece (dice Simonov), ora che era arrivata la pace, proprio tali qualità costituivano un pericolo per Stalin.

Inoltre, a parere di questi, i soldati che tornavano raccontando dell'incredibile ricchezza della gente non solo in Cecoslovacchia o in Austria, ma persino in Polonia e Bulgaria, non avevano capito bene la «necessità» dei sacrifici economici sopportati. Correvano il rischio di essere sedotti dalle ricchezze dell'Occidente, e l'intellighenzia dai suoi valori. Per citare le parole di Simonov, «Stalin temeva un nuovo decabrismo. Aveva mostrato Ivan all'Europa e l'Europa a Ivan, esattamente come Alessandro I nel 1813-1814...». In altre parole, intravedeva una potenziale minaccia al suo dominio.

Insomma, Stalin decise le azioni successive per motivi pragmatici, e non perché, come taluni ritengono, fosse stato invaso d'un tratto da impulsi ideologici e nazionalistici.

In un primo momento concepì l'idea di mandare nei campi di lavoro alcune centinaia di migliaia di uomini dell'esercito (soprattutto ufficiali, ma non soltanto), compresi i primi che erano entrati in contatto con gli americani nella famosa riunione sull'Elba. Questi uomini dal 1946 in poi andarono a raggiungere nei campi quelli già condannati come ex collaborazionisti, o ex prigionieri di guerra, dei tedeschi.

Ma anche i generali vittoriosi, pur mostrando meno segni di essere stati infettati dall'occidentalizzazione, parvero a Stalin pericolosi. Il maresciallo Žukov, in particolare, aveva acquisito una popolarità che poteva facilmente assumere carattere politico. Il 9 giugno 1946 Stalin firmò un ordine che faceva riferimento ad alcuni rapporti sull'atteggiamento «indegno» di Žukov verso il comandante in capo supremo; e poco dopo, durante una riunione di vertice, il maresciallo fu accusato di «arrogarsi gli allori del vincitore supremo». Ben presto vennero fabbricate prove false per dimostrare che era una spia occidentale. Dopo lunga riflessione, tuttavia, Stalin non ne ordinò l'arresto ma si limitò ad espellerlo dal Comitato centrale e a trasferirlo a un comando territoriale di secondaria importanza.

Generali meno famosi, tra cui un gruppo dei più stretti collaboratori di Žukov – Minjuk, Buhin, Telegin e altri – non furono altrettanto fortunati. L'epurazione nell'esercito proseguì senza pubblicità per molti anni. Nei primi mesi del 1948 cinque ammiragli, compreso l'unico sopravvissuto di quelli della flotta degli anni Trenta, L.M. Galler, furono condannati come spie angloamericane (Galler morì in prigione). Nel 1950 venne fucilato persino un vecchio amico di Stalin, l'ex maresciallo Kulik (disastrosamente incompetente).

3

Mentre le azioni preventive di Stalin contro i soldati semplici e i generali venivano compiute senza pubblicità, per comprensibili motivi egli aveva stabilito che contro le idee occidentali andava sferrata un'offensiva più esplicita.

Già prima che subisse l'ictus, l'idea dell'insidioso deterioramento della disciplina ideologica aveva cominciato ad assillarlo. L'organo dottrinale di stampa del partito, «Bol'ševik», non uscì per due mesi, e in ottobre, quando finalmente comparve il numero dell'agosto 1945 con un diverso comitato di redazione, il suo tono era assai più reciso e dogmatico.

I problemi politici propriamente detti erano del tutto diversi da quelli degli anni Venti o Trenta. Negli anni Venti Stalin era impegnato nella lotta contro una serie di avversari dichiarati; negli anni Trenta si contrapponeva ancora a colleghi che avanzavano delle riserve sulle sue pretese di supremazia. Ma da allora non troviamo più traccia di opposizione nella sfera politica. Nulla più minaccia il suo potere. I suoi subordinati sono pienamente asserviti. L'intero mondo politico si riduce a un simulacro. Le argomentazioni ideologiche sono capziose. Il riflettore illumina ormai un palcoscenico di fatto deserto, a eccezione di un solo personaggio, Stalin.

Gli avvenimenti, specialmente sul piano pubblico, appaiono insomma simili, anche se in chiave diversa, a quando Dante ci porta da un girone infernale, pieno di fiamme e demoni, a un altro dove i dannati soffrono in un freddo e tenebroso silenzio. È altrettanto orribile; ma non altrettanto drammatico, anche se alla fine del periodo il fetore di zolfo pervade di nuovo la scena.

Quindi non dobbiamo affatto aspettarci personalità individuali e scontri pericolosi come nella fase precedente. L'insieme appare come una tabula rasa su cui il capo può agire a suo piacimento. Eppure Stalin per pura forza di volontà riusciva ancora a far sprizzare cupi scintillii persino da quel materiale poco promettente.

Buharin e Trockij, Kirov e Ordžonikidze erano scomparsi. Restavano i veterani stalinisti, Molotov e Mikojan, Kaganovič e Kalinin. Ma Stalin contava da tempo su un funzionario più giovane. Dall'inizio del decennio, il suo accolito principale era Georgij Malenkov, e Berija, capo della polizia segreta, godeva di quasi altrettanta fiducia.

Ora Stalin decise che Malenkov, cui si associava un'idea di relativa moderazione, doveva essere sostituito, anche se non ucciso. Nei primi mesi del 1946 fu chiamato da Leningrado Andrej Ždanov per organizzare la nuova offensiva ideologica di Stalin. A Leningrado, quando la città era minacciata direttamente dagli assedianti tedeschi, Ždanov (secondo recenti studi sovietici) era un uomo di paglia senza valore – in pratica viveva addirittura agli arresti domiciliari – ed era il suo secondo segretario A.A. Kuznecov a svolgerne le mansioni. Comunque Stalin fece entrare nella Segreteria anche Kuznecov.

Dopo la nomina di Kuznecov, Stalin convocò un segretario provinciale, Patoličev, che non era un seguace di Ždanov sebbene godesse della sua approvazione, e organizzò uno strano gioco: gli mostrò un decreto piegato in modo tale che fosse visibile soltanto il secondo punto, contenente la sua nomina a segretario del Comitato centrale. In seguito Patoličev scoprì che il primo punto riguardava la destituzione di Malenkov dalla direzione della Segreteria. Patoličev assunse l'incarico di curare l'organizzazione del partito e il suo personale, affidati a Malenkov (nei primi tempi come assistente di Ežov) dal 1934.

Malenkov fu inviato in Asia centrale, anche se la destituzione non fu annunciata pubblicamente. Il suo alleato, il capo della Commissione per la pianificazione di stato, fu sostituito da un seguace di Ždanov, Voznesenskij. Berija, ancora al centro della situazione, utilizzò tutta l'influenza che aveva in favore di Malenkov. Ma nella Segreteria Kuznecov aveva funzioni di controllo per conto del partito sugli affari del governo, inclusa la supervisione della polizia. Negli anni precedenti si era trattato soltanto di una formalità; Kuznecov invece cominciò a chiedere documenti ai funzionari dei servizi di sicurezza. Inoltre fece trasferire al centro Kubatkin, il capo della polizia segreta di Leningrado, con cui era entrato in rapporti stretti. Tutto questo non lasciava presagire niente di buono per Berija e il suo seguito.

Ed effettivamente anche Berija appariva in disgrazia come Malenkov, benché in misura minore. Nel marzo 1946 perse il controllo diretto degli organi di polizia, anche se il suo stretto collaboratore Merkulov rimase capo di quella che ormai si chiamava MGB [Ministerstvo Gosudarstvennoj Bezopasnosti, ministero della Sicurezza statale]. Ma un giorno, di punto in bianco Stalin chiese a Berija perché tutti i suoi generali e il personale della sicurezza risultavano essere georgiani. Berija rispose che erano devoti e fedeli. Stalin replicò adirato che potevano essere fedeli anche i russi, e non solo i georgiani.

Poco dopo fu nominato capo dell'MGB un russo, Viktor Abakumov, e gli uomini di Berija vennero sostituiti non solo nell'ambiente di Stalin, ma in generale ai massimi livelli gerarchici della polizia segreta, anche se nessuno fu arrestato e alla maggior parte furono assegnate cariche esterne abbastanza prestigiose. Berija rimase membro del Politbjuro, e il suo trasferimento dalla carica ricoperta nella polizia «ad altre mansioni» in pratica significò che controllava il progetto essenziale per la costruzione della bomba atomica sovietica. Inoltre Abakumov, pur essendo russo, non era ostile a Berija, né vicino alla cerchia di Ždanov.

Malenkov rimase in disgrazia per quasi due anni, anche se non fu destituito dal Politbjuro. Pur mantenendo intatte le sue possibilità di scelta, Stalin sembrava ora preferire i seguaci di Ždanov: Svetlana riteneva che sposando il figlio di Ždanov lo avrebbe fatto contento. Stalin una volta parlò di Ždanov come del suo successore, e quando invece risultò inadatto, propose di fronte ad altri che a succedergli fossero Voznesenkij come primo ministro e Kuznecov come segretario generale. È impossibile stabilire se parlasse sul serio, almeno in una certa misura. Gli storici sovietici tendono a ritenere che lo avesse detto per suscitare gelosie tra i massimi dirigenti.

4

La nuova squadra aveva il compito di correggere la relativa indisciplina che Stalin vedeva intorno. C'era stato un certo contatto culturale con l'Occidente, e, o almeno così gli sembrava, un allentamento della necessaria ostilità verso un ordine sociale tanto alieno. Perciò la sua principale offensiva pubblica fu diretta contro l'intellighenzia. Alcune persone che conobbero Ždanov lo definirono «relativamente» intellettuale; tuttavia, un recente studio sovietico rileva: «Come tutti gli appartenenti alla cerchia di Stalin, compreso il "genio" stesso che ne costituiva il fulcro, non aveva ricevuto un'istruzione sistematica», avendo frequentato soltanto alcuni corsi all'Istituto agrario di Tver'. Compensava con un'ottima memoria. E comunque sembrava l'uomo adatto per assumere un ruolo centrale nella lotta contro gli intellettuali deviati.

Il 9 agosto 1946, Stalin fece trascinare davanti all'Orgbjuro i direttori di due giornali, «Zvezda» e «Leningrad». Presenziava di persona, per la prima volta in dieci anni. E fu proprio lui a sferrare l'attacco. I giornali, disse, erano «vuoti» di contenuti, sembravano scritti per i bambini, infarciti di battute da quattro soldi. Il 14 agosto fu annunciata, con grande pubblicità, la decisione del Comitato centrale sugli errori dei giornali, definiti «schiavitù ideologica». «Zvezda» aveva pubblicato lo scrittore satirico Mihail Zoščenko. Il racconto incriminato parlava di una scimmia scappata da uno zoo, che dopo una giornata di disavventure in città era tornata con sollievo nella sua gabbia; era un tipo di storia che poteva essere scritta ovunque, ma certo non poteva considerarsi un elogio alla vita di Leningrado. Zoščenko fu accusato di avere proposto una «rappresentazione teppistica della nostra realtà, accompagnata da attacchi antisovietici». Per giunta «Zvezda» aveva compiuto un atto altrettanto deprecabile, pubblicando le splendide poesie di Anna Ahmatova, «una scrittrice con una fisionomia letteraria e socio-politica nota da tempo nella società russa ... rappresentante di una vuota poesia senza ideali estranea al nostro popolo ... una poetessa decadente da salotto». I due scrittori, e altri, si ponevano come obiettivo di «disorientare la ... gioventù e avvelenarne la coscienza».

Questa violenta diatriba, recepita subito dall'intellighenzia come un grave trauma e un pesante avvertimento, stabilì la linea di tutto il periodo successivo, che divenne noto con il nome di *ždanovščina*. Ma in quell'occasione Stalin non fece arrestare nessuno. Entrambi i colpevoli furono espulsi dall'Unione degli scrittori. Zoščenko perse la tessera alimentare (restituitagli in seguito). La Ahmatova sopravvisse lavando pavimenti. Altri, compreso Pasternak, subirono attacchi meno violenti, ma le voci della letteratura indipendente furono efficacemente messe a tacere.

Ždanov cominciò la caccia, come uno sciacallo dietro alla tigre Stalin: «Assenza di principi, dissolutezza e negligenza» avevano consentito la pubblicazione del «teppista letterario» Zoščenko e della reazionaria Ahmatova, «mezza suora e mezza puttana» con le sue «esperienze insignificanti e il suo erotismo mistico-religioso».

Soprattutto di Anna Ahmatova si può dire che definì per antitesi lo stalinismo e la personalità di Stalin. Si schierò per la vita personale e la coscienza personale, per l'autonomia dell'individuo e dell'arte. Come moltissimi altri non era uscita immune dagli avvenimenti pubblici che avevano travagliato e travagliavano ancora la Russia. Il suo primo marito, il poeta Nikolaj Gumilev, era stato fucilato come controrivoluzionario ai tempi di Lenin. Il suo secondo marito fu tra le vittime di Stalin. All'arresto del figlio che aveva avuto da Gumilev si ispirò il suo magnifico (e per molto tempo inedito) ciclo di poesie *Requiem*, profondamente politico (in un senso che Stalin non avrebbe approvato): esso esprime infatti la protesta dell'individuo indifeso contro una politica intesa a distruggere la vita personale. La Ahmatova dice che attraverso la sua bocca «grida un milione di persone». E tuttavia non rappresenta soltanto una voce, ma anche la straordinaria forza mentale che consentì alle persone migliori della Russia, dell'intellighenzia russa, di sopravvivere a Stalin e allo stalinismo. E Stalin aveva ragione a ritenere che quei principi costituissero una tremenda minaccia per il sistema da lui creato. Alla lunga, infatti, essi contribuirono a distruggerlo.

La letteratura e le arti soffrirono e furono ridotte entro la struttura delle nuove discipline di Stalin, poiché questi riteneva a ragione che rappresentassero, o influenzassero, i pensieri e i sentimenti della parte più cosciente della popolazione. Ma non furono solo gli scrittori a subire un attacco. In ambito musicale, i più importanti compositori del paese, Prokof'ev e Šostakovič, furono censurati perché (come affermò Ždanov) non scrivevano motivi tali da poter essere fischiettati da tutti i lavoratori. La campagna tesa a restaurare in Unione Sovietica l'ordine stalinista di prima della guerra si incentrò quindi anche contro i filosofi del partito che non condannavano con sufficiente vigore i non marxisti, e contro gli economisti secondo i quali il mondo capitalista non era sul punto di disgregarsi.

Anche la scienza fu un importante campo di battaglia del conflitto ideologico, e quindi politico. Lo scandalo più clamoroso riguardò la biologia. Negli anni Trenta lo stravagante pedologo Vil'jams aveva trionfato nel suo settore grazie all'esecuzione capitale di molti eminenti studiosi di agraria. Come abbiamo visto, il ciarlatano Lysenko, con una schiera di altri pseudoscienziati, era stato autorizzato a infestare le istituzioni scientifiche e a far licenziare gli studiosi autentici. La vicenda era culminata nel famigerato processo del biologo più importante dell'Unione Sovietica, Nikolaj Vavilov, arrestato nel 1940 e condannato (per spionaggio in favore della Gran Bretagna) l'anno successivo. (Di recente si è ritrovata negli archivi sovietici la denuncia stilata contro di lui da un altro professore. In essa si afferma che Vavilov, uomo di destra e sabotatore, era riuscito a far cassare dai verbali ufficiali dei dibattiti biologici precedenti alcune denunce contro la tendenza fascista della teoria genetica.) Nel 1942 Vavilov era stato eletto membro della Royal Society, e a quanto pare si tentò di salvarlo grazie a questo, ma era già prossimo alla morte per le conseguenze della malnutrizione e dei maltrattamenti subiti in carcere, dove si spense nel 1943, come era accaduto ad altri genetisti già negli anni Trenta.

Le teorie di Lysenko tuttavia non erano ancora diventate obbligatorie. Svariati veri biologi proseguivano le loro ricerche in ambito genetico. Fu solo nel 1948 che per ordine personale di Stalin il Comitato centrale emanò un decreto per condannare la genetica propriamente detta in quanto non marxista. Eminenti biologi iscritti al partito dichiararono quindi di aver abbracciato il punto di vista genetista quando la questione era ancora aperta, ma ora che si era pronunciato il partito stesso, la abbandonavano e promettevano di essere fedeli seguaci delle teorie di Lysenko. Alcuni di loro riuscirono così a salvarsi, contrariamente ai loro istituti di ricerca.

Stalin era ideologicamente attratto da Lysenko perché questi sosteneva di poter modificare le piante esercitando pressioni ambientali, e cioè in modo diretto e totale, e non avvalendosi semplicemente della riproduzione per ottenere buoni risultati. Tale teoria prometteva l'assoggettamento del mondo vegetale agli ordini del partito. Durante le settimane di cerimoniali annunci e professioni solenni, Lysenko poté dire ai suoi ascoltatori intimoriti che Stalin stesso lo aveva aiutato a stilare i suoi discorsi. Evidentemente c'era stata una certa resistenza al trionfo totale di Lysenko, che arrivò mentre Ždanov stava morendo; suo figlio, il marito di Svetlana Stalin, che era capo del dipartimento Scienza e cultura del Comitato centrale, dovette fare pubblica ammenda per gli errori compiuti patrocinando la genetica.

Tanto in ambito scientifico come in agricoltura i risultati furono ovviamente negativi. Ciò nonostante le teorie di Lysenko sopravvissero di gran lunga a Stalin, dato che anche Hruščev ne fu un sostenitore. In generale si ritiene che la pseudoscienza di Lysenko affascinasse Stalin e i suoi simili non solo in riferimento al regno vegetale. La possibilità di manipolare le specie poteva essere applicata anche all'umanità. L'ambiente staliniano stava creando l'«uomo nuovo sovietico». Dalle teorie di Lysenko conseguiva l'ereditarietà biologica dei nuovi caratteri.

La genetica fu condannata pubblicamente in quanto impregnata di «idealismo» mistico, fondata su un'ideologia borghese, e soprattutto latrice di concezioni aliene, provenienti dall'Occidente imperialista. Infatti, gli errori in qualsiasi campo, si trattasse di biologia o psicologia, letteratura o musica, venivano denunciati nell'ambito della lotta contro la minaccia occidentale. In quegli anni tale lezione venne inculcata con una campagna di propaganda continua, assordante, portata avanti sulla stampa, per radio, in migliaia di discorsi. La polizia segreta stilò un elenco confidenziale di nuove categorie di reati punibili con l'arresto:

VAT (*Voshvalenie amerikanskoj tehnologii*): Apologia della tecnologia americana

VAD (*Voshvalenie amerikanskoj demokracii*): Apologia della democrazia americana

PZ (*Priniženie zapadu*): Asservimento all'Occidente.

La stampa riferiva di spaventosi tormenti in Occidente: gli operai abbattuti dalle mitragliatrici a Londra, i bambini che lavoravano dodici ore al giorno nelle officine schiaviste di New York. Si attribuivano ai russi le invenzioni compiute in Occidente: l'aeroplano ideato prima dei fratelli Wright, la radio prima di Marconi eccetera. Il conservatorio musicale di Mosca criticò addirittura un gruppo che aveva cantato i versi di Robert Burns:

> Di tutti i venti che possono soffiare
> Mi piace di più quello dell'Ovest...

benché prosegua così:

> perché sta lì la mia bella bimba
> la bimba che amo di più.

5

Ovviamente per Stalin l'Occidente non era solo una fonte di ideologia sovversiva, ma anche il grande antagonista sopravvissuto nella lotta per il potere mondiale. Per un certo periodo la sua ostilità era trapelata in modo abbastanza evidente, persino nei colloqui avuti con i leader occidentali durante la guerra. Con le delegazioni comuniste straniere era stato ancora più franco. Quanto al suo atteggiamento riguardo a conflitti futuri, nell'aprile del 1945 aveva detto agli iugoslavi: «Presto la guerra sarà finita. In quindici o vent'anni ci riprenderemo e poi faremo un altro tentativo». In sé non si trattava di una minaccia di guerra immediata. Ma dimostrava con molta forza l'ostilità di fondo nutrita da Stalin per il mondo «imperialista». In realtà, ovviamente, l'espansionismo era intrinseco al sistema sovietico, e la guerra contro Hitler all'inizio aveva avuto carattere difensivo per necessità, non per principio. Nel 1939, durante il XVIII congresso del partito, in un brano del suo discorso che all'epoca non venne reso pubblico, Mehlis aveva citato tra gli obiettivi principali dell'Armata rossa in un eventuale conflitto quello di accrescere il numero delle repubbliche sovietiche...

Gli Alleati avevano convenuto che i crimini di guerra nazisti andavano puniti, e nel 1946 si costituì il tribunale di Norimberga. La vulnerabilità sovietica su tali questioni era così grande da far apparire un po' rischioso che Stalin accettasse la partecipazione dell'URSS. Comunque istituì una commissione speciale, guidata da Vyšinskij, «per l'organizzazione del processo di Norimberga», composta da un egual numero di giudici e pubblici ministeri da una parte e di funzionari della polizia dall'altra. Essa approvò una risoluzione segreta riguardo ai «punti su cui è inammissibile accettare di discutere al processo» e in particolare i dati sulla collaborazione nazi-sovietica. Data la indubbia colpevolezza per molte atrocità di tutti o quasi tutti gli imputati, le attività e i verdetti del tribunale riscossero grande successo fra il pubblico tanto in Occidente come in Oriente, anche se persino all'epoca alcuni osservatori, come il filosofo americano Sidney Hook sollevarono delle obiezioni sulla procedura.

Per Stalin fu più che un successo. Costituì una convalida della legge sovietica, in quanto insieme a tre giudici occidentali sedeva I.I. Nitčenko, che era stato nella giuria ai processi farsa di Zinov'ev e di altri, mentre tra gli accusatori era ufficialmente incluso il vice di Vyšinskij, Lev Šejnin, che aveva firmato pubblicamente molte false accuse. (E dietro le quinte operava una squadra della polizia segreta capeggiata dal colonnello Lihačev che poco dopo divenne un famigerato torturatore.)

Accadde persino che tra le accuse per cui furono giudicati colpevoli Ribbentrop e altri ci fosse quella di avere sferrato una guerra di aggressione. Solo sei anni prima l'URSS era stata espulsa dalla Lega delle Nazioni proprio per la stessa imputazione, e aveva partecipato davvero all'invasione della Polonia compiuta da Hitler: ma i tentativi di far accettare come prova i protocolli segreti del 1939 non ebbero successo. Solo riguardo a un punto Stalin non ottenne soddisfazione. L'atto d'accusa comprendeva la responsabilità dei nazisti per il massacro di Katyn; e una serie di testimoni sovietici ripeterono la versione del regime. Ma il crimine non fu citato nel verdetto, con una procedura sconcertante dal punto di vista giuridico seppure ovviamente spiegabile in chiave politica.

Già nel novembre 1945, quando Harriman aveva chiesto a Litvinov che cosa poteva fare l'Occidente per soddisfare Stalin, la sua risposta fu: «Nulla». Nel giugno del 1946 Litvinov (diventato sottosegretario degli Esteri) avvertì gli occidentali che Stalin non poteva essere placato con le concessioni. La «causa fondamentale» della contrapposizione crescente (disse a un corrispondente americano) era la «concezione ideologica dominante in Occidente che un conflitto tra il mondo comunista e quello capitalista [fosse] inevitabile». Il corrispondente chiese: «Supponga che l'Occidente d'un tratto ceda e accolga tutte le richieste di Mosca. Questo produrrebbe disponibilità e un allentamento delle tensioni attuali?». Litvinov rispose: «Per l'Occidente comporterebbe il vedersi presentare, presto o tardi, una serie di altre richieste». Si trattava di un'analisi lucida, fatta da un comunista veterano che era stato in contatto molto stretto con Stalin e stava correndo gravissimi rischi nel tentativo di assicurare la pace riportando l'Occidente al realismo. Non tutti gli occidentali erano altrettanto disposti a guardare in faccia la realtà.

Ma la politica seguita da Stalin in Europa orientale perlomeno stava cominciando a convincere seri statisti occidentali di trovarsi di fronte un avversario implacabile e impossibile da accontentare. Se ne resero conto tutti, democratici e repubblicani, laburisti e conservatori, socialisti e gollisti; lo disse Churchill nel suo discorso a Fulton (Massachusetts) il 5 marzo 1946, con l'espressione famosa: «In mezzo all'Europa è calata una cortina di ferro».

In Europa orientale Stalin aveva applicato il metodo delle «piccole dosi» (in Ungheria il suo satrapo Matyas Rakosi la chiamava «la tattica del salame»). L'idea di Stalin era, come sempre, quella di spingersi abbastanza avanti contro i suoi avversari da ottenere vantaggi consistenti, senza tuttavia arrivare al punto di suscitare un'opposizione davvero efficace. Quando la guerra era ancora in corso aveva cominciato a eliminare uno dopo l'altro i partiti democratici e socialisti dai governi postnazisti dell'Europa orientale; a volte arretrava per un breve periodo, come quando convinse gli Alleati occidentali a esercitare pressioni su Mikołajczyk, allora capo del governo polacco legittimo a Londra, affinché aderisse al governo di Varsavia, controllato dai comunisti, per creare un regime che si sperava moderato e non antisovietico. Come in altri casi si trattò di una manovra limitata nel tempo e incongruente, anche se a quanto restava dei partiti democratici fu concesso di vegetare, perseguitati all'opposizione, fino al 1947. Quando le potenze occidentali firmarono insieme all'URSS i trattati di pace con l'Ungheria, la Romania e la Bulgaria, intendevano garantire con essi la legalità di tutti i partiti antifascisti, e lasciare i capi locali delle missioni diplomatiche delle tre potenze come garanti da consultare in caso di eventuali divergenze. Ma gli ambasciatori sovietici rifiutarono di incontrare i loro colleghi occidentali quando avevano delle lamentele, adducendo il motivo che non esisteva alcuna divergenza. Le garanzie di carta non significarono mai molto per Stalin. Fu con sistemi di questo tipo che si assicurò il controllo dell'Europa orientale.

Tuttavia la sua tattica fallì riguardo a una questione di primaria importanza: le piccole dosi erano state somministrate troppo in fretta, e le aggressioni erano cominciate troppo presto. Prima della guerra Stalin si era accorto della dabbenaggine di molti occidentali, e durante la guerra l'aveva riscontrata anche nei loro dirigenti, sebbene in misura inferiore. Sapeva quanto fosse popolare in Occidente la lotta sovietica contro Hitler. Ma sopravvalutò in modo significativo le proprie possibilità di sfruttare la disponibilità occidentale. Le conseguenze a lungo termine delle azioni intraprese da Stalin nel periodo immediatamente successivo alla guerra furono che le truppe americane restarono in Europa, e che alla fine si giunse alla conclusione del patto NATO.

La conquista del potere compiuta nel febbraio 1948 dagli stalinisti in Cecoslovacchia, vetrina della partecipazione comunista a un governo democratico, per l'opinione pubblica occidentale fu l'ultima goccia, e l'ultimo successo di Stalin in Europa. Seguì in giugno il blocco di Berlino est da parte dei sovietici. In Grecia i comunisti stavano combattendo la guerra civile. In Italia e in Francia i partiti comunisti scesero bellicosamente in sciopero, e dichiararono che l'Armata rossa sarebbe stata la benvenuta. La situazione era greve di minacce.

Ma i governi occidentali non persero la testa. Il ponte aereo improvvisato salvò Berlino. E in realtà Stalin non era pronto per la guerra, se non altro perché l'URSS non possedeva ancora la bomba atomica. Stalin disse in pubblico che la bomba avrebbe solo spaventato la gente «debole di nervi». In privato però si espresse al riguardo con grande ammirazione, e commenti tipo: «Una cosa molto potente, po-ten-te!».

Sotto la direzione di Berija i sovietici avevano cominciato a lavorare sull'arma nucleare, anche avvalendosi delle informazioni procurate nell'ultima fase della guerra dalla loro rete di spionaggio. Allo stesso tempo, dopo l'attacco delle V2 tedesche in Gran Bretagna, Stalin aveva cominciato a interessarsi dei missili a lungo raggio, e furono inviate in Germania delle squadre per arruolare esperti di missilistica (lo stesso fecero i paesi occidentali). Parlando con un esperto dell'aeronautica, il colonnello Tokaev, Stalin disse che un'arma simile avrebbe loro facilitato il compito di «colloquiare con il grande bottegaio Harry Truman e inchiodarlo a piacimento». Forse in un accesso di sincerità, o magari per giustificarsi, oppure per reazione a qualche espressione del viso di Tokaev, dotato di grande indipendenza intellettuale, aggiunse: «Vede, viviamo in un'epoca malata di mente». In realtà gli ingegneri tedeschi non servirono a molto, e il programma missilistico sovietico dovette il suo successo soprattutto a un genio locale, Sergej Korolev. Ma questo sarebbe accaduto in seguito: in quel momento gli angloamericani godevano di una superiorità aerea schiacciante.

In quel periodo, sulla concezione dei rapporti internazionali di Stalin influivano due esigenze contraddittorie. Da un lato, come riferisce Hruščev, il dittatore desiderava evitare la guerra con l'America. Dall'altro, forse per motivazioni diverse, tutte le sue azioni in ambito internazionale, seppure insufficienti per assicurargli la vittoria al di fuori dell'Europa orientale, bastavano appieno per provocare una fortissima resistenza e un'altrettanto decisiva mobilitazione da parte dell'America e degli altri paesi occidentali. Quello scontro gli procurò tutti gli svantaggi possibili, e pochi degli eventuali vantaggi.

Il suo comportamento, per ovvi motivi, è stato giudicato irrazionale. Si ritiene che egli avrebbe dovuto accettare dei compromessi e aspettare. Ma questa valutazione non tiene conto di una motivazione più profonda. La guerra fredda non era rivolta soltanto contro l'Occidente e i paesi non comunisti in tutto il mondo, ma anche contro le idee non comuniste in Unione Sovietica. Quindi in sostanza si trattava di un'unica campagna militare, che Stalin credeva indispensabile per la propria sopravvivenza.

Il suo comportamento durante questa prima fase della guerra fredda rivela alcune peculiarità. Talvolta era ponderato con cura, ma di tanto in tanto assumeva un carattere di eccentricità. Le sue mosse erano sempre aggressive e creavano situazioni critiche, ma quando ormai si era manifestato il pericolo, Stalin veniva trattenuto sull'orlo del baratro da una prudenza tardiva. Aveva ancora un minimo sufficiente di senso della realtà, per quanto vacillante. Continuava a tenere presenti le proprie opportunità, anche mentre investiva moltissimo in campagne politiche mirate a disorientare l'opinione pubblica occidentale.

6

In quegli anni del dopoguerra, Stalin stava invecchiando in modo ancora più evidente. Diverse persone che non lo vedevano dai primi mesi dopo la fine della guerra rimasero colpite da un marcato decadimento. I primi sintomi di peggioramento del suo stato di salute a quanto pare erano in parte attribuibili al suo stile di vita.

Oltre a fumare molto, tanto la pipa come le sigarette, era sempre più costretto in un'alternanza di lavoro e svago tutt'altro che favorevole per la forma fisica. Era sempre stato abituato ad alzarsi tardi e a lavorare fino alle prime ore della sera, poi a stare alzato fino all'alba per squallide e interminabili cene con commensali spesso penosi. (Un recente studio sovietico parla della sua insonnia.) E poiché anche i ministri dovevano osservare i suoi orari, lo stesso valeva per i ministeri a loro affidati, e quindi per tutti gli alti livelli dell'apparato, i cui membri potevano aspettarsi di essere convocati fino a notte fonda. Ne conseguiva quello che veniva definito «il colorito del

Cremlino», pallido ma chiazzato di rosso, cui lo stesso Stalin era sempre più soggetto con il passare degli anni.

Di regola, dopo essere arrivato al Cremlino dalla sua dacia, Stalin convocava una riunione più o meno ufficiale nel suo studio e discuteva questioni politiche. I dirigenti dell'industria cinematografica proiettavano poi un film, o talvolta due. In qualche occasione si saltava la riunione nello studio, e la discussione avveniva durante il cambio delle pellicole nella sala di proiezione. A Stalin piacevano i film western; Hruščev racconta che «aveva l'abitudine di criticarli, ne dava una corretta valutazione ideologica, ma poi ne ordinava immediatamente di nuovi». Gli piacevano anche i film sovietici che lo facevano apparire il principale eroe della guerra civile, o proponevano un'immagine di immensa prosperità nelle aziende agricole collettive. Si proiettavano anche film di altro genere. Hruščev cita una pellicola storica incentrata su un capitano pirata che riesce a liberarsi dei suoi compagni uno per uno, buttandoli fuori bordo. Stalin sottolineò favorevolmente l'astuto sistema usato dal capitano con gli avversari politici.

Non che trascorresse così tutte le sue serate. Talvolta, con altri del suo seguito, andava a teatro o all'opera, situazione che creava difficoltà per le forze di polizia, ma di solito si risolveva con un certo decoro, anche se Šostakovič racconta che durante una rappresentazione (non pubblica) Stalin, Vorošilov, Ždanov e altri, tutti ubriachi, cantarono insieme ai solisti del Bol'šoj, e Stalin diresse il coro. Ma tali uscite erano ormai rare e lo divennero sempre di più.

Durante le serate normali, il film finiva all'una o alle due del mattino, e Stalin «proponeva» una cena. Il gruppo si recava alla dacia di Kuncevo nelle automobili blindate, seguendo ogni volta un diverso itinerario.

Esistono svariate descrizioni di queste serate tristemente festose, rese particolarmente sgradevoli dal fatto che, come una volta Bulganin fece notare a Hruščev mentre si trovavano per strada in un'occasione del genere, i subordinati di Stalin non sapevano mai se avrebbero concluso la giornata a casa propria o alla Lubjanka.

Fra i partecipanti a tali cene non c'erano mai donne. Il pasto era servito da cameriere, ma Stalin diffidava persino di loro. Il dirigente stalinista polacco Jakub Berman racconta che una di esse si era fermata per un momento mentre serviva: «D'un tratto Stalin sbotta: "Che cosa sta ascoltando?"». Come osserva Berman, si trattava di una palese manifestazione della sua diffidenza di carattere, poiché tutte quelle ragazze erano state «controllate un migliaio di volte».

Stalin non toccava una portata fino a quando qualcun altro non aveva mangiato una porzione, sebbene anche in questo caso, i controlli di sicurezza sul cibo e la sua preparazione fossero molto meticolosi.

Quando le cameriere se ne erano andate, la tensione si allentava un po'. Si pronunciavano innumerevoli brindisi. Si facevano rozzi scherzi, specialmente su Poskrebyšev. Si mettevano pomodori sulle sedie di qualcuno che stava per sedersi, e così via. Gilas racconta che una volta tutti loro dovevano indovinare la temperatura, e bere un sorso di vodka per ogni grado di errore. Berija era l'anima della festa (ammesso che la festa avesse un'anima). Raccomandava ridendo sotto i baffi la vodka al peperoncino in quanto stimolante delle ghiandole sessuali. Prendeva in giro il comunista bulgaro Kolarov, più anziano di lui, chiamandolo veterano tremolante, anche se in realtà Kolarov, che chi scrive ha conosciuto in seguito, era lucido di mente, ma depresso per l'ambiente in cui viveva. Stalin (che all'epoca beveva relativamente poco) a quel punto magari metteva in funzione il grammofono. Una volta che suonò un disco di un virtuoso del bel canto accompagnato da guaiti e abbaiare di cani, rise «smodatamente», e dato che Gilas non si univa a lui, disse: «Be', eppure è ingegnoso, diabolicamente ingegnoso».

Con la musica ballavano tra uomini. Di tanto in tanto Stalin accennava qualche passo, ma non si univa agli altri, anche se pareva apprezzare la scena quando, per esempio, Berman ballava con Molotov, che «conduceva». In quell'occasione Molotov colse l'opportunità per sussurrare a Berman un avvertimento sull'«infiltrazione di svariate organizzazioni ostili». Così trascorrevano lentamente le ore.

Nell'ultimo periodo, a una festa di capodanno, Stalin bevve più vino del solito e stava ballando goffamente insieme a Vorošilov, Kaganovič, Bulganin e Hruščev quando (racconta Hruščev) entrò Svetlana e Stalin la fece ballare, anche se lei non ne pareva molto entusiasta, e lasciò la pista subito dopo. Ma Stalin la trascinò indietro (per i capelli, se Hruščev dice la verità) e la costrinse a partecipare agli indesiderati festeggiamenti.

Persino durante le vacanze a Soči o in qualche altra località meridionale la vita era molto simile (anche se non tutti i dirigenti erano sempre presenti). Dopo aver guardato qualche film «l'intera brigata andava a cena; Berija, Malenkov, Ždanov, Bulganin e gli altri» nota sua figlia, aggiungendo che era «noioso e spossante» ascoltare «per tre o quattro ore» i soliti vecchi discorsi. Una volta che il dirigente comunista ungherese Rakosi era insieme a loro a Soči e deprecava l'ubriachezza, Stalin riuscì a farlo sbronzare completamente, e fu molto compiaciuto del proprio successo.

Se si eccettuano questi estranei occasionali, il seguito di Stalin era ormai circoscritto a un gruppo di stalinisti la cui meschinità individuale era pari a quella dottrinale. Molotov e Kaganovič, Ždanov e Berija, gli altri membri del Politbjuro, erano conformisti grigi e servili. Gli iugoslavi notarono che evidentemente si sentivano ancora in un certo senso dei cospiratori contro i loro connazionali. Alla paura per il nemico interno ed esterno e alla «vigilanza» contro di esso si aggiungeva la paura di Stalin e la vigilanza contro di lui.

Com'è naturale anche loro erano costantemente sorvegliati. A quanto pare, se Poskrebyšev impiegava più di cinque o dieci minuti per preparargli il tè, Stalin insisteva per farlo testare con il kit chimico fornito da Jagoda e ora utilizzato dagli uomini di Berija. Ma sembra che non si trattasse di un vero e proprio sospetto, quanto piuttosto di un modo per angariare Poskrebyšev; tuttavia, anche se di tanto in tanto perdeva le staffe con lui, e lo trattava come un ubriacone facendone il suo zimbello per divertire i commensali, continuò a contare su di lui fino a verso la fine del 1952.

Con Berija aveva un rapporto analogo, anche se di un tono un po' meno grossolano. Alle festicciole di Kuncevo il raccapricciante Berija era quasi un maestro di cerimonie. Era in rapporti relativamente cordiali con Stalin, e spesso mostrava sufficiente presenza di spirito per evitarne la collera. Ma non sempre: Stalin, come un capo di briganti, amava essere libero non solo di ingiuriare, ma anche di aggredire almeno alcuni dei suoi subordinati più intimi. Talvolta insultava Berija, gli tirava un ceffone o gli lanciava il tè sul volto.

Riguardo alla brutalità e alla volgarità di Stalin con i subordinati, Hruščev commenta:

> Stalin aveva un carattere brutale e un temperamento ruvido: ma la sua villania non era sempre dovuta a cattiveria nei confronti di coloro con cui era tanto scortese. Si trattava di una specie di violenza innata. Era volgare e aggressivo con chiunque. Ho sperimentato spesso di persona la sua villania. Piacevo a Stalin. Se non gli fossi piaciuto o se avesse provato il minimo sospetto nei miei confronti avrebbe potuto liberarsi di me in qualsiasi momento, nello stesso modo in cui si liberava di tante persone che gli erano sgradite. Più di una volta, dopo essere stato sgarbato o maligno con me, mi manifestava la sua benevolenza.

Con la villania, almeno la vittima sapeva come comportarsi. Hruščev lascia capire che le scaltre provocazioni erano più difficili da gestire. In ogni caso Stalin preferiva le pagliacciate di Berija (e di

Hruščev) all'imbarazzo di non saper capire i veri sentimenti di un subordinato. Nei momenti in cui era di umore particolarmente tetro, guardava qualcuno e gli diceva: «Perché oggi hai gli occhi tanto sfuggenti?». Oppure «Perché oggi sei così agitato ed eviti di guardarmi diritto negli occhi?».

Certo non poteva pretendere la minima sincerità da parte loro. Per lui dovette essere irritante vederne le reazioni servili quando (per fare un esempio di secondaria importanza) parlò del suo esilio siberiano raccontando di essersi imbattuto in svariati uccelli appollaiati su un ramo, di averne ucciso alcuni ma, (essendo a corto di munizioni) di essere stato costretto a tornare indietro sugli sci per dodici chilometri a prenderne altre, e al ritorno di aver trovato i volatili nella stessa posizione e di averli uccisi. Nessuno fece commenti, ma quando Stalin se ne fu andato Berija disse a Hruščev: «Tutte menzogne». Eppure (a meno che Berija non stesse soltanto lanciando una «provocazione» nello stile dell'epoca) nessuno poteva averla intesa come una menzogna, quanto invece come una di quelle storie cui non ci si aspetta che nessuno creda, un antiquato esempio sul genere delle «storie di pesca».

In ogni caso non c'era il clima giocoso delle quattro chiacchiere tra amici dopo il lavoro, e di certo quelle serate non servivano a riposarsi né a svagarsi.

7

Man mano che Stalin estendeva il suo dominio sull'Europa orientale, era costretto a operare per il tramite dei partiti comunisti locali. I loro rappresentanti nel Komintern a Mosca erano stati epurati a fondo negli anni Trenta; anzi, per la verità il Partito comunista polacco era stato sciolto e tutto il suo comitato centrale giustiziato: ricostituirlo fu un'impresa ardua. Ma nella maggioranza dei casi i dirigenti locali erano rimasti, lavorando in clandestinità per anni, non sempre tenendo contatti veri e propri con Mosca, e comunque prendendo l'abitudine di decidere in loco. È vero che tutte le fazioni antistaliniste erano state sciolte da tempo, e che per questi partiti Stalin era il capo mondiale e l'eroe del movimento; ma pur accettando i dogmi, non avevano ancora assorbito del tutto lo spirito e i modi di pensare dello stalinismo.

Certo questo valeva in particolare per la Iugoslavia, dove in lunghi anni di lotta Tito aveva organizzato il proprio movimento partigiano e lo aveva portato al potere, anche ma non solo con l'aiuto sovietico.

Il 12 agosto 1947 Stalin scrisse una lettera a Tito criticando il patto iugoslavo-bulgaro che, a suo parere, poteva solo incoraggiare ulteriori interventi militari occidentali in Grecia e in Turchia. Più in generale, sembrava ritenere che in Europa orientale la situazione gli stesse sfuggendo di mano. Quindi, per sostituire almeno in parte il defunto Komintern, fondò il Kominform, in teoria organo consultivo del Partito comunista sovietico, dei confratelli esteuropei e del partito francese e italiano, con quartier generale a Belgrado. Pubblicava un periodico che Stalin intitolò personalmente «Per una pace duratura, per una democrazia popolare», adducendo a motivo di questa scelta il fatto che la stampa occidentale avrebbe dovuto ripetere lo slogan ogniqualvolta lo avesse citato, anche se in realtà di solito veniva chiamato semplicemente «il giornale del Kominform».

Nei primi mesi del 1948, Stalin convocò a Mosca i comunisti iugoslavi e bulgari. Criticò il vecchio dirigente bulgaro Georgi Dimitrov per aver reso pubblica senza consultare Mosca l'idea di una federazione esteuropea, «raccontando a cani e porci tutto quello che vi passa per la testa» e proseguì, criticando la formulazione (contenuta in un accordo iugoslavo-bulgaro) riguardo alla necessità di agire «contro tutti i focolai di aggressione», che secondo lui non era corretta in quanto «guerra preventiva, cioè una trovata pubblicitaria da Komsomol, un'espressione pretenziosa che serve solo a portare acqua al mulino del nemico» (e in effetti la sua analisi non era scorretta). Contro gli iugoslavi, cui in precedenza aveva detto che se volevano potevano «inghiottirsi» l'Albania, ora scagliò l'accusa di aver deliberato di inviarvi delle truppe senza il consenso sovietico. Li richiamò all'ordine anche perché avevano sostenuto l'insurrezione dei comunisti greci, che non aveva possibilità di successo: «Gli Stati Uniti, lo stato più forte del mondo, sono impegnati direttamente in quel paese».

Possiamo esaminare questo aspetto per inciso. La Grecia era davvero fondamentale da un punto di vista strategico per l'Occidente, e le sfide lanciate in seguito da Stalin riguardavano zone che probabilmente non considerava vitali per la sicurezza occidentale: Berlino e la Corea. Ma colpisce anche che parlasse dell'America come dello stato più potente del mondo, senza formulare la riserva che riguardava la potenza dell'Unione Sovietica. Forse sarebbe un errore far risalire questo giudizio solo al possesso della bomba atomica, che comunque di lì a poco ebbero anche i sovietici. Fu certo il marxismo e l'esperienza della guerra a indurlo (giustamente) a considerare gli USA la potenza economica predominante nel mondo, e quindi destinata a restare la «più potente», per quanto deviata, prevenuta o superata.

In realtà sulla Bulgaria Stalin aveva un saldo controllo. Erano gli iugoslavi a suscitare i suoi veri sospetti. I tentativi di insediare in Iugoslavia un regime pienamente staliniano erano falliti. Tito e i suoi erano stalinisti fedeli, ma li irritavano i goffi sforzi compiuti dagli ambasciatori sovietici, la polizia segreta e altri per impadronirsi del loro partito e del loro stato e attuare ogni minimo capriccio di Mosca, soprattutto con la creazione di una fazione propria all'interno della dirigenza e altrove. Nel giro di poche settimane furono quindi provocati incidenti secondari di ogni genere, e in marzo arrivò la prima di una serie di lettere di accusa, nello stile personale di Stalin, contro Tito e il suo seguito.

La prima accusa riguardava la gestione antidemocratica del partito iugoslavo e gli eccessivi poteri della polizia segreta, oltre agli atteggiamenti antisovietici di alcuni funzionari iugoslavi. Questo diede origine a lunghe tirate sulla «negazione ingiustificata di fatti e documenti» da parte di Tito, e a un avvertimento: «A suo tempo anche Trockij ha reso dei servizi al movimento rivoluzionario ... Pensiamo che la carriera politica di Trockij sia abbastanza istruttiva». In effetti, nello psicodramma personale di Stalin, Tito era ormai diventato un cattivo di primo piano, quasi del livello di Trockij. E quindi il Kominform condannò o espulse gli iugoslavi, i quali continuarono a insistere di essere buoni stalinisti e a rendere omaggio a Stalin durante i loro convegni, fino a quando da Mosca si cominciò ad accusare Tito e i suoi colleghi di essere ex spie e agenti della Gestapo.

Quando Stalin scrisse la prima lettera su questo argomento disse a Hruščev: «Agiterò il dito mignolo e Tito non ci sarà più». E davvero nel partito iugoslavo e tra i suoi dirigenti c'erano dei fedelissimi di Stalin (due membri del Politbjuro, il capo di stato maggiore e altri): Tito e i suoi amici ebbero dei problemi. Ma Stalin aveva fatto male i calcoli. Non ebbero successo nemmeno i piani dell'MGB per assassinarlo: un attentato avvenne mentre Tito e il suo Politbjuro stavano giocando a biliardo, un altro sulla barca che lo portava alla sua località di villeggiatura favorita su un'isola.

A quanto pare Stalin progettò di sferrare una guerra contro la Iugoslavia. Un eminente comunista cecoslovacco afferma con sicurezza che Rakosi, in Ungheria, progettava una guerra simile, e che certo non si trattava di una sua iniziativa indipendente. Effettivamente secondo alcuni rapporti Stalin ricevette un piano di invasione dal suo capo di stato maggiore del momento, ma consultò ufficiali più esperti, più o meno in disgrazia, e trovò convincenti le loro obiezioni. Sarebbe stato disastroso compiere un errore della stessa entità della disfatta finlandese.

L'intero episodio dimostra con chiarezza la profonda incompetenza di Stalin. Gli iugoslavi, pur senza essere completamente asserviti, avevano dimostrato fedeltà piena verso i sovietici. In realtà Tito non sarebbe mai potuto diventare un nemico senza le azioni intraprese da Stalin quando sospettò questa eventualità. La defezione forzata degli iugoslavi indebolì la posizione di Stalin non soltanto in Europa orientale, ma di fronte all'opinione pubblica di tutto il mondo.

Anche in altri settori con la Iugoslavia ci furono degli insuccessi. Nel 1952 il paese fu costretto a giocare con l'URSS una partita di calcio alle Olimpiadi. A Mosca si prese in considerazione un boicottaggio, ma quando il capo del Komsomol di Stalin, N.A. Mihajlov, ebbe controllato i nomi dei giocatori della squadra sovietica e gli organizzatori garantito la vittoria, la partita si svolse. I sovietici persero e la squadra fu sciolta da Malenkov e Berija con l'accusa di aver «disonorato se stessa, l'intero paese e tutti quelli che si adoperano per la pace».

Nel frattempo Stalin aveva continuato a consolidare il controllo sugli altri partiti del blocco sovietico. Da quel periodo fino al momento della sua morte, ai loro vertici furono smascherati nutriti gruppi di cospiratori. Nel corso di epurazioni dirette da alti ufficiali della polizia sovietica, vennero denunciati agenti di Tito, dell'Occidente e (prima) della Gestapo. A Budapest László Rajk, ministro dell'Interno, fu torturato e indotto a confessare durante un processo pubblico. A Sofia Trajčo Kostov, segretario del partito bulgaro, fu processato, ma ritrattò la confessione di fronte ai giudici; a quanto pare questa negligenza mandò Stalin su tutte le furie, e quindi Kostov fu torturato a morte (in maniera tale che il dottor Vaksberg, il quale ha documentato il modo spaventoso in cui avevano pestato e spaccato le ossa al grande regista teatrale sovietico Mejerhol'd e altri, non si sente di descriverla). Władisław Gomułka, segretario del Partito comunista polacco, aveva fatto una cattiva impressione a Stalin quando si erano conosciuti: «Sta lì seduto tutto il tempo guardandomi negli occhi come se cercasse qualcosa. E perché si porta appresso un taccuino e una matita? Perché annota ogni parola che dico?». Ora divenne una spia e un seguace di Tito, ed evitò il processo solo perché riuscì a non confessare fino al febbraio del 1953, subito prima della morte di Stalin.

Nemmeno i buoni stalinisti come il presidente della Polonia Bierut erano del tutto soddisfacenti. Bierut chiese più di una volta a Stalin che cosa fosse accaduto ai comunisti polacchi scomparsi in URSS. Stalin rispose in modo analogo a come aveva fatto con i polacchi di Londra a proposito degli ufficiali di Katyn, spiegando che forse si trovavano chissà dove all'interno del paese, e ordinando a Berija di trovarli. Tuttavia l'ultima volta che Bierut domandò informazioni, Berija lo prese da parte e gli disse: «Perché rompi le palle a Iosif Vissarionovič? Vai a farti fottere e lascialo in pace. Il mio consiglio è questo, se no te ne pentirai». Bierut capì l'antifona.

8

La rottura con Tito coincise, e fu in parte connessa, con un rivolgimento politico a Mosca. Nel giugno 1948 Ždanov era stato sostituito da Malenkov nella carica di «secondo» segretario del Comitato centrale, cioè di principale assistente di Stalin. Poche settimane dopo morì, ma non esistono prove plausibili che lo avessero assassinato, come è stato ipotizzato.

Ždanov, come Ežov prima di lui, non aveva una personalità molto incisiva, se si eccettuano il servilismo e la crudeltà, e non era mai stato una compagnia allegra per Stalin. Infatti, durante una cena nel 1947 Stalin gridò infuriato che Ždanov se ne stava lì seduto in disparte e «sembrava Gesù Cristo». Ždanov per ragioni di salute non poteva bere, invece a Stalin piaceva che i suoi ospiti bevessero liberamente, anche perché così ai potenziali piantagrane si scioglieva la lingua. Non gli piacevano i non bevitori per la stessa ragione per cui il Cesare di Shakespeare diffida degli uomini magri. Il motto di Stalin sarebbe potuto essere: «Intorno a me voglio uomini ubriachi».

Berija e Malenkov non riuscirono a convincere Stalin ad abbandonare tutto il gruppo dei seguaci di Ždanov. Non si svolsero processi pubblici. Voznesenskij, Kuznecov e gli altri furono destituiti nei primi mesi del 1949, torturati in modo barbaro e fucilati nel 1950 nell'ambito del «processo di Leningrado», svoltosi a porte chiuse (uno dei segretari di partito di Leningrado aveva completato la sua istruzione tecnica in Gran Bretagna e quindi era vulnerabile in quanto «spia britannica», anche se gli furono contestate pure altre accuse).

Nel 1947 Stalin aveva abolito la pena di morte, probabilmente per compiacere l'opinione pubblica occidentale, ma a quanto pare veniva ancora eseguita qualche sentenza capitale. All'inizio del 1950 «in risposta a numerose richieste da parte degli operai» la reintrodusse, per fare fronte alla nuova ondata di tradimenti ai vertici del potere.

Comunque, il compito che aveva affidato al gruppo di Ždanov nel 1946 era stato portato a termine del tutto. Erano state messe a tacere e annientate tutte le espressioni del desiderio popolare di vivere in una società normale. Potremmo definire il sistema ormai consolidatosi «Alto stalinismo»: infatti fu il punto di massimo avvicinamento alla realizzazione degli obiettivi politici di Stalin.

9

Nel 1948 cominciò a imporsi un fattore che era sempre stato latente nella mente di Stalin: l'antisemitismo.

Già in precedenza Stalin aveva manifestato una certa tendenza antisemita. Ma la sua vera affermazione si ebbe durante la Seconda guerra mondiale. Lucjan Blit, attivista del Bund socialdemocratico ebraico, ha detto a chi scrive che nel 1939, quando lui e i suoi compagni furono arrestati in Polonia orientale dopo l'occupazione sovietica, l'NKVD li trattò molto male, ma che gli insulti e le imprecazioni non avevano mai carattere razziale. Quando furono interrogati di nuovo nel 1942-1943, gli insulti improntati all'antisemitismo erano diventati la norma. E non si può non pensare che dipendesse da indicazioni ufficiose, ma precise, provenienti dall'alto.

Dal punto di vista politico i bolscevichi erano sempre stati contrari al Bund e lo avevano represso (anche se nel 1941 i suoi dirigenti Ehrlich e Alter furono fucilati con l'accusa prettamente stalinista – e poco plausibile – di aver esortato i soldati sovietici a disertare e a passare con Hitler). Stalin sostenne fino alla fine di battersi contro gli ebrei quando erano bundisti, attivisti religiosi, «cosmopoliti», secessionisti, sionisti o agenti di organizzazioni americano-israelite, ma non contro gli ebrei in quanto tali. Anzi, aveva assegnato loro una Regione ebraica autonoma (in un recesso inospitale della Siberia che attrasse solo poche migliaia di coloni speranzosi).

A quanto pare tra il 1942 e il 1943 l'atteggiamento di Stalin si basava anche sul successo secondo lui ottenuto da Hitler con la demagogia antisemita. Certo dipendeva pure dal suo crescente nazionalismo russo, e dal fatto che considerava impossibile una vera integrazione per la maggioranza degli ebrei o comunque per molti di loro. E ovviamente già in Marx si può rinvenire l'idea che gli ebrei avessero una predilezione particolare per il capitalismo.

Durante la guerra Stalin tenne il piede in due scarpe, come spesso faceva. Fu istituito un Comitato antifascista ebraico, i cui dirigenti andarono negli Stati Uniti e si adoperarono per assicurare all'Unione Sovietica il supporto ebraico internazionale. Ma già nel novembre 1946, Mihail Suslov inviò a Stalin un biglietto sull'«attività dannosa» del comitato.

Più o meno un anno dopo i funzionari sovietici si vantavano, anche se non in pubblico, del fatto che Ždanov aveva «epurato tutti gli ebrei dall'apparato del Comitato centrale» e che «erano state rivelate le origine ebraiche» del vicecapo di stato maggiore Antonov. Gli ebrei furono banditi dal servizio diplomatico e dalle funzioni giudiziarie, e fu istituito un numero chiuso per disciplinare il loro accesso all'istruzione accademica.

Fu all'inizio del 1948 che Stalin ordinò nella massima segretezza il primo vero omicidio di un dirigente ebraico. Lavrentij Canava, capo della polizia segreta della Bielorussia, ricevette l'ordine di liquidare Solomon Mihoels, il grande attore e regista yiddisch che grazie alla sua fama mondiale aveva portato alla ribalta il Comitato antifascista ebraico e ne aveva sponsorizzato la visita negli USA.

L'omicidio di Mihoels, insieme al suo collega Golubev, fu definito un incidente e venne pianto in pubblico, come era accaduto per Kirov. Stalin, pur sferrando il suo colpo spietato al mondo ebraico, non era però ancora del tutto pronto per un'aperta rottura. Sembra che questo fosse dovuto almeno in parte alle sue manovre di allora per sfruttare Israele, che era stato il primo a riconoscere come stato legittimo contro l'Occidente.

Nell'autunno 1948, Golda Meir arrivò a Mosca come ambasciatrice di Israele. Un'immensa folla di ebrei uscì a festeggiarla il giorno di Rosh Ha-shanah. L'8 novembre fu calorosamente accolta a un ricevimento diplomatico di Polina Molotova, anche lei membro del Comitato antifascista ebraico.

A quanto pare, per Stalin questa dimostrazione pubblica e privata di sentimento ebraico fu l'ultima goccia. Uno dei progetti intrapresi dal Comitato antifascista ebraico era la pubblicazione congiunta in russo, inglese e yiddish del *Libro nero* dell'olocausto nazista; i redattori sovietici erano Il'ja Erenburg e Vasilij Grossman. Ma le lastre tipografiche a quel punto vennero distrutte e il libro non comparve mai in Unione Sovietica. Quanto al comitato stesso, il 20 novembre 1948 fu abolito per ordine del Politbjuro, e la maggior parte dei suoi membri furono arrestati.

Tutto questo venne fatto senza pubblici annunci. Ma ben presto cominciò una campagna di stampa aperta e a trecentosessanta gradi contro la cultura e gli atteggiamenti ebraici, contro il sionismo. Era incentrata sulla minaccia costituita dai «cosmopoliti senza radici» che stavano minando i valori del paese. Ci fu un attacco particolarmente perfido contro i critici teatrali, che si arrivò a definire «gruppo avverso al partito». Quando si citavano i loro nomi o pseudonimi russificati, tra parentesi si forniva il nome originale ebraico e i giornali chiedevano come facessero persone con nomi simili a comprendere la cultura russa.

Nel frattempo, continuavano gli arresti senza pubblicità, specialmente di scrittori yiddish, e ci fu un aumento generale delle pressioni pubbliche in chiave antiebraica.

Una delle persone arrestate alla fine del 1948 era Polina Molotova.

10

Il fatto che molti dei «convitati» di Stalin avessero mogli o parenti in prigione o fucilati è sintomatico dello strano carattere di Stalin e della situazione del Politbjuro in generale. Polina Molotova non fu la prima. Ekaterina Kalinina, moglie di Mihail Kalinin, colui che fino al 1946, anno della sua morte, fu capo di stato sovietico, si trovava in un campo di lavoro dopo essere stata picchiata da una ufficiale dell'NKVD, in presenza di Berija, fino a perdere i sensi. La moglie di Poskrebyšev, Bronislava, scontò tre anni di carcere e poi venne fucilata, nonostante le implorazioni di lui. Il fratello di Kaganovič, accusato (per quanto ebreo) di essere stato il candidato di Hitler per governare una Russia nazista, era riuscito a spararsi nel bagno di Mikojan. E molti altri, compreso Hruščev, avevano parenti in prigione. È oltremodo curioso che Stalin, sospettosissimo qual era sempre, non si rendesse conto di come, infliggendo simili colpi alle persone più vicine e più care ai suoi colleghi, nel migliore dei casi avrebbe provocato un certo disagio, o addirittura suscitato in loro un'ostilità implacabile. A quanto pare non accadde, quindi in qualche misura Stalin aveva ragione. Tuttavia sembra strano che non considerasse necessario andare sul sicuro, evitando tali arresti o allontanando dal potere i mariti coinvolti.

A qualsiasi protesta dei suoi colleghi per i maltrattamenti inferti ai loro parenti, Stalin avrebbe potuto rispondere che i suoi venivano trattati in modo almeno altrettanto spietato. Quando suo cognato Aleksandr Svanidze fu arrestato, la moglie lo seguì; mentre li portavano via, il loro figlioletto di otto anni gridò: «Siete nemici del popolo, vi ripudio!». Ma quando crebbe fu arrestato pure lui.

La cognata di Stalin dalla parte degli Svanidze, Marija Svanidze (sorella di Aleksandr), era stata la segretaria di Enukidze. Morì in prigione. Quanto agli Alliluev, Anna, la sorella di Nadežda Stalin, come abbiamo visto, dopo avere implorato invano per la salvezza del marito condannato Stanislav Redens, non recuperò mai del tutto la ragione. Tuttavia, nel 1946 pubblicò le memorie che abbiamo citato sulla vita di Stalin prima della rivoluzione. Pur non essendo in alcun modo ostili a Stalin, esse non concordavano con le descrizioni ufficiali che lo rappresentavano come una persona esemplare e infallibile. Tuttavia, uscirono oltre un anno prima che la «Pravda», in una recensione intitolata *Invenzioni irresponsabili* e stilata evidentemente da Stalin stesso o sulla base delle sue indicazioni, demolisse il libro, che ben presto divenne irreperibile.

Nel 1948 Anna fu arrestata, insieme a Evgenija, vedova di Pavel Alliluev, fratello di Nadežda Stalin. Stalin disse a sua figlia che avevano «parlato troppo». Ma vennero imputate loro altre accuse, e furono entrambe collegate, a causa di amici ebrei, alle nuove cospirazioni ebraiche. Furono condannate a dieci anni ciascuna per spionaggio (e rilasciate nel 1954, dopo la morte di Stalin).

Quanto ai rapporti familiari di Stalin con i suoi parenti stretti, in pratica non esistevano. Pur con riluttanza, egli aveva autorizzato Svetlana a sposare in prime nozze un ebreo, Grigorij Morozov, ma si era rifiutato di conoscerlo, e pur essendo molto affezionato al nipotino, vedeva raramente lui o sua madre. Quando Svetlana ottenne il primo divorzio e si sposò con il figlio di Ždanov, Stalin ne fu abbastanza contento, ma non creò difficoltà per il secondo divorzio che seguì.

Una volta che Svetlana era ammalata e lo rimproverò di non curarsi di lei, le scrisse una lettera affettuosa, ma la relativa intimità esistente nel loro rapporto prima della sua storia d'amore con Kapler non si ricreò mai. Nel 1948 Stalin le disse che il suo primo marito era stato «messo sulla sua strada dai sionisti». Quando Svetlana ribatté che agli ebrei più giovani non importava nulla del sionismo, lui replicò: «No! Non capisci... tutta la generazione più adulta è contaminata dal sionismo e ora stanno insegnandolo anche ai giovani».

Nel novembre di quell'anno Svetlana andò a trovare Stalin che si trovava in vacanza nel sud. Una volta lui perse le staffe e la chiamò «parassita» di fronte a tutti. Il giorno dopo cominciò a parlarle del suicidio di sua madre. «Una pistoletta da quattro soldi» osservò, mostrandole con le dita quanto era piccola l'arma. Raccontò della cattiva influenza di Polina Molotova. Nel 1951 Svetlana andò a Boržomi per due settimane con suo padre; fu l'ultima volta che lui si allontanò da Mosca. Ma in ogni occasione era sempre lo stesso:

«Non avevamo nulla da dirci». Eppure, portò i suoi figli a trovarlo il 21 dicembre 1952, per il compleanno di lui, e le parve più tollerante riguardo al suo stile di vita, anche se si sentì depressa dalla «solita» gente, i «soliti» discorsi e le «solite vecchie battute».

Quanto a Vasilij, il figlio minore di Stalin, continuò a ottenere promozioni immeritate nell'aviazione, e a ventinove anni diventò tenente generale: come si è già detto, non perché Stalin facesse qualcosa per favorirlo, ma perché era raro che qualcuno avesse l'ardire di non dargli una mano. Bulganin, Malenkov, Berija e Kaganovič gli fecero dei favori. Ormai alcolizzato senza speranza, finì per circondarsi di scrocconi e adulatori. Nel 1952 commise un errore grossolano durante una parata aerea celebrativa, e Stalin si assicurò personalmente che fosse destituito dalla sua carica, definendolo «ignorante» e «zuccone». Dopo la morte del padre fu imprigionato (sotto il nome di Vasil Pavlovič Vasil'ev); in seguito lo rilasciarono, lo arrestarono di nuovo e alla fine lo autorizzarono a vivere a Kazan', dove morì a quarantun anni a causa dei suoi eccessi.

A Vasilij mancava semplicemente la forza di carattere necessaria per sopportare le pressioni e le tensioni provocate dal fatto di essere il figlio dell'autocrate. La storia registra molti casi analoghi.

Svetlana un carattere forte lo aveva. Ma tutto sommato è difficile contestare il succinto giudizio, stranamente perspicace e pieno di simpatia, di Hruščev sul loro rapporto: «Lui le voleva bene, ma di solito esprimeva il proprio affetto in modo animalesco. La sua era la tenerezza del gatto verso il topo. Prima spezzò il suo cuore di bambina, poi di ragazzina, poi di donna e di madre».

11

Stalin dirigeva il paese in modo discontinuo, tramite le decisioni prese al Politbjuro o alle riunioni di governo. Talvolta era bene informato ed esaminava con cura tutti i dettagli e gli aspetti tecnici delle questioni; talvolta invece gli dicevano solo quello che voleva sentire, versioni molto distorte della verità. Un esempio straordinario del conflitto fra i suoi desideri e la dura realtà era il grande progetto nell'estremo nord. Nel 1947, durante una riunione del consiglio dei ministri, gli accadde di osservare: «Il popolo russo sogna da tempo di avere uno sbocco sicuro sull'Oceano Artico».

Il risultato fu quella che oggi in Russia viene chiamata «ferrovia della morte». Per oltre quattro anni, con temperature polari d'inverno, e paludi e zanzare in estate, decine di migliaia di condannati ai lavori forzati lavorarono a una linea ferroviaria per Igarka. C'erano oltre ottanta accampamenti lungo una fascia di 1300 chilometri di tundra. Si pensò persino di ampliare il progetto con la costruzione di una ferrovia transiberiana artica diretta attraverso il territorio russo dell'estremo nord. Alla fine furono costruiti 850 chilometri di ferrovia, a costo di perdite ingentissime in denaro e vite umane. Dopo la morte di Stalin tutto il progetto fu abbandonato, la linea e il suo equipaggiamento furono lasciati a marcire nella neve, fino all'epoca della *glasnost'*, quando sui giornali russi comparvero fotografie di questo immenso spreco, in cui si vedevano anche alcune locomotive derelitte. Uscirono pure le fotografie degli sconfinati cimiteri di quanti, per usare le parole dell'organo di stampa del governo sovietico, erano periti «per la fatica intollerabile, il freddo e la fame, la degradazione e le umiliazioni inaudite».

Come osserva Lytton Strachey, le azioni dei governi arbitrari tendono a essere «sciagurate e assurde». Questo valeva in particolare quando si prendevano decisioni fondamentali in un modo che può essere definito soltanto frivolo. Una volta, durante il consiglio dei ministri, Stalin distribuì importanti piani economici e chiese con voce austera: «Qualche obiezione?»; nessuno rispose, e lui sciolse la riunione per vedere un film, spiegando allegramente a Hruščev e agli altri che aveva «preso in giro a dovere» i dirigenti del governo.

Come sempre, i film svolgevano un ruolo importante nella sua vita quotidiana, sotto certi aspetti più importante della realtà. Ma si preoccupava anche che al pubblico sovietico arrivasse tutta una serie di film adeguati sul piano ideologico e storico. Nel febbraio 1947 il grande regista Ejzenštejn fu convocato e rimproverato energicamente per gli errori del suo *Ivan il Terribile:* aveva messo in cattiva luce la spaventosa polizia segreta di Ivan, la *opričnina*, che invece era «un corpo militare progressista»; non aveva reso giustizia nemmeno allo stesso Ivan, un «governante grande e saggio», il cui merito consisteva soprattutto (al contrario di Pietro il Grande) nell'avere bandito qualsiasi influenza straniera. «Ivan il Terribile era molto spietato» disse Stalin. «Si può far vedere che era spietato. Ma lei doveva dimostrare perché bisognava essere spietati.» Dopo avere commentato diversi particolari della sua opera, spedì Ejzenštejn a rifare il film.

Inoltre veniva dedicata sempre più attenzione ai film moderni che celebravano la rivoluzione e la guerra del 1941-1945, in cui Stalin svolgeva sempre un ruolo di primo piano. In molti di essi era l'attore Mihail Gelovani a interpretarlo, e si lamentava con gli intimi per la terribile tensione che ne derivava; egli però riusciva a soddisfare Stalin, tra l'altro perché, come ammetteva il dittatore stesso, il personaggio rappresentato sullo schermo risultava più attraente del modello reale. Stalin era alquanto suscettibile quando si trattava di alcune sue caratteristiche esteriori: l'altezza, ovviamente, ma anche certe questioni secondarie. Quando Gilas, tornato in Iugoslavia dopo il suo secondo incontro con Stalin, scrisse un articolo su di lui, fu accolto con favore, ma i rappresentanti sovietici, riferendogli degli elogi, aggiunsero di «eliminare nelle edizioni successive l'osservazione che Stalin aveva i piedi troppo grandi».

Stalin visionava con particolare attenzione i film sull'esercito e l'aviazione. Una volta il capo del Comitato cinematografico di stato Bol'šakov aveva pronto il film *Žukovskij*, dedicato al pioniere dell'aviazione – che doveva uscire il Giorno dell'aviazione – ma non riusciva a reperire Stalin (il quale in quel momento si trovava nel Caucaso) per ottenerne l'approvazione ufficiale. Quando chiese consiglio a Molotov e a Berija, loro gli dissero di decidere da solo. Lui fece uscire il film. Al suo ritorno Stalin convocò una riunione del Politbjuro, cui presenziava anche Bol'šakov. Stalin gli chiese chi lo avesse autorizzato a far proiettare *Žukovskij*. Bol'šakov, pallido e tremante, disse di aver riflettuto e di avere deciso così.

«Ha riflettuto e ha deciso» disse Stalin con calma ma in tono minaccioso. «Ha riflettuto e ha deciso» ripeté. Si alzò, raggiunse la porta, la aprì e disse di nuovo: «E ha deciso». Uscì chiudendo la porta. Regnava un silenzio carico di tensione.

Dopo un po', Stalin riaprì la porta, lanciò un'occhiata dentro la stanza e disse: «Ha deciso nel modo giusto».

12

Così giunse per Stalin il settantesimo compleanno: il 21 dicembre 1949, una giornata di grandi festeggiamenti pubblici, durante la quale l'immagine del suo viso comparve proiettata su un grande dirigibile sospeso al di sopra del Cremlino, e in ogni parte del paese in innumerevoli varianti. Sotto o accanto a queste icone torreggianti, la cittadinanza dimostrava la propria gratitudine e la propria gioia nella piazza principale di ogni città, nella strada maestra di ogni villaggio. Ovunque sfilavano lunghe parate di soldati e ginnasti, di allegre ragazze del Komsomol con i loro fazzoletti al collo, e di gioiosi operai in tuta, con una sfilza di cartelloni che illustravano tutti, senza eccezione, i successi e le soddisfazioni realizzabili soltanto in regime sovietico, e la gratitudine tributata personalmente a Stalin per tali cose, in una sorta di parata di carnevale monomaniaca. Sui giornali comparvero centinaia di articoli, le radio trasmisero decine di programmi sulla sua vita, dall'infanzia a Gori al suo ruolo di capo mondiale.

Si trattava soltanto del momento culminante della perenne campagna di propaganda di cui abbiamo già esaminato l'inizio e la diffusione. Possiamo limitarci a due esempi del periodo successivo. Stalin autorizzò lo stanziamento di trentatré tonnellate di bronzo per una statua da collocare sul canale Volga-Don (costruito da schiavi). Ma ancora più significativo di tali manifestazioni locali, è quanto lui stesso scrisse nell'inno nazionale sovietico:

> Stalin, che ci ha innalzato alla fede nel popolo
> Che ci ha ispirato grandi parole e grandi azioni...

Dobbiamo immaginarci un culto diffuso in modo capillare e disordinato, al punto che tutto il partito e il paese ne erano invasi, e che tracimava anche nel mondo esterno.

C'è un monumento ultimo di Stalin che non venne mai completato: la totale stalinizzazione della città di Mosca. Abbiamo visto che negli anni Trenta egli aveva mosso i primi passi nel definirne lo stile di modernizzazione. Ormai, con sua grande soddisfazione, erano cambiate molte cose, e si progettava di cambiarne altre.

Dicono che una volta, mentre guardava dalla finestra del suo nuovo ufficio al Cremlino, si irritò vedendo il bell'edificio vecchio stile dell'Ambasciata britannica proprio al di là del fiume. Ma da altre parti si stava edificando la cerchia di alti edifici che circondano il centro di Mosca: l'università, il ministero degli Esteri, l'albergo Ucraina e gli altri che lui stesso aveva voluto.

Il suo stile viene spesso definito «torta nuziale stalinista», evocando senz'altro un'idea di cattivo gusto, permeato però di delicatezza e sentimentalismo. Tali edifici, invece, incombono su tutto come pesanti proiezioni di un potere disumano. Ricordano la copertina di una rivista di fantascienza degli anni Trenta, in cui erano raffigurate a tinte cariche le fortezze da cui gli implacabili invasori alieni tengono sotto controllo le città della terra, pronti sulle torrette a incenerire qualsiasi rivolta con armi irradianti. Illustrazioni del genere abbinavano la percezione di un potere incontestabile a quella di uno stile affatto privo di umanità, pur restando nondimeno uno stile. Erano oltremodo sinistre e opprimenti (anche se nelle storie di questo genere, alla lunga l'umanità, grazie ai suoi sforzi, riesce a emanciparsi dal giogo di esseri alieni apparentemente invincibili).

Anche se lo stalinismo è finito, l'architettura stalinista rimane. Ma a Mosca fu risparmiato il peggio. Un piano approvato nel 1935 dal governo sovietico prevedeva grandi cambiamenti nella piazza Rossa. Successivamente, nel giugno 1947, il Comitato ufficiale per gli affari architettonici tenne una riunione per discutere la fase successiva. La zona sarebbe stata interamente trasformata: tutti gli edifici circostanti la Piazza rossa, compresa la cattedrale di San Basilio, sarebbero stati abbattuti, la piazza e i suoi prolungamenti si sarebbero chiamati «prospettiva del mausoleo». Sarebbe stata dominata da un monumento della Vittoria, con incorporata la statua di Stalin, «personificazione della vittoria stessa». Alcuni membri della commissione proposero di abbattere il Cremlino. Forse tutto doveva essere pronto per l'ottantesimo compleanno di Stalin.

Ma per Stalin il processo di invecchiamento era ormai in uno stadio molto avanzato. Pur continuando a mantenere sotto controllo le questioni essenziali per il suo dominio, cominciava, per esempio, a dimenticare momentaneamente persino i nomi degli stretti collaboratori con cui stava parlando. Il suo cervello, secondo l'autopsia eseguita nel 1953, era affetto da arteriosclerosi da almeno cinque anni. Lui stesso cominciò a dire che invecchiava ai membri del Politbjuro, i quali ribattevano sempre che non era vero e che aveva un ottimo aspetto.

Cominciò a interessarsi sempre di più ai sistemi per allungare la vita, almeno la propria. In precedenza aveva dimostrato grande attenzione per il «siero della longevità» di un certo dottor Aleksandr Bogomolec. Questi sosteneva che un uomo come Stalin poteva vivere fino a circa centocinquant'anni. Purtroppo Bogomolec morì a sessantacinque, anche se si disse che per motivi fisiologici non aveva potuto assumere il suo siero.

Diventò prassi diffusa intraprendere ricerche sulla longevità, e nel Caucaso settentrionale fu creato un Istituto gerontologico speciale per esaminare le molte persone anziane della zona. Nei mezzi di informazione pubblica vigeva un ottimismo dilettantistico anche maggiore. Nel 1948 uscì un dramma di Nikolaj Virta incentrato su Stalingrado, *I grandi giorni*, a quanto pare curato da Stalin stesso, dove si affermava che sarebbe vissuto fino a cent'anni.

Si fecero avanti nuovi esperti. Nel 1949 G.M. Bošan, un personaggio particolarmente ambiguo, ottenne cospicui finanziamenti dallo stato e dal partito per una ricerca su una fantomatica cristallizzazione dei batteri, e di conseguenza sull'origine della vita, un campo di indagine strettamente collegato agli studi sulla longevità. (A quell'epoca, in un laboratorio rumeno sponsorizzato dai sovietici si svolgevano ricerche non soltanto sulla longevità, ma addirittura sulla immortalità.) Ma la nuova pseudoscienza più straordinaria era quella di Ol'ga Lepešinskaja, una Vecchia bolscevica ormai anziana, una persona con scarse conoscenze scientifiche persino secondo i criteri di Lysenko, che aveva frequentato dei corsi per assistenti sanitari nell'ultimo decennio dell'Ottocento. Nel 1949 annunciò che la teoria secondo cui alla base della vita ci sarebbero le cellule, già consolidata ancora prima della sua nascita, era sbagliata, e che la sostanza albuminosa, priva di organizzazione cellulare, aveva forma vivente, come vagamente sostenuto da Engels. Stalin fu personalmente colpito da questa teoria in cui si dava grande rilievo al «ringiovanimento», che si poteva ottenere sciogliendo una busta di bicarbonato nell'acqua del bagno, o in alternativa facendo un clistere di bicarbonato. La Lepešinskaja visse fino a novantadue anni, non è chiaro se grazie al suo regime sanitario o meno.

Stalin le diede il proprio sostegno. Nel 1951 le sue idee erano ormai diffuse obbligatoriamente dal ministero dell'Istruzione; le fu conferito il premio Stalin e fu eletta all'Accademia delle scienze mediche. Nessuno osava opporsi alle sue tesi, e svariati accademici venali promossero la sua causa.

Tali episodi, e ne accadevano in vari ambiti scientifici, hanno senz'altro un lato comico. Ma erano piuttosto tragici per quanti vi si opponevano. Danneggiarono moltissimo la scienza sovietica, in sé e per il fatto che venivano imposti in modo terroristico; arrivarono persino, come nel caso di Lysenko, a danneggiare l'economia. Il fatto che Stalin patrocinasse ricerche del genere dimostra una volta di più la sua tendenza a lasciarsi persuadere da argomentazioni sbagliate in ambiti in cui aveva conoscenze insufficienti, e a ostinarsi nell'errore, un errore precisamente definibile: la stravaganza pseudoscientifica.

La fisica subì il dogmatismo in una variante più lieve. La teoria della relatività e la meccanica quantistica furono tacciate di «idealismo» dai prepotenti imbevuti di ideologia. Ma i fisici che lavoravano alla bomba atomica non furono molestati quando, richiesti di un'opinione sulla teoria quantistica, risposero che, giusta o no, nella loro attività pratica le sue equazioni erano utili. Anzi, in sostanza questo fu l'unico settore in cui gli scienziati ebrei di fama superarono quasi incolumi il periodo dell'antisemitismo, e ciò indica i limiti oltre i quali la mente di Stalin opponeva ancora una certa resistenza pragmatica all'ideologia e al capriccio.

Stalin si oppose anche alle teorie psicologiche occidentali, mentre diede grande rilievo all'opera dell'illustre fisiologo russo Ivan Pavlov. In realtà Pavlov aveva dato filo da torcere al regime sovietico, e dall'inizio degli anni Trenta fino alla morte, nel 1935, aveva scritto a Molotov e ad altri per protestare contro la «repressione».

In quell'epoca le autorità sovietiche consideravano il suo studio sui «riflessi condizionati» più meccanicistico che marxista, incapace di risolvere il problema della coscienza umana. Ma dopo la guerra nacque una nuova psicologia sovietica, che si opponeva strenuamente alla scuola freudiana e ad altre correnti occidentali e che accettò l'idea di Pavlov, con un'unica postilla: la coscienza, alla stessa stregua del comportamento «animale», poteva essere condizionata da pressioni esterne, definite «sociali». Ovviamente si trattava di una rielaborazione accademica del principio stalinista, e più in generale marxista, secondo cui la coscienza è condizionata dai rapporti socioeconomici. Come la biologia di Lysenko, rifletteva la dottrina stalinista secondo cui il nuovo ordine stava creando l'«uomo nuovo sovietico» con caratteristiche diverse dagli altri, e superiori. Questa trasformazione della mente umana, della specie umana, a quanto pare era uno degli obiettivi e delle aspirazioni più forti di Stalin.

Per amor di giustizia va detto che vi fu un campo in cui Stalin attaccò la pseudoscienza e tornò alla scienza. Come abbiamo visto, sin dall'inizio degli anni Trenta la pseudolinguistica di N. Marr, che fra altre assurdità considerava il linguaggio un fenomeno di classe, era stata accettata come l'autentica opinione marxista. Fino a quel momento Stalin aveva dimostrato scarso interesse per la linguistica. Per esempio, gli era capitato di notare che gli azeri discendevano palesemente dai medi. Di conseguenza i linguisti avevano lavorato per anni cercando di trovare parole medie nell'azerbaigiano. Un linguista sovietico in seguito spiegò: «Alla fine furono trovate trentacinque parole di dubbia origine media, anche se la stessa esistenza della lingua dei medi è un mito». Tutte banalità. Ma nel 1950 Stalin d'un tratto pubblicò, a proprio nome, un articolo di diecimila parole sulla linguistica. Condannò i seguaci di Marr, non solo per le loro opinioni ma anche perché ignoravano la «contrapposizione delle idee» e la «libertà di opinione» senza le quali (dichiarava) «nessuna scienza può svilupparsi e prosperare». Per quanto inorridito all'idea, doveva sottolineare che i fautori della teoria di Marr avevano formato «un gruppo chiuso di dirigenti infallibili» e «si comportavano con cocciutaggine e arroganza». Essi furono immediatamente destituiti dalle molte cariche accademiche che avevano acquisito. Tuttavia la presa di posizione di Stalin in favore della libertà non diede adito a maggiore indipendenza in nessun altro settore.

L'episodio è estremamente significativo nell'ambito della carriera di Stalin, in quanto dimostra in modo curioso non tanto il suo amore dilettantesco per questa disciplina, come per molte altre, ma il lungo lavoro e la riflessione su quello che equivaleva a un passatempo, che in una certa misura lo distraeva dalle attività e dai pensieri di altro genere. Certo ormai disponeva di tanto potere e di un tale prestigio da non sentirsi più costretto a dedicare tutte le sue energie alla caccia al nemico. Eppure i passatempi e le inclinazioni specifiche cui indulgeva, come gli studi linguistici, che sono interessanti in quanto svelano un aspetto della sua mente, non lo distraevano in modo sostanziale dalle sue preoccupazioni principali. Molti uomini d'azione hanno hobby del genere, quando vanno in pensione; ma il settantenne Stalin, lungi dal pensare a ritirarsi, stava preparando altri colpi devastanti contro gli ebrei, contro i suoi colleghi del Politbjuro, contro i comunisti dell'Europa occidentale, contro l'Occidente e contro gli stessi cittadini sovietici.

XIV
GLI ULTIMI ANNI

1

E Stalin entrò nell'ultima fase della sua vita, posseduto ancor più di prima dai demoni del sospetto e dell'implacabilità. Stava cominciando a soffrire di improvvisi capogiri e le sue condizioni fisiche continuavano a deteriorarsi.

Nel 1951, in un momento di particolare acume, disse in presenza di Mikojan e Hruščev, anche se a quanto pare non si era accorto di loro: «Sono finito, non mi fido di nessuno, neanche di me stesso». A quanto afferma sua figlia, in quegli ultimi anni aveva dimenticato tutti gli affetti ed era torturato dalla paura, che si trasformò in mania di persecuzione vera e propria, e alla fine la sua tempra robusta cedette. Ma la sua mania non traeva origine da una fantasia malata; egli capiva di essere odiato, e sapeva il perché.

Il suo antisemitismo divenne ancora più ossessivo. Comunque questo e altri segnali di crescente paranoia non gli impedirono di tenersi stretto il potere fino in fondo. E indipendentemente dalle sue condizioni fisiche e mentali, gli stranieri che ricevette solo poche settimane prima di morire lo videro abbastanza lucido e in forma, e notarono solamente quel suo disegnare lupi sul blocco degli appunti.

2

Se subì delusioni nei rapporti con l'Europa, Stalin trovò nuove opportunità in Asia, che nella tradizione del pensiero comunista costituiva il fianco più vulnerabile dell'imperialismo. Ma oltre alle opportunità, vi furono anche i problemi.

Nel 1949, contrariamente alle previsioni di Stalin (e, a quanto pare, anche ai suoi desideri), Mao Tse-Tung aveva vinto la guerra civile in Cina. Qui gli inviati di Stalin avevano da tempo notato tendenze antisovietiche fra i maoisti. Anche se un'aperta frattura non avrebbe giovato a nessuna delle due parti, un nuovo e formidabile rivale di Stalin aveva conquistato il potere in un grande paese al di fuori della sua sfera di autentico controllo.

Nel 1950 Mao si recò a Mosca, accolto da festeggiamenti pubblici, per firmare un Trattato di amicizia sino-sovietica. Non fu un grande successo, ma almeno in superficie i due capi riuscirono a conservare rapporti amichevoli, e Stalin venne addirittura persuaso, contro la sua volontà e con molte precauzioni per la sicurezza, a partecipare a un banchetto dato in suo onore da Mao all'albergo Metropole.

Tuttavia, a quel che riferisce uno studio sovietico degli ultimi anni, «Mao chiede di avere la bomba atomica. Stalin rifiuta. Tra loro si capiscono molto bene. Mao la chiede perché non si fida. Stalin rifiuta per la stessa ragione». E Stalin non provò neanche a imporre alla Cina le società «a capitale misto» tramite le quali riusciva a sfruttare l'Europa dell'Est. Inoltre Stalin, che certo non parlava come un'educanda, era irritato dalla volgarità del linguaggio di Mao.

Comunque, per il momento, conveniva a entrambi trovare un certo accomodamento. A parole Mao continuava a riconoscere Stalin come il leader del movimento comunista mondiale. E Stalin fece un gesto di buona volontà denunciando il suo principale agente nel Politbjuro cinese, Kao Kang, che di lì a poco venne fucilato. Non si sa però come avrebbe fatto Stalin a risolvere il problema di Mao nel lungo periodo. Il dirigente cinese in seguito diede filo da torcere ai successivi leader sovietici.

Anche altri comunisti asiatici bramavano il potere. All'inizio del 1950 il vietnamita Ho Chi Minh si recò a Mosca. La sua richiesta di un autografo infastidì Stalin, il quale, a quanto sostiene Hruščev, lo fece recuperare di nascosto dall'MGB tra i suoi bagagli. Insomma, benché il suo atteggiamento filostalinista fosse meno ambiguo di quello di Mao, Stalin in generale lo trattava in modo piuttosto sprezzante.

Ma ancora più importante è la visita resa a Mosca nel marzo 1950 da uno stalinista altrettanto devoto, il nordcoreano Kim Il Sung allo scopo di chiedere ratifica e collaborazione per il suo progetto di invasione della Corea del Sud. Stalin organizzò una riunione del Politbjuro con Kim, e gli diede il via libera.

Quando l'attacco ebbe inizio, secondo Gromyko fu Stalin che, contro l'opinione dei suoi stessi diplomatici, ordinò alla delegazione sovietica presso le Nazioni Unite di boicottare la dichiarazione di condanna per i nordcoreani espressa dall'organismo, anziché porre il veto. Lo si è sempre considerato un errore tattico, perché gli americani e i loro alleati poterono combattere sotto la bandiera delle Nazioni Unite. A quanto pare in quella fase Stalin non intendeva mettersi in aperto contrasto su una questione del genere con la stragrande maggioranza mobilitata contro la Corea del Nord, e sperava che dopo la rapida vittoria promessa l'intera faccenda sarebbe stata dimenticata. Ma le sue speranze sfumarono con l'«ultima Canne», la battaglia in cui MacArthur annientò inaspettatamente l'esercito nordcoreano, dopo la decisione altrettanto inaspettata di Truman di combattere.

La guerra, specialmente dopo che Stalin era ricorso all'intervento cinese come ultima risorsa, fu oltremodo devastante e mise in grave pericolo la pace mondiale. Ma fin dall'inizio Stalin aveva escluso qualsiasi intervento sovietico diretto. E in effetti il conflitto rimase circoscritto, anche se non si risolse fino a dopo la morte di Stalin. Esso quasi sicuramente dimostra che egli si lasciò tentare, senza rifletterci a sufficienza, a intraprendere quella che appariva la facile conquista di un punto vulnerabile nel mondo esterno; e la guerra non fu accompagnata da crisi in Europa o altrove.

Come tutte le azioni intraprese da Stalin nel dopoguerra contro l'Occidente, fu accompagnata invece da una vasta campagna di propaganda in favore della pace e del progresso. All'interno dell'Unione Sovietica Stalin aveva preso a bersaglio le voci che considerava filoccidentali, e ormai era riuscito a metterle a tacere. Invece le voci favorevoli ai sovietici in Occidente avevano libero sfogo, e Stalin poté abbinare alle sue pressioni politiche e militari sull'Occidente una campagna assai articolata, generosamente finanziata e bene organizzata, di persuasione dell'opinione pubblica di quella parte del mondo. Subito dopo la fine della Seconda guerra mondiale i dirigenti dei paesi non comunisti avevano capito che una componente vitale della lotta contro lo stalinismo era lo sforzo di difendere il pensiero e il modo di vivere dell'Occidente. E tale resistenza ebbe successo. Ma all'inizio la cosa non appariva del tutto scontata: non sembrava così ovvio che il Partito comunista italiano, o anche quello francese, sarebbero rimasti in minoranza, né si aveva la certezza che nel British Labour Party l'ala semipacifista non avrebbe preso il sopravvento. E così via.

In realtà gli sforzi di Stalin sortirono dei risultati. Per esempio, alcuni socialisti ritenevano ancora che l'URSS fosse superiore in quanto socialista; e anche all'interno dell'Unione Sovietica si riuscì a isolare gli stranieri dalla realtà della situazione in modo assai più sistematico ed efficace che prima della guerra.

Alla fine, la questione si risolse innanzitutto perché la stragrande maggioranza di quanti conoscevano meglio Stalin e il suo regime gli opposero una resistenza bene informata; e in secondo luogo perché, come disse Orwell in un altro contesto, comunque la pensino gli intellettuali, «nessuna persona normale può essere così stupida» da credere che le belle parole cancellino gli atti ostili, o che la dittatura possa essere una sorta di democrazia.

Negli stessi paesi stalinisti si fece grande propaganda all'idea di pace di Stalin e alla sua «campagna per la pace», anche se si sottolineava con altrettanta enfasi la necessità di essere pronti dal punto di vista militare, di sbaragliare gli umori pacifisti e così via. La campagna riguardo ai sentimenti guerrafondai degli occidentali spaventò di certo molta gente, ma c'era chi non si fermava alle apparenze. C'è un racconto di George Mikes, scrittore umorista anglo-ungherese, sulla «Campagna del sonno», in cui si narra che per tutta la notte si svolgevano per le strade manifestazioni di gente con tamburi e trombe che gridava: «Dormite! Dormite! Dormire vi fa bene! Dormite! Dormite! Dormite!».

Oppure, c'è una famosa storiella sovietica:

> «Compagno, ci sarà una guerra?»
> «No, compagno, ma ci sarà una tale lotta per la pace che non rimarrà pietra su pietra.»

La campagna raggiunse l'apice con il famoso appello di Stoccolma per la pace, per il quale Picasso disegnò una speciale colomba. Lo firmarono milioni di persone, anche l'intero esercito nordcoreano, che subito dopo aggredì la Corea del Sud.

Possiamo affermare con ragionevole certezza che Stalin, il quale non mostrò mai la minima traccia di pacifismo o anche solo di amor di pace, era pienamente consapevole della totale falsità dell'operazione.

3

Fino al 1951 tutte le azioni dell'offensiva antisemita di Stalin – le uccisioni, gli arresti, lo scioglimento del Comitato antifascista ebraico – erano state poste in atto senza pubblicità. Gli attacchi contro gli ebrei che si opponevano al regime erano stati pubblici, ma solo all'interno di un'offensiva ideologica. Ora l'intero problema della criminale colpevolezza ebrea, della cospirazione sionista-imperialista, diventò pubblico.

In Cecoslovacchia stava per essere processato con l'accusa di titoismo un vasto gruppo di vittime di alto rango, tra cui il ministro degli Esteri Clementis. Stalin aveva gestito il caso come nei processi contro Rajk e Kostov, per mezzo di ufficiali dell'MGB mandati come «consulenti». A Praga l'operazione si svolse sotto la supervisione di due importanti subordinati di Abakumov, Likačev e Komarov. Stalin si interessò molto all'identità di un cecoslovacco cui si faceva riferimento in un presunto documento della CIA come al «grande spazzino». Quest'uomo misterioso era, o comunque Stalin giunse a ritenerlo, un agente della CIA di altissimo livello ancora in libertà.

Con gli altri dirigenti cechi, Stalin cominciò a lasciar cadere allusioni sul fatto che lo Spazzino altri non era se non il segretario generale, ebreo, del Partito comunista cecoslovacco, Rudolf Slánský. Nella primavera del 1951 il suo nome cominciò ad apparire nei verbali degli interrogatori, nelle istruzioni per gli inquirenti, e allo stesso tempo il movente fondamentale della cospirazione fu modificato, passando dal nazionalismo borghese al sionismo. Uno dei pochi sopravvissuti a quest'epurazione, il sottosegretario agli Esteri Artur London, in seguito raccontò della sua sorpresa quando un «alto ufficiale della polizia» gli gridò: «Tu e la tua sporca razza, vi elimineremo! Siete tutti uguali! Non tutto quello che ha voluto Hitler era sbagliato, perché ha ucciso gli ebrei e ha fatto bene. Sono sfuggiti in troppi alle camere a gas. Finiremo noi l'azione che ha lasciato incompiuta...». E a pronunciare queste parole, osserva London, fu un uomo che indossava il distintivo del partito, alla presenza di altri tre ufficiali: «Tutto questo proveniva da un funzionario addetto alla sicurezza in un paese socialista, membro del Partito comunista». Il fratello, la madre, la zia e lo zio di London erano morti in un lager nazista.

In autunno Stalin mandò a Praga Mikojan per trasmettere l'ordine di arresto di Slánský, e per supervisionare la nuova linea politica. Slánský e l'altro membro ebreo del Politbjuro cecoslovacco, Geminder, furono arrestati in novembre, insieme ad altri funzionari ebrei. La stampa cecoslovacca si imbarcò subito in una virulenta campagna, riecheggiata con passione dalla stampa sovietica, in cui tra i cattivi comparivano ancora Tito, la CIA, gli MI6 e la Gestapo, anche se ormai l'obiettivo di gran lunga più importante era il sionismo. Undici persone su quattordici del gruppo destinato a subire un pubblico processo erano ebree. Va da sé che si trattava di stalinisti veterani e ferventi antisionisti. Ma riguardo a Slánský (cui veniva spesso aggiunto il cognome originale, Salzmann) si disse che era «per sua stessa natura un sionista» a cagione delle sue origini ebraico-borghesi.

4

Alla fine dell'estate del 1951 Stalin depose Abakumov dalla carica di ministro della Sicurezza di Stato, e lo fece arrestare insieme ai suoi principali assistenti. (Abakumov, responsabile al massimo livello di tutta una serie di brutalità spaventose, poco dopo scrisse al Politbjuro denunciando il trattamento inumano subito.) Il nuovo ministro, Semen Ignat'ev, era un funzionario del partito che non aveva mai avuto connessioni con la polizia segreta. Berija perse così il suo ultimo aperto contatto con la sua principale base di potere.

Una delle ragioni della disgrazia di Abakumov era che aveva cercato di indurre M.D. Rjumin, capo di un settore essenziale dell'MGB, la Sezione per l'investigazione dei casi di particolare importanza, a non portare avanti il caso di uno degli ebrei arrestati. Si trattava del professor Ja. Ejtinger, che aveva curato il segretario del partito e cognato di Ždanov, Ščerbakov (morto di cirrosi nel 1945). Ejtinger morì poco dopo in prigione, non si sa se per le torture subite o perché Abakumov voleva pararsi le spalle. In ogni caso Rjumin andò dritto da Stalin, che gli diede appoggio. L'anestesista affiliata all'MGB, Lidija Tomašuk, ben presto denunciò anch'ella medici avvelenatori. Ebbe così inizio il «complotto dei medici».

Nel frattempo in Georgia fu ordinato di arrestare molti importanti mingreli inseriti ai vertici del partito e dello stato. La Mingrelia è la fascia costiera della Georgia, a nord del fiume Rion. Era il territorio natale di molti funzionari georgiani, tra cui lo stesso Berija. Furono arrestate diverse centinaia di georgiani di secondo piano, oltre al secondo segretario Baramija e altri, tra cui Canava, che aveva organizzato l'assassinio di Mihoels. Ora venne fornito un nuovo movente per questo omicidio: i cospiratori avevano ridotto al silenzio un compagno che aveva parlato troppo; questo dava il modo per collegare opportunamente alla vicenda ebrei e mingreli insieme. Alla morte di Stalin, Berija riabilitò ostentatamente Baramija e moltissimi altri mingreli e li nominò a importanti cariche. È evidente che si trattava di uomini suoi, e che davvero l'attacco era rivolto a lui. Infatti Stalin aveva dato personalmente disposizioni agli inquirenti, raccomandando loro di non dimenticare «il grande mingrelo», riferimento indiretto ma inequivocabile a Berija.

Ma ormai a quanto pare Stalin non aveva più il controllo della faccenda, oppure non gli interessava più. A dirigere l'epurazione, mandò in Georgia lo stesso Berija, secondo la vecchia tradizione stalinista di usare un capo per annientare i suoi stessi seguaci. Berija si attenne agli ordini, ma allo stesso tempo riuscì in qualche modo a intorbidare le acque, tra l'altro destituendo il dirigente locale dell'MGB incaricato dell'operazione.

Comunque, anche se i mingreli restarono in carcere perché potevano tornare utili in seguito, sembrava che Stalin avesse accantonato per il momento la questione e in apparenza Berija, seppure in posizione precaria, continuava a godere del suo favore. Forse Stalin, come accadde di nuovo un anno dopo, era riluttante a sbarazzarsi dell'unico collega con cui poteva parlare in georgiano; secondo un recente studio sovietico con l'avvicinarsi della fine il russo gli creava maggiori difficoltà. Ma Hruščev ipotizza che le sue azioni non seguissero più una logica, e almeno in questo caso, ciò sembra plausibile.

Nella primavera del 1952 avvenne quello che forse fu l'elemento di svolta per la decisione finale di Stalin sul «complotto dei medici». Il suo terapeuta, V.N. Vinogradov, che lo visitava un paio di volte all'anno, gli disse che doveva prendersi un lungo periodo di riposo dalla politica. Stalin si ricordò subito di aver collaborato, ai tempi di Lenin, a escluderlo da gran parte delle attività politiche per ragioni di salute. Concluse quindi che il consiglio di Vinogradov era un tentativo dettato da ragioni politiche per alienargli il potere effettivo.

Nel frattempo si aprì in tribunale un importante processo contro scrittori e altre persone di origine ebraica, comunemente chiamato il «caso della Crimea», perché dopo la guerra alcuni membri del Comitato antifascista ebraico avevano suggerito a Stalin di far insediare gli ebrei nella Crimea ormai spopolata. La proposta venne ora interpretata come un tentativo di creare una base bellica imperialista nella penisola. Inoltre c'erano le consuete accuse di spionaggio e terrorismo. Dopo aver estorto le confessioni agli imputati con feroci torture, tra maggio e giugno del 1952 si svolse in segreto il processo, che il 12 agosto si concluse con l'esecuzione capitale di tutti i più importanti scrittori in lingua yiddish, oltre al Vecchio bolscevico Lozovskij e all'eminente medico moscovita Šimelevič. A quanto pare Stalin firmò di persona l'ordine «uccideteli tutti, eccetto Lena Štern», il fisiologo settantenne che, a quanto si dice, Stalin riteneva ancora in grado di trovare il modo per allungare la vita.

5

Intanto, nella sfera pubblica, erano cominciati i preparativi per il XIX congresso del partito, il primo dal 1939. C'era un clima opprimente di sospetto non soltanto nei confronti dei sionisti, ma anche di altri nemici di tutti i generi, e di deboli che non erano abbastanza vigilanti.

L'altro filone principale del congresso era un concentrato di lodi e di espressioni di calorosa accoglienza per l'ultimo dei non molti contributi teorici di Stalin, *Problemi economici del socialismo*. Come hanno affermato le poche pubblicazioni sovietiche recenti sull'argomento, si tratta di una sfilza di tediosi luoghi comuni. In esso si sostiene che non si possono stravolgere con ordini arbitrari le «leggi economiche oggettive» (ma poi si dichiara che in fondo esiste una «legge economica fondamentale» del socialismo nello «sviluppo proporzionato dell'economia», che è possibile conseguire soltanto per mezzo di una pianificazione mirata)...

Il congresso fu più interessante per altre questioni. Stalin pronunciò un breve discorso, dopo di che dichiarò con fierezza di essere ancora in grado di svolgere il suo lavoro. Al plenum del nuovo Comitato centrale che seguì, offrì le dimissioni dalla carica di Segretario generale, dicendo di essere troppo vecchio e stanco per mantenere quel posto e contemporaneamente presiedere il consiglio dei ministri. I membri del Comitato non gli credettero, e le dimissioni furono respinte in un profluvio di melliflui appelli a mantenere la carica.

Quindi Stalin abolì il Politbjuro, fondando al suo posto un organismo più ampio, il Presidium. A parere di Hruščev, si trattò di una manovra per sostituire la vecchia dirigenza. Inoltre Stalin nominò un «Bureau del presidium» informale, costituito da lui stesso, Malenkov, Berija, Hruščev, Vorošilov, Kaganovič, Saburov, Pervuhin e Bulganin. Molotov e Mikojan (pur essendo nel Presidium) furono esclusi dal Bureau. Stalin li attaccò davanti al plenum accusandoli di essere indecisi e disfattisti. Molotov, pallido e turbato, pronunciò una difesa lunga ma scoraggiata, Mikojan una breve.

Nei mesi successivi Molotov e Mikojan cercarono di scoprire quando Stalin teneva delle riunioni e vi si presentarono come prima. «Tentavano di stare vicino a Stalin perché volevano salvarsi: e non soltanto salvare la propria posizione all'interno del partito e della dirigenza, ma restare vivi» spiega Hruščev. Ma quando Stalin si infuriò con Hruščev e gli altri perché avevano informato i sospetti sul programma degli incontri, e intimò loro di smettere, Molotov e Mikojan dovettero rinunciare. Stalin dichiarò di sospettare che fossero spie: Molotov degli americani, Mikojan degli inglesi e dei turchi (i cospiratori mingreli erano considerati agenti turchi, e quindi l'accusa combaciava). Stalin aveva espresso anche in precedenza dei sospetti su Molotov, quando questi era stato in America; e Polina, la moglie di Molotov, in carcere come agente ebrea, aveva davvero un fratello in America, Samuel Carp, che aveva lasciato la Russia nel 1911 ed era diventato milionario, anche grazie ai profitti ottenuti con il commercio sovietico. Mikojan si preparava ormai al suicidio.

Nel novembre 1952 fu data grande pubblicità a una banda di truffatori ebrei nell'industria ucraina. Ma l'avvenimento pubblico più importante fu il processo di Praga contro Rudolf Slánský e i suoi presunti cospiratori. L'esteso complotto sionista venne fatto risalire a un accordo segreto tra l'America e Israele in base al quale, nel 1947, Ben Gurion aveva promesso al presidente Truman che le organizzazioni sioniste avrebbero avviato lo spionaggio e la sovversione nei paesi socialisti in cambio dell'aiuto americano ad Israele. Vi erano implicati moltissimi ebrei stranieri, da Felix Frankfurter, giudice della Corte suprema americana, a Richard Crossman, uomo politico del Partito laburista britannico (in realtà non ebreo). In concomitanza con il processo ci fu pure la denuncia di uno degli accusati da parte di suo figlio; ma un segnale ancora più impressionante del successo della propaganda stalinista fu il ripudio di Artur London da parte di sua moglie, una comunista francese che se ne stava al sicuro a Parigi.

Uno dei presunti crimini imputati ai cospiratori di Slánský era di avere progettato l'assassinio del principale assistente cecoslovacco di Stalin, Klement Gottwald, servendosi di un medico. Anche in Unione Sovietica si dedicò grande spazio a questo tema. In novembre, mentre i prigionieri di Praga si avviavano al loro destino, Stalin ordinò l'arresto dei principali medici del Cremlino e in particolare del dottor Vinogradov, suo medico curante, e del dottor Vovsi, ex generale chirurgo dell'esercito sovietico, e cugino di Mihoels.

Stalin diede disposizioni su come dovevano procedere le indagini: «Picchiate, picchiate e picchiate ancora», anche se nel caso di Vinogradov disse di conoscerlo bene, che sarebbe bastato metterlo in catene. All'inizio di gennaio erano riusciti a ottenere le confessioni. Stalin le fece circolare tra i dirigenti: «Siete ciechi come gattini neonati; che cosa accadrà senza di me? Il paese perirà perché non sapete riconoscere i nemici».

Il primo annuncio pubblico comparve il 13 gennaio. I cospiratori avevano assassinato Ždanov e prima ancora suo cognato Ščerbakov, cercando inoltre di assassinare diversi comandanti dell'esercito. «La maggior parte dei congiurati» capeggiati da Vovsi erano agenti di organizzazioni ebraiche statunitensi al servizio del controspionaggio americano. Per il tramite di Mihoels (ora incriminato per la prima volta) e del dottor Šimelevič, già giustiziato, Vovsi aveva ricevuto l'ordine «di spazzare via i quadri dirigenti dell'Unione Sovietica». Altri membri del gruppo, guidati da Vinogradov, erano da tempo «agenti del controspionaggio britannico».

Sul paese stava calando dunque un'atmosfera di orrore e isterismo patrocinata dalle autorità. Iniziò una campagna vasta e onnicomprensiva che suscitò un'ondata di antisemitismo.

Stalin, fedele alle proprie abitudini, si parava le spalle. Come nel processo Slánský, le vittime erano per la maggior parte ebree, ma alcuni dei condannati, per esempio Vinogradov, non lo erano. E anche la manovra di Stalin per conseguire il suo obiettivo finale di rendere la Russia europea *judenrein* era concepita in modo contorto. Ai comunisti ebrei di primo piano fu ordinato di stilare una lettera che all'epoca della morte di Stalin veniva già fatta circolare tra molti personaggi di spicco per essere sottoscritta. Diceva che come ebrei sovietici leali comprendevano i forti sentimenti suscitati contro di loro dalla cospirazione dei medici, e rivolgevano un appello a Stalin affinché risolvesse il problema facendoli insediare in Estremo Oriente (dove si stavano già costruendo dei capannoni). A quanto pare la sceneggiatura prevedeva che in maggio i medici fossero processati e impiccati pubblicamente sulla piazza Rossa; il paese sarebbe stato spazzato da un'ondata incontrollabile di sentimenti antisemiti; sarebbe uscito l'appello degli ebrei a Stalin, il quale li avrebbe mandati via, come i ceceni e tanti altri, incontro al loro destino, verso i nuovi insediamenti controllati dall'MGB. Per fortuna Stalin non arrivò all'estate.

Più o meno in quel periodo Polina Molotova fu trasferita a Mosca: il programma della campagna antisemita prevedeva per lei l'accusa di essere a capo dei cospiratori ebrei. Possiamo presumere che il processo dei medici sarebbe stato seguito da un altro, con Molotov e Mikojan nel ruolo di protagonisti (insieme ad altri di rilievo assai inferiore: per esempio Ivan Majskij, il famoso ex ambasciatore a Londra che fu arrestato il 19 febbraio).

All'epoca dell'annuncio della cospirazione dei medici «Pravda» e «Izvestija» avevano osservato che i dottori assassini erano riusciti a compiere le loro nefaste azioni perché (riprendendo le parole della «Pravda») «gli organi di sicurezza dello stato non avevano scoperto per tempo la malvagia organizzazione terrorista tra i medici. Ma tali organi avrebbero dovuto essere particolarmente vigili». L'allusione sembrava diretta soprattutto ad Abakumov (che di certo sarebbe comparso in qualche processo). Ma Ščerbakov era stato assassinato quando a dirigere l'NKGB, poi diventata MGB, che operava sotto la supervisione di Berija, c'era un suo stretto collaboratore, Merkulov.

Se ne era dedotto che Stalin aveva di nuovo deciso di attaccare Berija. Ma se è vero, non ci furono aperti segnali. In gennaio e febbraio, fino alla fine, quelli che partecipavano regolarmente alle serate di Stalin erano Berija, Malenkov, Hruščev e talvolta Bulganin, che negli ultimi tempi Stalin disse di aver prescelto per succedergli alla presidenza del consiglio dei ministri. Il 28 febbraio, alla vigilia della sua morte, i quattro si trovavano alla dacia di Kuncevo, dopo aver guardato un film al Cremlino. Come di consueto, la cena era durata fino alle quattro o alle cinque del mattino. Stalin era «abbastanza ubriaco e di ottimo umore», come ci racconta Hruščev, e non dava segni di disagio.

Deve essere stato uno degli sporadici miglioramenti nel declino generale. Stalin non seguiva più alcuna cura medica, si limitava ad assumere dei medicinali. Aveva l'abitudine di prendere delle gocce di iodio con l'acqua, o delle pillole prescrittegli in origine da Poskrebyšev, che aveva qualche superficiale cognizione medica. A quanto dicono, negli ultimi mesi di vita Stalin di tanto in tanto si faceva visitare da un maggiore della sua scorta che un tempo era ufficiale veterinario. Comunque alla fine del 1952 aveva smesso di fumare.

Era un regime particolarmente inadeguato a uno stato di salute in via di deterioramento. Da qualche tempo lo sentivano ripetere: «È arrivata la maledetta vecchiaia». Soffriva di reumatismi, di attacchi di vertigini e di acidità di stomaco. Aveva perso i denti e la sua pressione era troppo alta.

La sua cerchia si restringeva sempre di più. Verso la fine del 1952 aveva licenziato Poskrebyšev, sospettato di far trapelare informazioni. Anche il rozzo Nikolaj Vlasik, capo della sua scorta dagli anni Venti, era nei guai per motivi diversi. Stalin aveva esigenze materiali modeste; il suo appartamento, i mobili, i quadri, gli abiti erano semplici ed economici. Il suo stipendio si accumulava in un cassetto. Invece le sue dacie, le ville, i banchetti e le automobili erano a carico dello stato. Stalin non aveva la minima idea di quante spese comportassero, ma sospettava che Vlasik vivesse in modo principesco attingendo con larghezza ai fondi assegnati. Chiese quindi un rendiconto; e quando Vlasik presentò una cifra molto alta, Berija disse a Stalin che era alquanto esagerata rispetto alle somme spese in realtà per mantenerlo. Il 16 dicembre Vlasik fu arrestato e poco dopo, oltre alle imputazioni di speculazione, dovette affrontare l'accusa di connessioni sospette con i cospiratori ebrei. La sicurezza di Stalin e la sua vita quotidiana furono affidate a ufficiali di rango inferiore e con minore potere, comandati dal colonnello Hrustalov. Quindi ormai Stalin non poteva più contare né sul suo medico curante che lo conosceva da tempo (Vinogradov), né sul suo segretario personale, né sul comandante della sua scorta personale.

6

È significativo, anzi addirittura eccezionale, che ancora il 28 febbraio Stalin riuscisse a concedersi svaghi di vario genere. Ma in ogni caso è evidente che, per quanto acuta fosse la sua paranoia e per quanto si notassero sporadiche incoerenze nel suo comportamento rispetto a qualche specifica questione, fino alla fine mantenne a sufficienza le sue facoltà mentali.

Tuttavia, alcune ore dopo la sua ultima cena con Berija, Hruščev, Malenkov e Bulganin, Stalin stava morendo. Sua figlia afferma che aveva trascurato a tal punto i consigli dei medici da fare una sauna, cosa controindicata date le condizioni del suo cuore. Ne conseguì, o forse era comunque ineluttabile, il colpo che doveva dimostrarsi fatale.

Verso mezzanotte del primo marzo i membri della sua scorta sentirono dei movimenti, ma la loro preoccupazione crebbe non vedendo uscire Stalin dalle sue stanze. Intorno alle sei e mezzo del pomeriggio si accese la luce, ma lui continuava a non farsi vedere. Alla fine, verso le dieci e mezzo di sera, presero il coraggio a due mani, irruppero nell'appartamento e mandarono dentro il vicecommissario della dacia, Lozgačev. Questi trovò Stalin nel piccolo soggiorno, disteso sul tappeto accanto al tavolo. Non aveva perso conoscenza, ma non riusciva a parlare. Quando gli chiese che cosa non andasse, lui riuscì solo a emettere un gorgoglio.

Poi entrarono gli altri uomini della scorta, e gli chiesero se voleva essere adagiato sul divano. Fece un lieve cenno di assenso e ve lo trasportarono, mentre uno di loro faceva rapporto al ministro della Sicurezza di Stato, Ignat'ev. Lui li mandò da Berija. Nel frattempo era stato informato anche Malenkov.

Berija e Malenkov arrivarono verso le tre del mattino del 2 marzo. Quando lo videro, Stalin sembrava tranquillamente addormentato, e di tanto in tanto russava. Hruščev e gli altri arrivarono più tardi. Alla fine furono mandati a chiamare i medici che arrivarono tra le otto e trenta e le nove del mattino. Nel frattempo Stalin era rimasto senza cure almeno dieci ore. Come sottolinea sua figlia, se fossero stati presenti Poskrebyšev o Vlasik, avrebbero immediatamente mandato a chiamare un medico.

In seguito Mikojan disse al dirigente albanese Enver Hoxha che lui e altri avevano parlato dell'idea di uccidere Stalin, pur sottintendendo di non essere in grado di farlo. Berija è spesso sospettato di aver cercato di farlo avvelenare, ma non esistono prove a riguardo. Sembra assai più plausibile che si fossero accordati per fare in modo di lasciarlo privo di assistenza medica in caso di crisi.

Emerse che aveva subìto un'emorragia cerebrale. Nei tre giorni successivi rimase sul divano. Fu curato con iniezioni, sanguisughe e svariate medicine; per nutrirlo lo imboccavano. In alcuni momenti sembrava migliorare. Una volta, racconta Hruščev, indicò una riproduzione sulla parete che raffigurava un ragazzo e una ragazza nell'atto di nutrire un agnello con un biberon. Secondo Hruščev, Stalin si sentiva nella stessa situazione.

Il 2 marzo, in tarda mattinata, furono accompagnati alla dacia Svetlana e Vasilij Stalin. Vasilij era ubriaco e gridò che i medici avevano ucciso o stavano uccidendo suo padre. Alla fine lo mandarono a casa.

La veglia proseguì mentre Stalin peggiorava gradualmente. I suoi vecchi compagni aspettavano nell'incertezza (a quanto si dice, alla notizia che Stalin stava morendo Berija parve compiaciuto, ma quando il malato si riprese e aprì gli occhi si affrettò a dimostrare la propria devozione).

La figlia descrive la sua fine. L'emorragia si era diffusa nel cervello e aveva colpito i centri respiratori:

> Nelle ultime dodici ore la mancanza di ossigeno divenne acuta. Il volto e le labbra diventavano cianotiche mentre lui moriva di una lenta asfissia. L'agonia fu terribile. Soffocò letteralmente fino a morire, davanti ai nostri occhi. In quello che sembrava l'ultimo momento aprì gli occhi e lanciò uno sguardo a ciascuno nella stanza. Fu uno sguardo terribile, pazzo o forse furioso, e pieno di paura della morte.

Poi «d'un tratto sollevò la mano sinistra come a indicare qualcosa verso l'alto, e a maledire tutti. Fu un gesto incomprensibile e pieno di minaccia».

E così, come afferma sua figlia, il 5 marzo 1953 Stalin «morì di una morte difficile e spaventosa», anche se non altrettanto spaventosa di quella dei molti milioni di persone cui l'aveva procurata, o stava progettando di procurarla, egli stesso.

XV

STALIN OGGI

1

Questo libro non ha tra i suoi obiettivi di descrivere gli effetti a lungo termine della vita che si concluse a Kuncevo in quella notte di marzo: effetti che furono spaventosi e durevoli. Al funerale di Stalin la folla era talmente assiepata che furono in molti a morire schiacciati. Andrej Saharov descrive la scena: «La gente errava per le strade, sconvolta e confusa, sul sottofondo di una musica funebre. Anch'io mi lasciai commuovere». Saharov racconta con vergogna che in quel periodo in una lettera personale arrivò a scrivere: «Mi trovo sotto l'influenza della morte di un grand'uomo. Sto pensando alla sua umanità». Anche se questo suo sentimento di lì a poco svanì, «ci vollero anni» commenta amaramente «prima che capissi appieno fino a che punto l'inganno, lo sfruttamento e la truffa vera e propria fossero connaturati all'intero sistema stalinista»; e aggiunge: «Questo dimostra il potere ipnotico dell'ideologia di massa. Ancora oggi, negli anni Novanta, è in corso la lotta per curare le ferite politiche, economiche, intellettuali e psicologiche inflitte da Stalin ai suoi compatrioti (e non soltanto a loro)».

Tale lotta cominciò (anche se in sordina) pochi giorni dopo la sua morte, il 10 marzo 1953, quando – come si apprende oggi – il suo successore Georgij Malenkov parlò con tono confidenziale durante un plenum del Comitato centrale del danno fatto dal «culto della personalità». L'epurazione antisemita fu interrotta, e i medici vennero rilasciati anche se le azioni intraprese contro di essi «in grossolana violazione della legge sovietica», inclusa una «vera e propria falsificazione delle prove», furono imputate non a Stalin ma al deprecabile avventuriero Rjumin. Per quanto riguarda l'opinione pubblica, per circa un anno il nome di Stalin fu ridimensionato un po', ma nel 1956 Hruščev, nel famoso «rapporto segreto», fornì il quadro d'insieme di una serie di malvagità perpetrate da Stalin, mentre alcuni comunisti di lunga data ascoltandolo cadevano in preda all'isteria o in uno stato di shock. Eppure persino Hruščev aveva garantito che Stalin partiva da fondate motivazioni politiche e aveva contribuito all'edificazione del socialismo. E quando Hruščev cadde, vi fu un notevole impulso alla ristalinizzazione. Anzi, nel 1969 fu progettato di riabilitare del tutto il nome di Stalin, e lo stesso accadde nel 1979, in occasione del centenario della sua nascita. Lo si evitò a mala pena a seguito di forti pressioni da parte di eminenti intellettuali sovietici e dirigenti comunisti stranieri.

Intanto rimase in vigore il sistema politico-economico creato da Stalin. Solo verso la fine degli anni Ottanta la dirigenza sovietica si rese conto che l'«economia autoritaria» di stile staliniano aveva rovinato il paese: e soprattutto che per mantenerla si doveva contare più che altro sull'autoinganno.

Dal momento in cui si cominciò a considerare deleterie la falsità e la mancanza di libertà di discussione, a poco a poco finì sotto accusa l'intero passato stalinista, finché verso la fine del decennio cominciò una campagna di rivelazioni continue, integrali e devastanti sulla realtà dello stalinismo e della persona di Stalin, il che non comportò soltanto l'esposizione di fatti e motivazioni, ma anche la riesumazione di fosse comuni.

Ancora oggi in Unione Sovietica ci sono degli stalinisti: per la maggior parte sono anziani e incolti, ma (come ha osservato un articolo di «Izvestija») la categoria include anche burocrati cui non importa nulla di Stalin, ma che fanno ricorso alla sua memoria per «proteggere la propria posizione» dalla minaccia della democratizzazione.

Ma il problema più difficile consiste nello sradicare gli effetti del retaggio staliniano dalla mente degli uomini di buona volontà. Audaci campioni della *glasnost'* come Lev Razgon e Vitalij Korotič raccontano la stessa storia. Razgon dice: «Il terrore servile di Stalin resta nelle ossa e nelle vene di gente che non lo ha mai conosciuto»; e Korotič: «Ho avuto Stalin dentro di me tutta la vita», anche se poi aggiunge: «Ma era un piccolo Stalin per scolaretti; i politici avevano degli Stalin grandi». Se c'è un punto cui in questo libro non è stato dato sufficiente rilievo, anche perché è impossibile svolgerlo appieno, sono gli orrori psicologici della mistificazione di massa, ancor peggiori degli orrori fisici del terrore di massa. Alla popolazione fu imposto non soltanto di attuare una scissione tra la verità in generale e l'interpretazione ufficiale, ma tra la realtà esperita nella vita personale e del paese e il mondo illusorio che era costretta ad accettare mentalmente. Come dice lo storico sovietico Natan Ejdel'man, nel periodo staliniano una parte significativa della popolazione sovietica «viveva sotto un sortilegio ipnotico particolare», il cui esorcismo si è dimostrato enormemente difficile e doloroso.

2

Quali conclusioni possiamo trarre sulla personalità che aveva così profondamente permeato la vita e la mente dei suoi sudditi, in Russia e negli altri suoi domini e territori?

Da quasi tutti i punti di vista Stalin era uno sradicato. Non aveva un rapporto di devozione naturale alla sua famiglia, alla sua patria, alla sua etnia, ai suoi compagni di scuola. Non era né un georgiano né un russo. Non era né un operaio né un intellettuale. L'ambiente da cui emersero Lenin e la maggior parte dei bolscevichi di un qualche rilievo era quello dell'intellighenzia russa. È vero che tale intellighenzia era dilaniata da conflitti, ma si trattava di conflitti all'interno di una fascia sociale e intellettuale riconosciuta, in cui Stalin era ammesso solo in modo marginale e condiscendente.

La sua vita coniugale era vuota apparenza. La sua vita sociale era una facciata tenuta in piedi alla bell'e meglio, che alla fine degenerò in allegria forzata con amici volgari e terrorizzati. E a quanto pare questo tetro e apatico simulacro di buona amicizia nelle lunghe notti delle cene al Cremlino era stato montato per appagare, seppure in modo imperfetto, un bisogno profondo. Come accade tanto spesso con Stalin, sembra quasi che le normali qualità umane manchino del tutto o siano ridotte ad aride vestigia.

Una delle sue caratteristiche principali era il coesistere in lui di una profonda mediocrità e di una forza di volontà sovrumana, quasi avesse un cervello molto comune ma con un qualche lobo curiosamente ipertrofico, come gli orribili teschi dei primi dipinti di Dalí.

È chiaro che la sua personalità era segnata da un profondo senso di insicurezza. Ne è prova fin dall'inizio del secolo, se non prima, la continua falsificazione del ruolo da lui svolto negli avvenimenti; ma lo si può intravedere anche in fenomeni secondari, come il suo bisogno di legittimazioni esterne di ogni genere. È evidente il rispetto che nutriva nei confronti di alcuni Vecchi bolscevichi che avevano fatto parte della Duma zarista. A quanto dicono, per esempio, fu particolarmente compiaciuto per l'adesione alla sua causa di Wanda Wasilewska, «figlia di un noto ministro polacco di prima della guerra».

Come ha dimostrato in modo esauriente Robert C. Tucker, era anche molto suscettibile. Ancora negli anni Venti una benevola caricatura sottoposta alla «Pravda» dal vignettista Boris Efimov, del tipo che Lenin e altri avevano approvato ridendone quando ne erano oggetto, fu respinta da Tovstuha, allora segretario di Stalin, con la dicitura: «Non approvata». In un'altra occasione, si irritò profondamente quando Roosevelt gli disse che lui e Churchill lo chiamavano «zio Joe», e ci volle una bella fatica per convincerlo che questo non sminuiva affatto la sua dignità.

Cercava di fare colpo anche in questioni secondarie. Per esempio, dopo la guerra un ammiraglio aveva un appuntamento con lui. Stalin chiamò Poskrebyšev per fargli sistemare sulla scrivania una pila di libri di linguistica, poi spiegò all'ufficiale di marina che gli dispiaceva di non riuscire a procurarsi alcune rare opere prerivoluzionarie sull'argomento. È un esempio marginale; il più delle volte tutto si riduceva all'inganno di dimostrarsi falsamente cordiale verso funzionari del partito o stranieri che in apparenza venivano accolti come alleati, ma in pratica erano considerati vittime predestinate.

Molti studiosi che si sono occupati di Stalin hanno notato le sue doti di teatrante. Adam Ulam parla del suo «consumato talento d'attore», e Robert C. Tucker della sua «straordinaria abilità istrionica», mentre George F. Kennan lo descrive come «un attore provetto». Ma qualsiasi ruolo stesse recitando, secondo un osservatore sovietico Stalin talvolta riusciva a entrare talmente nella parte che sembrava lasciarsene trascinare, e credere davvero, almeno per un po', nella propria finzione.

In ogni caso, è difficile stabilire la linea di demarcazione tra quello che credeva e la spiegazione migliore di una data azione. Credeva davvero che Buharin fosse un agente di Hitler? Presumibilmente in un certo senso no. Ma era convinto che fosse un nemico e «oggettivamente» un nemico era davvero un agente di Hitler, indipendentemente dai trascurabili dettagli e dai fatti concreti. Proprio così Koestler descrive la mentalità stalinista: una zona in cui il concetto di vero e falso in senso tradizionale non valgono più.

3

Quando si pensa a Stalin si pensa alla scena rappresentata nel dipinto di Goya *Saturno che divora i suoi figli*. A Mosca, un paio d'anni fa, mi era da poco venuta in modo vivido alla mente, quando incontrai un eminente scrittore sovietico che aveva appena visitato il Prado e visto l'opera. Prima che avessi il tempo per accennargli un parallelismo, mi disse di essere stato subito colpito dalla sua forza travolgente.

L'orrore disumano ha lo stesso identico effetto. Eppure, se si riflette, ci sono delle differenze. E non soltanto perché il gigantesco Saturno, simile a un orco, divora soltanto i suoi figli, mentre Stalin non si limitò a questo. Ma anche perché gli occhi sbarrati e i capelli scompigliati di Saturno contrastano nettamente con il personaggio pubblico di Stalin, tranquillo e ben azzimato. Tuttavia questo non vuol dire che dietro la facciata non vi fosse una personalità maniacale e distruttiva del tipo rappresentato con estrema acutezza dal pittore. È vero che talvolta nell'aspetto esteriore solitamente placido di Stalin trapelava una rabbia ribollente, incontrollabile.

Oggi gli psicologi sovietici discutono apertamente sul problema se Stalin fosse pazzo o se almeno a un certo punto lo fosse diventato. È abbastanza evidente che dal punto di vista psicologico non era normale. Difficilmente incontreremo obiezioni se per definirlo usiamo il termine paranoide, non in un senso clinico ma nell'accezione comune.

Stalin disse al suo adulatore francese Barbusse che una sana diffidenza è la migliore base per la collaborazione. Ma questa è solo un'espressione assai lieve della sua inveterata abitudine di sospettare nemici dappertutto, abitudine di cui abbiamo dato così tanti esempi.

Il fatto più saliente è la sua innata crudeltà. Il suo biografo sovietico Volkogonov afferma di avere «parlato con centinaia di persone che conoscevano personalmente Stalin» e trae la conclusione che «per quest'uomo la crudeltà era semplicemente un attributo inalienabile del suo essere».

Per individuare l'inclinazione personale di Stalin per il terrore e la morte è senz'altro sufficiente analizzare i fatti. Intravedendo nemici tutto intorno a lui, aveva soltanto una cura di provata efficacia per la loro ostilità. Certo il marxismo, nella forma estrema che assunse nella sua mente, richiedeva comunque l'annientamento di classi considerate ostili, per esempio i *kulaki*; ma lui si spinse oltre, decretando e firmando di suo pugno migliaia di sentenze capitali, molto spesso per uomini che lo avevano fino allora spalleggiato in tutti i suoi atti di tirannia. Era a conoscenza di altri omicidi, anzi talvolta insisteva perché venissero perpetrati, come quando Ežov all'inizio del 1938 fu inviato in Ucraina per decretare altre trentamila sentenze capitali, da eseguire su vittime scelte dall'NKVD locale. Inoltre era pienamente informato su quanti morivano lentamente nei campi di lavoro a causa di un regime letale, che lui stesso nel giugno 1937 aveva voluto, con insistitenza, inasprire. E oltre alla morte infliggeva la tortura, ordinando personalmente il pestaggio di prigionieri innocenti.

In diversi periodi storici possiamo trovare despoti che si dilettavano a uccidere e a torturare; ma Stalin occupa tra loro un posto di grande rilievo. Tuttavia i suoi ordini di torturare i prigionieri valgono ancora a rammentarci che egli non governava soltanto tramite il terrore, ma anche tramite la falsificazione. Infatti lo scopo della tortura era di estorcere confessioni false. E non solo quando gli accusati dovevano essere processati pubblicamente in una sorta di grande spettacolo politico, ma anche quando venivano fucilati in segreto.

Tutto questo era contenuto e concentrato in una brama insaziabile per il potere. Il sociologo sovietico Igor Bestužev-Lada dice che dopo «i fallimenti catastrofici del 1929-1933» persino Stalin si aspettava di essere rovesciato e che la «logica delle sue azioni» consisteva semplicemente in una «lotta disperata per assicurarsi il potere personale e poi per mantenerlo a ogni costo ... una lotta scaltra e spietata, in cui utilizzava tutto il suo arsenale di astuzie e di perfidie».

Abbiamo visto come a molte persone veniva in mente l'immagine di una tigre: non soltanto l'animale da preda per antonomasia, il killer più pericoloso della giungla, ma la fiera che resta sdraiata immobile in attesa della sua vittima, dando al massimo qualche sporadico segno di impazienza. Un paragone più significativo, anche se molto diverso, con il mondo animale fu fatto da Maksim Gor'kij. Quando Gor'kij morì, l'NKVD si impadronì dei suoi documenti privati, tra cui c'era una descrizione di Stalin che a quanto si dice fece imprecare Jagoda: Gor'kij citava uno studio secondo cui una pulce, se ingrandita migliaia di volte, sarebbe l'animale più spaventoso e pericoloso di tutti gli esseri possibili. Stalin, affermava Gor'kij, era appunto una creatura del genere, un mostro insaziabile di sangue umano, pur restando nella sostanza un parassita.

4

Abbiamo esaminato alcuni atteggiamenti psicologici di Stalin. Quanto alla natura del suo pensiero, alle sue caratteristiche intellettuali, in un certo senso Stalin era un prodotto dei suoi tempi. Come si desume dalle sue letture al seminario di Tiflis, assorbì le idee che permeavano la seconda metà dell'Ottocento. La miscela di scienza nuova e di nuovo progresso economico era insaporita con un altro ingrediente: il romanticismo rivoluzionario. Per Stalin e per altri, a riunire tutti questi fili fu il marxismo, che abbagliò loro la mente come era accaduto in precedenza con altre semplificazioni onnicomprensive.

In realtà il nocciolo del sistema di convinzioni di Stalin, con tutte le sue pretese scientifiche, era costituito da un'immagine fantasiosa, che come dice Norman Cohn era «decisamente arcaica». Nel suo studio sulla setta medievale dei chiliasti, *I fanatici dell'Apocalisse*, Cohn osserva che anche loro cercavano «uno stato di comunità assoluta, una società del tutto unanime nelle sue convinzioni e del tutto libera da conflitti», rivendicavano al proprio movimento di essere destinato «alla missione irripetibile di portare la storia alla sua conclusione predeterminata», e a questo scopo formarono «un gruppo dotato di un perenne dinamismo e di una spietatezza dichiarata il quale, ossessionato da una fantasia apocalittica e affatto convinto di essere infallibile, si collocava infinitamente al di sopra del resto dell'umanità e non riconosceva alcuna rivendicazione, salvo quella della propria presunta missione». Cohn dimostra come ne facessero parte alcuni membri del basso clero, e oscuri laici che avevano un'infarinatura di istruzione ecclesiastica, oltre a qualche piccolo nobile eccentrico: nel complesso «una fascia sociale riconoscibile, un'intellighenzia frustrata e di livello piuttosto basso» che persino secondo i criteri medievali era «anomala per la sua distruttività e irrazionalità».

Come afferma Cohn in un altro libro, *Licenza per un genocidio*, il «mondo sotterraneo» di «fantasie patologiche» esiste sempre in una qualche forma, e talvolta «diventa potere politico e cambia il corso della storia».

Forse Stalin era particolarmente vulnerabile a tale dottrina nella sua forma più dogmatica. Le sue letture clandestine e la sua formazione individuale non erano bilanciate in modo adeguato dall'istruzione impartitagli dai suoi maestri ufficiali. Pur rifiutando nella sostanza ciò che il seminario gli insegnava, mantenne per tutta la vita la forma mentale, il meschino dogmatismo che vi aveva assorbito. Il suo stile nel parlare, come pure il suo modo di pensare, erano catechistici. (Forse fu dovuto alla sua condizione di persona semi istruita se, come dice Volkogonov, «Stalin aveva una fede sconfinata nella parola scritta. Se gli mostravano qualche documento in cui si affermava che una persona era sua nemica, ci credeva quasi sempre».) Infatti il modo di pensare di Stalin, persino all'interno dei ristretti confini del suo sistema di convinzioni, era straordinariamente limitato. Il suo stile letterario è stato analizzato da esperti sovietici, i quali hanno riscontrato come si basi su una serie di affermazioni che nelle intenzioni conseguono ciascuna da quella precedente, ma in realtà non hanno alcuna connessione logica. La conclusione precede il ragionamento. Per molti del suo pubblico specifico, il partito, la mancanza di finezza tipica della sua esposizione era considerata un segno della capacità di un uomo semplice (o almeno di un marxista semplice) di cogliere l'essenziale. Ma questo non fece altro che abbassare, o almeno contribuì ad abbassare, la mentalità del partito al livello di Stalin. Come dice Volkogonov, «le sue conclusioni erano invariabilmente categoriche. A Gori, dove era nato Stalin, i raggi del sole cadono quasi perpendicolari, e lo stesso avviene nei suoi articoli per i giornali: non hanno ombreggiature».

Petr Zaluckij, il seguace di Zinov'ev, negli anni Venti osservò che le analisi di Stalin erano senza eccezione «schematiche, non analitiche»; che la sua mente era un meccanismo in grado, per quanto rozzamente, di elaborare il passato e l'immediato presente, ma non lo aiutava mai ad anticipare gli eventi.

Insomma, il suo modo di vedere era caratterizzato da un'immensa limitatezza. Tuttavia forse possiamo intuire che la limitatezza serviva in un certo senso a concentrare l'energia, la potenza della sua forza di volontà.

Il marxismo, di cui divenne adepto nell'ultimo decennio dell'Ottocento, aveva tra i suoi principi fondamentali la centralità del conflitto con nemici implacabili che devono essere eliminati. Allo stesso tempo proponeva un obiettivo trascendente che giustificava qualsiasi sacrificio. È evidente che calzava a pennello alla personalità di Stalin. Forse si può considerare una conseguenza inevitabile che un'ideologia la quale di per se stessa può essere classificata come paranoide fosse incarnata da uno dei leader politici in assoluto più paranoici della storia moderna. Alla fine il marxismo autorizzò Stalin, come «capo del proletariato mondiale», a sferrare una lotta implacabile contro qualsiasi fenomeno o persona che non gli piacesse, dopo aver fatto in modo da presentarlo come espressione delle forze della classe nemica.

Ma la fraseologia marxista o almeno «socialista» costituiva pure uno strumento per mezzo del quale i gonzi di Stalin, stranieri e locali, potevano essere indotti senza alcuna difficoltà ad accettare il suo universo illusorio. E con quanta facilità spesso funzionava l'incantesimo! C.S. Lewis ha parlato della «stupidità del male»; e se vogliamo adottare questa terminologia, si vede con chiarezza che in un certo senso essa può essere applicata a Stalin. Invece, riguardo a quanti, in

Occidente, si sono fatti così facilmente abbindolare – soprattutto quando si pensa ai risultati della loro infatuazione – si può certamente parlare di «male della stupidità».

5

Stalin era convinto (almeno all'inizio) di avere la chiave del futuro, e che il suo regime fosse destinato a «raggiungere e superare» i paesi capitalisti in una accelerazione della storia avviata dal partito. Nel novembre 1929 disse: «Quando abbiamo messo l'Unione Sovietica su un'automobile e il *mužik* su un trattore, provino i gentiluomini capitalisti che si vantano così a gran voce della loro "civiltà" a riacchiapparci! Allora vedremo quali paesi vanno classificati come arretrati e quali come avanzati»; e a quanto pare ci credeva davvero.

Tra le mistificazioni dell'epoca, a parte quella meramente economica, come abbiamo visto, c'era l'idea che sarebbe emerso un «uomo nuovo», un concetto cui Stalin diede grande risalto. Si considerava un esemplare, un precursore che incarnava i caratteri tipici dell'uomo nuovo? In ogni caso, il suo ordine socialista avrebbe prodotto, in base al principio marxista, un tipo di essere umano superiore: morale, responsabile, non soggetto ad alcuno dei vizi con cui il capitalismo o il feudalesimo avevano marchiato l'umanità. Gli effetti del «sistema di produzione» sarebbero stati senz'altro affiancati da un imponente sforzo di rieducazione. Ma l'«uomo nuovo» che si manifestò era un delatore, un terrorista, un conformista, un burocrate, un antisemita. Fu lui (come afferma lo scrittore sovietico Lev Ovruckij) «a spopolare le campagne russe, a soffocare le nostre città con lo smog, a vuotare i nostri negozi e a colmarci l'anima di apatia».

È quasi impossibile sapere se, e in quale modo, lo spirito perverso e ambiguo di Stalin abbia nutrito davvero qualcosa che si avvicinasse anche lontanamente all'amore per il popolo. Nel concreto, non molto e non spesso; ma se in qualche meandro oscuro della sua mente esisteva un residuo di sentimenti del genere, possiamo affermare con certezza con il poeta Griboedov (sepolto accanto alla madre di Stalin in un piccolo cimitero sovrastante Tiflis): «Risparmiateci i mali peggiori, la collera di un maestro e l'amore di un maestro».

Lo stalinismo derivò almeno in parte da una semplice idea precostituita: l'idea ottocentesca che tutte le azioni sociali e umane possano essere calcolate, considerate e previste. All'epoca dello «scientismo» vittoriano si riteneva che disponendo di dati a sufficienza si potessero per esempio prevedere le condizioni meteorologiche. In realtà di recente si è capito che anche se conoscessimo alla perfezione una data condizione atmosferica, le previsioni fatte per quattro o cinque giorni dopo fallirebbero, e quelle per nove o dieci giorni dopo sarebbero inutili. E le complessità meteorologiche non sono nulla in confronto ai rapporti tra milioni di esseri umani, e alla loro interazione produttiva e distributiva. Il punto focale del marxismo era che si poteva accedere a tutte le informazioni necessarie, e che lo stato con la sua burocrazia poteva servirsene per ricostruire l'ordine sociale ed economico.

Dal punto di vista strettamente economico, tutto il periodo staliniano può essere considerato un tentativo dogmatico e disastroso di dimostrare, anche a fronte del fallimento, che questa economia da caserma era superiore al «capitalismo» in senso sociale e produttivo. L'inganno, e probabilmente l'autoinganno di Stalin, si spingeva anche più in là. Dopo il 1929 la situazione economica, politica e morale del paese era peggiore di qualsiasi altra che la storia ricordi. Un governo poteva affrontarla in due modi: ammettere la verità, e cambiare la propria linea politica; oppure negarla.

In teoria la massa della popolazione rurale aveva aderito volentieri alle aziende agricole collettive e ormai era più produttiva e prospera che mai. In realtà invece i contadini odiavano l'intero sistema e pativano la fame, mentre venivano strappate loro a forza le derrate alimentari strettamente necessarie per mantenere in vita il resto del paese. In teoria gli operai erano i padroni dello stato. In realtà, un settore limitato di questa classe sociale era servito come terreno di reclutamento per il nuovo ceto privilegiato, e il proletariato nel complesso viveva assai peggio che prima della rivoluzione. In teoria quasi tutta la popolazione era in preda a uno straordinario entusiasmo per il regime. In realtà la disaffezione era stata soffocata per mezzo di una campagna di propaganda imponente, anzi quasi incredibile, continua e totale, abbinata al terrore. Le oceaniche e regolari «manifestazioni» che in teoria dovevano dimostrare la vasta mobilitazione volontaria delle «masse» per l'ordine stalinista erano invece rituali obbligatori.

6

La definizione escogitata da Churchill per Stalin, «un uomo inumano», è abbastanza valida. Ma oltre a essere innaturale in questo senso, il personaggio aveva un'altra caratteristica straordinaria: era irreale.

Nel 1939 o 1940 Stalin convocò un suo devoto sostenitore, lo scrittore Aleksandr Fadeev, e gli mostrò i due volumi di documenti prodotti dall'NKVD nel processo di Mihail Kol'cov, ex corrispondente della «Pravda» in Spagna. Nel febbraio 1940 Kol'cov fu condannato a dieci anni di detenzione senza diritto di corrispondenza, e il giorno dopo lo fucilarono. L'ingente massa di «prove» era interamente falsa, e consisteva nelle confessioni dell'accusato e dei suoi complici. Ma Stalin aveva letto con attenzione il dossier e scritto i suoi commenti a margine. Tra le accuse contestate a Kol'cov c'era quella di essere stato reclutato come agente francese dal romanziere André Malraux. Stalin manifestò la propria irritazione per il fatto che i servizi di controspionaggio francesi potevano contare sull'aiuto degli scrittori francesi, mentre l'NKVD non aveva un supporto del genere dagli scrittori sovietici. «Ci rifletta, compagno Fadeev» disse.

Sembra che per Stalin tali invenzioni fossero più reali della realtà. E i nemici che arrivavano in questo modo a confessare confermavano per quanto involontariamente le sue fantasie, dando ciascuno una efficace ratifica alla concezione del mondo di Stalin. Questi casi, e molti altri simili, sembrano dimostrare che esisteva uno scollamento tra la realtà e la fantasia, non solo nella sfera pubblica ma anche nella mente di Stalin.

In realtà, l'intero operato di Stalin al potere può essere considerato un tentativo in primo luogo di forzare la realtà così da realizzare le sue fantasie e poi, quando esso fallì, di imporre la convinzione che quel mondo immaginario si fosse concretizzato davvero. Pasternak scrisse che la «crudeltà senza precedenti» del terrore di Ežov era dovuta al disastroso fallimento della collettivizzazione, impossibile da ammettere. In senso più ampio, la devastazione fisica e mentale attuata dallo stalinismo nel complesso può essere analizzata alla luce delle tensioni, delle pressioni e delle distorsioni prodotte dall'imponente opera di erosione dell'irrealtà sulla dura materia dei fatti.

Questo processo affiora con evidente chiarezza dal modo di interpretare un dato di particolare importanza: quello relativo alla popolazione dell'Unione Sovietica. Nel 1934 i discorsi e documenti ufficiali parlavano di poco più di centosettanta milioni di abitanti (170.500.000, come riferito alla Lega delle nazioni). Nel gennaio del 1935 Molotov affermò con orgoglio: «La crescita immane della popolazione dimostra la forza vitale dell'Unione Sovietica», e in seguito, sempre nel corso dell'anno Stalin annunciò: «L'incremento annuale della popolazione è di circa tre milioni di abitanti». Questo, e le previsioni ufficiali della commissione per il piano di stato riportate nel secondo piano quinquennale, davano per scontata una popolazione di 177-178 milioni di abitanti all'inizio del 1937.

Nel gennaio del 1937 si svolse un censimento, ma i risultati vennero annullati in quanto «un nido di serpenti traditori all'interno dell'apparato della statistica sovietica» si era «divertito a diminuire la popolazione dell'URSS». Ovviamente i responsabili vennero fucilati.

Solo nel 1989-1990 la cifra cui erano arrivati fu finalmente resa pubblica: un po' oltre i 162 milioni, un deficit di 15 o 16 milioni!

Nel gennaio del 1939 fu intrapreso un nuovo censimento più accurato, e il 16 marzo Stalin poté annunciare con toni trionfanti al XVIII congresso del partito che la popolazione era ormai di 170 milioni di abitanti; la cifra annunciata ufficialmente in seguito fu di 170.467.186.

Sembra difficile a credersi, ma ancora verso la fine degli anni Ottanta alcuni studiosi occidentali si limitarono ad accettare sulla fiducia questa cifra poiché, dopo tutto, era riportata in un «documento ufficiale». I demografi sovietici ribadirono anche allora i motivi del proprio scetticismo. Il primo e più ovvio era che la condanna a morte dei loro predecessori aveva incentivato particolarmente i nuovi responsabili del censimento a gonfiare le cifre. In secondo luogo Stalin aveva annunciato il totale prima che gli addetti al censimento avessero fatto i propri calcoli.

Nel 1989-1990 le principali riviste sovietiche di statistica e di sociologia chiarirono che la cifra calcolata in realtà ammontava a 167.300.000, e che quindi tre milioni circa di abitanti «esistevano soltanto sulla carta» ed erano distribuiti arbitrariamente tra zone particolarmente carenti di popolazione.

Se 167-168 milioni era la cifra massima cui potevano arrivare con la migliore volontà del mondo persino i nuovi responsabili del censimento, probabilmente anch'essa è esagerata. Di recente i demografi sovietici hanno sottolineato che, tanto per cominciare, a quell'epoca l'NKVD non faceva rapporto sulle persone morte mentre scontavano la condanna, e per giunta la maggior parte dei moltissimi fucilati era stata condannata (per un'altra mistificazione stalinista) a «dieci anni di detenzione senza diritto di corrispondenza» e perciò dal punto di vista statistico era ancora in vita.

Il «censimento» del 1939 è interessante sotto diversi aspetti per mostrare il modo in cui Stalin manipolava i fatti. Innanzitutto perché costituiva una mistificazione sia diretta che indiretta. La quale, in ogni caso, non era quantitativamente ingente: si trattava solo di qualche milione di persone. Malgrado tutto Stalin continuò a ribadire che la cifra di centosettanta milioni di persone rappresentava un «incremento senza precedenti della popolazione». In Unione Sovietica non c'era nessuno a dirgli che non era vero. E all'estero si può affermare quasi senza tema di smentite che per molti anni nessuno se ne accorse. Insomma, Stalin aveva ucciso milioni di persone e ormai nella sostanza aveva ammesso in larga parte il misfatto, ma l'aveva scampata con un bluff riuscito. Forse si convinse che la cifra di centosettanta milioni corrispondeva al vero. Forse trovò dei sistemi per ridurre i 12-13 milioni di persone che in realtà mancavano all'appello. Ma molto difficilmente riuscì a convincersi che il risultato era un trionfo dal punto di vista demografico. Fino al 1937 credette che il massacro nelle campagne fosse compatibile con una rapida crescita della popolazione complessiva. Ma nel 1939 ormai doveva sapere che anche in questo ambito lui e il suo regime stavano vivendo una menzogna.

Più in generale Stalin si impegnò anima e corpo nel creare illusioni e inganni. Fu soprattutto questo impero della menzogna a mantenere l'Unione Sovietica in uno stato di arretratezza, di corruzione morale, di mistificazione economica e di degrado generale anche dopo la morte di Stalin, fino a quando, nel corso degli anni Ottanta, la verità è diventata troppo scottante per essere taciuta. Prima gli economisti, e poi alcuni dirigenti politici, si sono resi conto dei fatti. L'autoinganno è possibile fino a un certo punto, ma quando i tuoi mari incominciano a prosciugarsi diventa insostenibile.

La situazione dell'Unione Sovietica postcomunista è diretta conseguenza dei pensieri e delle opere di Stalin. Forse costituisce la conferma più decisiva che la storia abbia dato dell'analisi di Burke:

> Saper affrontare positivamente le difficoltà ci induce a conoscere a fondo il nostro obiettivo e ci obbliga a considerarne tutti i nessi; ci costringe a evitare la superficialità. È la mancanza dell'audacia intellettuale necessaria a tale impresa, è la degenerata inclinazione agli espedienti inefficaci e alle piccole comodità mistificatorie che in così tante parti del mondo hanno creato governi con poteri arbitrari. Hanno creato la passata monarchia arbitraria della Francia. Hanno creato la repubblica arbitraria di Parigi. In questi casi, la carenza di saggezza deve essere rimpiazzata dalla sovrabbondanza di forza ... Ma chi si comporta così non ottiene niente ... le difficoltà che ha non tanto sfuggito quanto eluso lo aspettano di nuovo lungo la via, si moltiplicano e si addensano su di lui, e in conclusione tutto il suo agire diventa debole, crudele e precario.

Ovvero, come dice uno scrittore sovietico parlando più in generale di Stalin e degli stalinisti, «alla fine hanno vinto, hanno sconfitto se stessi e il proprio popolo».

7

Un giudizio morale definitivo su un fenomeno come Stalin forse non è semplice come può sembrare. I comunisti dell'epoca, e persino Stalin stesso, sono stati giustificati per le loro buone intenzioni, poiché credevano, o poiché forse credevano, che le loro azioni fossero giustificabili durante l'edificazione di una società ideale nella quale eliminare le entrate prodotte dal capitale era una virtù che trascendeva tutte le altre.

Naturalmente sappiamo comunque che i motivi inconsci possono essere diversi da quelli che un uomo ritiene di avere. Come afferma Gibbon «capita che la coscienza se la dorma saporitamente in uno stato intermedio in cui si confondono l'illusione e l'inganno». In effetti, persino Stalin forse pensava di avere una giustificazione superiore agli occhi dell'umanità, o forse abbinava alla consapevolezza di avere goduto del terrore l'idea di avere avuto una giustificazione superiore.

Queste sono riflessioni banali. Il problema che sempre sorge in simili casi è più complicato: se un uomo è sinceramente convinto che quanto fa sia per il meglio deve essere assolto dall'accusa di *mens rea*? Negli ultimi anni ne hanno discusso Hannah Arendt, Ivor Brown e molti altri. Risolverlo presenta molte difficoltà, almeno sul piano strettamente logico.

Come scrive Vasilij Grossman in *Vita e destino*, i nazisti «sinceri» possono ribattere nello stesso modo: «Il sole è stato spento dal fumo dei forni a gas. Eppure questi crimini, crimini mai visti nell'universo ... sono stati commessi nel nome del bene». Come abbiamo visto, Grossman, la cui madre morì in una camera a gas e che scrisse i primi resoconti su Treblinka, mette a confronto diretto il terrore hitleriano e quello staliniano.

E allora supponiamo che Stalin avesse ragione. Supponiamo che la teoria secondo cui l'omicidio di massa può portare all'utopia fosse vera. Ci verrebbe proposta una versione della vecchia argomentazione secondo cui il fine giustifica i mezzi. Ma nella storia umana questo significa semplicemente affermare che (per usare le parole di Bryan Magee):

> Una serie di eventi vicini nel tempo ... sono definiti mezzi, e seguiti da un'altra serie di eventi più distanti, che sono chiamati fine. Ma ... non si possono difendere seriamente i privilegi rivendicati per quella che altro non è se non la seconda serie di eventi in una serie infinita. Per di più, la prima serie di eventi, essendo più vicina nel tempo, ha più possibilità di realizzarsi della seconda ... I premi promessi da quest'ultima sono meno certi dei sacrifici fatti in loro nome nella prima.

Ciò significa che se anche l'approccio appare plausibile in linea di massima, dal punto di vista logico non è valido.

In concreto, assume risalto la conclusione di Milovan Gilas:

Tutto sommato, Stalin era un mostro che pur abbracciando idee astratte, assolute e fondamentalmente utopiche, in pratica aveva come unico criterio il successo; e questo significava violenza e sterminio, fisico e spirituale.

E riguardo ai suoi impulsi ideologici e politici inappagabili, di un precedente rivoluzionario, Nikolaj Spešnev (l'originale dello Stravrogin di Dostoevskij) è stato detto:

Il suo radicalismo devastante sembrava solo una maschera della sua desolazione interiore. Il suo stesso viso somigliava a una maschera, affascinante e repellente insieme.

In queste pagine si è descritto, più che sezionato, il carattere di Stalin. E la conclusione, se così si può chiamare, non è un'analisi. È una descrizione generale dell'immagine di Stalin come appare a un osservatore.

Negli scritti sovietici ci si imbatte spesso in riferimenti a fenomeni «negativi» o a personaggi «negativi». Sarebbe difficile trovare un fenomeno o un personaggio più negativo di Stalin. Ma negativo non vuol dire insignificante. Stalin era l'incarnazione di una forza intensamente attiva in conflitto con l'umanità e la realtà, come un *troll* vagamente umanoide, o un demone proveniente da un'altra sfera o dimensione in cui si applicano leggi fisiche e morali aliene, il quale cerchi di costringere la Terra di Mezzo, regolata da altre leggi, a corrispondere alle sue regole. Ma questa è un'iperbole. Anche se Stalin era uno di coloro da cui in epoche precedenti forse trasse origine la concezione dei mostri mitologici, in fondo era un essere umano. Era mortale ed è morto. Dopo un po' sono morti anche il suo sistema e le sue idee.

Stalin rappresenta il dogmatismo, la fede in una teoria millenaristica al suo livello più rozzo. Tuttavia per quanto la sua personalità possa sembrare ordinaria, triviale e limitata, della sua vita non possiamo certo dire che non offra alcun insegnamento o che sia priva di interesse. Ma il suo interesse sta soprattutto nella quantità smisurata di devastazione fisica, morale e intellettuale che ha inflitto. Se oggi possiamo incominciare ad annoverare Stalin nella storia del passato, è nella speranza che non apparirà mai più un altro come lui.

NOTA BIBLIOGRAFICA

Esistono centinaia di libri, e un numero ancora maggiore di articoli, che in un modo o nell'altro danno informazioni su Stalin, e il ricercatore che voglia attingere a tali fonti non avrà difficoltà a trovarli. Riporto qui soltanto una bibliografia scelta, insieme ad alcune note su periodi o accadimenti specifici.

C'è una serie di biografie che in vario modo forniscono contributi utili per approfondire la nostra conoscenza, anche se tutte, a parte le più recenti, sono state scritte senza poter accedere alla massa di materiale comparso ultimamente in Unione Sovietica. La prima opera seria è *Staline: Aperçu historique du Bolchevisme* di Boris Souvarine (Paris, 1935 e in una nuova edizione 1977; trad. it. *Stalin*, Milano, Adelphi, 1983). Souvarine viveva nell'ambiente dei comunisti dissidenti, e ottenne molto materiale utile da oppositori sovietici che avevano avuto rapporti con Stalin. Il suo approccio ha dei limiti, com'è logico, e lo stesso vale per *Stalin: An Appraisal of the Man and his Influence* di Lev Trockij (New York, 1941; trad. it. *Stalin*, Milano, Garzanti, 1962) e *Stalin: A Political Biography* di Isaac Deutscher (New York 1963; trad. it. *Stalin: una biografia politica*, Milano, Longanesi, 1969).

Stalin: The Man and his Era di Adam Ulam (New York, 1973 e 1989; trad. it. *Stalin: l'uomo e la sua epoca*, Milano, Garzanti, 1975) è un'opera autorevole e seria. *Joseph Stalin: Man and Legend* di Ronald Hingley (London, 1974) è vivace e penetrante. *The Rise and Fall of Stalin* di Robert Payne (London, 1960) è «un grande ritratto spumeggiante» anche se superato o carente di informazione su certi punti. *Stalin: Man and Ruler* di Robert H. McNeal (New York, 1988) è un'opera esauriente anche se con dei limiti. *Stalin and the Shaping of the Soviet Union* di Alex de Jonge (New York, 1986) è utile e leggibile, soprattutto per quanto riguarda il quadro internazionale. I due (per ora) volumi di Robert C. Tucker *Stalin as Revolutionary 1879-1929* e *Stalin in Power: 1929-1941* (New York, 1974 e 1990; trad it. [primo volume] *Stalin il rivoluzionario*, Milano, Feltrinelli, 1977) sono eccellenti, soprattutto il secondo.

Esistono anche svariati libri abbastanza inutili. Innanzitutto, certe raccolte dell'emigrazione in un modo o nell'altro sono inaffidabili o addirittura romanzate. *Stalin: The Career of a Fanatic* di Essad Bey (London, 1932; trad. it. *Stalin*, Milano, Garzanti, 1946) è una miscellanea acritica. *My Uncle Joseph Stalin* di «Budu Svanidze» (New York, 1955) è inventato di sana pianta, anche se trasse in inganno Isaac Deutscher. Un libro simile, *Notes for a Journal* di «Maksim Litvinov» (London, 1955) fornisce molte presunte informazioni su Stalin ma tutte spurie, anche se ha ingannato E.H. Carr.

Dall'altra parte ci sono le biografie sovietiche o gli articoli biografici ufficiali usciti all'epoca di Stalin. Per la maggior parte hanno scarso valore. Potrebbe sembrare inutile dirlo, ma, proprio come Stalin avrebbe creduto quasi a qualsiasi cosa (secondo il suo biografo sovietico Dmitrij Volkogonov) purché fosse presentata in forma di «documento», ci sono studiosi occidentali che ancora preferiscono pubblicazioni ratificate ufficialmente all'epoca a quello che talvolta definiscono materiale «aneddotico» o «memorialistico».

Tra i libri che non sono specificamente biografie di Stalin ma contengono molto materiale biografico, bisogna citare il classico *Three Who Made Revolution* di Bertram D. Wolfe (New York, 1955; trad. it. *I tre artefici della Rivoluzione d'Ottobre*, Firenze, La Nuova Italia, 1953); gli altri due personaggi esaminati sono Lenin e Trockij. *Conversations with Stalin* di Milovan Gilas (New York, 1962; trad. it. *Conversazioni con Stalin*, Feltrinelli, Milano, 1978) è la brillante esposizione di alcune concise ma preziose intuizioni riguardo al comportamento di Stalin. Naturalmente anche i libri di Svetlana Allilueva *Dvadcat' pisem k drugu* (New York, 1967; trad. it. *Venti lettere a un amico*, Milano, Mondadori, 1967) e *Tol'ko odin god* (New York, 1969; trad. it. *Soltanto un anno*, Milano, Mondadori, 1969) sono indispensabili, come pure la sua opera successiva *Kniga dlja vnuček* (New York, 1990, ristampato a Mosca sulla rivista «Oktjabr'»). Un altro libro contenente interessanti osservazioni di prima mano di Stalin è *The Rings of Destiny* di Aino Kuusinen, moglie di un seguace finlandese di Stalin (New York, 1974). *Stalin* di Emil Ludwig (New York, 1942; trad. it. Milano, Mondadori, 1946) è un testo utile.

Tra le altre opere direttamente attinenti a Stalin vi è ovviamente, l'autobiografia di Trockij *Mein Leben* (Berlin, 1930; trad. it. *La mia vita: tentativo di autobiografia*, Verona, Mondadori, 1933). La letteratura memorialistica successiva comprende, come fonti essenziali i tre volumi *Khrushchev Remembers* (Boston, 1970, 1974 e 1990; trad. it. *Kruscev ricorda*, Milano, Sugar, s.d.) per quanto inclini alla teatralità. Altri memoriali di grande utilità sono quelli del maresciallo Žukov *Vospominanija i razmyšlenija* (Moskva, 1969; trad. it. *Memorie e battaglie*, Milano, Rizzoli, 1970) e di altri capi militari, di Anastas Mikojan e di altri politici e funzionari, specialmente nelle edizioni successive al 1985. Tra di esse vanno incluse anche le conversazioni di Čuev con Molotov («Kommunist vooružennyh sil», 1990-91).

Com'è ovvio esistono centinaia di libri su vari aspetti salienti della storia russa e dei suoi sviluppi in epoca sovietica, ma ci limiteremo a elencarne una scelta ridotta. Tra le più utili riguardo al retroterra culturale leninista ci sono *The Bolsheviks* di Adam Ulam (New York, 1965; trad. it. *Lenin e il suo tempo*, Firenze, Vallecchi, 1967) e *The Communist Party of the Soviet Union* di Leonard Schapiro (New York, 1960; trad it. *Storia del Partito Comunista Sovietico*, Milano, Cassin, 1963). La storia del periodo più in generale è esaminata in modo eccellente in *The Russian Revolution 1894-1919* di Richard Pipes (New York, 1990; trad. it. *La rivoluzione russa*, Milano, Mondadori, 1995). Le origini zariste e rivoluzionarie del dispotismo sono analizzate egregiamente in *The Russian Tradition* di Tibor Szamuely (London, 1974). Per un quadro d'insieme degli atteggiamenti russi in generale *The Russian Mind* di Ronald

Hingley (London, 1978) è inestimabile. Ci sono molti utili libri di memorie sulla vita sotto il regime di Stalin, per esempio quello di Nadežda Mandel'štam *Vospominanija* (trad. it. *L'epoca e i lupi: memorie*, Milano, Mondadori, 1971).

Tuttavia molte delle opere fin qui citate furono scritte prima della *glasnost'*, e i loro autori non avevano accesso al materiale reso pubblico in seguito. Buona parte delle nuove informazioni si possono trovare in *Triumf i tragedija: političeskij portret I.V. Stalina* di Dmitrij Volkogonov (Moskva, 1989 e, in una edizione aggiornata London, 1991, pubblicato per la prima volta in «Oktjabr'», 1988-89; trad. it. *Trionfo e tragedia: il primo ritratto russo di Stalin*, Milano, Mondadori, 1991). Un altro importante contributo è costituito dagli scritti più recenti del generale Volkogonov, comparsi su periodici (per esempio in «Nedelja», 16, 1990).

Una miniera di nuovi dati è il terzo volume di memorie di Hruščev, *Krushchev Remembers: The Glasnost Tapes* (Boston, 1990). *The Prosecutor and the Prey* di Arkadij Vaksberg (London, 1990; trad. it. *Viscinski. L'artefice del grande terrore*, Milano, Mondadori, 1991) riporta dettagli significativi sulle epurazioni della fine degli anni Trenta ed è utile anche riguardo al periodo postbellico, come pure le memorie di Konstantin Simonov *Glazami čeloveka moego pokolenija* («Znamja», 4, 1988 ecc.). *Stalin: The Glasnost Revelations* di Walter Laqueur (New York, 1990) contiene molto materiale pubblicato in Unione Sovietica tra il 1986 e il 1989. L'autore riporta due elenchi scelti delle sue fonti più recenti (pp. 317-18), pur affermando che nel periodo attuale è impossibile essere esaurienti, perché stanno venendo alla luce molte cose ancora. La nuova edizione di *Let History Judge* di Roj Medvedev (New York, 1989) contiene materiale recente.

In generale, le opere citate trattano in modo esauriente o quasi tutte le fasi della carriera di Stalin o gli aspetti della sua vita. Per periodi particolari le seguenti sono le più utili: *Stalin und die Tragödie Georgiens* di Iosif Iremašvili (Berlin, 1932) è l'unico testo abbastanza diretto e indipendente sull'infanzia e la giovinezza di Stalin, anche se inevitabilmente ne fornisce uno schizzo incompleto, e (almeno secondo Trockij) a colori troppo carichi. I libri di Svetlana Allilueva riportano gli aneddoti che circolavano nella famiglia di Stalin. *Deti Arbata* di Anatolij Rybakov (Moskva, 1988; trad. it. *I figli dell'Arbat*, Milano, Rizzoli, 1988) propone una tradizione alternativa. Si può dimostrare che anche se in forma romanzesca, altri fatti raccontati in quest'opera e un tempo messi in dubbio sono veritieri (si veda «Literaturnaja gazeta», 18 agosto 1987; «Literaturnaja Armenija», 2, 1988); e su questo punto specifico concordano (per quanto può valere) con commenti di Stalin stesso. Anche se emerge un quadro diverso da quello di Iremašvili, non è necessariamente incompatibile con esso.

Come abbiamo affermato nel libro presente, esistono anche una serie di memorie sull'infanzia di Stalin pubblicate in Unione Sovietica negli anni Trenta da testimoni contemporanei dei suoi anni giovanili di Tiflis e di Gori, tutti adulatori, ma alcuni non privi di valore. Essi, come tutto l'altro materiale disponibile allora, sono esaminati in modo esauriente in *The Young Stalin* di Edward Ellis Smith (New York, 1967; trad. it. *Stalin giovane*, Milano, Garzanti, 1968). Si tratta di un testo utile per l'intero periodo trattato nei primi tre capitoli; il suo difetto è che l'autore vuole dimostrare a tutti i costi che

Stalin divenne un agente dell'Ohrana, pur non riuscendo a stabilirlo perché i documenti sono a dir poco dubbi. Per il periodo rivoluzionario di Stalin è utile anche *Vospominanija* di Anna Allilueva (Moskva, 1946), nonostante i limiti che abbiamo rilevato.

L'opera che esplicita definitivamente il ruolo di Stalin nella rivoluzione è *Stalin in October* di Robert M. Slusser (Baltimore e London, 1967).

Il decennio 1918-1929 è quello su cui le fonti consuete ci forniscono maggiori informazioni. Payne offre molta documentazione utile. Per l'ultimo periodo di Lenin la fonte per eccellenza resta *Le dernier combat de Lénine* di Moshe Lewin (Paris, 1967; trad. it. *L'ultima battaglia di Lenin*, Bari, Laterza, 1969), anche se oggi deve essere integrata con il materiale citato nella prossima sezione. La cronaca, molto utile ma non sempre credibile, dedicata da Boris Bažanov al periodo trascorso come segretario di Stalin è uscita in molte versioni, prima in tedesco (*Ich war Stalins Sekretar*; trad. it. *Sono stato il segretario di Stalin*, Roma, Edizioni Paoline, 1979) e poi in francese (*Avec Staline dans le Kremlin*, Paris, 1930), e diversi decenni dopo in un'edizione ampliata ma sotto diversi aspetti assai meno utile. Sulle dispute interne del partito alla fine degli anni Venti, la cronaca più chiara e concisa è quella di Stephen F. Cohen *Bukharin* (New York, 1975; trad. it. *Bucharin e la rivoluzione bolscevica; biografia politica, 1888-1938*, Milano, Feltrinelli, 1975) sia in generale sia nei particolari.

Il testo più completo sul periodo della collettivizzazione resta il mio *The Harvest of Sorrow* (New York, 1985) e pure abbastanza completo per la fase Ežov è un altro testo mio, *The Great Terror* (nuova edizione New York, 1990; trad. it. *Il grande terrore: le purghe di Stalin negli anni Trenta*, Milano, Mondadori, 1998), e la nuova edizione contiene molto materiale nuovo. *Stalin in Power: 1929-1941* di Robert C. Tucker fornisce, come osservato prima, un resoconto utile di tutto il periodo e in particolare del rapporto nazi-sovietico negli anni Trenta e Quaranta. Si veda anche *The Incompatible Allies* di Gustav Hilger (New York, 1956) e *Documents on German Foreign Policy*, serie C e D (Washington, 1959). Per il periodo successivo si vedano le fonti appena citate più *Nazi-Soviet Relations: 1939-1941*, a cura di R.J. Sontag e J.S. Beddie (Washington, 1948). Per la guerra 1941-1945, il testo di Volkogonov è il più completo dal punto di vista militare. Sui rapporti tra sovietici e occidentali, i memoriali e i documenti ufficiali più scontati sono ben compendiati per esempio in *Between Stalin and Churchill* di Steven M. Miner (Chapel Hill, 1988), *Roosevelt and Stalin* di Robert Nisbet (Washington, 1958) e *Russia's Road to the Cold War* di Vojtech Mastny (New York, 1979).

Sull'ultima fase *Stalin's War Against the Jews* di Louis Rapoport (New York, 1990; trad. it. *La guerra di Stalin contro gli ebrei*, Milano, Rizzoli, 1991) fornisce una vasta messe di prove documentali sulla questione dell'antisemitismo. *The Black Years of Soviet Jewry* di Yehoshua Gilboa (New York, 1971) è più completo ma meno aggiornato.

Su certi particolari punti o temi si veda inoltre:

CAPITOLO PRIMO: Sulle riviste ufficiali sovietiche assai di recente sono comparse ricerche in cui si affermava che in realtà Stalin era nato il 6 dicembre 1878, un anno e tre giorni prima della data ufficiale (si veda in particolare «Izvestija CK KPSS», 11, 1990); per le voci sovietiche sugli eventuali padri di Stalin si veda per esempio «Kazahstanskaja Pravda», 10 novembre 1988; su Mamulov, si veda «Minuvšee», 7, p. 363.

CAPITOLO SECONDO: Un ricordo di Noe Žordanija su Stalin si trova in un articolo di N. Vacar in «Poslednie novosti» (Paris), 16 dicembre 1936.

CAPITOLO TERZO: Il racconto di Emil Ludwig sulla sua conversazione con Stalin riguardo agli espropri si trova nel suo *Leaders of Europe* (London, 1930). I ricordi dalla prigione di Vereščak furono pubblicati in «Dni», 22 e 24 febbraio 1929. Adam Ulam confuta Vereščak per un motivo non abbastanza fondato, che le sue memorie (come tutte le memorie) contengono delle imprecisioni. Ulam è particolarmente scettico riguardo all'episodio di Stalin che correva, o camminava, sotto il supplizio delle bacchette. Stalin, come molti altri bolscevichi, a quanto pare all'epoca non riteneva affatto, come in seguito è stato affermato, che Lenin fosse infallibile; si espresse addirittura (seppure in uno scritto non destinato alla pubblicazione) in termini oltremodo condiscendenti sulle virtù e i difetti di Lenin come filosofo marxista in confronto a Bogdanov e Plehanov (si veda Il'ja Dubinskij-Muhadze, *Ordžonikidze*, Moskva, 1973, p. 75).

CAPITOLO QUINTO: Si veda anche la lunga analisi comparsa in «Pravda», 26 febbraio 1988.

CAPITOLO SETTIMO: Per le recenti aggiunte a quanto sappiamo si vedano: per la questione georgiana «Zarja Vostoka», 13 agosto 1988; per i problemi della dirigenza «Istorija SSSR», 5, 1988; per gli ultimi giorni di Lenin, «Sovetskaja kul'tura», 21 gennaio 1989, «Moskovskie novosti», 22 gennaio 1989; estratti di testi della Fotieva e dell'Ul'janova pubblicati in «Izvestija CK KPSS», 1989-1990, contengono molto nuovo materiale essenziale.

CAPITOLO OTTAVO: Sull'organizzazione dell'ufficio di Stalin si veda *The Origins and Development of Stalin's Chancellery*, di Niels Erik Rosenfeldt, in «Russian History-Histoire russe», 9, 1982.

CAPITOLO NONO: Su Frenkel si vedano le memorie di Anstiferov in «Zvezda», 4, 1989 e *Arcipelago GULag* di Aleksandr Solženicyn, vol. 1 (*Arhipelag GULag*, Paris, Ymca Press, 1975; trad. it. Milano, Mondadori, 3 voll., 1975-1978). La stima più recente e più ufficiale dei morti solo in Ucraina è di quattro milioni circa («Izvestija CK KPSS», 9, 1990). Io l'ho valutata in circa cinque milioni: la differenza in entrambi i casi rientra nei margini normali di errore. Per le perdite totali della carestia, «Vestnik statistiki», 7, 1990, dimostra che nel 1933 ci furono otto milioni di morti in più che nel 1934. La speranza di vita media in Unione Sovietica per il 1932 è indicata in 32,2 anni, per il 1934 in 38,1, ma soltanto in 11,6 per il 1933, certo in conseguenza della mortalità infantile durante la carestia. Sul gruppo Rjutin si veda in particolare «Izvestija CK KPSS», 8, 1990; «Trud», 10 aprile 1990.

CAPITOLO DECIMO: Sui rapporti nazi-comunisti si veda anche il saggio di Josef Skvorecky «Two Peas in a Pod» nel suo *Talkin' Moscow Blues*. Per l'osservazione di Stalin riguardo all'epurazione hitleriana del giugno 1934, si veda V. Berezkov (sull'autorità di Mikojan) in «Nedelja», 31 luglio 1989. Per la votazione al XVII congresso si veda «Izvestija CK KPSS», 7, 1989. Sull'«affare del Cremlino» si veda «Izvestija CK KPSS», 7, 1989. Su Kavtaradze si veda «Literaturnaja Rossija», 24 marzo 1989. Per i particolari sull'epurazione militare (compreso l'episodio di Landau) si veda per esempio «Kommunist

Vooružennyh Sil», 23, 1990. Sugli ultimi giorni della Krupskaja si veda «Komsomolec Kirgizii», 16 maggio 1990. Per le cifre relative alle truppe impegnate in Spagna, si veda la voce «Guerra di liberazione nazionale» relativa a questo paese della *Sovetskaja Voennaja Enciklopedija* (vol. 5, 1978).

CAPITOLO UNDICESIMO: Per l'atmosfera «cameratesca» nelle riunioni nazi-sovietiche del settembre 1939, si veda *The Ribbentrop Memoirs* (London, 1954, pp. 131-32). Per le osservazioni espresse da Stalin al Politbjuro riguardo al nazismo il 7 novembre 1939, si veda «Izvestija CK KPSS», 12, 1989. Tra i recenti studi sovietici sulla guerra finnica si veda «Voprosy istorii», 5, 1990, e «Avrora», 2-3, 1990; per il materiale recente si veda «Meždunarodnaja žizn'», maggio 1990, che fornisce dati molto dettagliati tratti dagli archivi dell'NKVD sui prigionieri, fino alla loro scomparsa nel maggio-aprile 1940; «Voprosy istorii», 7, 1990; «Novaja i novejšaja istorija», 3, 1990; «Novoe vremja», 52, 1990 (per le fotografie). Per il rapporto di Berija in cui si attaccavano gli agenti sovietici che riferirono i piani di Hitler contro l'URSS, si veda Vaksberg, *The Prosecutor and the Prey*, cit., p. 350.

CAPITOLO DODICESIMO: Per Mehlis riguardo alle nuove repubbliche sovietiche, si veda «Komsomol'skaja pravda», 23 marzo 1989. A quanto pare Stalin restò paralizzato sul piano psicologico soltanto per due o tre giorni. La sua agenda («Izvestija CKKPSS», 6, 1990) indica appuntamenti tutti i giorni dal 21 giugno a mezzanotte al 28 giugno, dopo di che c'è un'interruzione con l'annotazione che il successivo appuntamento registrato è il 1° luglio (l'ora non è indicata). Sull'approvazione personale di Stalin all'esecuzione di 170 prigionieri politici allora internati nel carcere di Orel (o trasferiti da esso di recente) tra il 13 e il 18 settembre 1941, tra cui Hrist'jan Rakovskij, Marija Spiridonova, il dottor Dmitrij Pletnev e altri, si veda «Izvestija CK KPSS», 11, 1990. Per il decreto sulla punizione dei parenti dei prigionieri di guerra sovietici, si veda «Sovetskoe Gosudarstvo i Pravo», 4, 1990. Per il decreto segreto di evacuazione di Mosca, si veda «Izvestija CK KPSS», 12, 1990. Per le cifre relative ai trasporti necessari per le deportazioni, si veda «Voprosy istorii», 7, 1990. Per il ruolo di Stalin nel periodo bellico in generale, a parte le ovvie fonti storiche e memorialistiche, si veda «Političeskoe obrazovanie», 9, 1988.

CAPITOLO TREDICESIMO: Sulla riunione dell'Orgbjuro relativa a «Zvezda», si veda «Kommunist», 13, 1990. La prima cronaca dettagliata riguardo alla destituzione di Malenkov dalla Segreteria (4 maggio 1946) e la supremazia del gruppo di Ždanov è fornita da «Voprosy istorii KPSS», 11, 1990; secondo l'articolo, la questione era in rapporto con un processo farsa contro il ministro dell'Industria aerea Šahurin, il capo maresciallo dell'aviazione Novikov e altri che furono incarcerati nel 1946, «non senza la collaborazione di Vasilij Stalin» Per le opinioni di Stalin riguardo alla psicologia, si veda *Stalin and the Uses of Psychology* di Robert C. Tucker (Rand Working Paper, 1995). Per la commissione segreta sovietica su Norimberga, si veda Vaksberg, *The Prosecutor and the Prey*, cit.,, p. 259. Sul telegramma del 12 agosto 1947 a Tito, si veda «Rabočij klass i sovremennyj mir», 2, 1990. Sulla destituzione di Ždanov nel 1948 si veda «Voprosy istorii KPSS», 7, 1990. Sui progetti architettonici per Mosca, si vedano: «Moskva», 4, 1990; «Literaturnaja gazeta», 29 agosto 1990; «Nedelja», 47, 1988. Sull'avvio della guerra di Corea si veda (oltre a Hruščev) «Rodina», 5, 1990. Per le esperienze di comunisti polacchi nel

Politbjuro, si veda *Them* di Tereza Torańska (New York, 1987). Per l'epurazione dei «cosmopoliti senza radici» del 1948-1949, si veda «Žurnalist», 6, 1990. Un quadro d'insieme della campagna antisemita ora e in seguito si può trovare in *Vospominanija* di Andrej Saharov, cap. 11 (trad. it. *Memorie*, Milano, SugarCo, 1990).

CAPITOLO QUATTORDICESIMO: Nel settembre-ottobre 1952 a quanto pare Stalin stava male, e Malenkov firmava i documenti per la Segreteria («Voprosy istorii KPSS», 11, 1990). Sulla «congiura dei medici» si veda soprattutto *Na rubeže dvuh epoh* di Jakov L. Rapoport (Moskva, 1988). Per l'accusa secondo cui Polina Molotova era la «dirigente occulta» della cospirazione sionista, si veda «Voprosy istorii KPSS», 1, 1990. Il resoconto più completo della morte di Stalin è fornito dal suo ex capo del servizio di sorveglianza. La successiva pubblicazione in volume è meno utile, meglio consultarlo in «Sociologičeskie issledovanija», 3, 1988. Si veda anche A.L. Mjasnikov, uno dei medici presenti, in «Literaturnaja gazeta», 1 marzo 1989; e Fedor Burlatskij, che cita Hruščev, in «Literaturnaja gazeta», 24 febbraio 1988.

CAPITOLO QUINDICESIMO: Sulle critiche di Malenkov al culto della personalità il 10 marzo 1953, si veda «Voprosy istorii KPSS», 1, 1990. La conversazione di Stalin con Fadeev è tratta da Vaksberg, *The Prosecutor and the Prey*, cit., p. 350. Per i censimenti del 1937 e del 1939 si veda «Vestnik statistiki», 7, 1990; «Rodina», 11, 1989; «Sociologičeskie issledovanija», 6-8, 1990.

Un aspetto della visione del marxismo di Stalin è descritto in modo straordinario in una conversazione con un suo funzionario ideologico, P.N. Pospelov: «Il marxismo è la religione di una classe, il suo simbolo di fede» (citato in «Voprosy istorii KPSS», 7, 1990, p. 100).

INDICE DELLE ILLUSTRAZIONI

INDICE DEI NOMI

Cent'anni fa scoppiava la Prima guerra mondiale. Venticinque anni dopo sarebbe stata la volta della Seconda guerra mondiale. Per ricordare e conoscere al meglio i due avvenimenti, History (canale 407 di Sky) ha dato vita a nuova iniziativa editoriale insieme a Mondadori: una serie di libri che illuminano i due conflitti e i loro protagonisti. Scritti da alcuni dei più importanti storici stranieri e italiani, i volumi indagano dettagliatamente le cause politiche ed economiche di queste guerre che sconvolsero il mondo, ne ricostruiscono le diverse vicende militari e puntano i riflettori su quei leader politici che, nel bene e nel male, decisero il destino di milioni di persone: da Mussolini a Hitler, da Stalin a Churchill. Seppur con stili diversi, i vari autori sono stati capaci di unire l'approccio rigoroso e scientifico con la capacità di raccontare in maniera coinvolgente il passato, facendo rivivere fatti e personaggi lontani nel tempo e andando incontro alle esigenze sia dell'appassionato di storia sia dell'occasionale lettore. Un modo di presentare la storia che si sposa perfettamente con quanto fa History fin dal suo esordio sulla piattaforma satellitare Sky, avvenuto nel 2003. I suoi programmi in alta definizione coniugano l'autorevolezza delle fonti con la modernità dei linguaggi: le interviste agli studiosi e le immagini di archivio si mescolano alla più moderna computer grafica e alle ricostruzioni dal taglio cinematografico. L'obiettivo è di informare e intrattenere il pubblico.

Gli eventi raccontati in questi libri sono anche argomento di alcuni dei più importanti documentari in onda su History, tra cui la grande produzione "World Wars – Il mondo in guerra". Vi invito a conoscere il canale, se non ne siete già spettatore. Scoprirete un nuovo modo di raccontare la storia in TV.
Buona lettura a tutti,

SHERIN SALVETTI,
General Manager
A+E Networks Italy (History, Crime Investigation)

HISTORY

Primo canale di storia in alta definizione, History (canale 407 di Sky) rappresenta un'esperienza emozionante e spettacolare.
24 ore al giorno, sette giorni su sette, il canale ripercorre gli eventi passati e punta i riflettori sull'attualità attraverso programmi che, per linguaggi, rievocazioni filmate e uso dei più innovativi strumenti di computer grafica, sono capaci di intrattenere un pubblico sempre più moderno.
History è uno dei luoghi privilegiati per appassionarsi alla storia e ai suoi protagonisti, dai grandi personaggi alle persone comuni.

Insieme al canale Crime + Investigation, History fa parte di A+E Networks Italy, filiale italiana di A+E Networks. Joint venture di Disney-ABC Television Group e Hearst Corporation, A+E Networks è una media company internazionale, presente in oltre 160 Paesi, e offre un'ampia gamma di piattaforme e contenuti per la comunicazione, dalle reti televisive ai siti web all'home video/DVD.